Britta Schulze-Thulin

Rund um Leipzig

Von der Dübener Heide zum Altenburger Land

50 ausgewählte Touren

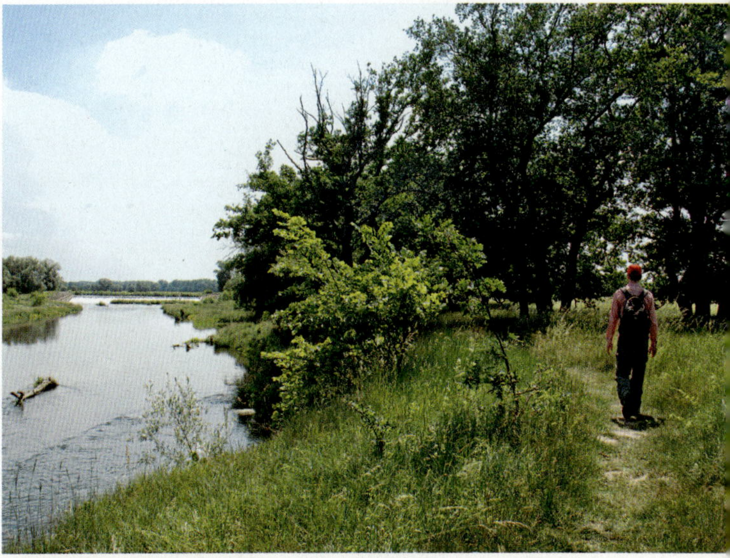

ROTHER
BERGVERLAG

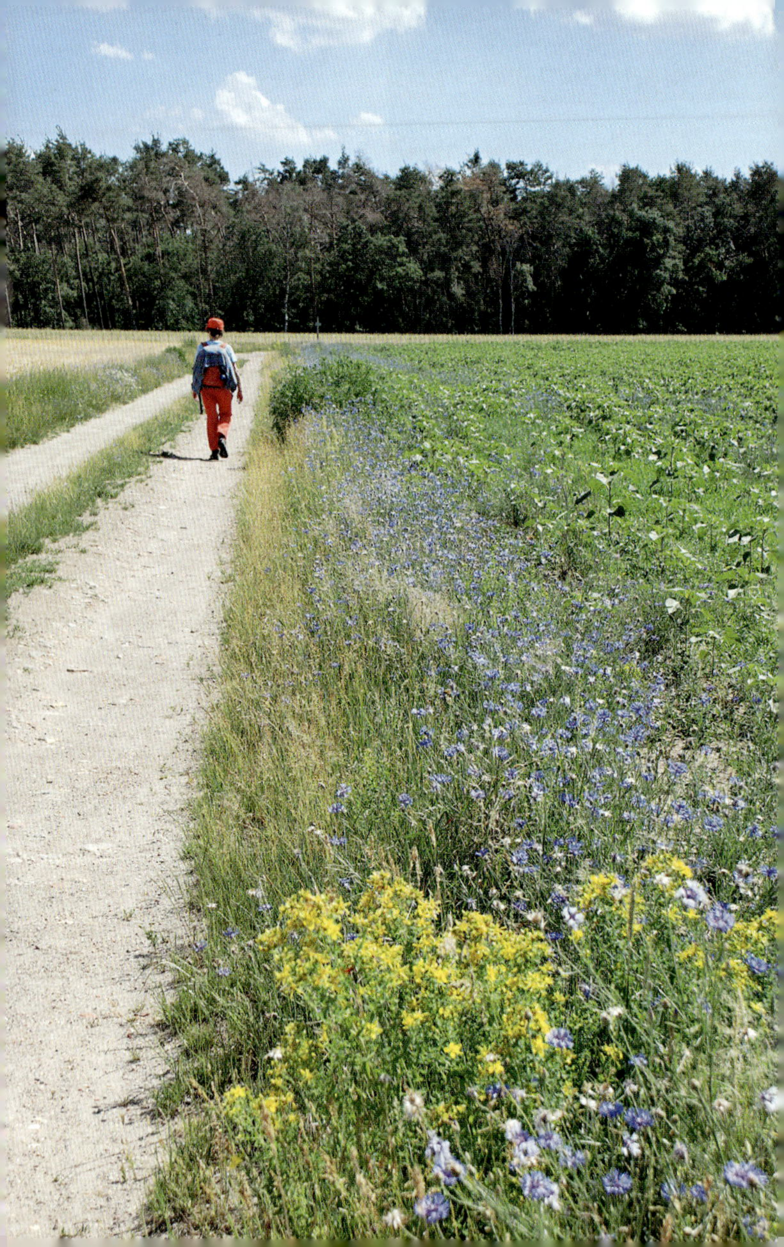

VORWORT

Warum in die Ferne schweifen, wenn das Gute doch so nahe liegt? Leipzig und seine Umgebung bieten eine vielseitige Natur, die sich hervorragend zum Wandern eignet. Schnell ist der Stadtkern verlassen, und wir finden uns in einer reizvollen Landschaft wieder. Das Herzstück Mitteldeutschlands liegt im Übergang von Tiefland im Norden und Mittelgebirge im Süden – so wechseln weite Ebenen mit sanften Hügeln, Wiesen und Parks mit herrlichen Misch- und Laubwäldern, unterbrochen von kleinen Städtchen und vielen Dörfern. Fast überall sind zahlreiche malerische Seen, Teiche und Flüsse zu finden.
Dieser Wanderführer begleitet Sie gezielt in die schönsten und interessantesten Ecken dieses touristisch eher weniger bekannten Gebietes. Ausgedehnte Auwälder durchziehen Leipzigs Stadtgebiet und machen es zu einer grünen Stadt. Im Leipziger Neuseenland locken große und kleine Wasserflächen, in der Dübener Heide reizvolle bewaldete Hochflächen. Schlösser, Burgen und steile Felsen begeistern vor allem im Muldetal. Weniger bekannte Kleinode, die zum Erkunden einladen, sind die ausgedehnten Wälder der Dahlener Heide und das hügelige Kohrener Land. Das Altenburger Land punktet mit lieblicher waldarmer Hügellandschaft, Bauerndörfern und pittoresken Burgen – natürlich auch mit der Skatstadt Altenburg und ihrem imposanten Schloss. Vorteilhaft ist auch die verhältnismäßig ebene Landschaft: Größere Höhenunterschiede sind in der Regel nicht zu überwinden. Dieser Wanderführer ist daher ideal für diejenigen, für die es nicht immer hohe Berge sein müssen. Gewandert werden kann hier das ganze Jahr, jede Jahreszeit hat ihren eigenen Reiz.
Dennoch ist Leipzigs Umgebung nicht überlaufen – dieser Wanderführer zeigt die schönsten Routen durch ein wunderbares Wandergebiet abseits des Massentourismus. Die vorgeschlagenen Touren sind fast alle Rundwanderungen, die sich sowohl mit dem Auto als auch mit öffentlichen Verkehrsmitteln erreichen lassen.
Viel Freude beim Entdecken der schönsten Wanderungen in Leipzig und Umgebung!

Leipzig, im Sommer 2021 — Britta Schulze-Thulin

Auf dem Weg nach Tornau im Naturpark Dübener Heide (Tour 16).

INHALTSVERZEICHNIS

Bild auf S. 7: Auf dem Weg nach Bocka (Tour 38).

LIEBE LESERINNEN UND LESER,

infolge der Corona-Krise können sich Änderungen ergeben haben, die bei Redaktionsschluss noch nicht absehbar waren. Bitte informieren Sie sich vor der Wanderung zusätzlich über die aktuellen Gegebenheiten. Soweit möglich werden wir aktuelle Hinweise unter www.rother.de (beim Buch) zur Verfügung stellen.
Sollten Sie geänderte Gegebenheiten vor Ort feststellen, freuen wir uns über Korrekturhinweise per E-Mail an leserzuschrift@rother.de.

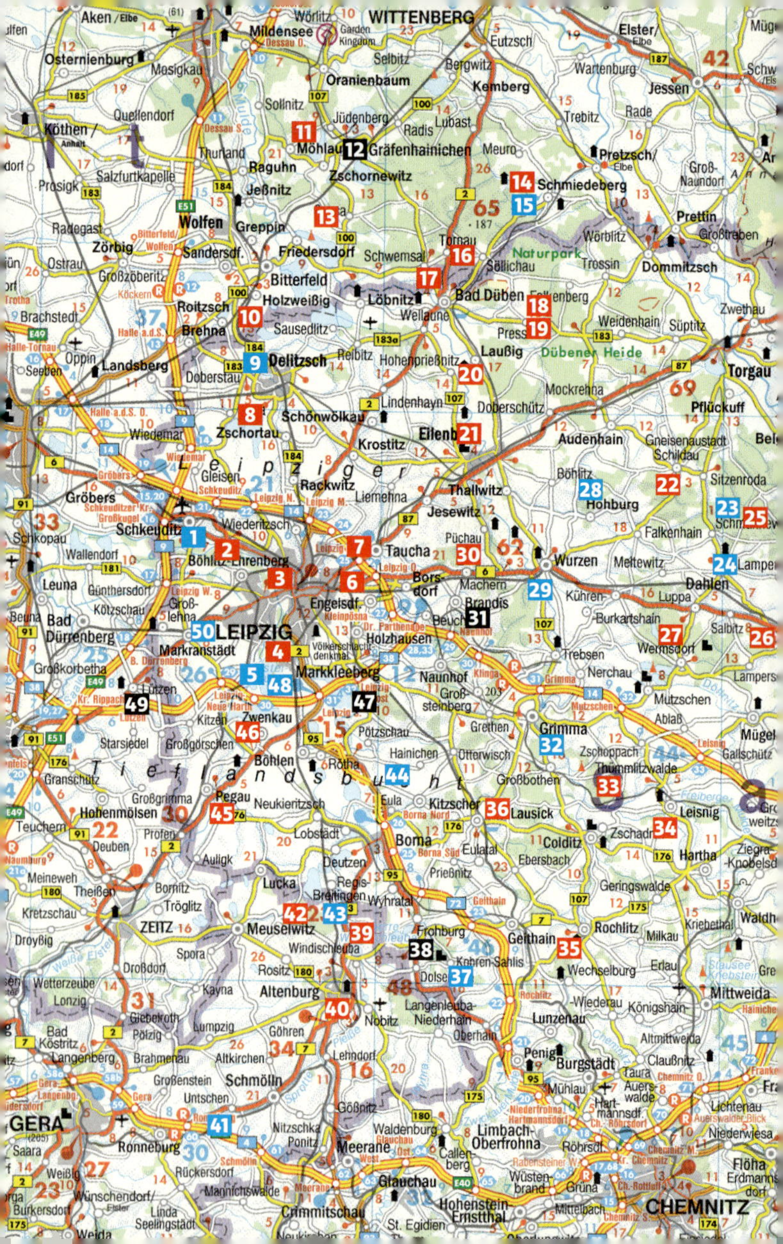

Aken
Mildensee
Wörlitz
Garden Kingdom
WITTENBERG
Elster/Elbe
Osternienburg
Mosigkau
Oranienbaum
Bergwitz
Eutzsch
Wartenburg
Jessen
Kemberg
Sollnitz
Köthen / Anhalt
Quellendorf
Jüdenberg
Radis
Lubast
Trebitz
Rade
Möhlau
Gräfenhainichen
Meuro
Pretzsch/Elbe
Thurland
Raguhn
Zschornewitz
Salzfurtkapelle
Prosigk
Jeßnitz
Schmiedeberg
Groß-Naundorf
Wolfen
Greppin
Prettin
Radegast
Zörbig
Sandersdf.
Friedersdorf
Schwemsal
Torgau
Söllichau
Naturpark
Wörblitz
Großtreben
Ostrau
Großzöberitz
Bitterfeld
Trossin
Dommitzsch
Roitzsch
Holzweißig
Löbnitz
Bad Düben
Falkenberg
Brachstedt
Brehna
Sausedlitz
Wellaune
Weidenhain
Süptitz
Zwethau
Oppin
Landsberg
Delitzsch
Reibitz
Hohenprießnitz
Laußig
Dübener Heide
Torgau
Seeben
Doberstau
Mockrehna
Lindenhayn
Doberschütz
Pflückuff
Zschortau
Schönwölkau
Eilenburg
Audenhain
Gneisenaustadt Schildau
Wiedemar
Krostitz
Leipziger Tieflandsbucht
Gleisen
Rackwitz
Böhlitz
Sitzenroda
Gröbers
Liemehna
Thallwitz
Hohburg
Schkopau
Schkeuditz
Wiederitzsch
Jesewitz
Falkenhain
Wallendorf
Böhlitz-Ehrenberg
Taucha
Püchau
Wurzen
Meltewitz
Leuna
Günthersdorf
Borsdorf
Machern
Kühren
Luppa
Dahlen
Kötzschau
Groß-lehna
Engelsdf.
Brandis
Bad Dürrenberg
LEIPZIG
Völkerschlachtdenkmal
Holzhausen
Beucha
Burkartshain
Salbitz
Markranstädt
Trebsen
Wermsdorf
Großkorbetha
Markkleeberg
Naunhof
Nerchau
Lützen
Zwenkau
Groß-steinberg
Mutzschen
Ablaß
Kitzen
Pötzschau
Grethen
Grimma
Mügeln
Starsiedel
Großgörschen
Böhlen
Hainichen
Otterwisch
Zschoppach
Thümmlitzwalde
Granschütz
Rötha
Großbothen
Großgrimma
Pegau
Neukieritzsch
Eula
Kitzscher
Lausick
Leisnig
Hohenmölsen
Teuchern
Lobstädt
Borna
Eulatal
Colditz
Zschadraß
Deuben
Profen
Hartha
Auligk
Deutzen
Ebersbach
Meineweh
Bornitz
Lucka
Regis-Breitingen
Prießnitz
Geringswalde
Theißen
Tröglitz
Wyhratal
Kretzschau
ZEITZ
Meuselwitz
Frohburg
Geithain
Rochlitz
Milkau
Kriebethal
Droyßig
Spora
Windischleuba
Kohren-Sahlis
Wechselburg
Erlau
Droßdorf
Rositz
Dolse
Wetterzeube
Kayna
Altenburg
Mittweida
Lonzig
Langenleuba-Niederhain
Wiederau
Königshain
Gieboldehausen
Nobitz
Lunzenau
Bad Köstritz
Pölzig
Lumpzig
Göhren
Oberhain
Altmittweida
Langenberg
Brahmenau
Altkirchen
Lehndorf
Penig
Burgstädt
Claußnitz
Großenstein
Schmölln
Taura
Auerswalde
Untschen
Gößnitz
Mühlau
Hartmannsdf.
Lichtenau
GERA
Nitzschka
Ponitz
Waldenburg
Limbach-Oberfrohna
Niederwiesa
Saara
Ronneburg
Meerane
Callenberg
Röhrsdf.
Weißig
Rückersdorf
Glauchau
Wüstenbrand
Grüna
Flöha
Wünschendorf/Elster
Mannichswalde
Hohenstein-Ernstthal
Mittelbach
CHEMNITZ
Erdmannsdorf
Burkersdorf
Linda
Seelingstädt
Crimmitschau
St. Egidien
Weida

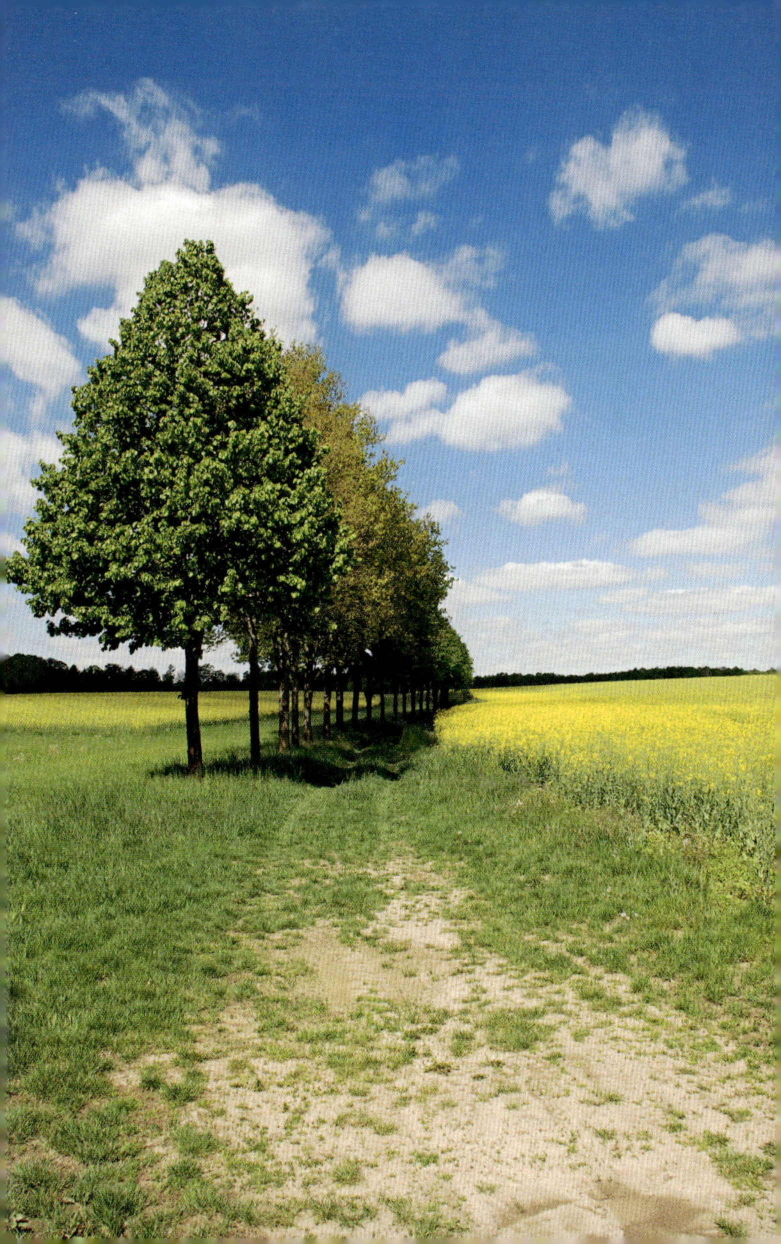

TOP-TOUREN

In den Schkeuditzer Auen
Durch eine urtümliche Auenlandschaft, vorbei an wildromantischen Teichen und über wilde Wiesen mit reicher Blütenpracht (Tour 1, 2.30 Std.).

In der südlichen Goitzsche
Unerwartete Naturidylle in malerischer Seenlandschaft auf einstigem Bergbaugebiet (Tour 10, 3.00 Std.).

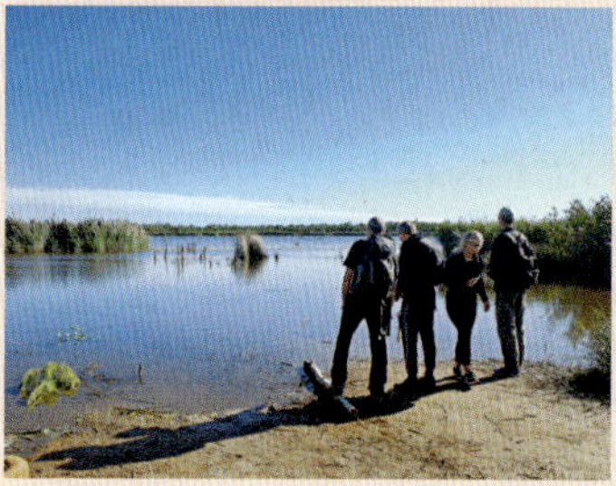

Am See ohne Namen (Tour 10).

Von Möhlau in die Oranienbaumer Heide
Heckrinder und Koniakpferde weiden in blühender Heidelandschaft, rundherum ausgedehnte Mischwälder und hübsche Seen (Tour 11, 3.00 Std.).

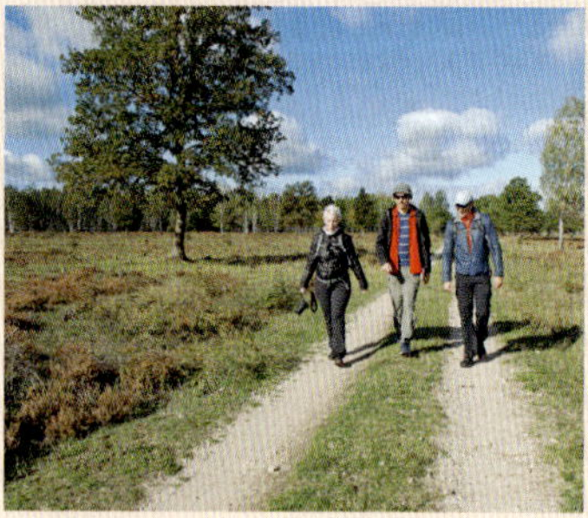

In der Oranienbaumer Heide (Tour 11).

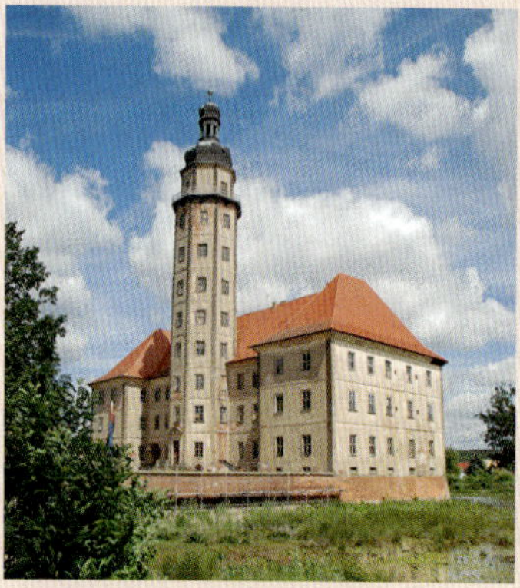

Schloss Reinharz (Tour 14).

Zum Schloss Reinharz
Durch wunderbaren Mischwald der Dübener Heide, vorbei an kleinen Sehenswürdigkeiten zu einem Schloss (Tour 14, 3.30 Std.).

Im Presseler Heidewald
Eine der reizvollsten Wanderungen auf wildromantischen Pfaden zu zwei Mooren in einer einzigartigen Naturlandschaft (Tour 19, 3.30 Std.).

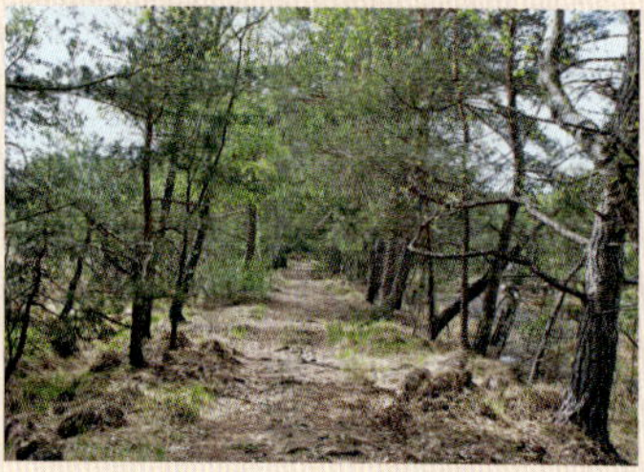

Weg am Zadlitzer Bruch (Tour 19).

Zum Schlosspark Dahlen
Leichte Runde zu romantischen Seen und einem Schloss in überwiegend offener Landschaft (Tour 24, 2.00 Std.).

Von Schmannewitz in den Hospitalwald
Der Klassiker der Dahlener Heide verspricht viele kleine Sehenswürdigkeiten in schönem Wald (Tour 23, 3.00 Std.).

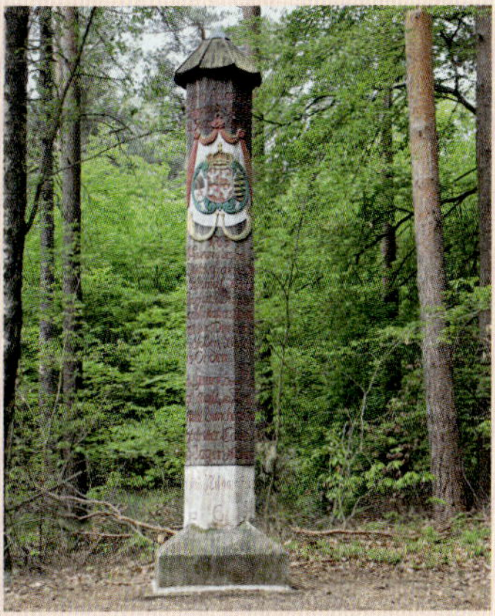

Die Jägereiche (Tour 23).

Im Brandiser Hügelland
Ausschweifende Wanderung durch ausgedehnte Wälder zu spektakulären Steinbrüchen und weißen Seestränden (Tour 31, 6.00 Std.).

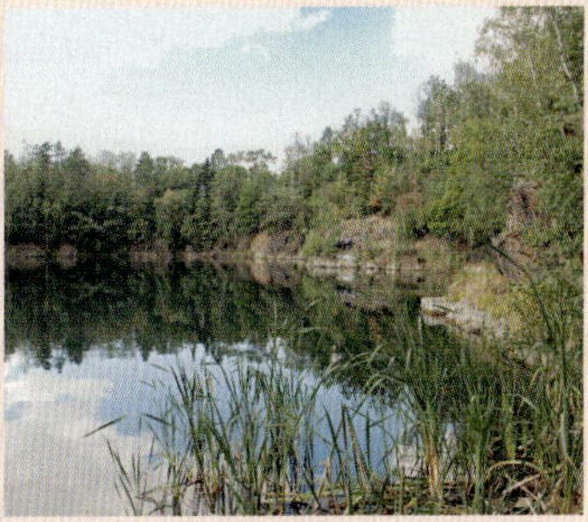

Am Schwarzen Bruch (Tour 31).

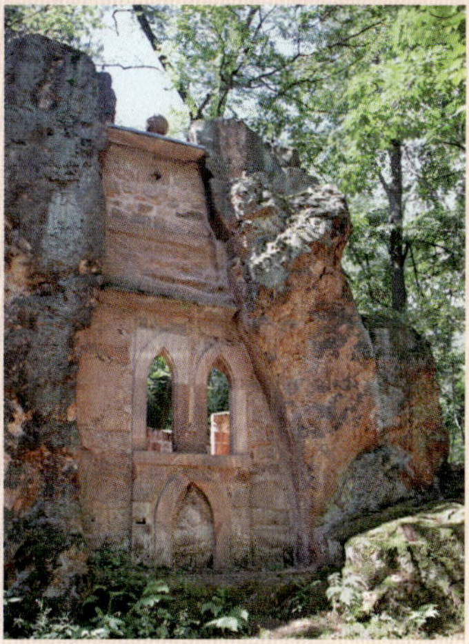

Die Einsiedelei (Tour 35).

Auf den Rochlitzer Berg
Aufstieg zu eindrucksvollen Steinbrüchen und einem Aussichtsturm. Den krönenden Abschluss bildet ein sehenswertes Schloss (Tour 35, 3.30 Std.).

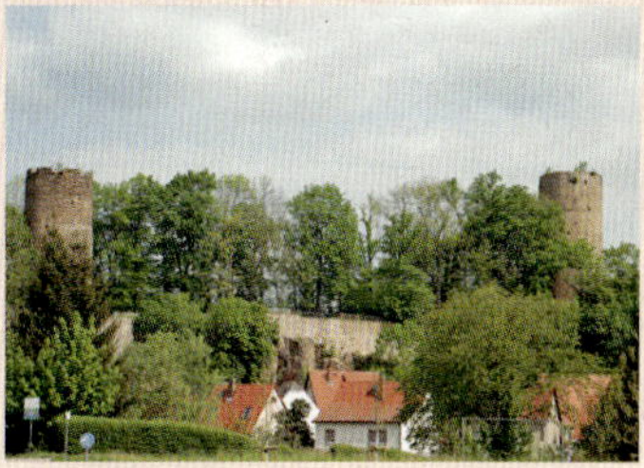

Burgruine Kohren (Tour 37).

Von Kohren-Sahlis zum Lindenteich
Von der Töpferstadt im kühlen Bachtal zu allerlei Attraktionen und touristischen Höhepunkten (Tour 37, 2.30 Std.).

WICHTIGE HINWEISE FÜR UNTERWEGS

Anforderungen

Die Umgebung von Leipzig stellt in der Regel an den Wanderer keine Anforderungen, die nicht zu bewältigen wären. Dennoch sollte man seine Fähigkeiten nicht überschätzen und vorher mit den Ansprüchen der zur Auswahl stehenden Touren in Einklang bringen. Die Hinweise in diesem Wanderführer sollen Ihnen dabei helfen.
Die Wege, denen die Wandervorschläge folgen, sind unterschiedlich beschaffen: Von Feld- und Forstwegen, Wald- und Wiesenpfaden oder in Ausnahmefällen auch kleinen Straßen ist alles dabei. Meist wurden deutliche und gut begehbare Wege ausgewählt, weglose Abschnitte sind die Ausnahme. In der Regel reichen hier eine normale Kondition und etwas Wandererfahrung. Spezielle Anforderungen werden im Steckbrief der einzelnen Touren genannt.
Die Höhenunterschiede sind bei den meisten Touren gering. Auch wenn im Wandergebiet keine anspruchsvollen Berge zu besteigen sind oder auf

Dere Weg aus Bad Schmiedeberg hinaus ist nicht zu verfehlen (Tour 15).

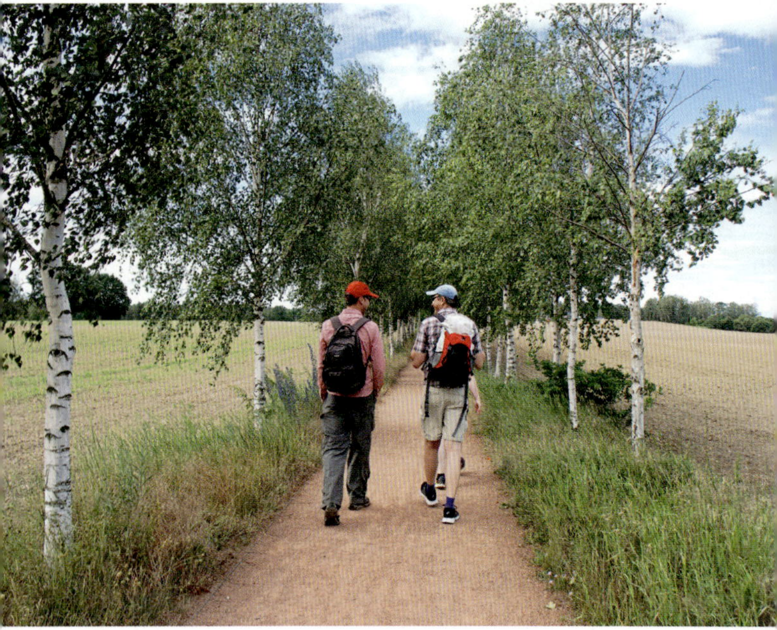

Felsen zu klettern ist, so stellen Touren in Leipzig und Umgebung den Wanderer vor andere Herausforderungen.
So ist die Ausschilderung der Wanderwege vor Ort selten ausreichend (siehe S. 13 »Markierung, Wegweiser, Hinweisschilder«), die meisten der früher markierten Wanderpfade sind nicht immer die schönsten und zudem oft als Streckentouren ausgelegt. Fast alle Wanderungen in diesem Buch sind Rundwanderungen; so sind in deren Verlauf Wegmarkierungen allerdings nur in mehr oder weniger großen Abschnitten zu finden. Hier sind Orientierungssinn und genaues Lesen der jeweiligen Beschreibung gefragt.
Viele Touren führen durch Bergbaufolgelandschaft oder durch Naturschutzgebiete, wo strikt auf den Wegen zu bleiben ist. Die Verbotsschilder im (ehemaligen) Bergbaugebiet sind oft verdreht und scheinen sich auf den Weg selber zu beziehen, statt richtig auf das Gebiet rechts und links des Weges. Lassen Sie sich davon nicht irritieren und folgen Sie einfach den Routen in diesem Wanderführer.
Die Karten im Buch und GPS-Tracks zu jeder Tour helfen Ihnen, immer den richtigen Weg zu gehen. Zur Erleichterung der Auswahl sind die Wanderungen in drei Schwierigkeitsgrade eingeteilt. Die Tournummern sind entsprechend farbig hinterlegt:

SCHWIERIGKEITSKATEGORIEN

■ Leicht

Eher kurze und wenig anstrengende Wanderungen auf überwiegend guten, z. T. markierten Wegen, jedoch auch auf Pfaden mit einzelnen schmalen, steinigen, wurzelbesetzten oder feuchten Stellen. Flüsse und Bäche sind problemlos zu überqueren, weglose Abschnitte leicht zu finden. In der Regel geringe Höhenunterschiede. Wenig dem Wetter ausgesetzt. Geringe Anforderungen an die Orientierung und Kondition.

■ Mittel

Mittellange Wanderungen mit einzelnen Auf- und Abstiegen, auf bisweilen schmalen oder undeutlichen Wegen und Pfaden, oft unmarkiert, ggf. auch feuchte und wurzelig-steinige Stellen. Können dem Wetter ausgesetzt sein. Geringe bis mittlere Anforderungen an die Orientierung und Kondition. Festes Schuhwerk ist hier sinnvoll.

■ Schwierig

Längere und anstrengendere Touren auf eher unmarkierten Wegen, ggf. auf schmalen und schwierigen Pfaden oder für längere Zeit auf befestigten Wegen, vereinzelt mit mehreren Auf- und Abstiegen, die eine gute Kondition, guten Orientierungssinn und bisweilen auch Trittsicherheit erfordern. Auch können sie stärker dem Wetter ausgesetzt sein.

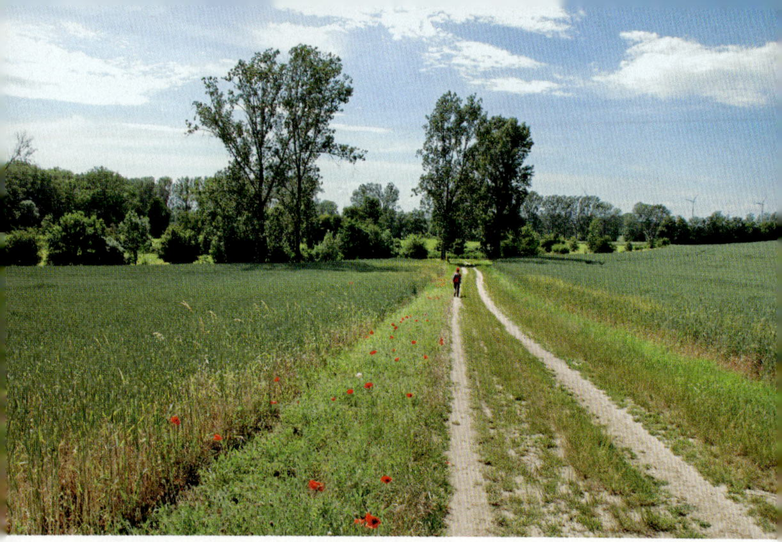

In der Partheaue sind auch die befestigten Wege schön (Tour 7).

Zu berücksichtigen ist, dass dieser Einstufung nur diejenigen Merkmale zugrunde liegen, die den Weg in einer »durchschnittlichen« Situation kennzeichnen. Ungünstige Bedingungen, wie z. B. das Wetter, können dazu führen, dass sich der Schwierigkeitsgrad erhöht. Weniger erfahrene Wanderer sollten zuerst die leichten Touren wählen. Achten Sie unterwegs auf genügend Pausen.

SYMBOLE

Symbole im Tourenkopf

- mit ÖPNV erreichbar
- Einkehrmöglichkeit unterwegs
- für Kinder geeignet

Symbole im Höhenprofil

- Ort mit Einkehrmöglichkeit
- Einkehrmöglichkeit
- Schutzhütte, Unterstand
- Bushaltestelle
- Bahnhof, Tram-/S-Bahn-Haltestelle
- P Parkplatz
- Aussichtspunkt
- Kirche, Kapelle, Kloster
- Burg, Schloss, Ruine
- archäologische Stätte
- Denkmal, Monument
- Aussichtsturm
- Windmühle
- Rastplatz
- Brücke, Steg
- Quelle, Brunnen
- Bademöglichkeit

Tourenauswahl

Jede der 50 Touren hat ihren Reiz, aber nicht für jeden in gleichem Maße. Als Entscheidungshilfe dienen eine Einführung und ein Steckbrief, der die wesentlichen Elemente und Besonderheiten der jeweiligen Wanderung beschreibt sowie die Anforderungen definiert:

Gehzeit: Die Gehzeiten sind ohne Berücksichtigung von Pausen angegeben. Da Kondition, Geländesituation und Wetter erheblich auf die Gehgeschwindigkeit Einfluss nehmen können, sind die Gehzeiten nur als grober Anhaltspunkt zu verstehen.

Höhenunterschied: Bei den Höhenmetern im Auf- und Abstieg ist nicht die Höhendifferenz zwischen Ausgangs- und Zielpunkt aufgeführt, sondern es werden die tatsächlich zu bewältigenden Höhenmeter einschließlich Gegenanstiegen angegeben.

Tourenlänge: Sie finden diese Angabe im Höhenprofil, das zu jeder Tour erstellt wurde, sowie in der Kopfzeile.

Anforderungen: Hier spielen Ansprüche an die Kondition, die Tourenlänge, Wegequalität und Orientierungssinn eine Rolle, seltener auch anstrengende Auf- und Abstiege. Erhöhte Anforderungen bestehen dann, wenn Wege unmarkiert und nur schwach sichtbar sind.

Wetter: Rund um Leipzig kann das ganze Jahr gewandert werden. Schnee kann in den Wintermonaten den Schwierigkeitsgrad erhöhen, Wind und Regen die Tour erschweren. Wander- und Schutzhütten sind eher selten zu finden.

Markierung, Wegweiser, Hinweisschilder

In Leipzig und Umgebung gibt es einige markierte Wanderwege, die oft aber nicht (mehr) durchgängig mit Wanderzeichen versehen sind. Verlassen Sie sich daher nicht darauf und nehmen Sie Wanderzeichen lieber als zusätzliche Orientierunghilfe. Entnehmen Sie die Information zur Ausschilderung jeweils dem Tourensteckbrief. Die Markierung unterliegt generell natürlich immer wieder Veränderungen.

Im Folgenden sind die wichtigsten markierten Wanderwege rund um Leipzig und ihr Verlauf im Wandergebiet aufgeführt.

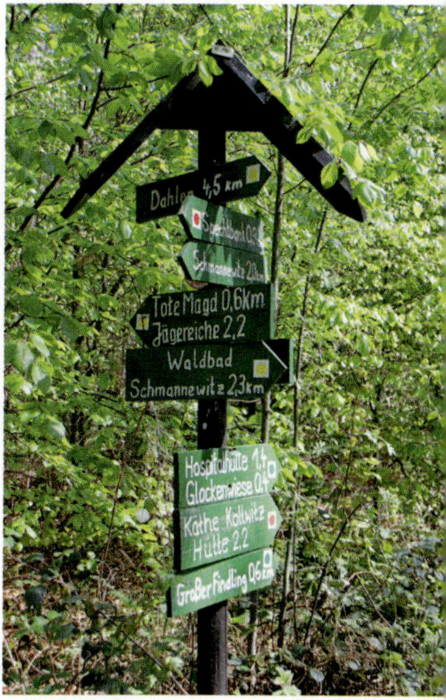

Wegweiser in der Dahlener Heide.

- **Überregionale Fernwanderwege**

  Blauer Punkt: Thüringenweg (von Altenburg über Schmölln nach Posterstein).

  Gelbe Jakobsmuschel auf blauem Grund: drei Jakobswege (Ökumenischer Pilgerweg): Via Regia, von Dahlen über Leipzig nach Kleinliebenau, Via Imperrii, von Kemberg über Leipzig und Altenburg nach Ponitz und von Torgau nach Leipzig.

  Grünes L auf weißem Grund: Lutherweg Sachsen (Rundweg über Rochlitz, Gnandstein, Eilenburg, Bad Düben und Pressel), Lutherweg Sachsen-Anhalt (in der Dübener Heide) und Lutherweg Thüringen (vom Pahnaer See über Windischleuba bis Altenburg).
- **Längere Streckenwanderwege**

  Gelber Balken: Försterweg (Dübener Heide, von Doberschütz nach Bergwitz).

  Grüner Balken: Parthewanderweg (östlich von Leipzig).

  HBT, Biber unter brauner Linie: Heide-Biber-Tour (von Bad Düben nach Bad Schmiedeberg).
- **Längere Rundwanderwege**

  Roter Balken: Rund-um-Leipzig/Rundwanderweg Leipzig (im Leipziger Stadtgebiet).

  Weißes Symbol auf braunem Grund (Form eines Kirchenfensters): Pilgerweg Via Porphyria (Rundweg im Kohrener Land).

Wanderzeichen der Via Porpyhria.

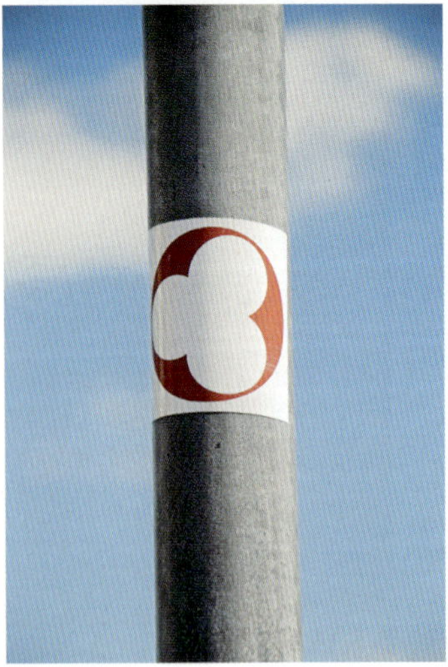

Wanderzeichen im Kurpark Bad Düben.

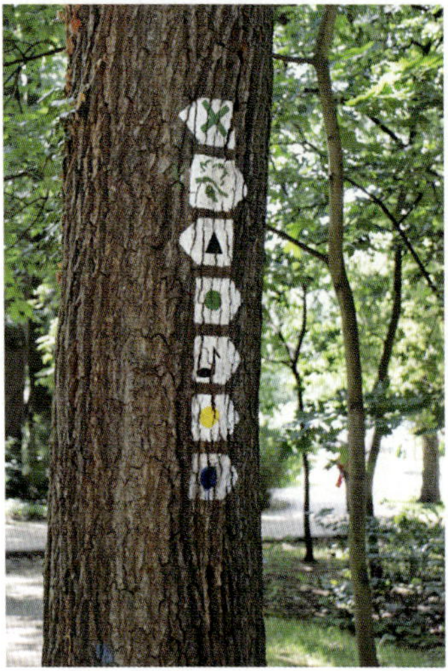

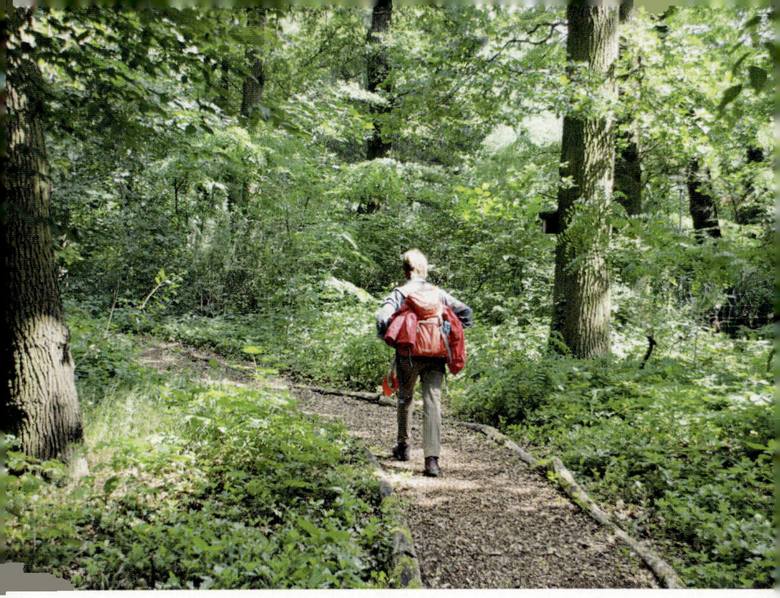

Auf dem Moorlehrpfad in Bad Düben (Tour 17).

Alle diese ausgeschilderten Wanderwege werden auf den in diesem Buch beschriebenen Routen gestreift. Besonders hervorzuheben ist die Heide-Biber-Tour in der Dübener Heide (30 km), ein vom Deutschen Wanderverband zertifizierter Qualitätswanderweg. Erwähnenswert sind auch die Terrainkurwege bei Bad Schmiedeberg (Touren 14 und 15), Bad Düben (Touren 16 und 17), Wermsdorf (Tour 27) und Bad Lausick (Tour 36).
Häufig begegnen uns auf den Touren Lehrpfade, von denen besonders der Naturlehrpfad am Grabschützer See (Tour 8, 7 km, 17 Stationen zu Landschaftsgeschichte, Geologie, Ökologie sowie Flora und Fauna) und der Porphyr-Lehrpfad am Rochlitzer Berg (Tour 35, 2,7 km, zu den historischen Porphyr-Steinbrüchen) zu nennen sind.

Wandern mit Kindern

Die meisten der in diesem Wanderführer vorgestellten Touren sind auch mit Kindern gut machbar. Sie als Eltern müssen einschätzen, was Sie Ihren Sprösslingen zutrauen können. Kinder wollen auf Wanderungen etwas erleben und so sind Touren, wo viel zu sehen und zu erzählen ist, besonders geeignet. Das können u. a. Burgen, spannende Lehrpfade oder kleine Attraktionen in Wald und Feld sein. Für Familienwanderungen ist generell deutlich mehr Zeit einzuplanen als die im Buch angegebenen Gehzeit, je nach Alter der Kinder.

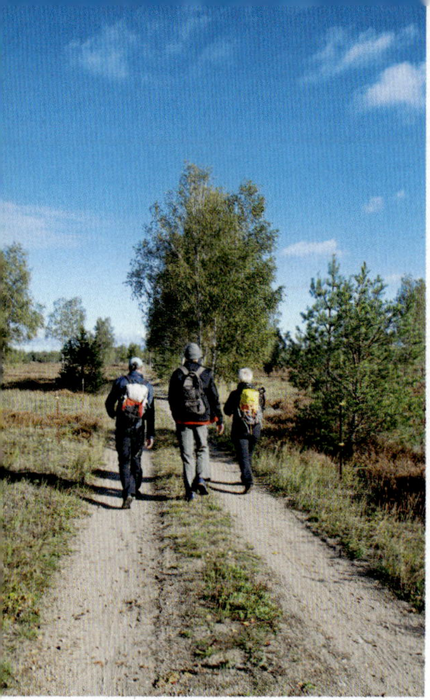

In der Oranienbaumer Heide (Tour 11).

Ausrüstung

Am wichtigsten ist auch bei leichteren und kürzeren Wanderungen geeignetes Schuhwerk. Hier reichen in der Regel bequeme, eingelaufene Schuhe mit Profilsohle. Für die längeren Wanderungen sind knöchelhohe Bergstiefel bzw. Trekkingstiefel zu empfehlen, aber nicht zwingend notwendig. Ein gut sitzender Tagesrucksack sollte Platz für Sonnencreme, eine Regenjacke, Proviant inkl. Getränk und Erste-Hilfe-Set bieten, ggf. auch für Kompass, Regenhose, Schirm und Regenhülle für den Rucksack. Immer ist auch eine Kopfbedeckung empfehlenswert, je nach Saison auch Schal und Handschuhe. Ein aufgeladenes Mobiltelefon sollte für einen eventuellen Notfall mit dabei sein (Notruf Tel. 112). Ausreichend Verpflegung für unterwegs ist wichtig, da es auf vielen Touren nur wenige oder gar keine Einkehrmöglichkeiten gibt.

Wetter

Das Wandern ist in Leipzig und Umgebung in der Regel ganzjährig möglich. Im Winter hängt die Begehbarkeit von der Schneelage ab. Auch wenn Leipzigs Umgebung noch im Regenschatten des Harzes liegt, sollte man auf Regen vorbereitet sein. Günstig ist es, die Wettervorhersage vorher zu prüfen. In Leipzig und Umgebung gibt es nur wenige Schutzhütten oder Schutzpilze zum Unterstellen. Leipzigs Umland ist relativ waldarm, außer im Auwald und einigen wenigen größeren Waldflächen. So ist der Wanderer auf jeder Tour mehr oder weniger der Sonne ausgesetzt. Tragen Sie daher einen Hut oder eine Kappe, cremen Sie sich vorher ein und führen Sie genügend Trinkwasser mit sich.

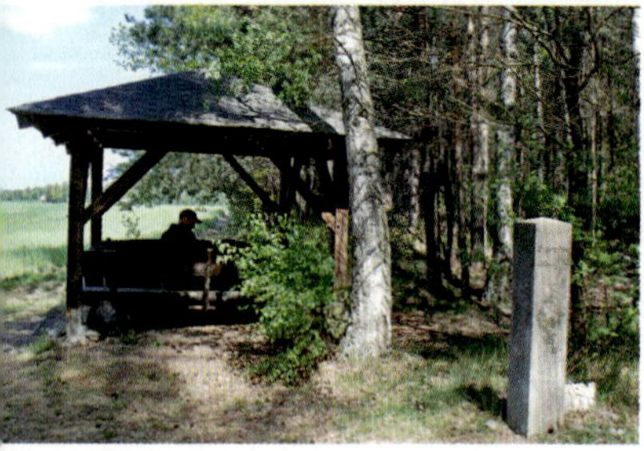

Überdachter Rastplatz (Tour 22).

GPS-TRACKS UND KOORDINATEN DER AUSGANGSPUNKTE

Zu diesem Wanderführer stehen auf www.rother.de GPS-Tracks und Koordinaten der Ausgangspunkte zum kostenlosen Download bereit.
1. Auflage, Passwort: **458001zhe**
Sämtliche GPS-Daten wurden von der Autorin im Gelände erfasst und auf einer digitalen Karte nachbearbeitet. Verlag und Autorin haben die Tracks und Wegpunkte nach bestem Wissen und Gewissen überprüft. Dennoch können wir Fehler oder Abweichungen nicht ausschließen, außerdem können sich die Gegebenheiten vor Ort zwischenzeitlich verändert haben. GPS-Daten sind zwar eine hervorragende Planungs- und Navigationshilfe, erfordern aber nach wie vor sorgfältige Vorbereitung, eigene Orientierungsfähigkeit sowie Sachverstand in der Beurteilung der jeweiligen (Gelände-)Situation. Man sollte sich für die Orientierung auch niemals ausschließlich auf GPS-Gerät und -Daten verlassen.

Karte, Kompass, GPS

In der Regel genügen zur Orientierung die hier im Buch abgedruckten Karten. Für das Wandergebiet existieren keine wirklich guten Faltkarten. Die im Handel erhältlichen sind in der Regel zu ungenau und nicht immer auf dem neuesten Stand. Für die Touren 1–7 und 50 ist ein Stadtplan von Leipzig nützlich. Da die Wege bisweilen undeutlich sein können, kann bei den mittelschweren und schwierigen Touren die Mitnahme eines Kompasses oder GPS-Gerätes nützlich sein, mit dessen Gebrauch man sich vorher vertraut machen sollte.

Erhebungen sind weit zu sehen: der Collmberg (Tour 26) vom Wermsdorfer Wald (Tour 27) aus gesehen.

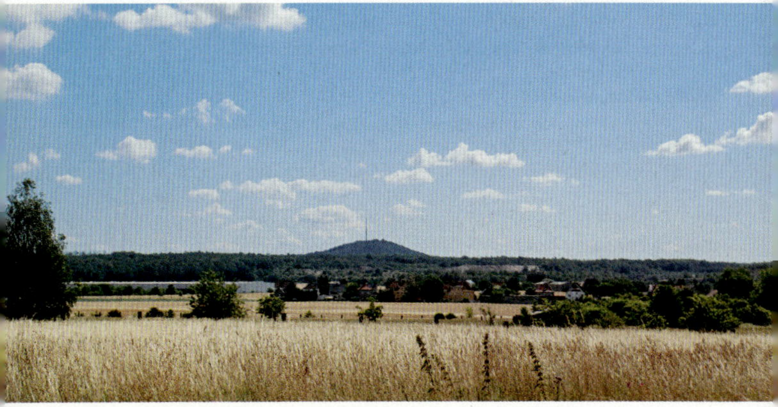

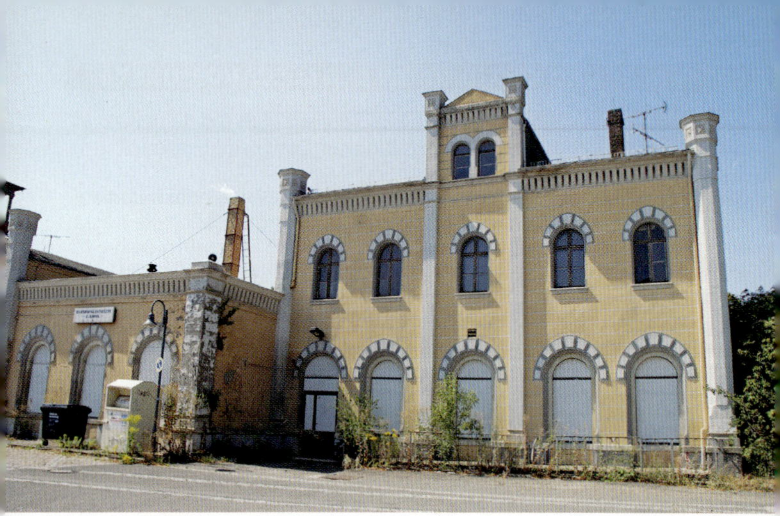

Der Bahnhof Grimma (Tour 32).

Anreise

Mit Bus und Bahn kann man über Leipzig sehr gut anreisen. Man sollte sich allerdings im Vorfeld gut informieren. Wer von Sachsen-Anhalt oder Thüringen aus mit der Bahn anreist, fährt mit dem jeweiligen »Länder-Ticket« sehr günstig ins Wandergebiet, da dies für alle drei Bundesländer gilt, von Sachsen-Anhalt aus auch mit einer »24-Stunden-Karte« des Mitteldeutschen Verkehrsverbunds (MDV), der einen Großteil des Wandergebietes abdeckt. Extrem günstig wird es mit mehreren Mitfahrern.
Mit dem Auto sind die Touren gut über die Autobahnen A 14, A 38, A 72 und A 9 sowie die jeweiligen Landstraßen zu erreichen.

Unterwegs im Wandergebiet mit ÖPNV und Auto

Die Umgebung von Leipzig ist gut mit öffentlichen Verkehrsmitteln erschlossen. Von Leipzig zweigen Bahnlinien, S-Bahnen und Straßenbahnen in alle Richtungen ab, die die besten Chancen auf eine große Auswahl an Fahrzeiten bieten, ergänzt durch ein Netz von Regionalbussen. Die meisten Wanderungen sind auf diese Weise ab Leipzig gut als Tages- oder Halbtagesausflug erreichbar. Busse fahren seltener. Daher ist es wichtig, sich vorher genau über die Abfahrtszeiten zu informieren. Ticketinformationen, Linienpläne, Tarifzonen und Abfahrtszeiten findet man unter:

- www.bahn.de (Deutsche Bahn)
- www.mdv.de (Mitteldeutscher Verkehrsverbund)
- www.s-bahn-mitteldeutschland.de (S-Bahn Mitteldeutschland)
- www.l.de/verkehrsbetriebe (Leipziger Verkehrsbetriebe)

Die Deutsche Bahn bietet neben dem »Sachsen-Ticket« auch das »EgroNet-Ticket Sachsen«, der Mitteldeutsche Verkehrsverbund neben der »24-Stunden-Karte« auch das »MDV-Hopperticket« für 4–6 Zonen mit der App easy-Go aufs Handy.

Wer besonders den Erhalt von Rufbussen unterstützen will, hat bei den Touren 11, 14, 15, 16, 18, 19, 23, 24, 49 Gelegenheit dazu. Viele davon liegen in der Dübener Heide und in der Dahlener Heide. Besonders die Biber-Linie (Bus 238) in der Dübener Heide (Touren 15, 16) ist hier erwähnenswert.

Eisenbahnromantik bietet eine Fahrt mit der historischen Kohlebahn von Meuselwitz nach Haselbach (Tour 42).

Die Touren beginnen alle an Bahnhöfen und Haltestellen. Für diejenigen, die lieber mit dem Auto fahren (s. o.), sind Parkmöglichkeiten stets mit angegeben (meist in Nähe des Bahnhofs oder der Haltestelle). Die Parkplätze sind in der Regel gebührenfrei und daher im Tourensteckbrief nicht extra vermerkt. In Ausnahmefällen kann der Ausgangs- und Endpunkt für Autofahrer anders sein, dies ist dann im Tourensteckbrief und der Route beschrieben.

Eisenbahnromantik mit der Kohlebahn (Tour 42).

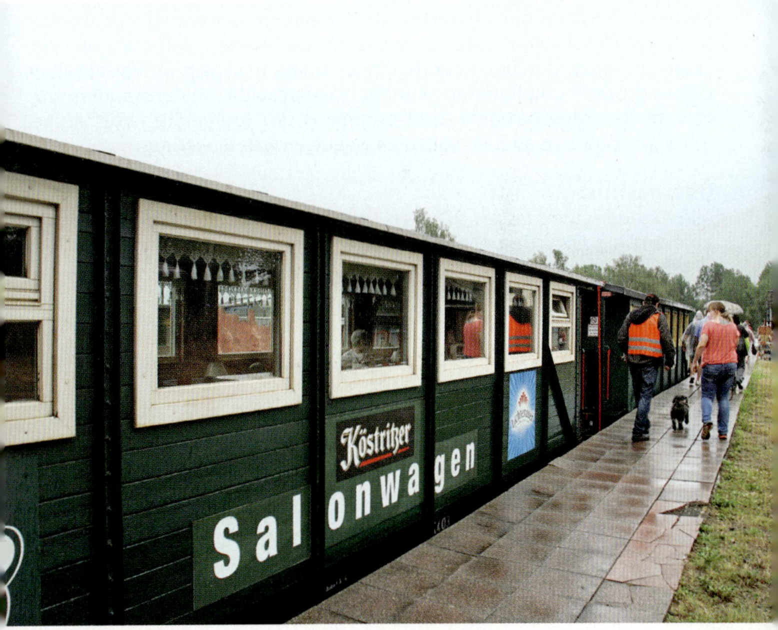

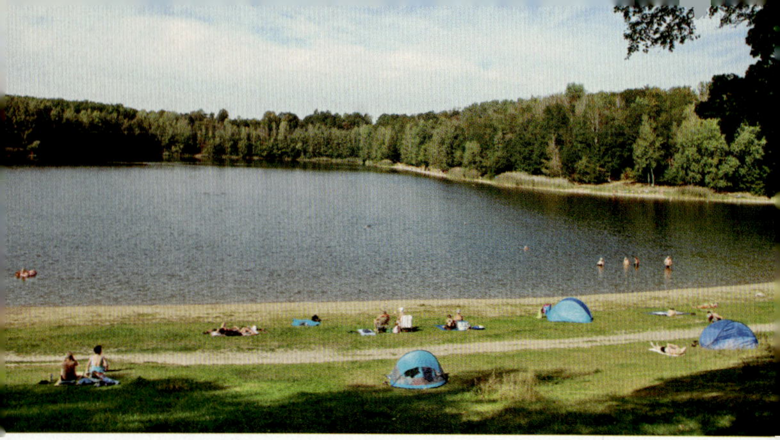

Strand beim Campingplatz am Pahnaer See (Tour 39).

Einkehr

In unserer Wanderregion ist es bei allen Touren wichtig, unbedingt ausreichend Proviant mitzunehmen, da unterwegs manchmal nur wenige bis keine Einkehrmöglichkeiten bestehen. Gaststätten sind auch am Wochenende nicht durchgehend geöffnet, sodass man sich im Vorfeld über Öffnungszeiten und Ruhetage kundig machen sollte. An der Wanderroute bzw. in der Nähe gelegene Gastronomie ist im Touren-Steckbrief aufgeführt. Für Gruppen ab 8 Personen empfiehlt sich Reservierung.

Übernachtung

Alle Wanderungen lassen sich von Leipzig aus gut als Tages- bzw. Halbtagesausflug erreichen. Die Stadt bietet eine Fülle an Unterkünften. Wer in der Region lebt und trotzdem ein Gefühl von »weg« und »Urlaub« haben will, möchte vielleicht übernachten und ggf. auch mehrere Touren an Folgetagen unternehmen. Was bietet sich für den Wanderer dann Besseres, als im Freien im Zelt zu übernachten?

Besonders auf Nachhaltigkeit orientierte Campingplätze sind im Wandergebiet:

- Im Osten, in der Dahlener Heide: Campingplatz am Dammühlenteich Hauptweg 1, 04774 Dahlen, OT Ochsensaal, Tel. +49 176 71827614, contact@camping-dammühlenteich.de, www.camping-dammühlenteich.de
- Im Südosten, bei Bad Lausick: Campingplatz Landidyll, Beuchaer Oberweg 7, 04651 Bad Lausick, Tel. +49 152 02533796, info@campingplatz-landidyll.com, www.campingplatz-landidyll.com
- Weitere Zeltplätze gibt es in allen Regionen des Wandergebietes. Vielerorts finden sich auch Hotels, Pensionen und Ferienzimmer. In der Regel sind sie sauber und ordentlich.

Der Umwelt zuliebe ...

Auch als Wanderer hinterlassen wir einen ökologischen Fußabdruck, aber im Einklang mit der Natur unterwegs zu sein, ist gar nicht so schwer!

VORBEREITUNG UND ANFAHRT

- Sich vorab informieren, worauf in Bezug auf Natur und Umwelt in der jeweiligen Wanderregion besonders zu achten ist.
- Soweit möglich mit Bus und Bahn anreisen, Wander- und Rufbusse nutzen.
- Ist eine Anfahrt mit dem Auto nötig, Fahrgemeinschaften bilden.
- Bei weiten Anfahrten Mehrtagestouren planen oder von einem Quartier vor Ort aus mehrere Touren absolvieren.
- Flugreisen möglichst reduzieren und durch Beiträge zu Klimaschutzprojekten kompensieren.

KLEIDUNG UND AUSRÜSTUNG

- Beim Kauf von Outdoor-Kleidung auf umweltfreundliche und faire Herstellung achten und Kleidungsstücke möglichst viele Jahre nutzen.
- Ausrüstung kann man eventuell auch gebraucht kaufen oder ausleihen.
- Reparieren statt neu kaufen.

VERPFLEGUNG

- Beim Einkauf Bio-Ware, regionale und saisonale Erzeugnisse bevorzugen.
- Hütten und Gasthäuser auswählen, die regionale Produkte verwenden.
- Auf Einwegflaschen und Plastikverpackungen verzichten, stattdessen wiederverwendbare Trinkflaschen und Brotzeitboxen verwenden.

ÜBERNACHTUNG

- Bei lokalen Anbietern buchen, damit Menschen vor Ort profitieren.
- Auf Hütten und in anderen Unterkünften Strom und Wasser sparen.

UNTERWEGS

- Wege benutzen und Abkürzer vermeiden.
- Sperrungen von Wegen und Schutzgebieten respektieren.
- Keine Blumen pflücken und keine Pflanzen entnehmen.
- Waldbrandgefahr beachten.
- Müll wieder mit nach Hause nehmen und dort entsorgen.
- Toilettengänge in freier Natur möglichst vermeiden.
- Lärm vermeiden.
- Hunde an die Leine nehmen.

ROTHER
BERGVERLAG

DAS WANDERGEBIET

Landschaft und Gliederung

Leipzig liegt ungefähr in der Mitte unseres Wandergebietes in einer landschaftlich vielseitigen Umgebung. Die ca. 600 000 Einwohner zählende Großstadt war namensgebend für die sie umgebende Leipziger Tieflandsbucht, die im Nordosten von den Wäldern der Dübener Heide, deren südlichster Ausläufer der Grunawald ist, und der Dahlener Heide begrenzt wird. Die ebene Landschaft wird unterbrochen von einzelnen Erhebungen im Nordosten (z. B. den Hohburger Bergen) und im Süden des Landkreises. Im Stadtgebiet und nach Westen breitet sich der Auwald aus, auch Auenwald genannt. Nach Norden und vor allem nach Süden schließen sich die vielen Seen des Leipziger Neuseenlandes an, die durch Flutungen ehemaliger Braunkohletagebaue als Bergbaufolgelandschaft entstanden sind. Weiter nach Norden folgt die Delitzscher Ebene. Nach Osten erstrecken sich mit deutlich mehr Erhebungen das Muldetal und das Nordsächsische Hügelland, im Südosten gefolgt vom Kohrener Land und ganz im Süden vom Altenburger Land.

Beide Landschaftsformen, Tiefland und Hügelland, bestimmen im Wesentlichen den Charakter von Leipzigs Umgebung. Die Übergänge sind dabei fließend. Im gesamten Gebiet erwarten den Wanderer eher moderate Touren in leicht welligem bis hügeligem Gelände.

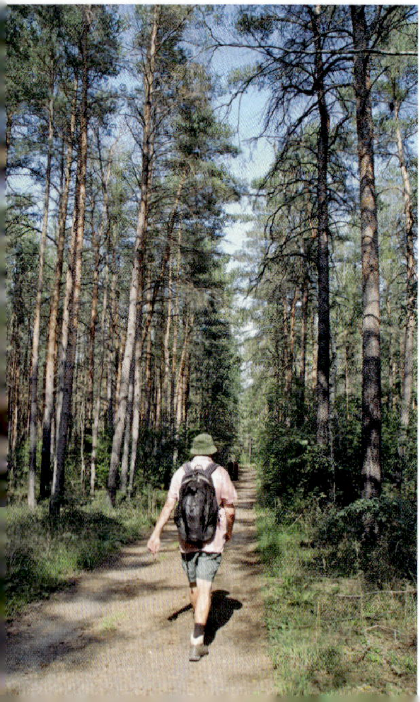

Außerhalb von den Wäldern der Dübener und Dahlener Heide mag als Erstes die weite Ackerlandschaft ins Auge springen. Der Hauptteil des Wandergebietes gehört zu den deutschen Lößgebieten, die gute Böden versprechen. Dennoch lockern einzelne Waldlandschaften stets das Bild auf, von Wiesen und Weiden umgeben. Weiter östlich von Leipzig sind mehr Wälder erhalten wegen hoch anstehenden Grundwassers auf unterlagernden Tonschichten.

Größere, teilweise naturbelassene mäandernde Flüsse sind die Mulde, die Pleiße, die Parthe und die Weiße

Kiefern in der Dübener Heide auf dem Weg nach Schlaitz (Tour 13).

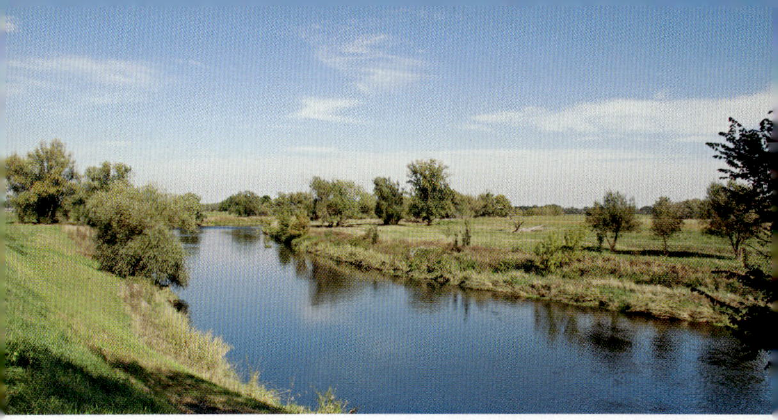

Die Mulde ist ein wichtiger Fluss im Wandergebiet, hier bei Hohenprießnitz (Tour 20).

Elster. Letztere wurde vom gemeinsamen Beirat für Gewässerökologie des Deutschen Angelfischerverbandes und der NaturFreunde Deutschlands zur »Flusslandschaft des Jahres 2020/21« gewählt. Die Mulde hingegen ist der wichtigste Fluss in Nordwestsachsen und wird auf vielen Wanderungen gestreift. Nördlich von Colditz fließen Zwickauer und Freiberger Mulde als Vereinigte Mulde zusammen. In der ehemaligen Bergbaulandschaft Neuseenland Süd mussten viele Flüsse zugunsten der Tagebaue verlegt werden. Wasserfälle gibt es im Wandergebiet keine.
Seen und Teiche findet man auf allen Wanderungen, auch außerhalb des Neuseenlandes. Oft handelt es sich dabei um ehemalige Fischteiche, die heute vielen seltenen Pflanzen und Tieren, besonders Vögeln, einen Lebensraum bieten. Auch Moore, d.h. feuchte Gebiete, deren Böden überwiegend aus Pflanzenresten gebildet sind, kommen im Wandergebiet vor.
In Leipzig und Umgebung liegt eine Fülle von Landschafts-, Naturschutz- und Vogelschutzgebieten, die im Tourenteil bei der Vorstellung der Regionen und bei den einzelnen Touren kurz charakterisiert werden. Neben Leipzig sind die wichtigsten Städte Altenburg, Delitzsch, Eilenburg, Grimma, Schkeuditz und Wurzen.

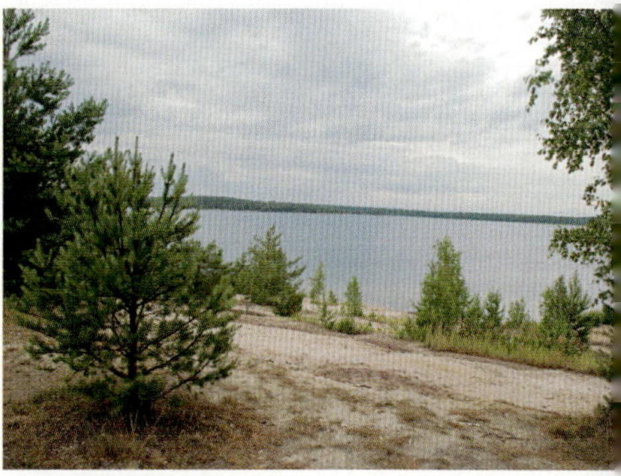

Am Haselbacher See (Tour 42).

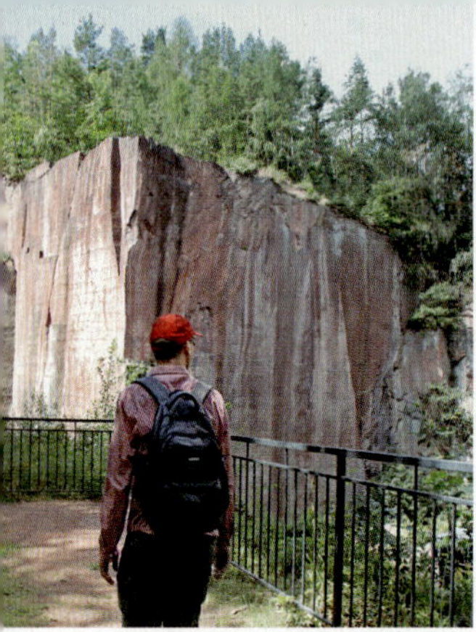

Auf dem Rochlitzer Berg (Tour 35).

Geologie und Bergbau

Die Umgebung von Leipzig ist auch in geologischer Hinsicht sehr vielseitig. Dies hängt unter anderem damit zusammen, dass im mittleren Paläozoikum (vor ca. 310 Mio. Jahren) die Kollision von Kontinentalplatten durch tektonische Vorgänge zur Entstehung eines Hochgebirges führte (Variszische Gebirgsbildung), das anschließend wieder durch Brüche zergliedert und abgetragen wurde. Vor ca. 290 Mio. Jahren kam es vor allem im Bereich der Mulde und im Nordsächsischen Hügelland zu Vulkanausbrüchen, deren Glutlawinen nach dem Erkalten zu dicken Schichten aus Porphyren wurden. Sie sind Namensgeber für das Porphyrhügelland an der Mulde und den Geopark Porphyrland, z. B. in den Hohburger Bergen (Tour 28), im Brandiser Hügelland (Tour 31) und am Rochlitzer Berg (Tour 35).

Im Tertiär lagerten sich in der Leipziger Tieflandsbucht organisches Material und Sedimente ab, aus denen sich Braunkohle bildete, die vor allem im 20. Jh. bergbaulich von Bedeutung war. Die Region wurde einst geprägt vom Braunkohleabbau, für den etliche Landschaften und Orte verschwanden. Die Nachricht von der Abbaggerung löste zunächst bei den Einwohnern Wut und Verzweiflung aus, die jedoch bald der Resignation wich. Wenn auch der Tagebau heute überwiegend eingestellt ist, so sind doch immer noch einige Dörfer von ihrer Auslöschung bedroht. Weder auf die Entwurzelung der Einheimischen noch auf den Verlust wichtiger Kulturgüter wird Rücksicht genommen, z. B. auf das Nietzschegrab in Röcken (Tour 49, Infos unter www.alle-doerfer-bleiben.de). Nicht umsonst zieht sich die Mitteldeutsche Straße der Braunkohle durch das Wandergebiet von Ferropolis im Norden bis Altenburg im Süden. Aus den Tagebaurestlöchern entstand durch Flutung die mitteldeutsche Seenlandschaft, die heute als großflächiges Erholungsgebiet eine wichtige Rolle spielt.

Während der Eiszeit waren weite Flächen Mitteldeutschlands von Eis bedeckt. Durch das Abtauen der Gletscher entstanden Bäche und Flüsse. Letztere hatten meist einen anderen Verlauf als heute, wie z. B. die Mulde, in deren altem Flussbett heute die Parthe fließt. An ihrem Ende hinterließen die Gletscher Aufschüttungen von Gesteinen, die heute als Endmoränen die Landschaft auflockern (z. B. am Bienitz, bei Taucha und in der Dahlener Heide). Grundmoränenplatten und Braunkohle wurden in der Weichselkaltzeit (11 500–10 500 v. Chr.) von Sand und Löß überlagert (Sandlöß). Die fruchtbaren Löß- und Schwarzerdeböden zogen schon früh Ackerbauern an und führten im Wandergebiet zur Gründung fester Siedlungen.

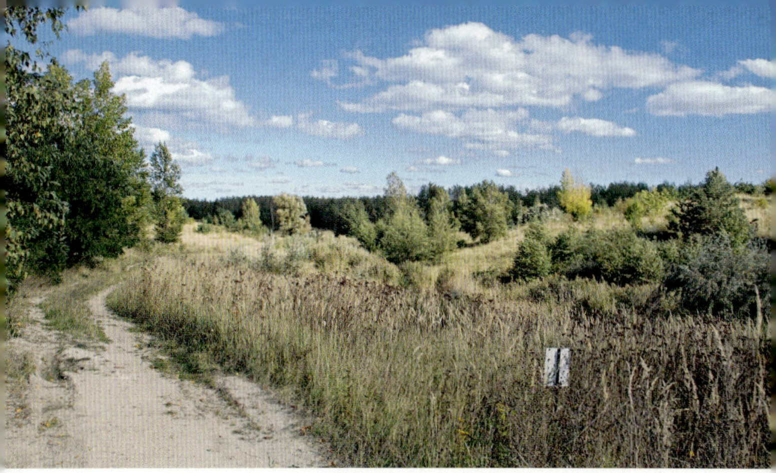

Auf dem Weg zum Arboretum in der südlichen Goitzsche, einem ehemaligen Bergbaugebiet (Tour 10).

Fauna und Flora

Die Vielfalt der Landschaften und Naturräume im Wandergebiet bedingt das Vorkommen vieler unterschiedlicher Tier- und Pflanzenarten. Im Folgenden seien hier nur die wichtigsten genannt, denen wir unterwegs öfters begegnen.

Dem Wanderer werden zunächst die zahlreichen Vogelarten auffallen. Überall kreisen Greifvögel wie Rot- und Schwarzmilan, Bussard und Turmfalke, selten auch Habicht und andere Falken. Eher nachtaktiv ist der Waldkauz. Es grüßt der Graureiher in Gewässernähe, das Rebhuhn am Feldrand. Wiesen und Weiden bieten dem Weißstorch einen geeigneten Lebensraum. Mit etwas Glück lassen sich in Gewässernähe auch seltenere Vogelarten erspähen wie Kraniche, Eisvogel, Kiebitz und Fischadler. In allen Teich- und Seengebieten sowie an Flüssen sind eine reiche Vogelwelt sowie viele Amphibien zu finden. Allein im Leipziger Auwald gibt es über 60 Vogelarten, besonders häufig den Specht (z.B. Bunt- und Schwarzspecht).

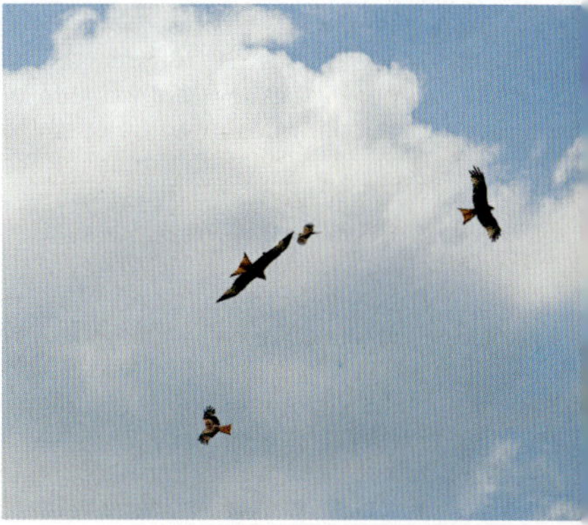

Rotmilane kreisen (Tour 20).

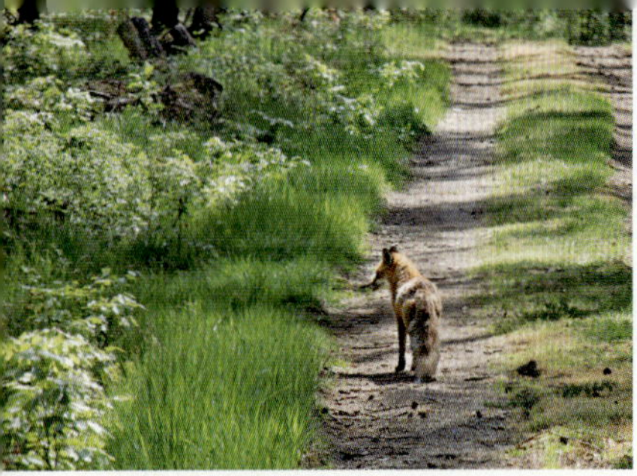

Fuchs im Wald bei Schildau (Tour 22).

Der Elbebiber gilt als das »Wappentier« der Dübener Heide, hat sich inzwischen aber auch im Neuseenland und an der Mulde ausgebreitet. Als Neuankömmling war er sogar »Leipziger Auwaldtier des Jahres 2018«. Seine Spuren sind unübersehbar. Immer wieder wird der Wanderer auch unterwegs Rehen, Feldhasen, Füchsen, Eichhörnchen, Mäusen, Bienen und Schmetterlingen begegnen, Letzteren vor allem in Gebieten mit wenig Ackerbau. Nachtaktiv sind Igel, Maulwurf, Spitzmaus und Fledermaus. Die tag- und nachtaktiven Wildschweine gehen dem Menschen aus dem Weg. Zerwühlte Böden weisen aber überall auf ihre Spuren, vor allem in Waldgebieten. In der Dübener und Dahlener Heide kommt vereinzelt der Wolf vor, dem der Wanderer aber kaum begegnen wird. Im Leipziger Auwald ist die seltene Europäische Wildkatze wieder in einer kleinen Population heimisch.

Die zahlreichen unterschiedlichen Gesteinsarten bedingen das Auftreten einer abwechslungsreichen Pflanzenvielfalt. Die natürliche Vegetation bilden die Wälder. Außerhalb der Auwälder waren einst Traubeneichen-Hainbuchenmischwälder weit verbreitet, die vielerorts nach und nach wieder angelegt werden. In naturnahen Wäldern gibt es auch Heidelbeeren und Pilze.

Im Auwald sind mit Gemeiner Esche, Berg-, Feld- und Spitzahorn, Stieleiche, vereinzelt auch Ulme, typische Vertreter der Hartholzaue zu finden. An eher trockenen Standorten wachsen Hainbuche und Winterlinde. Auch fremdländische Arten wie Rosskastanie und Roteiche kommen vor sowie die auwaldfremde Pappel. Dieser Bestand soll längerfristig zugunsten von standorteinheimischen Baumarten, vor allem der ökologisch wertvollen Stieleiche (u.a. Lebensraum für den Mittelspecht), reduziert werden. Bei den Sträuchern des Auwaldes dominieren Jungwuchs der Feldulme, Blutroter Hartriegel, Pfaffenhütchen, Hasel, Weißdorn, Traubenkirsche und besonders an Wegen auch der Schwarze Holunder, am Waldrand neben Hasel auch Purgier-Kreuzdorn, Schneeball und Schlehe. Typische Frühjahrsblüher sind Buschwindröschen, Gelbes Windröschen, Märzenbecher, Hohler Lerchensporn, Lungenkraut und Scharbockskraut. Eine Besonderheit ist das Leipziger Windröschen (Anemone lipsiensis), eine Kreuzung aus weiß blühenden Buschwindröschen und Gelben Windröschen (Leipziger Auwaldart des Jahres 2020). Ab Ende April überzieht ein Teppich von blühendem Bärlauch den Auwaldboden.

Der Erlen-Eschenwald der Partheaue (auch Parthenaue genannt) wird heute von Berg- und Spitzahorn überprägt. Während Fichtenforste in der

Dübener Heide nur einen Teil ausmachen (ansonsten ist die Kiefer weit verbreitet), sind ihre ausgedehnten Flächen im Colditzer Wald zum Problem geworden. Fichten leiden sehr unter Wasserentzug und sind zudem sehr anfällig gegenüber Schädlingen wie dem Borkenkäfer. Hier ist Waldumbau gefragt. In der Dahlener Heide hingegen hat sich der ursprüngliche Traubeneichen-Buchenwald besser erhalten. In den neuen Wäldern der Bergbaufolgelandschaft dominiert die Birke, auch begegnen wir hier verschiedenen Biotopen wie z. B. Sandpionierfluren und Sandmagerrasen, Bruch- und Sumpfwäldern und uferbegleitender Rohrkolben- und Schilfvegetation.

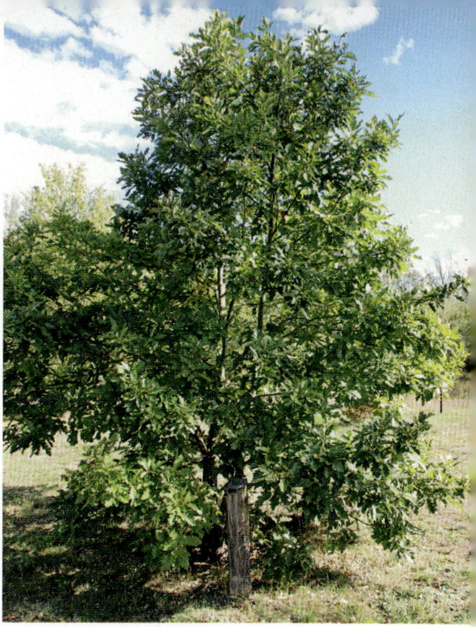

Traubeneiche im Arboretum (Tour 10).

Naturschutz

Im Wandergebiet liegt eine Vielzahl an Schutzgebieten, von denen sich viele auf den Touren in diesem Buch erwandern lassen. Zum einen der Naturpark Dübener Heide, des Weiteren je ca. 20 Landschafts- (LSGs) und Vogelschutzgebiete (SPA), unzählige Naturschutzgebiete (NSGs), Gebiete der Fauna-Flora-Habitat-Richtlinie (FFH) und Naturdenkmäler (ND). Oft informieren vor Ort Tafeln genauer über die Besonderheiten der Natur und das Vorkommen seltener Tiere und Pflanzen.

Wer sich über Naturschutz im Wandergebiet näher kundig machen will, kann sich an folgende Adressen wenden. Geboten werden neben vielen Informationen auch thematisch geführte Wanderungen, Vorträge und Treffen.

- **Der sächsische Teil des Wandergebiets**

  NABU (Naturschutzbund Deutschland) Sachsen e. V., Löbauer Straße 68, 04347 Leipzig, Tel. +49 341 337415-0, landesverband@NABU-Sachsen.de, https://sachsen.nabu.de

  BUND (Bund für Umwelt und Naturschutz Deutschland) Sachsen e. V., Straße der Nationen 122, 09111 Chemnitz, Tel. +49 371 301477, www.bund-sachsen.de

  Regiocrowd Sachsen (keine Geschäftsstelle; unser Wandergebiet ist hier mit den Regionen Leipzig, Dübener Heide, Torgau/Oschatz und Südraum Leipzig vertreten), www.regiocrowd.com

- **Leipziger Stadtgebiet**
  Ökolöwe, Umweltbund Leipzig e. V., AG Naturschutz, Haus der Demokratie Leipzig, Bernhard-Göring-Str. 152, 04277 Leipzig, www.oekoloewe.de
- **Leipziger Auwald**
  Auwaldstation Leipzig, Schlossweg 11, 04159 Leipzig, Tel. +49 0341 4621895, info@auwaldstation.de, www.auwaldstation.de (in Lützschena)
  Arbeitskreis Hallesche Auenwälder zu Halle (Saale) e.V. (AHA), Regionalgruppe Leipzig und Umland, Otto-Adam-Str. 14, 04157 Leipzig, Tel. +49176 84001924, aha_halle@yahoo.de, www.aha-halle.de
  Naturschutz und Kunst – Leipziger Auwald e.V. (ohne Geschäftsstelle), www.nukla.de
- **Dübener Heide**
  Naturparkbüro Dübener Heide, NaturparkHaus, Neuhofstr. 3a, 04849 Bad Düben, Tel. +49 34243 72993, info@naturpark-duebener-heide.com, https://naturpark-duebener-heide.de
- **Altenburger Land**
  NABU Altenburger Land e.V., Parkstr. 10, 04600 Altenburg, Tel. +49 3449 1573944, altenburg@nabu-thueringen.de, www.nabu-altenburg.de

Wenn man mal nicht wandert

Die Stadt Leipzig bietet eine Fülle an Sehenswürdigkeiten, über die man sich in der Touristeninformation beraten lassen kann:

- Tourist-Information Leipzig, Katharinenstraße 8, 04109 Leipzig, Tel. +49 341 7104-260, www.leipzig.travel (So Ruhetag)

Für diejenigen, die gezielt Leipzigs Umgebung näher kennenlernen möchten, bieten sich folgende Attraktionen an, für die auf der Wanderung oft keine Zeit bleibt und die sich teilweise besonders für Regentage eignen.

Die Burg Gnandstein ist immer ein lohnendes Ziel (Tour 38).

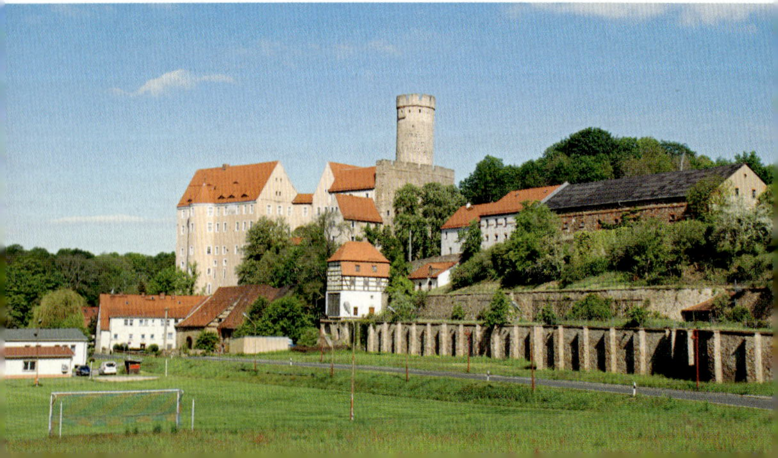

LOHNENDE ZIELE IN LEIPZIG UND UMGEBUNG

Schloss Rochlitz
Spätmittelalterliche Burganlage (14./15. Jh.), urkundlich schon 1009 erwähnt. Ausstellung zum Alltagsleben der »einfachen« Burgbewohner und frühem Zentrum der Reformation. Geöffnet April–Okt. Di–Fr 10–17 Uhr, Sa/So 10–18 Uhr, Sörnziger Weg 1, 09306 Rochlitz, Tel. +49 3737 492310, www.schloss-rochlitz.de

Barockschloss Delitzsch
Klein, aber fein: Das »schönste Damenschloss Sachsens« bietet sechs historische Gemächer eines Witwensitzes aus dem 18. Jh. Vom Schlossturm Ausblick auf die Altstadt, mit Ausstellung zur Stadtgeschichte. Geöffnet Di–So 10–17 Uhr, Schloßstraße 31, 04509 Delitzsch, Tel. +49 34202 67-206, www.barockschloss-delitzsch.com

Burg Gnandstein
Sachsens besterhaltene romanische Wehranlage mit ursprünglich erhaltenem Rittersaal, spätgotischer Burgkapelle (15. Jh.) und 33 m hohem Bergfried auf weit sichtbarem Felsen. Geöffnet April–Okt., Di–Fr 10–17, Sa/So 10–18 Uhr, Burgstraße 3,04654 Frohburg, OT Gnandstein, Tel. +49 34344 61309, www.burg-museum-gnandstein.de

Burg Mildenstein
Gewaltige mittelalterliche Burganlage mit modernem Museum (u. a. Geschichte der Burg, sakrale Kunstwerke, Der Hof der jungen Herrschaft). Geöffnet Di–Fr 10–17 Uhr, Sa/So 10–18 Uhr, Burglehn 6, 04703 Leisnig, Tel. +49 34321 6256-0, www.burg-mildenstein.de

Residenzschloss Altenburg
Schloss- und Spielkartenmuseum. Geschichte des Schlossinventars. Bunte Mischung aus Kunsthandwerk, Möbeln, Porzellan und mehr. Sehr alte Spielkarten sowie solche aus aller Welt. Geöffnet Di–So Mai–Okt. 10–18 Uhr, Nov.–April 10–17 Uhr, Schloss 2–4, 04600 Altenburg, Tel. +49 3447 512712, www.residenzschloss-altenburg.de

Tierpark Eilenburg
Kleiner Zoo mitten im Stadtpark mit einheimischen und exotischen Tieren, seit 2019 auch mit Tropenwelt. Geöffnet täglich von März–Okt. 9–18 Uhr, Nov.–Feb. 9 Uhr bis Einbruch der Dunkelheit, spätestens 17 Uhr, Stadtpark 3, 04838 Eilenburg, Tel. +49 3423 752984, https://tierpark.eilenburg.de

Tierpark Lützen und Museum Gustav-Adolf-Gedenkstätte
Für Kinder: überwiegend einheimische Tiere, Kletterwald und Spielplatz. Für Erwachsene: Museum mit interessanter Ausstellung zur Schlacht bei Lützen 1632, wo der Schwedenkönig Gustav II. Adolf fiel. Geöffnet: Tierpark tgl. 10–17 Uhr, Museum Di–So April–Okt. 10–17, Nov./März 10–16 Uhr, Gustav-Adolf-Straße 42, 06686 Lützen, Tierpark: Tel. +49 172 3410774, www.tierpark-lützen.de, Museum: Tel. +49 34444 20317, www.stadt-luetzen.de/de/gustavadolfgedenkstaette.html

Belantis
Der Freizeitpark südlich von Leipzig bietet über 60 Attraktionen in acht Themenwelten, vom Kettenkarussell über Achterbahn zum Dorf der Apachen und ruhiger Bootsfahrt. Nicht nur für Kinder, sondern für jeden ist etwas dabei. Geöffnet von Anfang April bis Anfang Nov., täglich 10–17, Juli/Aug. bis 18 Uhr, Zur Weißen Mark 1, 04249 Leipzig, Tel. +49 341 9103-3333, www.belantis.de

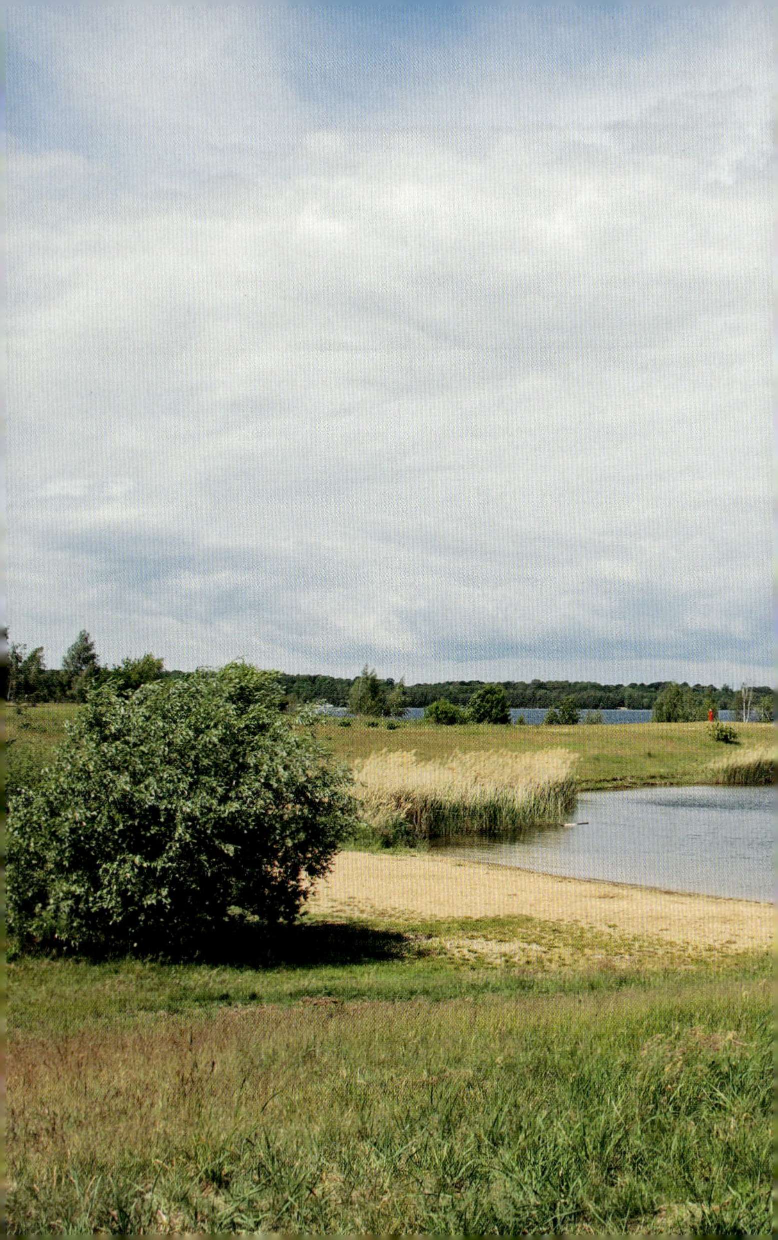

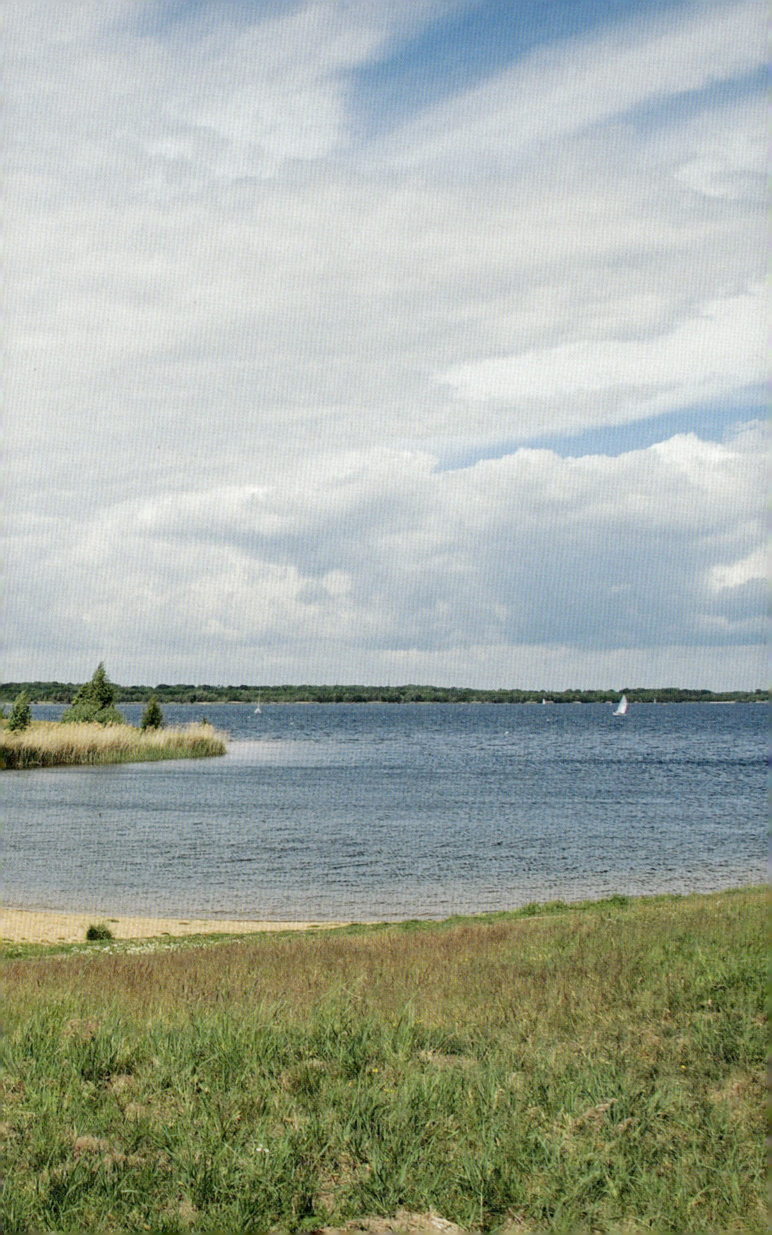

Die Stadt Leipzig und ihre Auwälder

Leipzig hat etwas deutschlandweit Einzigartiges zu bieten: eine große Fläche von Auwald mitten im Stadtgebiet, das Landschaftsschutzgebiet Leipziger Auwald. Dieser erstreckt sich über ca. 20 km von Schkeuditz bis Markkleeberg und bildet in Leipzigs Westen mit ca. 3000 ha Fläche einen grünen Gürtel. Mit seiner vielfältigen Flora und Fauna ist er ökologisch bedeutsam und einer der bedeutendsten Auwälder Deutschlands. Randlich begrenzt wird er von den überwiegend ackerbaulich genutzten Hochflächen des Leipziger Landes.

Der Leipziger Auwald erstreckt sich über die Flussauen der Weißen Elster, der Pleiße und der Luppe. Demnach liegen hier die Naturschutzgebiete Luppeaue, die sich nach Westen in Richtung Halle erstreckt (Tour 1), die Burgaue südlich von Lützschena mit dem Bienitz (Tour 2) und der Elster- und Pleißeauwald mit Lehmlache Lauer (Tour 4). Der gesamte Auwald ist gleichzeitig Vogelschutzgebiet. Im Schlosspark Lützschena lässt sich mit einer Naturlehrpfad-App auf einem Auwald-Erlebnispfad von 4 km einiges über den Auwald erfahren.

Dem Wanderer erschließt sich im Auwald ein Mosaik von Hartholzauwäldern, Weichholzgebüschen, kleinen Nasswiesen und Altarmen von Fließgewässern. Der ökologisch wertvolle Lebensraum der Hartholzaue bildet sich dort, wo nur gelegentlich überflutet wird. Bedeutsame zusammenhängende Hartholzauwälder sind besonders an den in weiten Teilen naturnahen Flüssen wie Weiße Elster, Luppe und Pleiße zu finden, kleine Auwäldchen auch an der Parthe mit ihren ausgedehnten Wald- und Wiesenlandschaften. Ab Ende April überzieht ein Teppich von blühendem Bärlauch den Auwaldboden, der hier in geringen Mengen für den Eigenbedarf gepflückt werden darf.

Im Auwald, hier die Lachen an der Waldspitze (Tour 2).

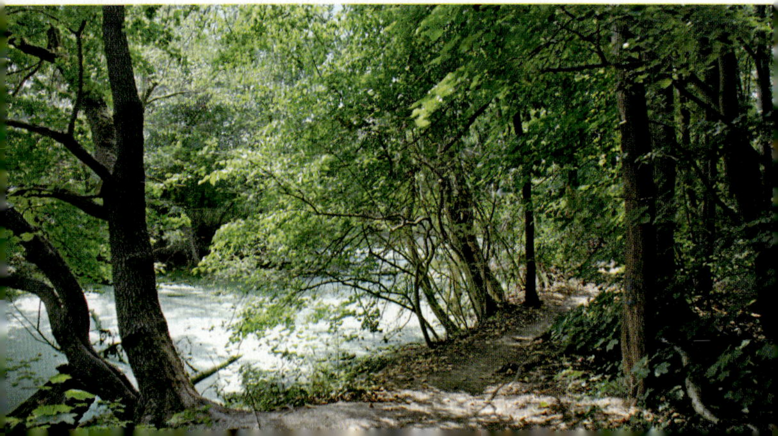

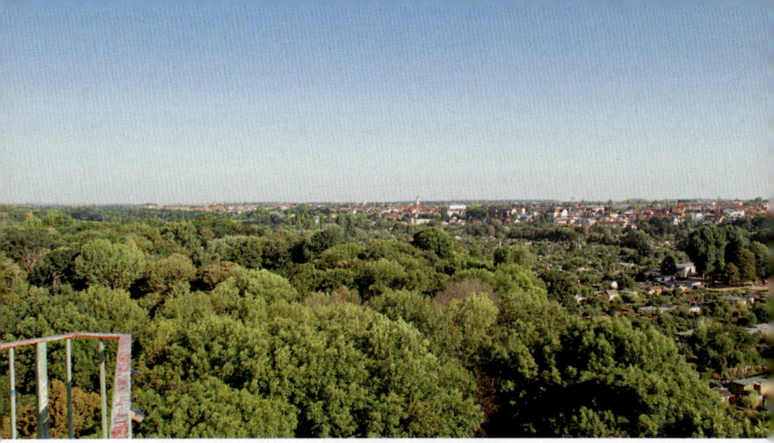

Aussicht vom Rosentalturm (Tour 3).

Die grüne Stadt hat zahlreiche weitere Naturoasen zu bieten: eine Fülle an Parkanlagen, naturbelassenen Flussabschnitten (z. B. an der Parthe, Tour 7), acht Landschaftsschutzgebiete neben dem Leipziger Auwald und andere Wälder, die zu Wanderungen und ausgedehnten Spaziergängen einladen. Über zehn Parkanlagen liegen im Leipziger Stadtgebiet. Die schönsten sind der Schlosspark von Lützschena (Tour 2), der Rosentalpark (Tour 3), der Leipziger Wildpark (Tour 4) und der Abtnaundorfer Park (Tour 7). Jeder begeistert durch seinen eigenen Charakter. Manche waren früher Auwälder, wie z. B. der Clara-Zetkin-Park oder der Johannapark (einst: Heilige Wiesen). Heute bilden sie eine Brücke zwischen dem nördlichen und dem südlichen Auwald.

Neben den oben genannten sind weitere wichtige Bäche Leipzigs Rietzschke und Zschampert. Insgesamt weist die »lebendige grüne Stadt am Wasser« 150 km Fließgewässer auf. Sie liegt im Herzen der ebenen Leipziger Tieflandsbucht, und so gehören der Bienitz (127 m, Tour 2) und der künstlich aufgeschüttete Nahleberg (147 m, Tour 3) zu den wenigen Erhebungen. Nach Süden hin schließt sich mit dem Cospudener See das Leipziger Neuseenland Süd an (Tour 5).

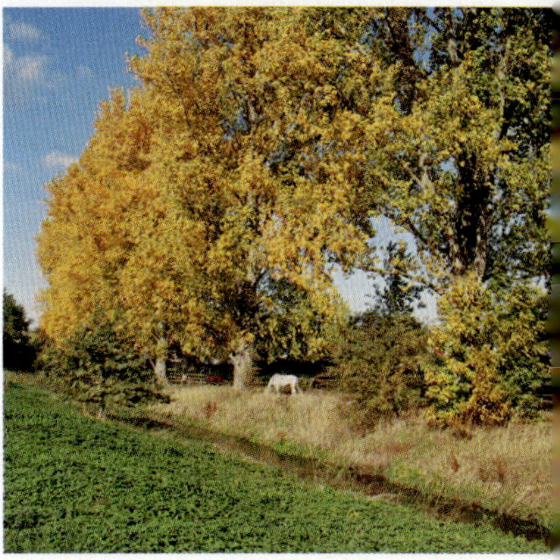

An der Parthe bei Taucha (Tour 7).

TOP

1

↗ 40 m | ↘ 40 m | 9.7 km

2.30 h

In den Schkeuditzer Auen

Auwald, Wiesenidylle und Teiche

Die große Kreisstadt zwischen Leipzig und Halle hat dem Wanderfreund mit der südlich gelegenen herrlichen Schkeuditzer Elster-Luppe-Aue im Nordwesten des Landschaftsschutzgebietes Leipziger Auwald einiges zu bieten.

Schnell ist vom Schkeuditzer Stadtzentrum der ehemalige Altscherbitzer Gutspark erreicht, dessen Grün uns bis zur Elsterniederung begleitet. Ab hier führt diese Wanderung durch das Naturschutzgebiet Luppeaue, eine ursprüngliche Auenlandschaft, durch Wald und über wilde Wiesen mit reicher Blütenpracht. Im Modelwitzer Herrnholz locken die wildromantischen Teiche der Papitzer Lachen, ehemalige Lehmgruben, die an Ziegeleien verpachtet waren. Hier sind im Frühjahr Märzenbecher und Leipziger Windröschen zu bewundern. Anschließend geleitet der Damm der Neuen Luppe, die südwestlich von Schkeuditz in die Weiße Elster mündet, zur traditionsreichen Domholzschänke. Das Domholz gehörte ab 970 dem Bistum Merseburg. 1840 wurde vom Domkapitel der Bau eines Domhäuschens beschlossen, neben dem 1926 die Gaststätte errichtet wurde. Der Rückweg erfolgt weitgehend durch Auwald. Wieder im Stadtgebiet kommen wir an Teichen vorbei, die zum Naturschutzgebiet Luppeaue gehören: den Elsterwiesen am Wasserwerk Schkeuditz.

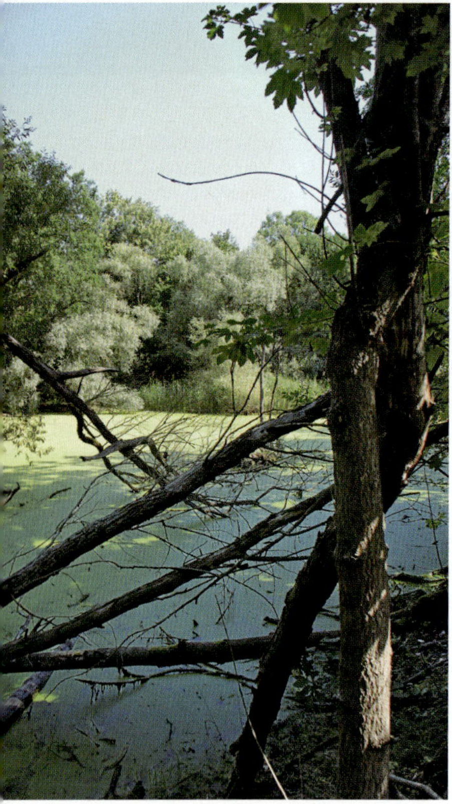

Die Papitzer Lachen.

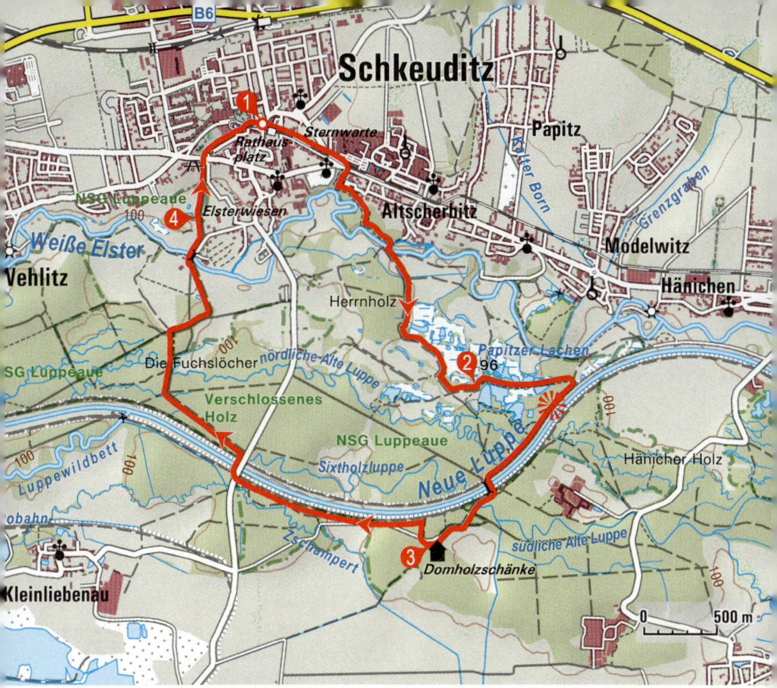

Ausgangspunkt: Schkeuditz, Straßenbahnendhaltestelle am Rathausplatz. Mit der Linie 11 von Leipzig Hbf. nach »Schkeuditz, Rathausplatz« (ca. halbstündlich). Parken im Bereich der Teichstraße in Schkeuditz (Navi: Teichstraße, Schkeuditz).
Anforderungen: Ohne Ausschilderung im ersten Teil, im zweiten Teil mit dem Wanderzeichen blauer Balken gekennzeichnet. Route kann teilweise matschig sein. Undeutliche Wiesenpfade vor den Papitzer Lachen (Tendenz zu »rot«). Bei störenden Radfahrern auf dem Damm der Neuen Luppe kann auf Parallelwege unterhalb ausgewichen werden.
Einkehr: Domholzschänke im Domholz (April–Sept. tgl. geöffnet, im Okt. Mo, Nov.–März Mo/Di Ruhetag); mehrere Gaststätten in Schkeuditz.
Tipp: Im Frühjahr, zur Zeit der Bärlauch- und Wildblumenblüte, ist diese Wanderung am schönsten.

Von der Straßenbahnhaltestelle **Schkeuditz Rathausplatz** ❶ wenden wir uns zum Rathaus (1910–1913, Neo-Renaissance) und wandern den Fußweg rechts der Gleise entlang. Linker Hand liegt bald die Sternwarte. An der Straße laufen wir zunächst geradeaus, überqueren die Leipziger Straße, gehen links und bald wieder rechts. Der ehemalige Rittergutspark Altscherbitz wird betreten. Wir folgen dem idyllischen Weg immer auf dem Hauptweg, der unten an der Weißen Elster nach links schwenkt. Schließlich wird rechts eine überdachte Brücke überquert. Dann geht es links in die Allee,

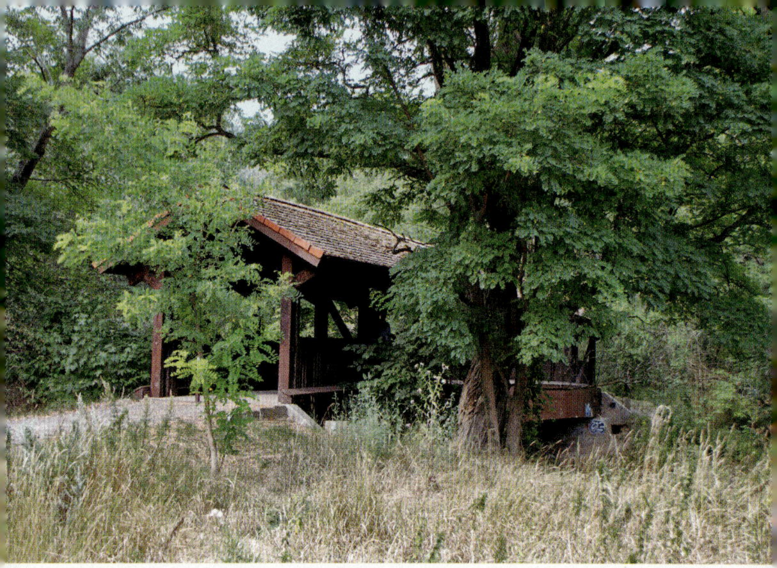

Die überdachte Brücke über die Weiße Elster.

wir kommen ins Herrnholz. An einer Wiese wird der Weg zum Pfad und schwenkt nach links. Am Ende der Wiese halten wir uns kurz nach rechts und biegen dann scharf links ein. In der Mitte der nächsten Wiese geht es links, und dann rechts an einem Strommast vorbei.

Vor dem ersten Teich der **Papitzer Lachen** ❷, einem wertvollen Lebensraum vor allem für Amphibien, halten wir uns links und gehen den ersten Weg rechts, weiter geradeaus. Wir befinden uns nun im sogenannten Modelwitzer Herrnholz. Der idyllische Pfad geleitet an mehreren Teichen vorbei und führt dann durch den Auwald.

An dessen Ende wenden wir uns hinauf zum Damm der Neuen Luppe und gehen rechts auf diesem weiter. Hier genießen wir den weiten Blick über den Fluss. Wir nutzen die erste Brücke links und halten uns dann rechts. Beim Graben der südlichen Alten Luppe linker Hand geht es schräg links in den Jakobspilgerweg und durch Wald, den Domholz. An einer Kreuzung wandern wir geradeaus weiter und halten uns am Waldrand rechts. An der **Domholzschänke** ❸ biegen wir rechts in den Pfad ein. Dann geht es links, jetzt wieder auf den Damm und später rechts über die nächste Brücke. Anschließend nehmen wir den zweiten Weg links.

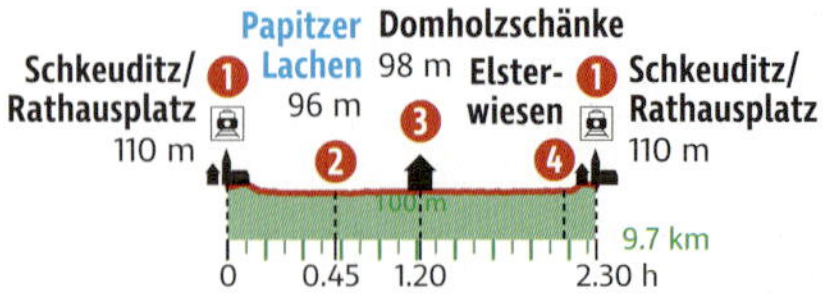

Das Verschlossene Holz, seit 1976 Naturschutzgebiet und seit 1990 Bestandteil des Naturschutzgebietes Luppeaue, wird betreten. An einer Kreuzung halten wir uns mit dem blauen Balken, dem wir nun bis Schkeuditz folgen, schräg rechts in den Revierort »Die Fuchslöcher«. Nach der Überquerung eines Altarms der nördlichen Alten Luppe biegen wir schräg links in den schönen Waldweg ein. Am Querweg halten wir uns rechts und verlassen nun das Naturschutzgebiet. An einer Kreuzung geht es dann geradeaus und am Waldrand links.
Wir erreichen eine Brücke über die Weiße Elster, die wir überqueren. Dann biegen wir in den ersten Weg links ein. Wir bleiben auf dem geteerten Weg und kommen an mit Binsen zugewachsenen Teichen vorbei, dem sogenannten Biotop **Elsterwiesen** ❹ am Wasserwerk Schkeuditz.
An der Gartenanlage geht es erst links, dann geradeaus weiter. Wir nutzen Stufen hinauf und kommen an einer Quelle, dem Klingelborn, vorbei. Geradeaus laufen wir zum Rastplatz mit Skulpturenpark. Danach wenden wir uns nach schräg rechts und bald erneut schräg rechts in die Ernst-Waage-Straße. Dann halten wir uns links und wieder rechts in die Fußgängerzone zur Straßenbahnhaltestelle **Schkeuditz Rathausplatz** ❶.

Die Neue Luppe.

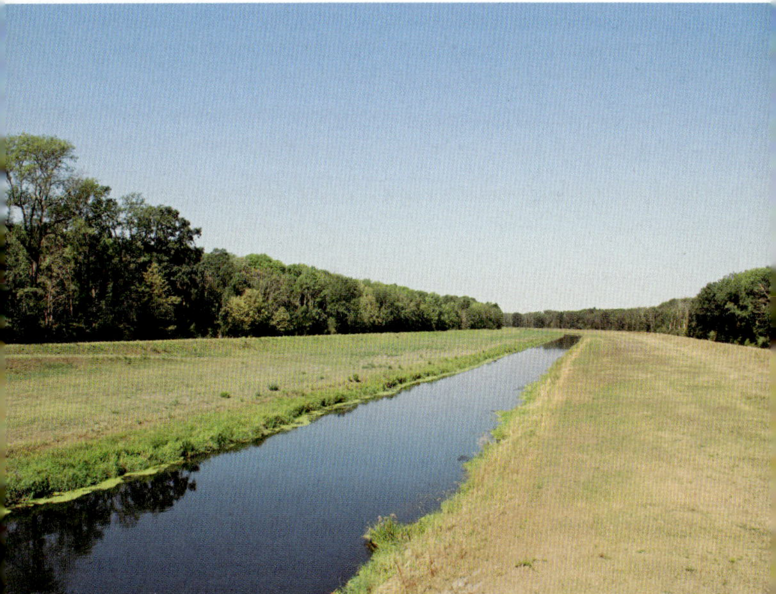

↗ 60 m | ↘ 60 m | 15.0 km

2 Zum Lützschenaer Schlosspark und auf den Bienitz

4.00 h

Malerische Auenseen, Parkromantik und Wälder

Ausgedehnte Auwälder machen Leipzig zu einem Wanderparadies – auf dieser Runde erkunden wir die Aue im westlichen Stadtgebiet, die durch den kleinen Park am Schloss Gundorf betreten wird. Dort folgen wir zunächst der Alten Luppe auf einem idyllischen Pfad. Bald wird es im Naturschutzgebiet Leipziger Burgaue und bei den Lachen an der Waldspitze wildromantisch. Die 43 ha große Burgaue steht seit 1961 unter Naturschutz; der Name bedeutet übrigens Bürgeraue, also den Bürgern von Leipzig gehörend. Nach Überquerung der Neuen Luppe erwartet uns der Schlosspark Lützschena, der umso bemerkenswerter ist, während das Schloss sich eher in graue Schleier hüllt – ein Landschaftspark mit verschiedenen attraktiven Gestaltungselementen wie Dianatempel und Weiße Brücke, im 19. Jh. geschaffen vom Schlossherrn Maximilian Freiherr Speck von Sternburg. Hier informiert auch eine Auwaldstation über die Pflege der Auenlandschaft. Durch den Hinteren Forst wandern wir erst über Gundorf und Burghausen, dann am Elster-Saale-Kanal entlang zum Bienitz, einem Endmoränenzug aus der Saalekaltzeit, ebenso Teil des nördlichen Leipziger Auwalds. Heute ist der idyllische, bis knapp 130 m hohe Hügelzug naturnah bewaldet und bietet nach Süden hin eine schöne Aussicht.

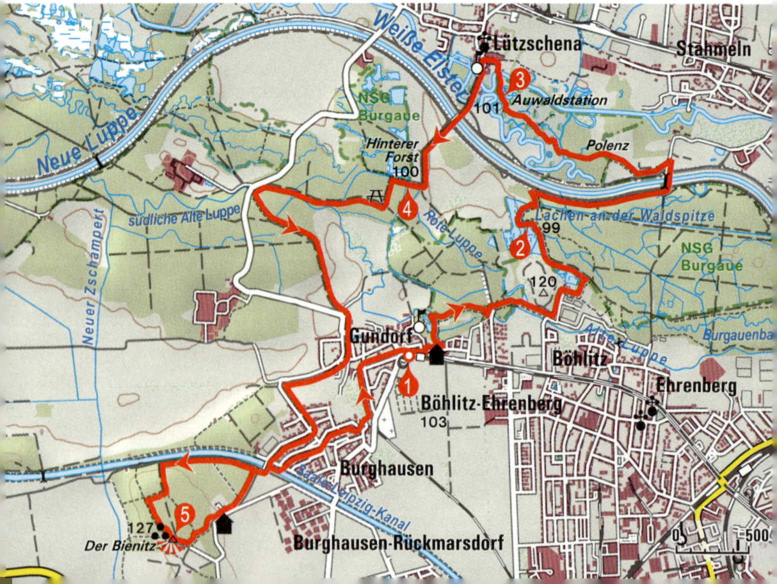

Ausgangspunkt: Gundorf, Straßenbahnendhaltestelle. Mit der Linie 7 von Leipzig Hbf. nach »Böhlitz-Ehrenberg, Burghausener Straße« (ca. alle 15 min). Parken im Bereich der Leipziger Straße oder der Lützschenaer Straße (Navi: Leipziger Str. 220, Leipzig).
Anforderungen: Ab dem Lützschenaer Schlosspark teilweise ausgeschildert. Ggf. feuchte Stellen in der Aue, Tour ist nach anhaltenden Regenfällen nicht ratsam. Die Tour lässt sich in Gundorf zwischen ④ und ⑤ auch abkürzen (Einsparung ca. 5 km).
Einkehr: Schloßkrug Gundorf (tgl. geöffnet) in Böhlitz-Ehrenberg; Kurhaus Bienitz (Mo/Di Ruhetag) in Burghausen.
Tipp: Auf der Website der Auwaldstation (www.auwaldstation.de) kann man die App »Auwald-Erlebnispfade« mit Infos und Tipps zum Auwald und Schlosspark Lützschena herunterladen.

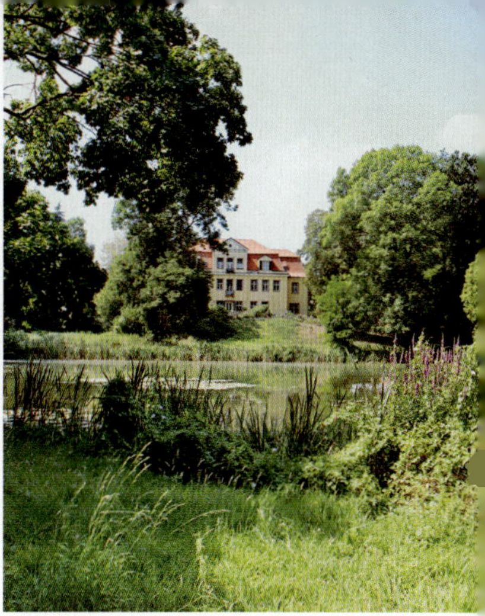

Schloss Gundorf, erbaut um 1720.

Von der Straßenbahnhaltestelle **Böhlitz-Ehrenberg** ① in **Gundorf** (wurde 1934 eingemeindet, 1999 dann in Leipzig) wenden wir uns zum Schloßkrug Gundorf, gehen links an ihm vorbei und dahinter rechts. Am Haus Nr. 12–16 halten wir uns links und laufen links den schmalen Pfad hinunter zum kleinen Gundorfer Schlosspark, Ende des 19. Jh. im Stil eines englischen Landschaftsparks gestaltet. Am Schlossteich halten wir uns rechts, wo sich bald ein schöner Blick auf Schloss Gundorf, heute Reiterhof, bietet. An einem kleinen Gebäude biegen wir rechts ein und folgen dem Pfad an der Alten Luppe, hier Mühlgraben genannt. An einer Gabelung geht es rechts zu Häusern, dort links, dann schräg links über die Brücke.
Anschließend biegen wir rechts in den Radweg »Innerer Ring« ein. Am Abzweig halten wir uns kurz geradeaus, dann links, am Hügel entlang. Wir biegen vor dem Sportplatz erst rechts, dann in den ersten Pfad links ein. An der Kreuzung im Wald geht es wieder nach links, das Naturschutzgebiet Burgaue wird betreten. Der schöne Weg führt über einen Steg und schließlich zu den **Lachen an der Waldspitze** ②, durch Lehmabbau für die

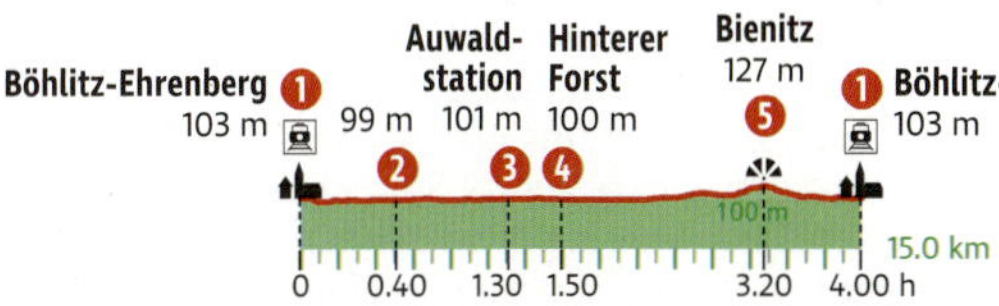

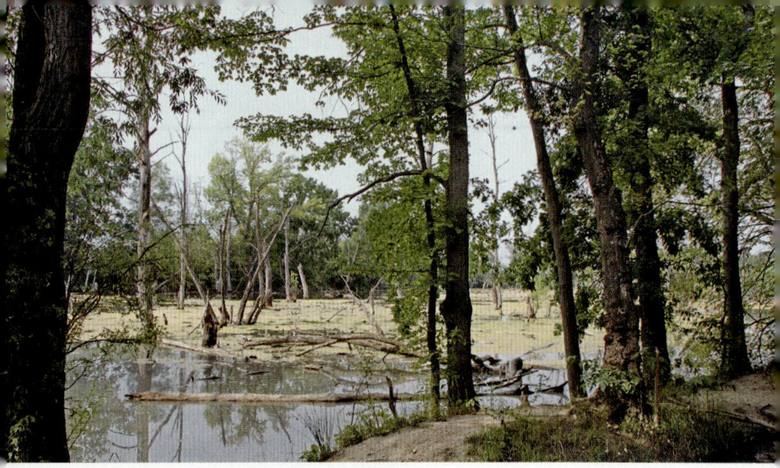

Die Lachen an der Waldspitze.

Ziegelherstellung entstanden und heute Vogelbrutgebiet. Wo rechts ein gelber Pfeiler zu sehen ist, halten wir uns geradeaus, ggf. ist hier feuchter Untergrund. Wir folgen dem Pfad immer weiter und gelangen wieder ins Freie. Vor dem Damm biegen wir rechts ab und überschreiten bald die Neue Luppe links über die Brücke. Kurz geht es noch geradeaus, dann aber an den Pfeilern nach links. Am Ende der Gärten rechter Hand nutzen wir den zweiten Pfad (ggf. undeutlich) schräg rechts über die Wiese.

Der Forst Polenz wird betreten. Im Wald folgen wir dem Wanderzeichen blauer Balken. Dazu geht es erst an der Gabelung rechts, dann links und wieder rechts. Nach einer Brücke wird der naturnah gestaltete Schlosspark Lützschena betreten. Vor dem Dianateich mit weißem Tempel biegen wir rechts ab. Vor dem Mühlgraben geht es scharf rechts weiter (der blaue Balken wird hier verlassen), doch zuvor gehen wir ein paar Schritte für einen Abstecher geradeaus zur **Auwaldstation 3**. Dann überschreiten wir die Weiße Brücke und erreichen Schloss Lützschena, hinter dem wir links einbiegen und dann über eine Brücke laufen. Von hier lohnt ein Blick zurück auf das Schloss, das von dieser Seite viel schöner aussieht.

Geradeaus wandern wir durch eine Allee und folgen nun für eine Weile im Wesentlichen dem Wanderzeichen roter Balken. Erst wird das Hundewasser, dann die Neue Luppe überschritten. Zunächst geht es geradeaus und nach ca. 500 m mit dem roten und blauen Balken nach rechts. Der **Hintere Forst 4** wird betreten. Der schöne Waldweg führt bald links über eine kleine Brücke. Am Rastplatz halten wir uns rechts und wandern dann immer geradeaus bis zur Straße, wo wir vorsichtig links einbiegen, der blaue Balken wird verlassen. Nach der Brücke nehmen wir den ersten Weg links (ggf. unmarkiert), später geht es schräg links und an einer Kreuzung geradeaus.

Wir kommen wieder nach Gundorf, wo sich die Wanderung abkürzen lässt, indem man vor dem Teich die Lützschenaer Straße nach links geht. Wer die volle Runde gehen will, hält sich am Teich geradeaus und am Anger schräg rechts. Auf dem Feld wenden wir uns an einer Gabelung nach links und verlassen den roten Balken. Wir folgen der Straße in einem Linksbogen und gehen in Burghausen bis zur R.-Leisebein-Straße, in die wir rechts einbiegen. Wir laufen über die Brücke des Saale-Leipzig-Kanals, vor 1999 Elster-Saale-Kanal genannt, und dann rechts. Wir wandern an der unvollendeten Wasserstraße entlang (gebaut 1933–1942), wieder dem roten Balken folgend, mit dem wir in den zweiten Weg links einbiegen (geradeaus käme ein Gebäude). An der Kreuzung gehen wir rechts und an der nächsten links in einen idyllischen kleinen Weg, der durch naturnahen Eichen-Hainbuchenwald führt. Am Waldende laufen wir kurz geradeaus, der höchste Punkt des **Bienitz** 5, 127 m, wird erreicht. Wir genießen die Aussicht und halten uns an der Bank schräg links.
Später folgen wir dem geteerten Weg geradeaus. Nach der Tafel »Hügelgräberfeld« (Teil des Lehrpfades auf dem Bienitz von 1998) geht es an der Kreuzung links und gleich nach der Linkskurve wieder nach rechts. Wir kommen an der Gaststätte Kurhaus Bienitz vorbei und wenden uns dort nach links. Nach ca. 100 m halten wir uns an einer Gabelung schräg links. Über die Brücke vom Hinweg wird wieder Burghausen erreicht.
Gleich geht es rechts und in den ersten Weg wieder links. An der Gabelung halten wir uns schräg rechts und dann schräg links in die Straße Wiesenrain. Dann biegen wir links in den Frankenweg ein. Der Fußweg führt geradeaus über stillgelegte Gleise. Wir biegen gleich in die ruhige Yorck-Diebitsch-Straße ein und dann rechts in die Leipziger Straße. Bald ist wieder die Straßenbahnhaltestelle **Böhlitz-Ehrenberg** 1 erreicht.

Tempel am Dianateich.

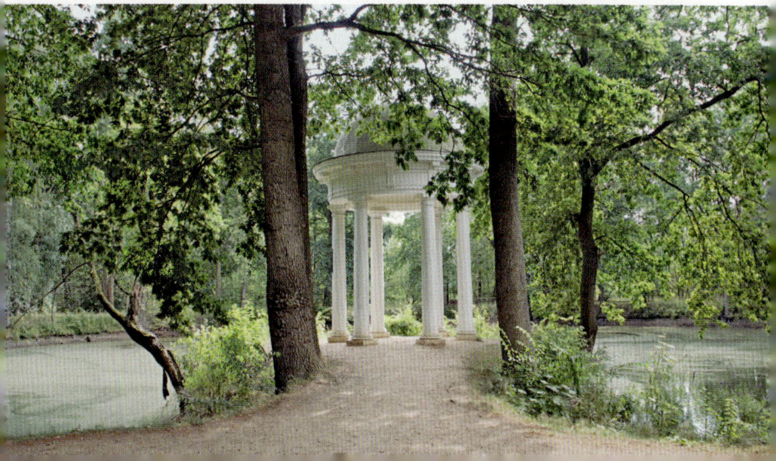

↗ 105 m | ↘ 105 m | 13.2 km

3 Vom Auensee zum Rosental

3.00 h

Wälder, Flüsse und weite Aussichten

Stadtnah lernen wir weitere Teile des Leipziger Auwalds kennen: den Möckernschen Winkel, das Rosental und das Leutzscher Holz, die Teil des Naturraums Leipziger Elster-Pleiße-Aue sind. Den Auftakt bildet der 18 ha große Auensee, entstanden aus einer Lehmgrube, später durch Kiesabbau für den Bau der Fundamente des Hauptbahnhofs. Heute ist er eher bekannt für das Haus Auensee, Treffpunkt für Kultur und Konzerte. Weiter geht es an der Nahle zum Nahleberg, 147 m, und später auf den 22 m hohen Rosentalturm – von beiden bieten sich großartige Panoramablicke auf Leipzig und Wahren. Das bereits 1318 erwähnte Rosental ist die älteste Grünfläche Leipzigs. Durch diese Parklandschaft erreichen wir das Elsterbecken, 1913–1925 zum Hochwasserschutz errichtet, heute Wasservogelschutzgebiet.
Danach erfolgt der Rückweg durch das Leutzscher Holz und erneut an der Nahle entlang, dem eigentlichen unteren Flusslauf der Kleinen Luppe, die seit den 1930er-Jahren diesen Wald durchfließt, nachdem die Luppe 1934–1938 ein neues Flussbett erhalten hatte.

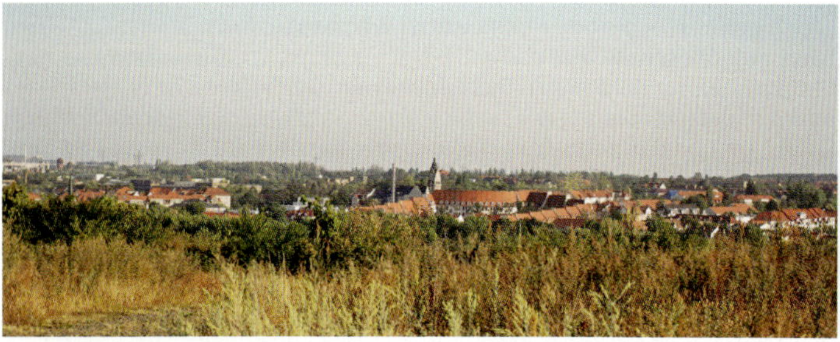

Blick auf Wahren vom Nahleberg.

Ausgangspunkt: Wahren, Straßenbahnendhaltestelle am Pater-Aurelius-Platz. Mit der Linie 10 von Leipzig Hbf. nach Leipzig-Wahren (ca. halbstündlich). Autofahrer nutzen den Parkplatz beim Haus Auensee ❷ (Navi: Gustav-Esche-Straße, Leipzig).
Anforderungen: Viele schmale, urwüchsige Pfade. Etwas Trittsicherheit vorteilhaft, zudem erhöhte Aufmerksamkeit und ein guter Orientierungssinn. Die beiden Aussichtsberge können auch weggelassen werden (Einsparung beim Nahleberg ca. 1,5 km).
Einkehr: Biergarten im Haus Auensee (nur Sa/So/Feiertag); Gaststätte Reiterklause (Do Ruhetag) oder BBQ-Ranch (Mo/Di Ruhetag) im Leutzscher Holz; Imbiss Haus am See am Auensee.
Tipp: Mit Kindern kann man die Wanderung am Auensee mit Parkeisenbahn und Spielplatz gut ausklingen lassen.

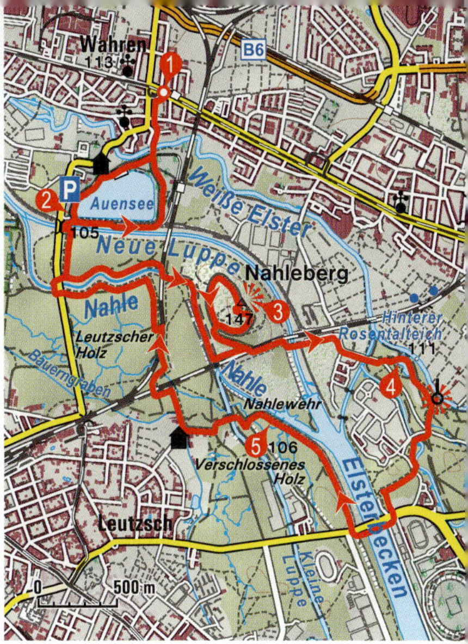

An der Straßenbahnhaltestelle in **Wahren** ❶ wenden wir uns in Richtung des Rathauses, einem Eckbau von 1905 mit weit sichtbarem Turm. Bei der Apotheke halten wir uns vor der Wendeschleife links und an der Kreuzung wieder links. Wir gehen die Straße hinunter und an der folgenden Kreuzung geradeaus. An einer großen Eiche und der Straße Am Hirtenhaus halten wir uns schräg links, dann schräg rechts und über die Brücke der Weißen Elster.

Das Erholungsgebiet um den Auensee wird betreten. Wir biegen rechts ein und laufen parallel zur Parkeisenbahn weiter. Beim »Bahnhof Auensee« genießen wir den ersten Blick auf den See. Bald kommen wir an den ersten Tafeln des Anglerverbands Leipzig vorbei – der See ist sehr fischreich. An der Kreuzung geht es links, weiter an der Bahn entlang und vorbei am Biergarten des Hauses Auensee. Beim **Parkplatz am Auensee** ❷, wo die Wanderung für Autofahrer beginnt, halten wir uns rechts hinauf und überschreiten die Brücke.

Dann biegen wir links ein, der Weg schwenkt gleich nach rechts in den Möckernschen Winkel, letzter Rest eines größeren Waldgebietes südwestlich von Möckern. Wir bleiben auf dem Hauptweg und halten uns an der Gabelung links. Schließlich gehen wir ganz vor bis zur Nahle und davor links in den kleinen Pfad, dem wir entspannt für ca. 2 km folgen. Schließlich geht es vor der Brücke schräg links. Linker Hand liegt der Nahleberg, eine rekultivierte Müllkippe und heute ein herrlicher Aussichtspunkt über Leipzig. Für den Abstecher nutzen wir den Weg links, der geteert nach oben führt. An dessen Ende geht es rechts in den Schotterweg und immer weiter auf dem Hauptweg. Fast oben führt schräg links ein Abstecher zum höchsten Punkt des **Nahlebergs** ❸, zu einer Art Podest, wo sich ein hervorragender Blick auf Leipzig und auch auf das Rathaus Wahren, unseren Ausgangspunkt, bietet.

Wir gehen anschließend ein Stück zurück, an der Gabelung links und dann links weiter auf dem Schotterweg von vorhin. Nochmals ist ein schöner Blick auf Wahren zu werfen. Schließlich laufen wir wieder den Teerweg abwärts. Unten halten wir uns links, vor der Neuen Luppe rechts und wieder links, dann geradeaus über die Luppe und rechts der Gleise weiter. Wir biegen

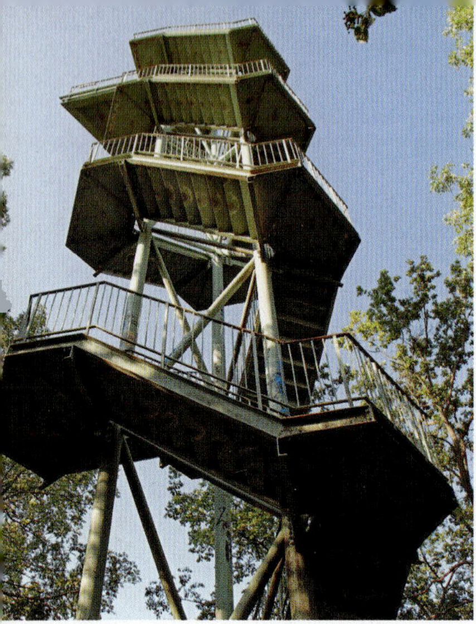

Der Rosentalturm.

in den ersten Weg rechts ein und passieren das Klärwerk.
Das Rosental wird über eine Brücke über die Weiße Elster betreten. Nach ca. 50 m biegen wir schräg links ein. Beim Spielplatz halten wir uns geradeaus und an der Gabelung rechts. Nun wandern wir weiter geradeaus auf dem breiten Weg, links am **Hinteren Rosentalteich** ❹ entlang, der wegen des lauten Quakens im Sommer auch Froschteich genannt wird. Entstanden war er 1897, als Erdmassen zur Rekultivierung des 1887–96 aufgehäuften Müllberges benötigt wurden. Auf dem sogenannten Scherbelberg steht heute ein **Aussichtsturm**, dessen Besteigung mit einem großartigen Blick auf Leipzig belohnt wird. So geht es nach dem Ende des Teiches schräg links, und der breite Weg wird verlassen (wer nicht auf den Aussichtsturm will, hält sich weiter geradeaus und an der großen Kreuzung schräg rechts). Wir gehen Stufen hinauf, an der Kreuzung schräg rechts und leicht bergauf. Immer verläuft der Aufstieg im Linksbogen weiter, bis der ca. 22 m hohe stählerne Rosentalturm erreicht ist.
Nach der Besteigung kehren wir auf demselben Weg zurück und biegen an der Kreuzung scharf links ein. An einer großen Kreuzung geht es geradeaus und am Grillplatz vorbei. Geradeaus überqueren wir die Pflasterstraße und halten uns dann rechts. Über die Brücke des Elstermühlgrabens, das Klärwerk Rosental rechter Hand, geht es gleich schräg links und sofort wieder schräg links in den Pfad. Wir befinden uns nun im Niederholz. An der Straße biegen wir links ein und in den ersten Weg rechts. Am befestigten Weg halten wir uns links, die Landauer Brücke ist nun links zu sehen.
Auf dieser wird dann an der Straße rechts das Elsterbecken überschritten. Wir biegen in den ersten Weg mit dem blauen Balken rechts ein und wandern zunächst auf dem Damm, das Verschlossene Holz, Teil des Leutzscher Holzes, linker Hand. Ca. 50 m nach dem **Nahlewehr** ❺ halten wir uns schräg links und folgen mit dem blauen

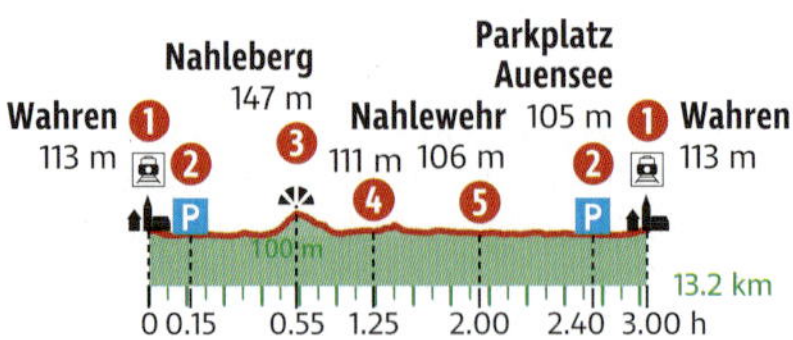

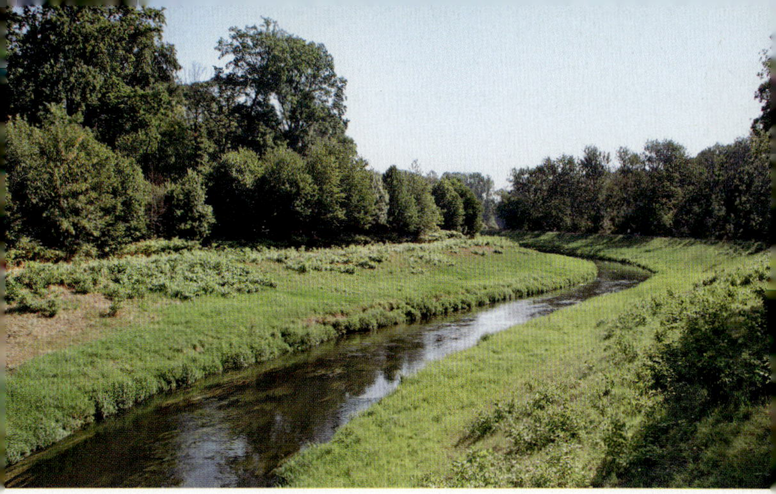
An der Nahle.

Balken dem befestigten Weg weiter. An der T-Kreuzung gehen wir rechts, in den ersten Weg links und über die Kleine Luppe, einem Nebenarm der Weißen Elster. Zunächst laufen wir geradeaus weiter und an der Kreuzung erst links, dann rechts. Am Ende des Parkplatzes biegen wir bei den beiden Gaststätten wieder rechts ein. Wir folgen dem breiten Weg geradeaus und gehen vor der Bahnlinie links, dann rechts durch die Unterführung mit dem Wanderzeichen Jakobsweg. Wir bleiben auf dem Hauptweg und überschreiten einen Graben. Dann kommen wir an einer Wiese mit Bänken vorbei. An der Kreuzung geht es links und unter der Bahn durch die Unterführung. Gleich danach biegen wir rechts ab, weiter dem blauen Balken folgend.

Wieder wird die Nahle erreicht. Dort schwenkt der Weg nach links, gegenüber verläuft die Strecke des Hinweges. Am Ende unseres Weges geht es rechts über die Brücke der Nahle. Wir nutzen den ersten Pfad rechts, dann biegen wir schräg links ein, in den Weg vom Hinweg. Vor der Neuen Luppe halten wir uns links, dann überschreiten wir rechts die Brücke. Schräg rechts wenden wir uns hinunter zum Auensee, linker Hand liegt der **Parkplatz am Auensee** ❷.

Wer mit der Straßenbahn zurück möchte, wandert zur Abwechslung jetzt rechts um den See herum. Wir kommen vorbei am Imbiss Haus am See und halten uns am Ende des Sees links. Nach dem Spielplatz geht es an der Gabelung rechts, dann geradeaus über die Brücke der Weißen Elster. Wir halten uns geradeaus, dann schräg links und dann schräg rechts. Bald geht es rechts zur Straßenbahn-Wendeschleife und zurück zur Haltestelle in **Wahren** ❶.

↗ 70 m | ↘ 70 m | 12.6 km

4 Im südlichen Leipziger Auwald

2.30 h

Wilde Natur direkt vor der Haustür

Der südliche Leipziger Auwald, im Westen vom Elsterflutbett und Weißer Elster, im Osten von der Pleiße und dem Stadtteil Connewitz begrenzt, erstreckt sich vom Elsterbecken im Norden bis zum Cospudener See im Süden, unserem ersten Ziel auf dieser Runde. Entstanden ist er aus dem ehemaligen Tagebau Cospuden (vgl. Tour 48). Den »Cossi« lernen wir an ausgedehnten Stränden und Liegewiesen kennen.
Weiter geht es durch einen naturnahen Laubmischwald, u.a. durch die Naturschutzgebiete Lehmlache Lauer und den Elster- und Pleiße-Auwald. Letzterer wird von der sich durch urwüchsigen Wald windenden Paußnitz durchzogen, an der wir auf kleinen Pfaden längere Zeit entlangwandern.
Auch auf dem Rückweg geht es an einem Gewässer entlang. Die Pleiße, einer der wichtigsten Flüsse Leipzigs (Leipzig wird auch »die Stadt an der Pleiße« genannt), geleitet uns zum 1906 gegründeten und 42 ha großen Wildpark im Connewitzer Holz, mit der anschließenden Markkleeberger Pleiße-Aue krönender Abschluss dieser Tour.

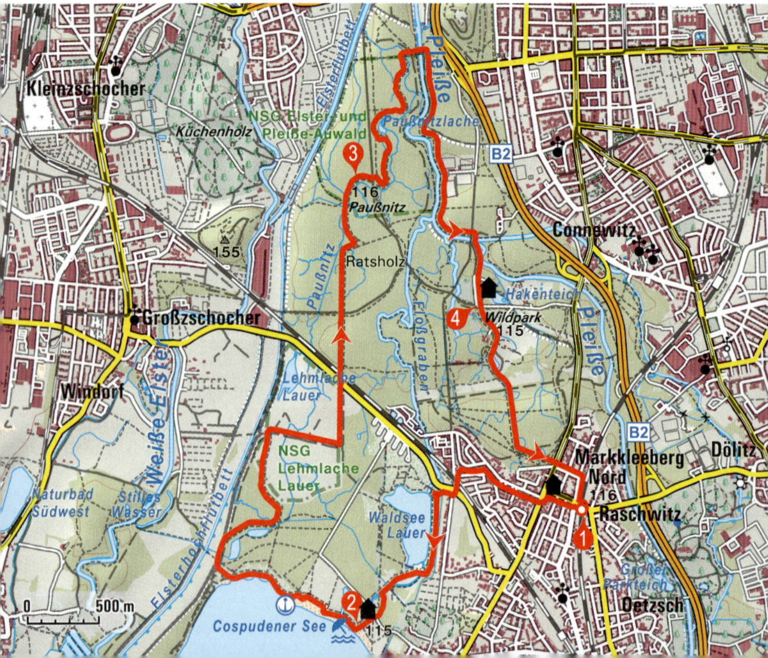

Ausgangspunkt: Markkleeberg-Nord, S-Bahnhaltstelle. Von Leipzig Hbf. mit der S4, S5, S5X oder S6 nach »Markkleeberg-Nord«. Autofahrer parken in der Friedrich-Ebert-Straße oder Leipziger Straße nahe der Breitscheidstraße (Navi: Leipziger Straße, Markkleeberg).
Anforderungen: Mischung aus Straßen, befestigten Wegen und kleinen Pfaden, die bisweilen rutschig sein können. An den Stränden können Nacktbader sein.
Einkehr: Forsthaus Raschwitz (Di Ruhetag) in Markkleeberg-Nord; Imbisse Strandblick und Hacienda Cospuden am Cospudener See; Wildparkgaststätte (Mo–Mi Ruhetag) und Imbiss Russisches Blockhaus im Wildpark.
Hinweis: Der Wildpark ist im Sommer bis 19 Uhr, im Winter bis 17 Uhr geöffnet.
Tipp: Am Cospudener See besteht Bademöglichkeit.

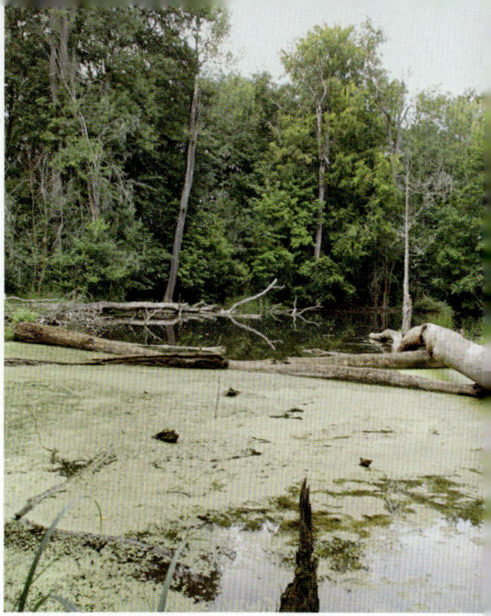

Wildnis an der Paußnitz.

Von der S-Bahn-Haltestelle **Markkleeberg Nord** ❶ gehen wir die Stufen hinunter und biegen links in die Breitscheidstraße ein. An der T-Kreuzung (rechts ist das Forsthaus Raschwitz) halten wir uns links und nutzen rechts die Straße Am Wolfswinkel. Nach ca. 500 m geht es links in die Straße Großer Bogen und vor dem Haus 22 (auf der linken Seite und in der Rechtskurve) links in die Gasse. An der Straße halten wir uns kurz geradeaus, dann links und dann unter den Bahngleisen hindurch. Danach biegen wir rechts in den Ziegeleiweg ein. Wir nehmen den ersten Weg links, halten uns gleich wieder rechts und vor der Brücke wieder links.
Der Waldsee Lauer liegt nun rechter Hand. Der Name erinnert an das Rittergut und Wasserschloss Lauer, das 1986 dem Braunkohletagebau Cospuden weichen musste. Am Ende des Sees geht es rechts über eine weitere Brücke. Wir folgen vorläufig dem roten Balken, Wanderzeichen des Rundwanderweges Leipzig. Dazu halten wir uns schräg links; hier sind Baumspenden zu sehen. Nach einer Brücke geht es schräg links über eine weitere Brücke, dann schräg rechts über die Straße.

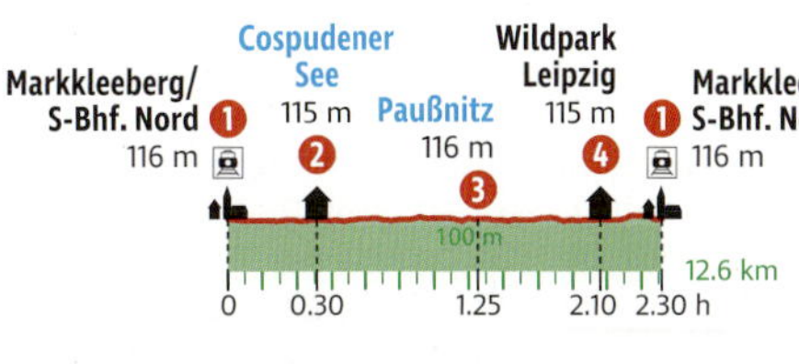

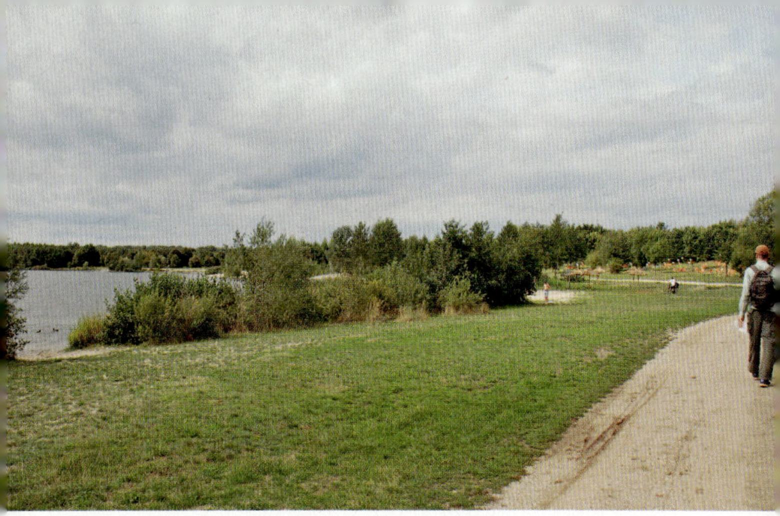

Wandern am Cospudener See.

Beim Strandblick am **Cospudener See** ❷ halten wir uns rechts und bleiben immer auf dem Knüppeldamm. Rechts laufen wir an der nächsten Gaststätte, der Hacienda Cospuden, vorbei, dann wieder schräg links zum See. Ab hier wird ist der Weg unbefestigt. Wir bleiben auf dem Uferweg, bis wir an der Beachlounge rechts einbiegen. An der großen Kreuzung halten wir uns schräg rechts in den ungeteerten Weg, der rote Balken wird verlassen. An der ersten Gabelung geht es rechts in den Wald. Der Weg wird schmaler und führt an einem Graben entlang, der die beiden sogenannten Schönungsteiche verbindet, Rückzugsgebiet einiger seltener Pflanzen und Tiere. An einem Geländer biegen wir links ab und betreten das Naturschutzgebiet Lehmlache Lauer. An der großen Auenwiese, der Großen Kelchsteinwiese, führt der Weg links weiter, immer am linken Wiesenrand. Am Ende geht es an einer Kreuzung rechts und später an der T-Kreuzung links. An der Straße laufen wir vorsichtig geradeaus und kurz danach über die Bahnlinie. Wir gehen geradeaus, auch an einer Kreuzung. Nach einer Rechtskurve biegen wir links ein und halten uns an der Brücke schräg rechts.
Wir befinden uns nun im Naturschutzgebiet Elster- und Pleiße-Auwald. Bald ist rechter Hand ein Graben zu sehen, die **Paußnitz** ❸. Wir überqueren kurz darauf geradeaus einen breiten Weg und gehen dann gleich kurz rechts und vor dem Bach, der Paußnitz, links in den Pfad, dem wir eine Weile folgen – dem Höhepunkt unserer Runde. Hier bietet sich wilde Natur in urwüchsiger Schönheit. Wir laufen immer parallel zum Bach weiter. Nach einem umgestürzten Baum geht der Weg nahe dem Gewässer weiter (schräg rechts). An einer platzähnlichen Erweiterung (links ist der

breite Weg) wandern wir geradeaus unseren Pfad am Wasser weiter. Wir gelangen schließlich zu einer Brücke über die Paußnitz, die wir rechts überqueren.

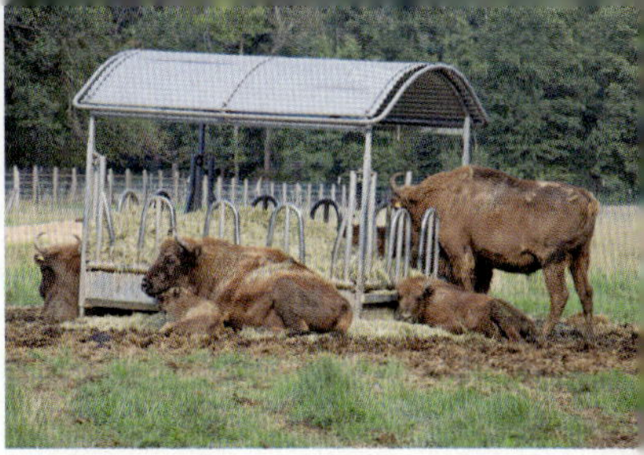

Im Wildpark.

Es geht über eine zweite Brücke, das Naturschutzgebiet Elster- und Pleiße-Auwald wird verlassen, dann gleich rechts. Die Pleiße liegt rechter Hand. Sie entspringt im nördlichen Vogtland und mündet in Leipzig über das Elsterflutbett in die Weiße Elster. Wir folgen ihr für ca. 2 km, immer am Fluss entlang. Schließlich geht es rechts über die Brücke und gleich an der Gabelung links. Am befestigten Weg halten wir uns geradeaus, die Wildparkgaststätte linker Hand. Geradeaus betreten wir den **Wildpark** ❹. Wir durchqueren ihn immer geradeaus, dann in einem leichten Rechtsbogen, weiter geradeaus auf dem Hauptweg. Vor dem Ausgang ist links ein Abstecher zum Russischen Blockhaus möglich.

Nun folgen wir dem blauen Balken immer geradeaus durch den Wald Gautzscher Spitze. Am Unterstand (Pilz) halten wir uns schräg links in den linken Weg, dann immer geradeaus dem Wanderzeichen nach. An der Straße geht es mit dem blauen Balken geradeaus in die Forststraße. An deren Ende biegen wir rechts in die Leipziger Straße ein. Die erste Straße links führt zurück zur S-Bahn-Haltestelle **Markkleeberg Nord** ❶. Autofahrer gehen geradeaus zur Friedrich-Ebert-Straße, wenn sie dort geparkt haben.

An der Pleiße ist es angenehm schattig.

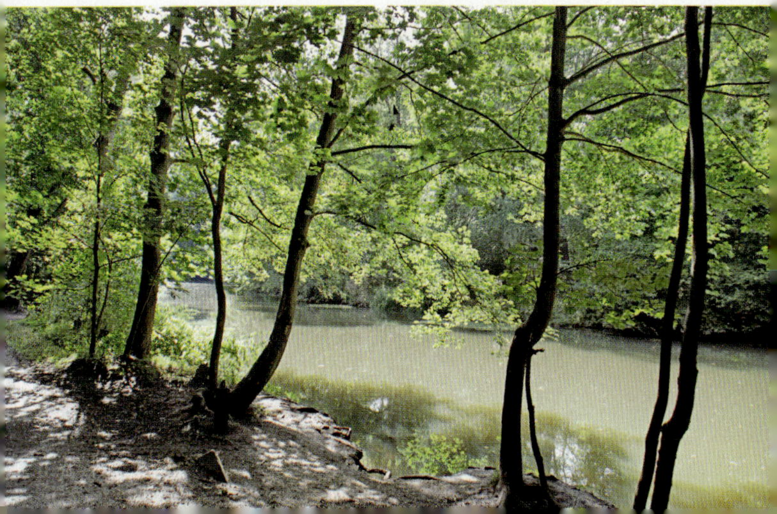

↗ 45 m | ↘ 45 m | 12.2 km

5 Von Knauthain zum Cospudener See

2.30 h

Elsteraue, ein romantischer Seeweg und ein Aussichtsturm

Auf unserer Wanderung kommen wir in den südlichsten Zipfel des Landschaftsschutzgebietes Leipziger Auwald, in die sogenannte Knautkleeberger Elsteraue. Zunächst geht es von Knauthain aus am 1700–1703 erbauten Schloss im französisch-klassizistischen Stil vorbei, dann zur Elsteraue, wo sich im Bereich des Restauwaldes Zschocherscher Winkel noch ein naturnaher Verlauf der Weißen Elster sehen lässt. Über 4 km mäandert hier der Fluss.

Eine andere Welt bietet sich anschließend am Cospudener See, einem ehemaligem Tagebau (s. Tour 48). Der »Cossi« ist eines der beliebtesten Naherholungsgebiete der Leipziger, Baden, Segeln, Surfen, Spazieren, Radfahren und Inlineskaten sind möglich. Den beiden Letzteren gehen wir auf einem idyllischen Uferweg aus dem Weg und erreichen den 35 m hohen Aussichtsturm auf der Bistumshöhe, der Panoramablicke nach Süden und auf Leipzig gestattet. Benannt wurde sie nach einem alten Waldgebiet, das sich einst in der Nähe befand. Der Rückweg nach Knauthain erfolgt über ruhige Wege, vorbei am ehemaligen Elsterstausee (seit ca. 2010 verlandet) und parallel zur hier begradigten Weißen Elster.

Bärlauch im Auwald.

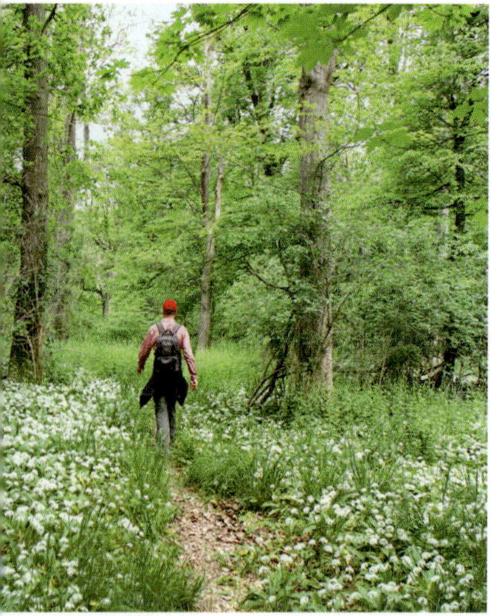

Ausgangspunkt: Knautkleeberg, Straßenbahnendhaltestelle in der Dieskaustraße. Von Leipzig Hbf. mit der Linie 3 nach »Knautkleeberg, Leipzig«. Parkplatz anbei (Navi: Gleitsmannstraße, Leipzig).

Anforderungen: Nicht ausgeschildert. In den kleinen Auwäldern zu Beginn der Tour ist auf den Wegen zu bleiben. Mischung aus kleinen Pfaden und befestigten Wegen. Im Bereich der Bistumshöhe ist auf Radfahrer zu achten. Kurz geht es durch das Stadtgebiet.

Einkehr: Imbiss Beach Lounge am Cospudener See; Kiosk am Aussichtsturm Bistumshöhe; am Ende des ehemaligen Elsterstausees ist ein Abstecher zum Gasthaus Zum Flotten Radler (nur im Sommer Sa/So) möglich.

Tipp: Bademöglichkeit im Bereich der Beach Lounge. Im Anschluss bietet sich ein Besuch des Vergnügungsparks Belantis an (besonders für Kinder, April–Okt. tgl. geöffnet, siehe S. 29).

Von der Straßenbahnhaltestelle in **Knautkleeberg-Knauthain** ❶ gehen wir mit Rücken zum ehemaligen Bahnhofsgebäude die Dieskaustraße weiter und biegen dann links in die Schönbergstraße ein. Dann geht es rechts in die Seumestraße, an der Kirche vorbei und wieder links in den Fuß-/Radweg, der in die Ritter-Pflugk-Straße mündet. An der Kreuzung halten wir uns schräg links, über eine Brücke und biegen gleich schräg rechts in den frei zugänglichen Schlosspark Knauthain ein. Rechts steht das in Privatbesitz befindliche Schloss, das sich im Wasser spiegelt. Hier wenden wir uns links und am Teerweg rechts zur Brücke, auf der die Weiße Elster überquert wird. Danach geht es in den ersten breiten geschotterten Weg links.

Wer mag, kann nach ca. 300 m links in den Pfad mit dem Wanderzeichen roter Punkt einbiegen, der sich durch ein Auwäldchen schlängelt, immer wieder ist links die Weiße Elster in ihrem natürlichen Lauf zu sehen. Schließlich trifft er auf den Schotterweg, in den wir links einbiegen. Wer es bequemer mag, bleibt besser auf dem geschotterten Hauptweg am Damm.

Nach ca. 500 m ist rechts eine große Wiesenfläche, die sogenannte Lange Wiese, erreicht. Am Ende einer Rechtskurve biegen wir schräg links in den Pfad in das Auwäldchen **Zschocherscher Winkel** ❷ ein, an der Weißen Elster entlang. Nach ca. 600 m geht es an einer Gabelung links, später

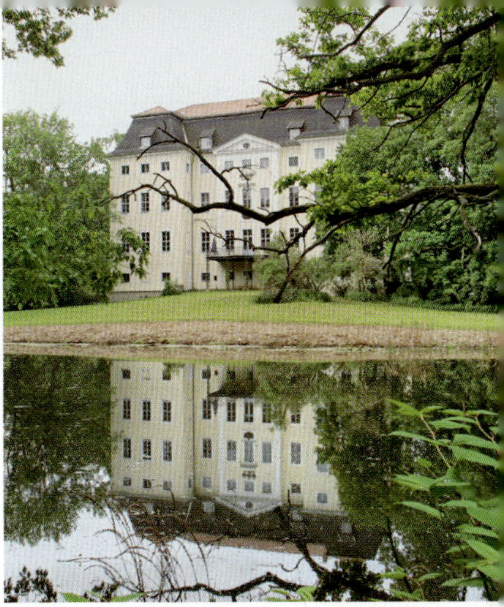

Schloss Knauthain ist heute in Privatbesitz.

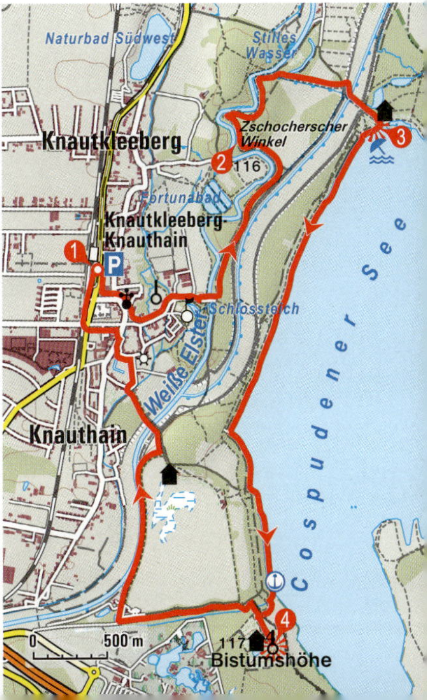

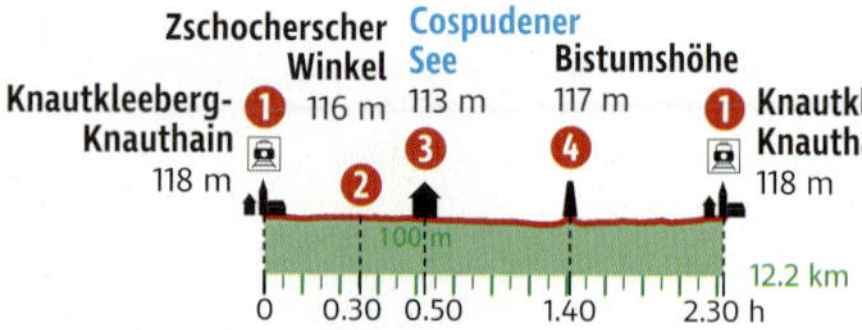

beim Schild »Einlaufbauwerk Grenzgraben« rechts und am Schotterweg links. Wir biegen gleich schräg rechts in den Wiesenweg ein, gekennzeichnet mit dem Wanderzeichen roter Balken.

Am Teerweg halten wir uns rechts, dann schräg links. Anschließend geht es geradeaus zum **Cospudener See** ❸ bis zur Beach Lounge, wo sich eine Pause mit schönem Seeblick anbietet. Unmittelbar vor dem See biegen wir rechts in den Fußweg ein. Wir folgen immer dem Pfad am See entlang (ggf. wechseln wir zeitweise auf den breiteren Parallelweg). Nach ca. 2 km mündet der Weg schließlich in einen breiteren, geschotterten Weg und führt vom Ufer weg. An der T-Kreuzung geht es nach links in einen geteerten Weg, vorbei an der Tafel »Willkommen in der Neuen Harth«. An der Gabelung halten wir uns rechts und nutzen den links abzweigenden Pfad.

Bei der Beach Lounge am Cospudener See.

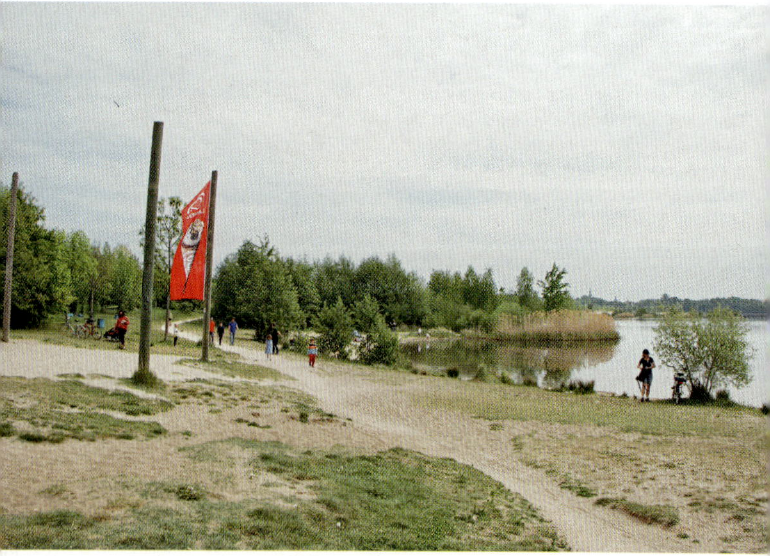

Der **Aussichtsturm Bistumshöhe** ❹ ist erreicht. Hier genießen wir eine weite Aussicht. Anschließend gehen wir den Pfad wieder zurück, biegen rechts in den geteerten Weg ein und nach ca. 50 m links in den Pfad, auf eine Einzäunung zu. Dort geht es an der T-Kreuzung links in den geteerten Weg und nach ca. 70 m rechts in den Pfad (ggf. gekennzeichnet als »7-Seen-Wanderweg«). An der T-Kreuzung biegen wir links ein und verweilen nun auf einem älteren geteerten Weg, der frei von Radfahrern ist.
Bei Häusern halten wir uns an der T-Kreuzung rechts und danach immer geradeaus. Durch die Bäume können wir ab und zu die Weiße Elster sehen, immer wieder gibt es Stichwege dorthin. Rechter Hand liegt das Gebiet des jetzt trockenen Elster-Stausees. Wir bleiben auf unserem Weg bis zu einer T-Kreuzung (rechts führt ein Abstecher zum Gasthaus Zum Flotten Radler), gehen dort links an einem Parkplatz vorbei und dann schräg links über die Brücke über die Weiße Elster. Von dieser ist rechter Hand das Völkerschlachtdenkmal zu sehen.
Wir laufen weiter geradeaus und nach der Brücke über den Knauthainer Elstermühlgraben nach rechts. Wir kommen an einer sehr hohen Kastanie rechter Hand vorbei. An der T-Kreuzung geht es links, dann in den ersten Weg rechts und zwischen zwei Teichen hindurch, Teile der Knauthainer Dorfteiche. An der Straße biegen wir rechts und gleich links in die Rehbacher Straße ein. Rechts geht es in die Dieskaustraße und bald sind geradeaus wieder Straßenbahnhaltestelle und Parkplatz in **Knautkleeberg-Knauthain** ❶ erreicht.

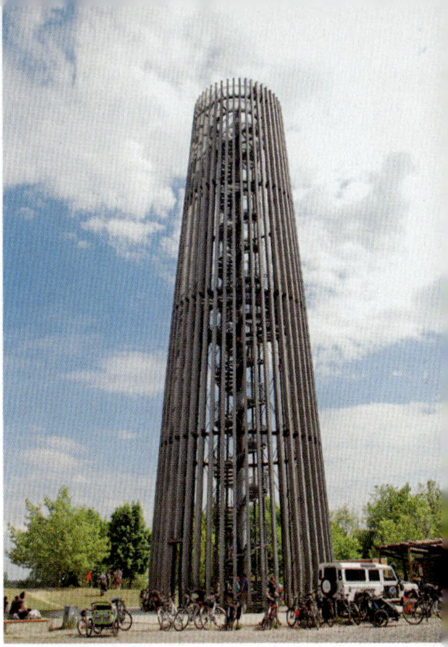

Der Aussichtsturm Bistumshöhe, 35 m hoch, 180 Stufen.

Die hohe Kastanie.

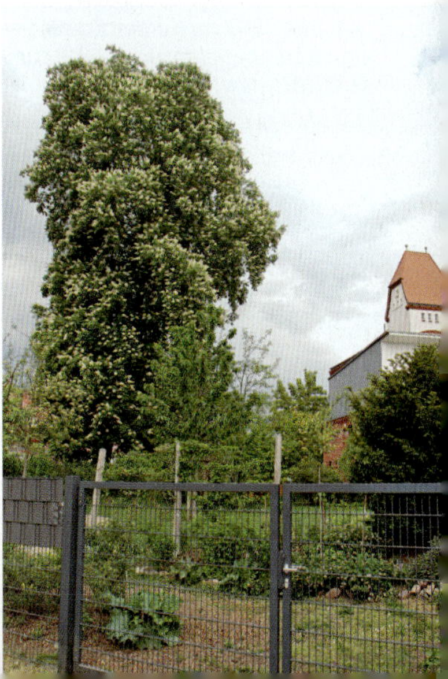

↗ 90 m | ↘ 75 m | 16.0 km

6 Zum Völkerschlachtdenkmal

3.30 h

Schöne Natur im Nordosten Leipzigs

Wer hätte gedacht, dass es möglich ist, im Leipziger Stadtgebiet auch außerhalb der Auwälder so lange im Grünen zu wandern? Mehrere Schutzgebiete, Gutsparks und Wäldchen werden durchwandert. Als Erstes der Lösegraben, ein wichtiges Habitat für Kleintiere und Insekten, das Paunsdorfer Wäldchen, das als naturraumtypische Landschaft innerhalb einer Siedlung zu schützen ist, der Gutspark Paunsdorf, an dessen Sanierung auch der NABU Leipzig beteiligt war (NABU = Naturschutzbund Deutschland) und in dem – neben geschützter Fauna und Flora – auch florale Skulpturen des halleschen Künstlers Jan Viecenz begeistern. Es folgen das Rietzschketal, das Teil des Landschaftsschutzgebietes Etzoldsche Sandgrube und Rietzschketal Zweinaundorf ist, wie auch die letzte große grüne Fläche, der Park an der Etzoldschen Sandgrube, auch Freundschaftspark oder Freizeitpark Südost genannt. Bevor wir diesen kurz vor unserem großen Ziel erreichen, kommen wir durch Probstheida, bis 1910 noch selbstständiges Dorf, das in der Völkerschlacht 1813 eine wichtige Rolle spielte.

Das weithin sichtbare Völkerschlachtdenkmal wurde zum 100. Jahrestag des Sieges über Napoleon errichtet und ist mit 91 m Höhe und 300 000 Tonnen Gewicht das größte Geschichtsdenkmal Deutschlands und eines der größten Denkmäler Europas, auf einem Teil des damaligen Schlachtfeldes errichtet. 1913 reiste der Kaiser persönlich zur Einweihung an. Hier lohnen eine Innenbesichtigung, ein Besuch des Museums und der Aufstieg auf die Aussichtsplattform.

Der rote Balken zeigt uns den Weg nach Mölkau.

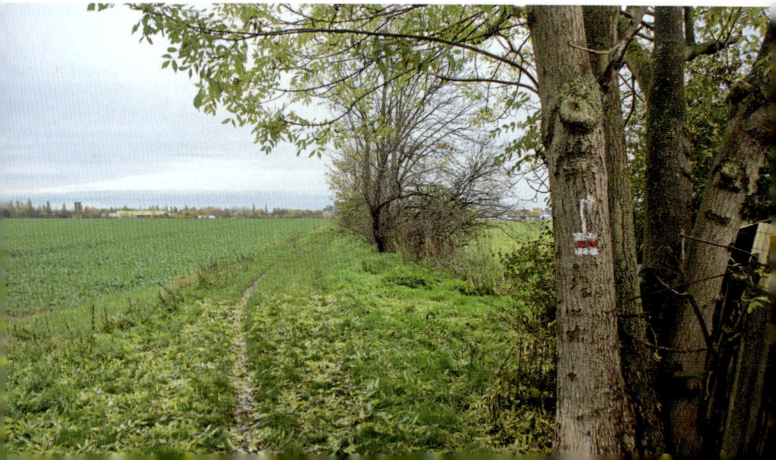

Ausgangspunkt: Taucha, Straßenbahnhaltestelle »Otto-Schmidt-Straße«. Von Leipzig Hbf. mit der Linie 3 Richtung Taucha (alle 20 Min.). Parkplatz Ecke Otto-Schmidt-Straße und Leipziger Straße auf der linken Seite (Navi: Otto-Schmidt-Straße, Taucha).
Endpunkt: Straßenbahnhaltestelle »Völkerschlachtdenkmal«. Mit der Linie 15 Richtung Miltitz nach Leipzig Hbf. (ca. viertelstündlich). Für die Rückkehr zum Ausgangspunkt am besten über Leipzig Hbf. fahren.
Anforderungen: Trotz Ausschilderung in großen Teilen hohe Anforderung an Aufmerksamkeit und Orientierung u. a. durch Relikte alter Wanderzeichen älterer Streckenführung oder Fehlen der Markierung. Teils abschüssige Wege und Bachüberquerungen ohne Brücke. Kombination aus Pfaden, breiten Wegen und Straßen. Bei Start ab Mölkau (nahe dem Stadtgut 3) »blaue« Tour.
Einkehr: Bistro 1813 (tgl. geöffnet) und Pellorus (tgl. geöffnet) am Völkerschlachtdenkmal: zahlreiche weitere Gaststätten in Leipzig.

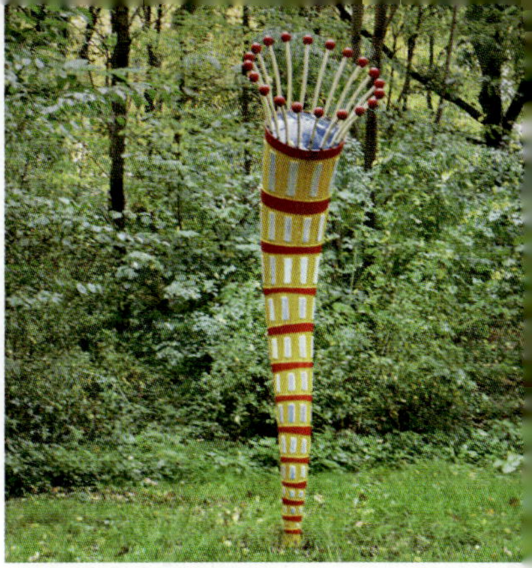

Skulptur im Paunsdorfer Park.

Tipp: Der Einstieg in die Tour ist auchauch an den Haltestellen »Paunsdorf Nord« (Straßenbahn Linie 7, ca. 2 km Einsparung), »Uhlandweg« in Mölkau (Bus 79, ca. 6 km Einsparung) oder »Gottschalkstraße« nahe dem Gutshof Mölkau (Bus 73, ca. 8 km Einsparung) möglich.

Vor der Straßenbahnhaltestelle **Otto-Schmidt-Straße** 1 in **Taucha** wenden wir uns zur Ampel und biegen dort rechts in die Otto-Schmidt-Straße ein. An der Kreuzung halten wir uns rechts (Sackgassenschild) und gehen am Ende der Straße geradeaus in den Wanderweg. Hier beginnt die erste Naturidylle und wir erblicken das Wanderzeichen roter Balken des Wanderweges »Rund-um-Leipzig«, das uns, von wenigen Unterbrechungen abgesehen, durch weite Teile der Tour begleiten wird. Unser Weg schwenkt vor dem renaturierten Lösegraben, wo eine Tafel über den wichtigen Lebensraum informiert, nach links.
Unter der A 14 hindurch kommen wir ins Leipziger Stadtgebiet, auch wenn wir uns hier im Emilienhölzchen eher wie in einer Naturidylle fühlen. Das Gebiet gehört schon zum Landschaftsschutzgebiet Paunsdorfer Wäldchen-Heiterblick. Der Lösegraben rechter Hand wird überschritten, dann geht es geradeaus. An einer Gabelung halten wir uns links, den Graben rechter Hand. Bald wandern wir auf einem lauschigen Wiesenweg. An einem Abzweig geht es geradeaus. An der Straße nutzen wir links den Fußweg, auch wenn der roten Balken scheinbar verlassen wird. An der Kreuzung gehen wir rechts und am Ende der Haltestelle »Paunsdorf Nord« links über die Gleise. Dann halten wir uns schräg rechts. Wir überschreiten eine Straße,

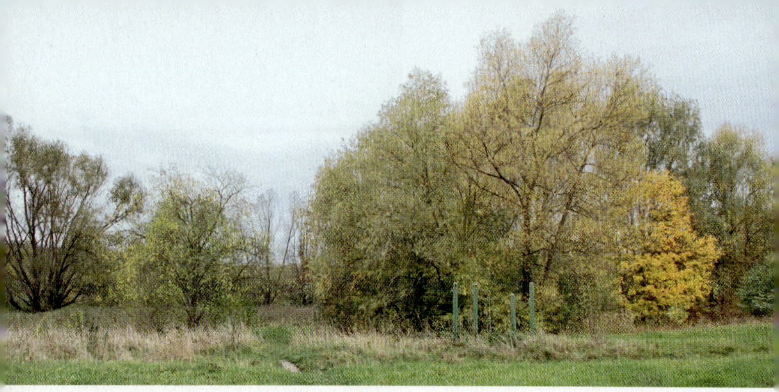

Auf den Rietzschkewiesen.

der rote Balken ist bald wieder zu sehen. Ca. 20 m vor einem Zaun biegen wir schräg links in den Pfad in das **Paunsdorfer Wäldchen** 2 ein. Er führt zu einem Wohnblock, wo wir links in den Eichhörnchenweg einbiegen. An einem Abzweig halten wir uns geradeaus und am Sportplatz rechts. An der Kreuzung geht es geradeaus, dann rechts (der rote Balken wird verlassen) und gleich wieder links. An der T-Kreuzung biegen wir rechts ein. Dann laufen wir immer geradeaus weiter, bis der Weg bei Rohren kurz nach rechts schwenkt. Hier biegen wir links zur Straße ein, überqueren diese (Vorsicht!) und nutzen auf der anderen Seite den Fußweg schräg rechts.
Gärten liegen hier zur Linken. Nun geht es für gut einen Kilometer immer geradeaus, auch über Gleise, einen Wasserturm linker Hand. Am Ende der Gärten biegen wir an einem Kunstwerk schräg links in den Gutspark Paunsdorf ein. Wir kommen an weiteren floralen Kunstwerken vorbei, laufen weiter geradeaus und wieder aus dem Park hinaus. Hier informieren Tafeln zur Geschichte des Parks. Nach dem ersten Haus (rechter Hand liegt das Rittergut Paunsdorf) biegen wir links in den Pfad ein. Später wenden wir uns schräg rechts zu einem Spielplatz, danach weiter schräg rechts, dann schräg links. Wir kommen rechts zur Theodor-Heuss-Straße, wo wir links einbiegen. Für ca. 1,5 km geht es nun geradeaus an der Straße entlang, ab der Kreuzung wieder mit dem roten Balken, unter Brücken hindurch, am Ortsschild von Mölkau und an einer Tankstelle vorbei.

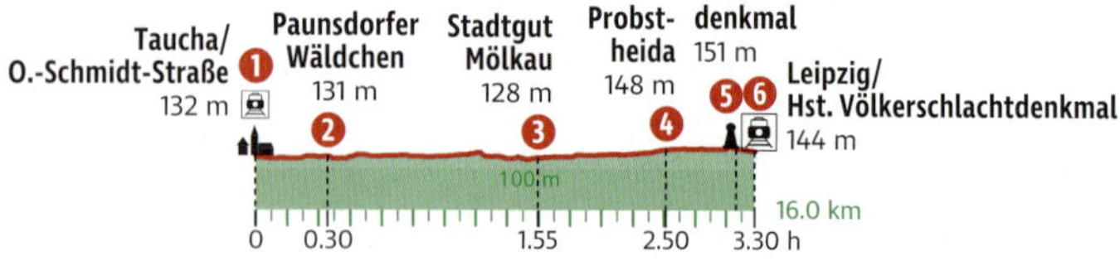

Nach der Bushaltestelle »Uhlandweg« folgen wir dem Feldweg nach links. Die Route wird ab hier wieder interessanter. Wir nutzen den ersten Weg rechts auf den Funkturm zu. An der Straße gehen wir kurz rechts, dann gleich wieder links. Nach dem Bachübergang über die Östliche Rietzschke halten wir uns schräg links. Am Ende der Gärten folgen wir kurz einem geteerten Weg rechts, dann gleich links dem Pfad. An der Wiese wandern wir geradeaus weiter. Am Ende geht es an der T-Kreuzung rechts und an der folgenden links.

Nach dem Bach (Östliche Rietzschke) halten wir uns rechts. Der Zweinaundorfer Gutspark wird betreten. Später laufen wir schräg rechts über die Wiese zu einer Bank, dort erneut rechts, so auch an der Gabelung. Der Kleine Waldhügel liegt linker Hand. An der Gabelung halten wir uns rechts, dann überqueren wir eine kleine Brücke. An einem Abzweig gehen wir schräg links, so auch an einer Bank. Links kommen wir über eine Brücke und nutzen an einer Bank den ersten Weg rechts. Gleich geht es wieder rechts.

Am **Stadtgut Mölkau** ❸ halten wir uns links und an der Kreuzung geradeaus in die Gottschalkstraße weiter, den Teich rechter Hand. An der Albrechtshainer Straße biegen wir rechts, dann bald links in die Straße Rietzschkewiesen ein. Kurz geht es schräg rechts und gleich am Schild »Kein Winterdienst« links. Bald wandern wir parallel der Östlichen Rietzschke. Spätestens am Ende der Wiese halten wir uns rechts und am befestigten Weg links. Immer laufen wir geradeaus, schließlich mit Gärten rechter Hand. Am Ende des

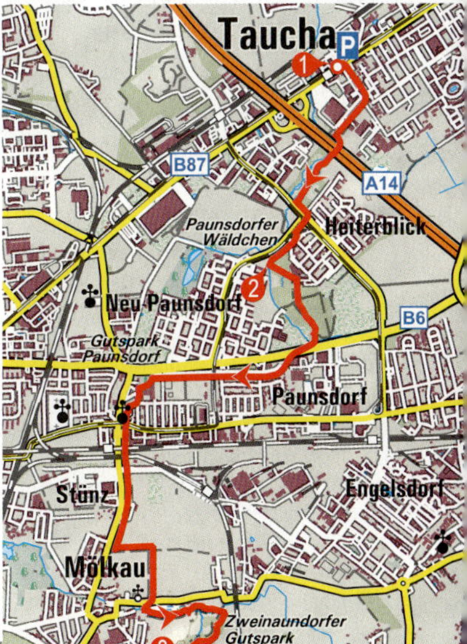

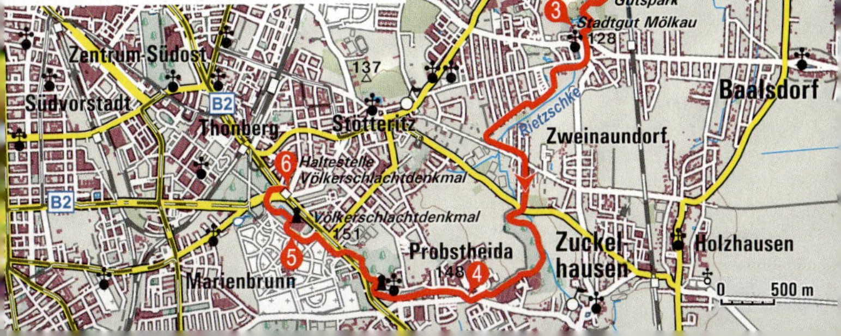

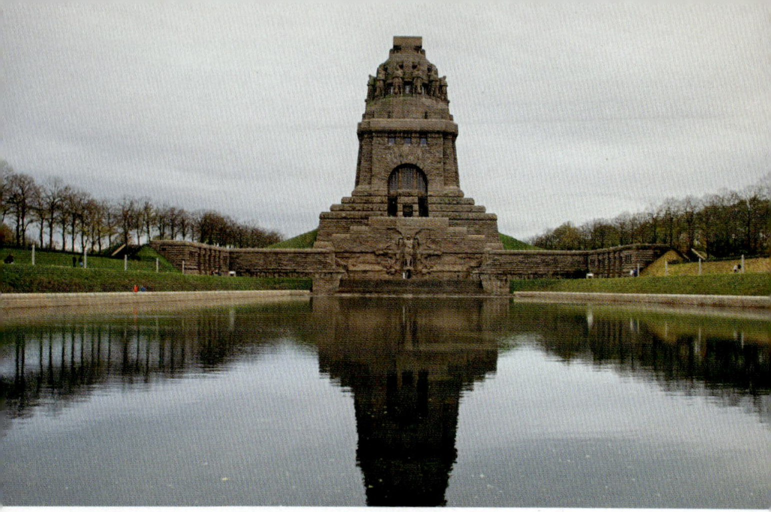

Das Völkerschlachtdenkmal ist immer ein schönes Motiv.

Parkplatzes biegen wir links ein, immer geradeaus und schließlich rechts in den Richard-Springer-Weg. Wir kommen wieder über eine Straße, wo wir uns geradeaus halten. Wir folgen dem Hauptweg, der nach links schwenkt. Dann biegen wir links ein. An einer Gabelung laufen wir rechts weiter, der rote Balken wird endgültig verlassen. Geradeaus geht es in den geteerten Weg. Dann halten wir uns schräg rechts und an der Straße geradeaus. Die Notaufnahme liegt rechter Hand.

Nun geht es schräg rechts in die Russenstraße und der Stadtteil **Probstheida** ❹ wird erreicht. Nach dem Haus Nr. 50 setzen wir den Weg links, parallel zur Straße fort. Wir überqueren die Nieritzstraße und laufen geradeaus weiter, bald das Denkmal für den 18. Oktober 1813 rechter Hand. Am Ende der Grünanlage geht es rechts in den Trögelweg. Am Ende biegen wir links in den Park an der Etzoldschen Sandgrube ein, gleich an der T-Kreuzung geht es wieder nach links. An der Gabelung halten wir uns rechts, so auch kurz an der T-Kreuzung, bevor wir uns scharf nach links wenden. Wir laufen geradeaus, später kurz links und an der Prager Straße rechts in den Fußweg. Nach der Ampel liegt die Straßenbahnhaltestelle »Südfriedhof«, falls jemand die Tour hier beenden möchte. Alle anderen überqueren die Straße, dann rechts und schräg links hoch zum **Völkerschlachtdenkmal** ❺. Nach der Besichtigung gehen wir Stufen hinunter und am rechten Ufer des Teichs entlang. Weitere Stufen führen links hinunter zum besten Platz für ein Foto. Wir gehen rechts (mit dem Rücken zum Denkmal), an der Straße erneut rechts und an der Prager Straße noch einmal rechts zur **Straßenbahnhaltestelle Völkerschlachtdenkmal** ❻.

↗ 70 m | ↘ 80 m | 15.7 km

3.30 h

An der Parthe **7**

Eine ländliche Flusslandschaft bei und in Leipzig

Durch das Leipziger Stadtgebiet fließen die drei Flüsse Weiße Elster im Westen, die Pleiße im Süden und die Parthe im Osten. Letztere ist zwar die kleinste, doch laden die vielfältige Schönheit des umliegenden Parthelandes und ihr ländlicher Charakter ganz besonders zum Erkunden auf Schusters Rappen ein. Die naturbelassene Partheaue (auch Parthenaue genannt) steht seit 1985 unter Naturschutz, auch kümmert sich der Zweckverband Parthenaue um ihre Natur und Kulturlandschaft.

Für diese Tour wurde der schönste Abschnitt des Parthe-Wanderwegs bei Leipzig ausgewählt. So wandern wir von Taucha zum Leipziger Stadtkern und genießen als Auftakt das Rittergutsschloss Taucha, das schon ab 1569 der Stadt Leipzig gehörte. Weitere Höhepunkte sind Staditzwald, Auwaldrelikt, und das Plaußiger Wäldchen, die sich inmitten einer waldarmen Landschaft wie Naturidyllen ausnehmen. Früher allerdings war die Partheaue bei Taucha reich bewaldet. Krönenden Abschluss bilden die von ehemaligen Schlössern gesäumten Grünanlagen Abtnaundorfer Park mit weiteren Gestaltungselementen und Mariannenpark im Stil des frühen 20. Jh., der auch in die Kulturdenkmalliste des Freistaates Sachsen aufgenommen wurde.

Ausgangspunkt: Taucha, Endhaltestelle der Straßenbahn Linie 3. Von Leipzig Bhf. mit der Straßenbahn Linie 3 bis »Taucha, An der Bürgerruhe«. Parken ist z. B. in der Windmühlenstraße günstig (Navi: Windmühlenstraße, Taucha).
Endpunkt: Stannebeinplatz in Leipzig. Wer vom Endpunkt Stannebeinplatz zurück zum Ausgangspunkt möchte, fährt mit der Straßenbahn Linie 1 Richtung Lausen zur Haltestelle H. Liebmann-/Eisenbahnstraße, dort umsteigen in Linie 3 bis »Taucha, An der Bürgerruhe«.
Anforderungen: Teilweise ausgeschildert. Folgt mit Abweichungen dem Parthewanderweg (Wanderzeichen grüner Balken), bisweilen auch dem Lutherweg (grünes L) oder dem Wanderweg »Rund um Leipzig« (roter Balken). Wechsel von befestigten Wegen und Pfaden. Die Tour lässt sich in Thekla abkürzen (Einsparung ca. 4,5 km).
Einkehr: Nicht direkt auf der Wanderung liegen in Taucha der Ratskeller (Mo Ruhetag), in Plaußig der Gasthof Plaußig (Mo/Di Ruhetag); Seeterrasse am Bagger (tgl. geöffnet); am Stannebeinplatz das Café Trago (tgl. geöffnet); zahlreiche weitere Gaststätten im Stadtzentrum von Leipzig.
Tipp: Museum Rittergutsschloss (nur jeden 4. Sonntag im Monat, aktuelle Infos: www.schlossverein-taucha.de).

Die Findlinge nahe Staditzwald.

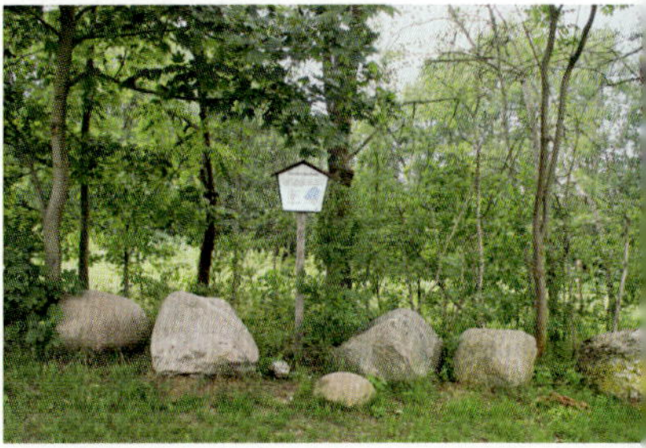

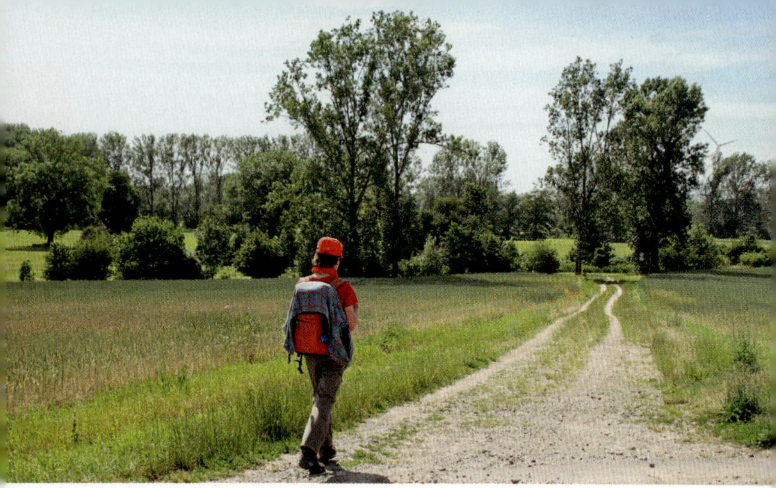

Von Seegeritz nach Plaußig.

Von der Straßenbahnendhaltestelle **An der Bürgerruhe** ❶ in **Taucha** gehen wir die Leipziger Straße weiter Richtung Ende der Wendeschleife und wechseln die Straßenseite. Nach der Ampel liegt rechter Hand der Kleine Schöppenteich, dann überqueren wir die Parthe. Rechter Hand breitet sich der Stadtpark aus. Bevor wir den Stadtkern betreten, ist auch ein Altarm der Parthe zu sehen. Wir laufen kurz geradeaus weiter. An der Schloßstraße halten wir uns links, so auch an der nächsten Straße. Gleich bietet sich linker Hand ein Abstecher zum Rittergutsschloss an (mit kleinem historischen Weinberg).

Ansonsten folgen wir der Straße durch ein Tor bis zu einem Parkplatz, wo wir rechts den Fußweg nutzen. Dieser schwenkt nach links und wir laufen weiter bis zur Kirchstraße, wo wir links mit dem Wanderzeichen grüner Balken einbiegen. Geradeaus überqueren wir die Parthe auf einer Brücke. Wir folgen dem Weg und kommen unter der Autostraße hindurch. Dann geht es ein Stück an der Parthe entlang und geradeaus unter der Bahnlinie hindurch. Der grüne Balken wird hier verlassen (wenn der vor uns liegende Weg im Sommer zugewachsen ist, dann kann man auch dem Wanderzeichen vor der Bahnlinie nach rechts über die Brücke folgen, dann links

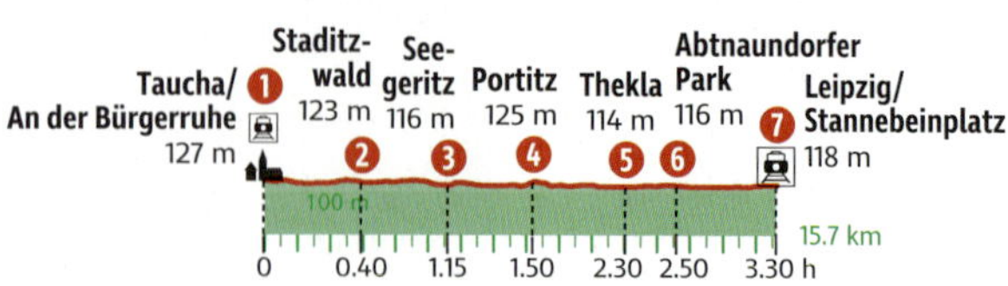

und parallel zur Parthe gehen). Wir halten uns an der T-Kreuzung rechts und erreichen gleich Cradefeld, wo wir immer der Dorfstraße folgen. Nach ca. 500 m geht es links in den Försterweg. Der Weg schwenkt weiter vorne nach rechts. An der T-Kreuzung biegen wir links ein und wandern immer geradeaus. Linker Hand liegen bald der Hügel Steinertsberg (129 m, Flächennaturdenkmal) und anschließend Findlinge. Über beide informieren kleine Tafeln.

An der Gabelung am **Staditzwald** ❷ halten wir uns mit dem Wanderzeichen grünes L (Lutherweg) links, das wir jedoch gleich wieder verlassen. Denn am Rastplatz wenden wir uns rechts zum Teich und gleich links hinauf zur Bank. Links geht es am Staditzteich entlang, begleitet von einem neueren Naturlehrpfad. Wir wandern immer am Waldrand weiter, bis wir an einer T-Kreuzung scharf links in einen Feldweg einbiegen. Der Naturlehrpfad wird verlassen. Rechter Hand liegt bald der Hügel Galgenberg (131 m). An der Kreuzung geht es geradeaus, wieder in den Lutherweg. An der Durchgangsstraße in **Seegeritz** ❸ gehen wir geradeaus, wieder auch mit

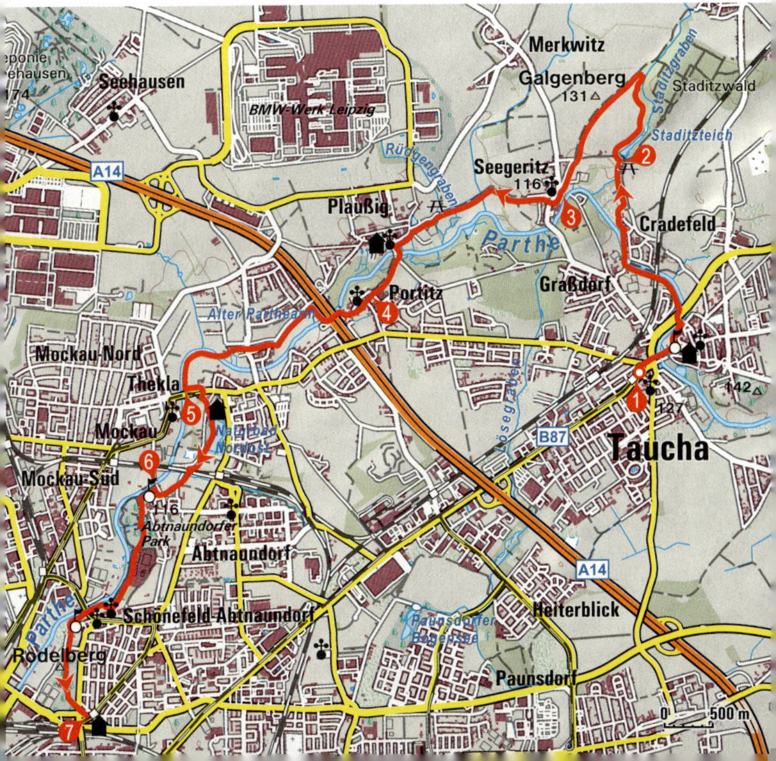

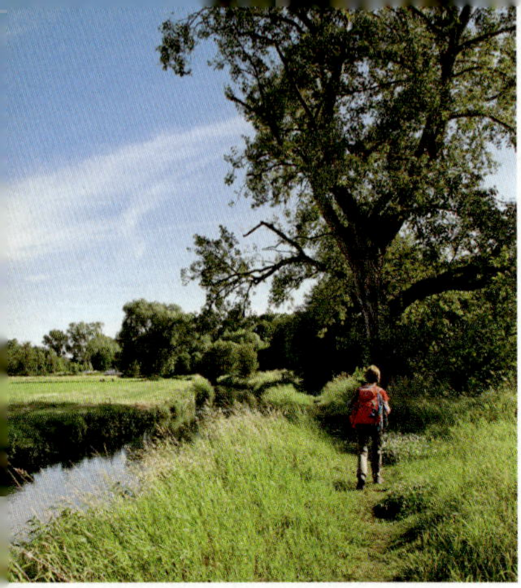

Kurz vor Thekla geht es an der Parthe entlang.

dem grünen Balken, dann rechts in den Plaußiger Weg. Wir laufen immer geradeaus weiter, vorbei an der einst mächtigen, jetzt aber abgestorbenen Seegeritzer Pappel (mit zwei Schwarzpappel-Neupflanzungen und einem Rastplatz) und dem Rüdgengraben (mit Informationstafel). In Plaußig geht es schräg links in die Durchgangsstraße, dann geradeaus weiter, vorbei an historischen Häusern mit weiteren Erläuterungstafeln. Dann biegen wir links in die Grundstraße ein und überqueren die Parthe. An der Gabelung halten wir uns mit den Wanderzeichen roter und grüner Balken rechts und an der folgenden wieder rechts. Bei Häusern wird geradeaus **Portitz** 4 an der Straße Zum Birkenwäldchen erreicht. Vor der Kirche geht es links, dann an der T-Kreuzung rechts und gleich an der Gabelung wieder rechts. Nun heißt es aufpassen. Vor der Hoftür des ehemaligen Vierseithofes (19. Jh.) laufen wir links weiter und ganz links von den Gebäuden durch die Gasse nach unten und über die Brücke. Der Weg schwenkt nach links. Dann fogen wir nach links dem roten Balken, der grüne Balken wird zeitweise verlassen. Unser Weg führt unter der A 14 hindurch. Dann biegen wir (ohne Markierung) nach rechts ab. An der Kreuzung halten wir uns links, die Wiese linker Hand. Nach ca. 600 m geht es an einem Gartenzaun an der Gabelung rechts, nun wieder mit dem roten Balken. An der Straße halten wir uns geradeaus in die Waldemar-Götze-Straße und an deren Ende schräg links in den Wiesenweg, der ggf. leicht zugewachsen sein könnte. Er trifft auf einen weiteren Wiesenpfad, wo wir uns rechts halten. Der Pfad wird bald zu einem netten Weg an der Parthe. An der Straße geht es links über die Brücke nach **Thekla** 5. Wir laufen weiter zur Fußgängerampel und gehen rechts hinüber. Hier ist die Endhaltestelle der Linie 9 »Thekla, Tauchaer Str.«, falls hier jemand die Tour abkürzen möchte.

Alle anderen, die noch einige schöne Parks und zwei Schlossblicke genießen wollen, gehen über die Gleise, kurz schräg rechts, dann wieder über Gleise und links weiter auf dem Pfad. Ab hier ist bis zum Ende der

Am Naturbad Nordost.

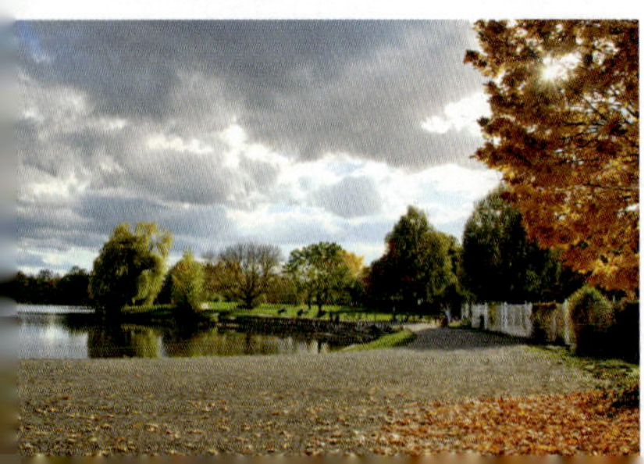

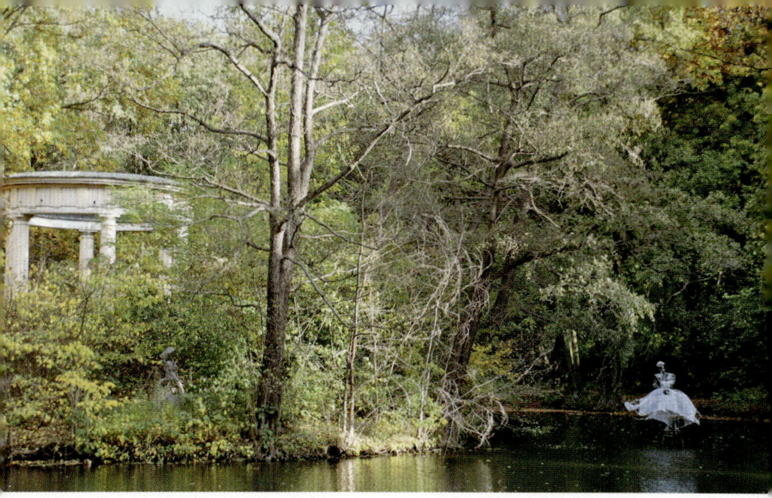

Pavillon und Frauengestalt aus Drahtgewebe erinnern im Abtnaundorfer Park an frühere glanzvolle Zeiten.

Wanderung dem grünen Balken zu folgen, von wenigen Unterbrechungen abgesehen. Unser Pfad mündet in einen befestigten Weg. Nach ca. 70 m biegen wir hinter dem Parkplatz links ab, dann geht es rechts und am rechten Seeufer des Naturbades Nordost »Der Bagger« weiter. Am Seeende halten wir uns an der Gabelung rechts. Ab hier wird das Wanderzeichen grüner Balken spärlicher und ist ggf. nur noch sporadisch zu sehen. Am geteerten Weg links abbiegend kommen wir später links durch einen Tunnel. An der zweiten Gabelung geht es rechts.

Vor der Mauer des Herrenhauses, dem Abtnaundorfer Schlösschen, biegen wir rechts ein und vor der Brücke links. Der **Abtnaundorfer Park** 6 wird betreten. An der Kreuzung halten wir uns geradeaus, der Radweg wird verlassen. Der Weg schwenkt nach links, linker Hand erfreut ein schöner Schlossblick. Geradeaus laufen wir am Spielplatz und rechts am Teich vorbei, mit Tempel und zwei Figuren. An der Gabelung halten wir uns rechts, über einen Graben, dann geradeaus. An der Kreuzung geht es geradeaus, auch an der nächsten. Wieder liegt die Parthe rechter Hand. An einem dreieckigen Platz halten wir uns rechts. Geradeaus überqueren wir eine Straße. Der Weg führt aufwärts. Oben genießen wir den Blick auf Schloss Schönefeld. Weiter wandern wir geradeaus, nochmal das Schloss linker Hand.

Bei Pöllern wird der Mariannenpark betreten. Immer weiter geradeaus folgen wir dem grünen Balken. Nach Gebäuden geht es schräg rechts. Am runden Platz biegen wir links ein und folgen dem grünen Balken bis zum Parkende. Dort gehen wir diagonal über den Platz, dann durch einen kleinen Park zur Straßenbahnhaltestelle **Stannebeinplatz** 7 in **Leipzig**.

Das Leipziger Neuseenland Nord

Eine ganz besondere Landschaft ist nördlich, westlich und südlich von Leipzig zu finden: eine riesige gewässerreiche Region, die durch den Eingriff des Menschen im letzten Jahrhundert entstanden ist. Aus stillgelegten und später gefluteten Braunkohletagebauen ist eine neue mitteldeutsche Seenplatte entstanden, heute ein attraktives Freizeitgebiet. Während sich ein großer Teil der Seen eher für Skater und Radfahrer, Strandbader und Wassersportler eignet, gibt es auch einige, die für Wanderer wie gemacht erscheinen, sei es durch aufwendige Lehrpfade, für die man sich Zeit lassen sollte, oder durch herrliche naturbelassene Wege, die geradezu dazu einladen, die Wanderstiefel zu schnüren.

Zwischen den Wasserflächen erstrecken sich kleine Wälder, fruchtbares Ackerland und offenes Brachland, wo sich die Natur ihren Raum zurückerobert hat. Große Teile stehen unter der Obhut von Naturschutzorganisationen wie der Deutschen Bundesstiftung Umwelt (DBU), dem Bund für Umwelt und Naturschutz Deutschland (BUND), dem Naturschutzbund Deutschland (NABU) oder des europaweiten Netzes Natura 2000. Schilf, Magerrasen und nachwachsender Wald bilden ein wichtiges Rückzugsgebiet für seltene Tier- und Pflanzenarten.

Am Zschornewitzer See lockt eine Bank (Tour 12).

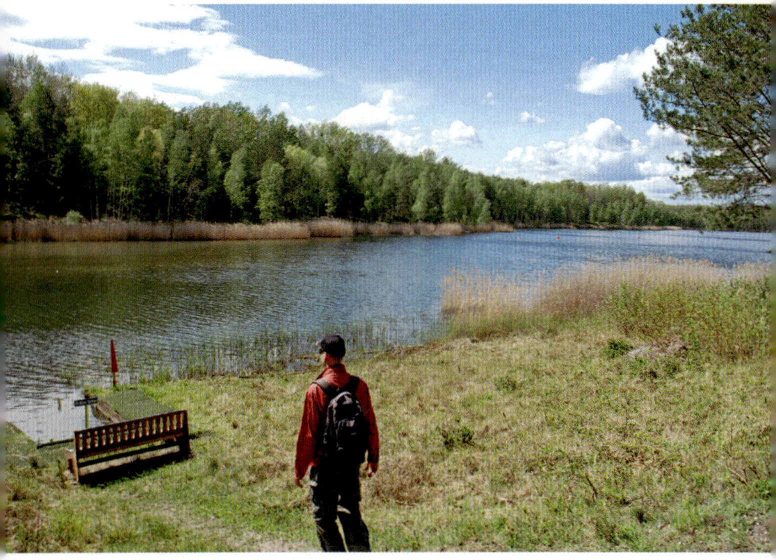

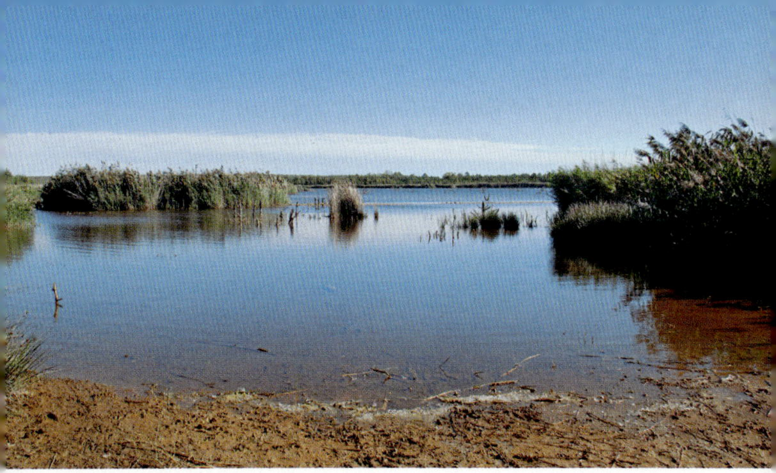

Seenlandschaft bei Petersroda (Tour 10).

Den Wanderer erwarten zwischen den Seen weite Ackerebenen, unterbrochen von Bächen, Gebüschen und Gehölzen. Eben oder leicht wellig war es hier schon vor dem Bergbau, denn die Leipziger Tieflandsbucht geht im Norden in die Delitzscher Ebene und die Bernburg-Köthen-Bitterfelder Ebenen über. Das Land ist hier flach, mit wenigen darin eingebetteten Erhebungen, meist ehemalige renaturierte Halden, die sich umso reizvoller in der Umgebung ausnehmen.

Das Leipziger Neuseenland Nord ist kleiner als seine große Schwester im Süden. Zu DDR-Zeiten war geplant, bis Mitte des 21. Jahrhunderts auch große Teile der Dübener Heide abzubaggern. Zum Glück für die Landschaft und ihre Einwohner kam es nicht dazu. So wird heute das Leipziger Neuseenland nach Norden hin durch den Goitzsche-See, den Möhlauer See und den Gremminer See abgeschlossen (Touren 10–12).

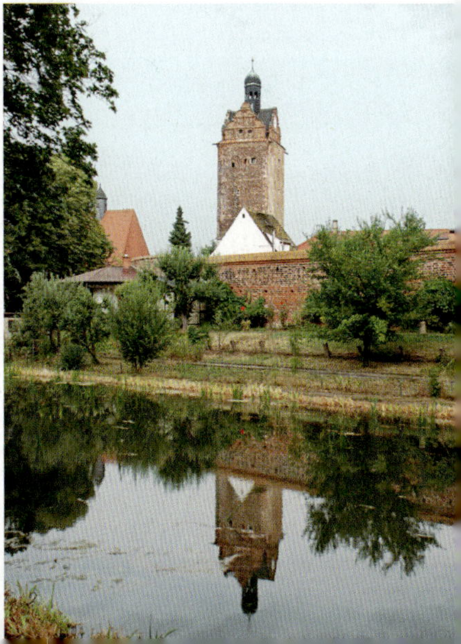

Wallgraben und Hallescher Turm in Delitzsch (Tour 9).

↗ 55 m | ↘ 55 m | 17.7 km

8 Grabschützer See und Werbeliner See

4.00 h

Naturidylle im Leipziger Neuseenland

Vom Tagebau zum Naturparadies – der Grabschützer und Werbeliner See bieten die besten Beispiele dafür, wie schön es in der Bergbaufolgelandschaft sein kann. Dem geht allerdings eine gewisse Tragik voraus, denn der Ort Grabschütz musste 1985 dem Tagebau Delitzsch-Südwest weichen. Beim Ort Werbelin geschah dies gar erst 1992, obwohl die Stilllegung der Tagebaue längst beschlossen war. In den 1990er-Jahren wurde mit der Flutung und Sanierung im Sinne des Naturschutzes begonnen.
Auf einem modernen und interessanten Naturlehrpfad wandern wir an elf Tafeln zu verschiedenen ökologischen Aspekten am Westufer des Grabschützer Sees entlang. Vorbei an einer Weidefläche für Schottische Hochlandrinder wechseln wir zur Ostseite des nicht minder schönen Werbeliner Sees, seit 2019 Naturschutzgebiet. Beide Seen sind Paradiese für seltene Vogelarten, daher gehört die Region heute zum europäischen Vogelschutzgebiet. Der Rückweg erfolgt vorbei am 17 m hohen Schaufelrad, ein Relikt der ehemaligen Bergbautätigkeit, und an einem weiteren Bergbaufolgesee, dem Zwochauer See.
Diese Wanderung punktet weniger mit aufregenden Höhepunkten, sondern eher mit gleichbleibend schöner Natur und Ruhe.

Im Ex-Tagebaugebiet am Grabschützer See hat sich eine üppige Vegetation entwickelt.

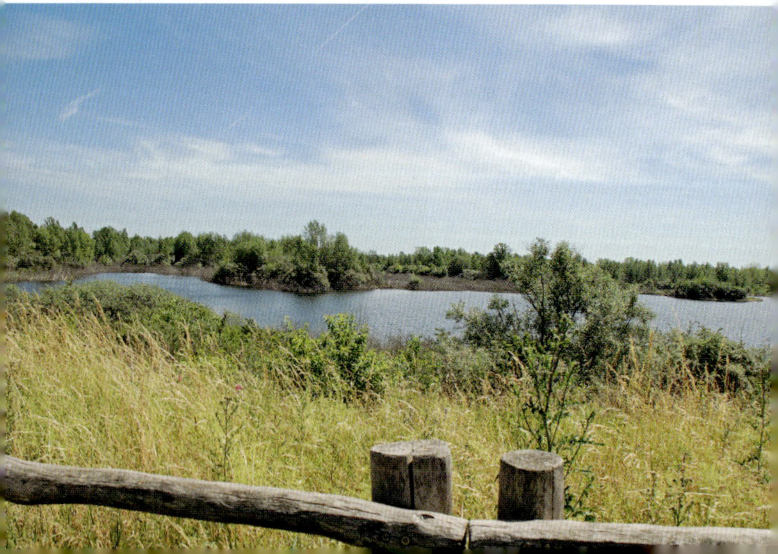

Ausgangspunkt: Bushaltestelle »Zwochau Am Teich« in Zwochau, An der Schanze. Von Leipzig mit dem Zug nach Delitzsch, unterer Bahnhof, dann mit dem Bus 190 nach »Zwochau Am Teich, Wiedemar«. Autofahrer nutzen den Parkplatz Grabschützer See am Ende der Halleschen Straße in Zwochau (Navi: Hallesche Straße, Zwochau).
Anforderungen: Überwiegend befestigte Wege, vereinzelt geteert. Es geht für ein kurzes Stück an einer Straße entlang. Wenig Schatten, daher nicht für heiße Sonnentage geeignet.
Einkehr: Unterwegs keine. In Zwochau Omas Biergarten (Mi Ruhetag, nur Sa/So Mittagstisch).

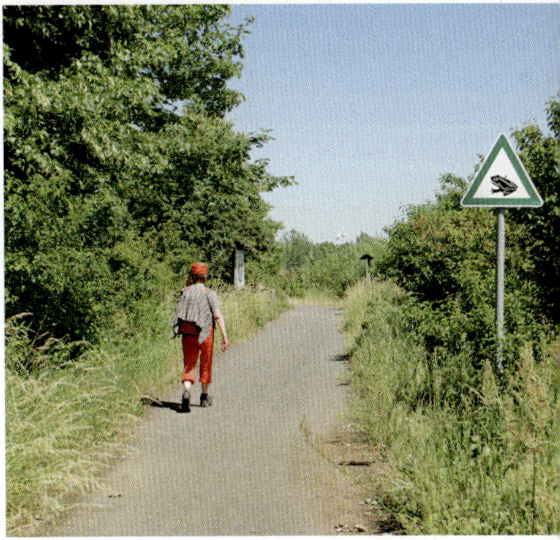

Auf zum Grabschützer See.

Von der Bushaltestelle in **Zwochau** ❶ biegen wir links in die Hallesche Straße ein, folgen dem Schild »Naturlehrpfad« und laufen für ca. 1 km immer geradeaus. Hinter dem Parkplatz und den Schranken, wo die Wanderung für Autofahrer beginnt, halten wir uns schräg links, den Grabschützer See rechter Hand. Wir folgen nun dem Naturlehrpfad für ca. 4 km, an etlichen interessanten Informationstafeln vorbei, und wandern dazu an der Fahne (darauf steht »ZAP NW«) weiter geradeaus. Am Rastplatz mit der **Infotafel 11** ❷ (mit Informationen zur Energiegewinnung der Zukunft) führt ein kurzer Abstecher den Hügel hoch zu weiteren Tafeln, u. a. zum Ort Grabschütz und dem Bergbau.

Rastplatz an der Infotafel 11.

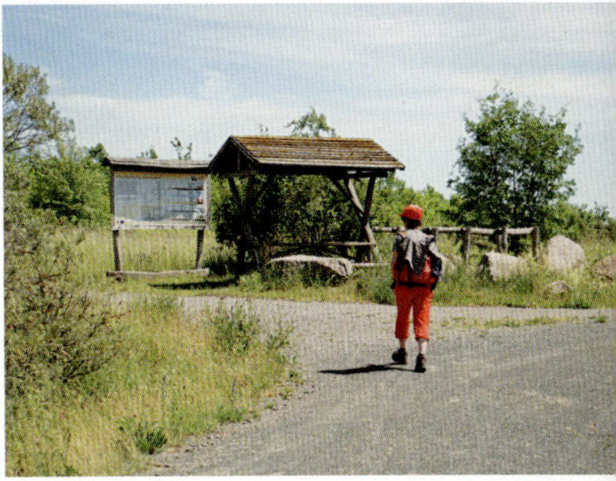

Ohne Abstecher laufen wir vor dem Rastplatz nach rechts. Wir biegen weiter unten in den ersten Weg links ein, der Naturlehrpfad wird verlassen. An einem Abzweig wandern wir vorbei. An der ersten Kreuzung geht es noch geradeaus, aber an der zweiten rechts ab.

Vor dem **Werbeliner See** ❸, dem größten Bergbaufolgesee der Tagebaue Delitzsch-Südwest, halten wir uns links. An der T-Kreuzung gehen wir rechts. An der folgenden Kreuzung wandern wir geradeaus weiter und biegen nach einem Graben rechts ein. Wir befinden uns nun auf einem Schotterweg, der für mehrere Kilometer am linken Seeufer entlangführt. Immer

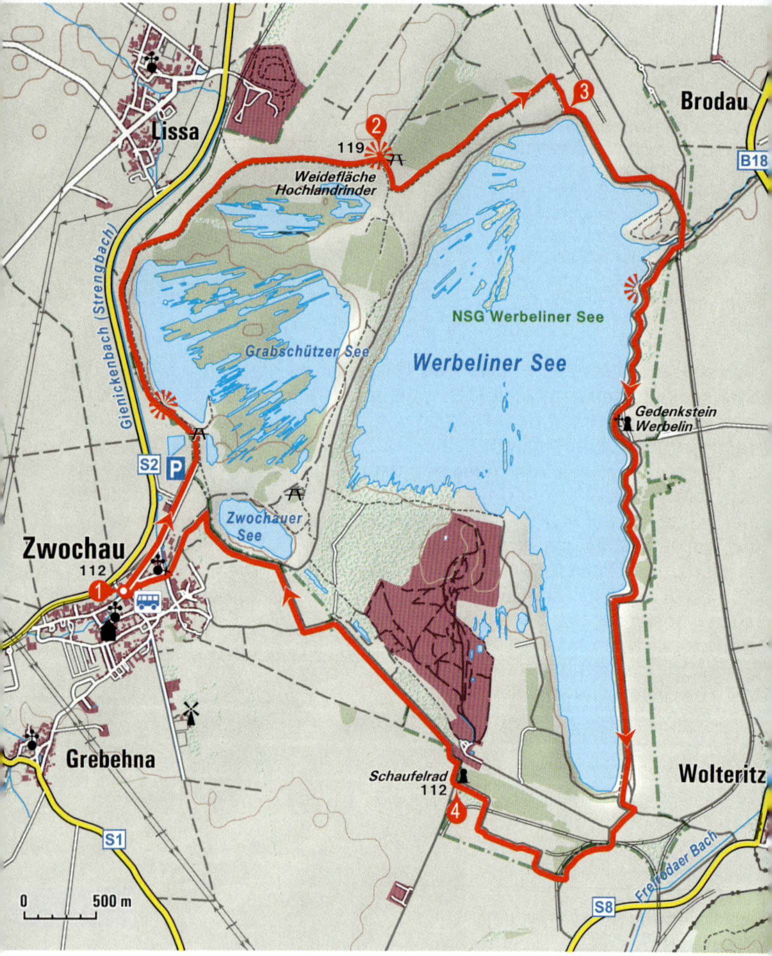

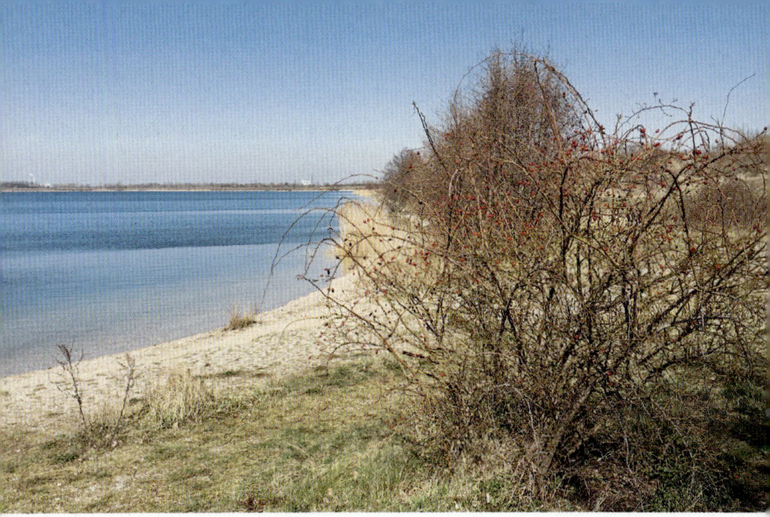

Am etwa 450 Hektar großen Werbeliner See.

wieder begeistern uns schöne Ausblicke auf den See. Nach ca. 1,5 km führt links an einem Abzweig ein Abstecher hinauf zum Radweg mit Gedenkstein an den verlorenen Ort Werbelin. Am Seeende halten wir uns zunächst geradeaus und an einer Kreuzung mit Informationstafeln rechts. An der T-Kreuzung biegen wir links ein und folgen für ein kurzes Stück vorsichtig der Straße. Bald können wir rechts in den Radweg einbiegen und wandern immer weiter auf dem geteerten Weg. Wo wir rechts von einem **Schaufelrad** ❹ stehen, das an den stillgelegten Bergbau erinnern soll, biegen wir an der T-Kreuzung rechts in den Radweg Richtung Grabschützer See und Zwochau ein. Nachdem der Blick auf eine Windmühle frei geworden ist, nutzen wir rechts den Radweg Richtung Delitzsch.

Am Zwochauer See halten wir uns links und folgen weiterhin immer dem geteerten Weg. In Sichtweite einer Straße ist scharf links in den Feldweg einzubiegen (Autofahrer gehen geradeaus zum Parkplatz). Im Ort geht es über eine Brücke, dann geradeaus und an der Kirche vorbei. An der Straße halten wir uns links und kurz danach ist wieder die Bushaltestelle in **Zwochau** ❶ erreicht.

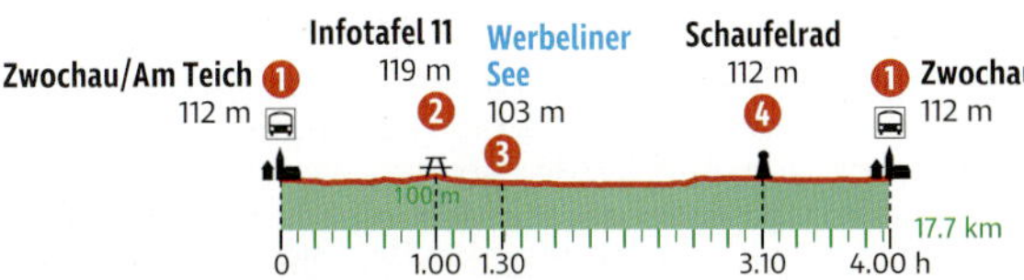

↗ 40 m | ↘ 40 m | 10.8 km

9 In Delitzsch

2.30 h

Durch eine historische Stadt mit viel Grün

Delitzsch punktet nicht nur mit Barockschloss, schöner Altstadt und einer fast vollständig erhaltenen mittelalterlichen Stadtbefestigung – die große Kreisstadt hat auch viel Grün zu bieten. 62 Hektar gehören zum Fördergebiet »Zukunft Stadtgrün«, zudem gewann Delitsch 2007 als energieeffiziente Stadt ein Zertifikat des »European Energy Award«. Zu DDR-Zeiten war sie noch Zentrum des Braunkohlebergbaus nördlich von Leipzig, fast wäre sogar das Stadtgebiet betroffen gewesen. Doch nach Suchbohrungen von 1855 misslang der Abbau der nur in 20 m Tiefe vorhandenen Braunkohle und man konzentrierte sich folglich auf nördlicher (s. Tour 10) und südlicher (s. Tour 8) gelegene Gebiete.
Am Rosengarten mit rund 300 verschiedenen Arten wird der Wallgraben erreicht, der über den Halleschen Turm zum Barockgarten und Schloss, dem Wahrzeichen der Stadt, geleitet. Von dort aus wandern wir durch den lang gestreckten Stadtpark nach Kertitz. Der Ort wird vorbei am Rittergut Schenkenberg verlassen, und wir gelangen in die Natur an der Loberaue (Landschaftsschutzgebiet). Durch ein Neubaugebiet kommen wir wieder in den Stadtpark und betreten an den Zwingergärten die Altstadt, die am Breiten Turm verlassen wird. Vorbei am Roßplatz mit schöner Postmeilensäule geht es zurück zum Bahnhof.

Ausgangspunkt: Unterer Bahnhof, Delitzsch, an der Eisenbahnstraße. Von Leipzig Hbf. mit der RB Richtung Magdeburg (stündlich) oder der S2 Richtung Lutherstadt Wittenberg, Dessau oder Delitzsch (ca. halbstündlich). Parkplatz rechts des Bahnhofsgebäudes (Navi: Eisenbahnstraße, Delitzsch).
Anforderungen: Keine Wanderzeichen. Mischung aus gepflegten und ungepflegten Parkwegen, Straßen und Pfaden. Trittfestigkeit ist nach dem Rittergut Schenkenberg an der Lober entlang erforderlich. Der Rückweg erfolgt teilweise durch ein Neubaugebiet.
Einkehr: Elberitzmühle (Mo–Mi Ruhetag, nur So Mittagstisch); mediterranes Restaurant im Hotel Zum Weißen Roß (tgl. geöffnet) und Ristorante Roma (Di Ruhetag) in Delitzsch; zahlreiche weitere Gaststätten in Delitzsch.
Tipp: Unterwegs empfiehlt es sich, eine Besichtigung des Schlosses Delitzsch mit historischen Gemächern aus dem 18. Jh. einplanen (Mo Ruhetag, siehe S. 29). Anschließend ist auch der Besuch des Tiergartens Delitzsch möglich (ganzjährig tgl. geöffnet).

In **Delitzsch**, am **Unteren Bahnhof** ❶, wenden wir uns zu Gleis 1 und gehen, erst das Bahnhofsgebäude, dann die Fahrradständer rechter Hand, bis zum Ende, dann weiter zum Park&Ride-Parkplatz, wo die Wanderung für Autofahrer beginnt. Wir laufen geradeaus weiter (parallel zu den Gleisen), über die Durchgangsstraße und geradeaus in die Blücherstraße. An der

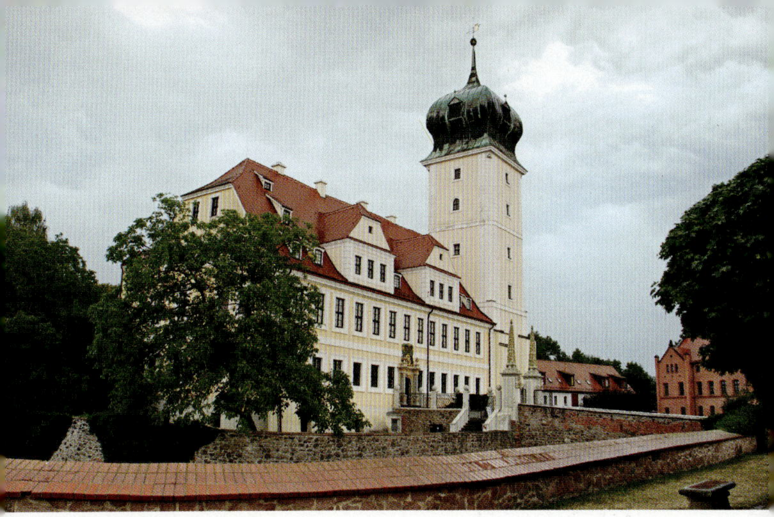

Das Barockschloss Delitzsch.

zweiten Straße, am Spielplatz linker Hand, biegen wir rechts in die Freiherr-vom-Stein-Straße ein. Beim Fußwegschild halten wir uns schräg links. Wir gehen geradeaus über die Brücke, vorbei an der Gaststätte Elberitzmühle. An der Gabelung biegen wir rechts in die Schillerstraße ein und an der T-Kreuzung wieder rechts in die Wiesenstraße. Wir überqueren die Durchgangsstraße und nutzen den Fußweg geradeaus.
Der kleine **Rosengarten** 2 liegt bald rechter Hand, betreten werden kann er erst durch den Eingang weiter vorne scharf rechts. Nach der Besichtigung wenden wir uns zur Brücke und überqueren die Lober, deren Aue sich wie ein grünes Band durch Delitzsch und seine eingemeindeten Ortsteile zieht. Wir gehen vor zum wassergefüllten Wallgraben und biegen links ein. Auf dem Promenadenweg mit Blick auf die alte Stadtmauer rechter Hand gehen wir immer geradeaus und am Ende rechts zum Halleschen Turm (13. Jh.), dann die Hallesche Straße weiter bis zur Schloßstraße, wo wir links einbiegen. Wir gehen geradeaus und unternehmen nach Belieben einen Abstecher nach links in den Barockgarten. Ansonsten halten wir uns vor dem **Barockschloss Delitzsch** 3 rechts, gehen vor der Kita den Weg hinunter und unten rechts am Schloss vorbei. Wir steigen kurz die Stufen hinauf und folgen nach rechts der Allee. Von ihr biegen wir auf den ersten Weg nach links ein. An der Straße halten wir uns geradeaus.
Der schon 1884 angelegte Stadtpark wird betreten. Wir gehen den ersten Weg rechts, später dann links zur Brunnenanlage »Genesung«. Davor biegen wir rechts, dann schräg links ein. Vor der Brücke halten wir uns wieder schräg links, einen Teerweg überquerend. Vor der nächsten Brücke geht

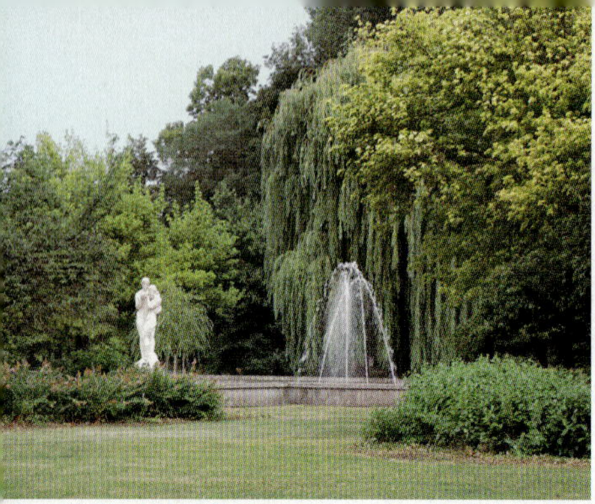

Brunnen im Stadtpark.

es schräg rechts. Dann überschreiten wir eine Hozbrücke und wenden uns an der T-Kreuzung, der Spielplatz liegt rechter Hand, nach links. Wir wandern nun immer geradeaus weiter, bis vor einem weiteren Spielplatz schräg links einzubiegen ist. Dann geht es links über eine Brücke, wieder über die Lober. Danach biegen wir in den ersten Weg rechts ein. Hier herrscht nun weniger Parkcharakter, sondern mehr Natur. Am Querweg folgen wir geradeaus (leicht recht versetzt) dem Pfad. Wir durchschreiten die Unterführung, die Lober rechter Hand. An der T-Kreuzung halten wir uns links. In Kertitz laufen wir geradeaus weiter und biegen bald rechts in die Auenstraße ein. Am Ende geht es nach links, dann in die Durchgangsstraße rechts. An der Kreuzung mit Bänken halten wir uns kurz rechts, dann gleich links in die Schmiedegasse in den Ortsteil Schenkenberg. Nach der Kirche schwenkt der Weg nach rechts. Dann halten wir uns links, das **Rittergut Schenkenberg** ❹, das auf eine Wasserburg zurückgeht, liegt nun rechter Hand (Betreten verboten). Am ersten Parkplatzschild biegen wir links ein, den kleinen Weg geradeaus und vor der Lober links. Die Grünflächen gehören noch zum kleinen Landschaftspark Schenkenberg.

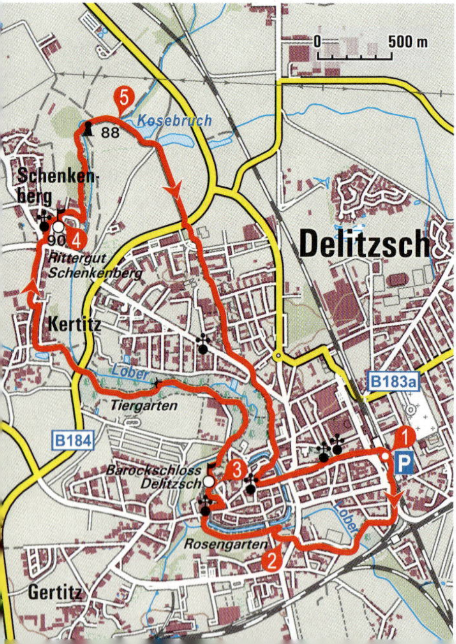

Wir kommen an einem Spielplatz mit Barfußpfad und Informationstafeln zu Fauna und Flora vorbei, wo sich eine Rast anbietet. An der Kreuzung biegen wir rechts in den Pfad ein, beschildert als »Musinselweg mit Loberblick«. Linker Hand liegt die sogenannte Musinsel, früher mooriges Grünland. An der T-Kreuzung halten wir uns

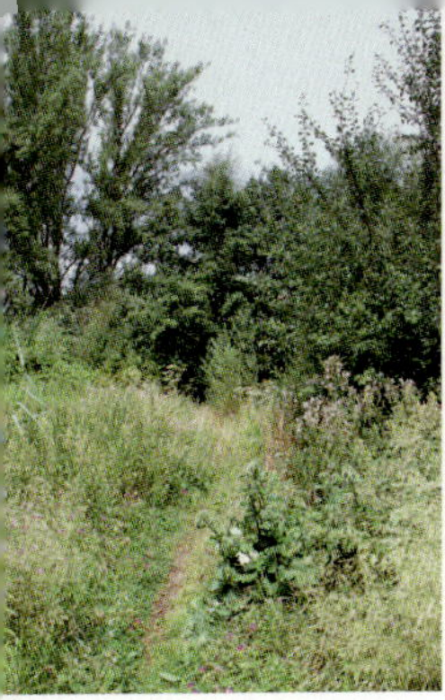

In der Loberaue.

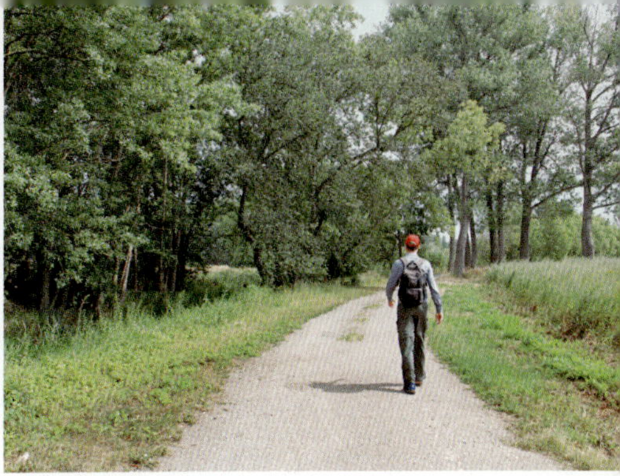

Wanderweg beim Teichgebiet Kosebruch.

wieder rechts, im Sommer kann der Pfad etwas zugewachsen sein. An der folgenden T-Kreuzung gehen wir erneut rechts, nun über eine Brücke und am Gedenkstein »Jubiläumspreishüten 1884« links. An der nächsten Brücke wandern wir geradeaus weiter. Bald ist die erste Wasserfläche des Teichgebietes **Kosebruch** 5 (Landschaftsschutzgebiet) linker Hand zu sehen.
An der Kreuzung halten wir uns schräg rechts, dann geht es auf ein Neubaugebiet von **Delitzsch** zu, das es zu durchqueren gilt. Dort gehen wir über die Ampel, dann den Fußweg weiter. Am Platz nutzen wir den Fußweg schräg links und biegen vor dem Spielplatz rechts ein. Es geht geradeaus, den Amselweg weiter, über einen Platz, und immer weiter geradeaus. An der Securiusstraße halten wir uns schräg links, das Neubaugebiet wird verlassen. Wir laufen an der Bushaltestelle »Bürgerhaus« vorbei und über die Erzbergerstraße. Dann biegen wir in den ersten Weg schräg rechts in den Stadtpark ein und halten uns dort geradeaus. Bald ist rechter Hand ein gründerzeitlicher Turm zu sehen, der hier aus dekorativen Gründen aufgestellt wurde.
Am Parkende gehen wir geradeaus, so auch am Wallgraben. Rechts über die Brücke betreten wir die historische Altstadt. Wir gehen kurz geradeaus, dann schräg rechts in die Straße Münze. Weiter laufen wir geradeaus, dann links in die Pfortenstraße. Links der imposanten Kirche St. Peter und Paul geht es in die Breite Straße, dann immer geradeaus. Wir kommen am Breiten Turm vorbei zum Roßplatz, mit Postmeilensäule. Hier folgen wir der Eilenburger Straße geradeaus. Bald sind der **Untere Bahnhof** 1 und der Parkplatz daneben erreicht.

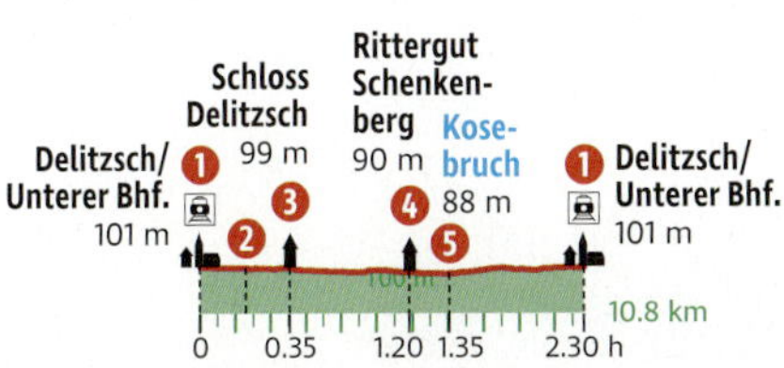

TOP

10 In der südlichen Goitzsche

↗ 110 m | ↘ 110 m | 13.4 km

3.00 h

Romantische Seen, Natur und Kunst

Der Große Goitzschesee ist weithin bekannt und beliebt, aber nur wenige wissen von der ruhigeren malerischen Seenlandschaft südlich davon. Die Bergbaufolgelandschaft zeigt sich hier von ihrer besten Seite. Das ehemalige Bitterfelder Braunkohlerevier hatte die Region stark gebeutelt. Die einstigen Auwälder an der Mulde wurden zur Mondlandschaft, mehrere Orte geopfert. Heute jedoch beherrscht hier wieder eine Naturidylle das Bild. Die Seen bieten vielen Wasservögeln Rast- und Brutgebiet (allein 130 Brutvogelarten). Weite Flächen stehen unter der Obhut des Bundes für Umwelt und Naturschutz Deutschland (BUND), Teilflächen sind Vogelschutzgebiet. Auch ist die südliche Goitzsche Teil des Landschaftskunstprojekts »Kulturlandschaft Goitzsche«, das an den Bergbau und die Zeit davor erinnern soll.

Von Petersroda, dem Eingangstor zur Bergbaufolgelandschaft Goitzsche, geht es an zwei Seen entlang zum Arboretum und weiter zum Kunstwerk »Wächter der Goitzsche«. Den Holzweißiger Ost-See erblicken wir von der Höhe. Der Rückweg erfolgt kurz erneut an einem See, dann auf einem bequemen Weg zurück nach Petersroda.

Der Ludwigsee erstreckt sich über etwa 90 Hektar.

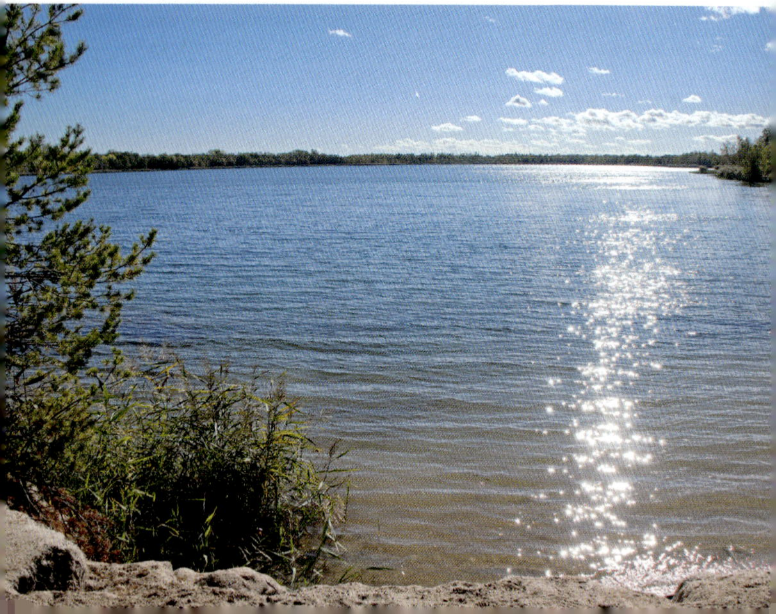

Ausgangspunkt: Petersroda, S-Bahn-Haltestelle, Am Bahnhof. Von Leipzig Hbf. mit der S2 Richtung Dessau oder Lutherstadt Wittenberg bis Haltestelle »Petersroda« (stündlich). Wenige Parkplätze vorhanden (Navi: Am Bahnhof, Petersroda). Weiterer Parkplatz am Ende der Straße der Freundschaft, Ecke Am Goitzscherand (Navi: Am Goitzscherand, Petersroda), insgesamt ca. 2 km Einsparung des Weges durch den Ort.
Anforderungen: Orientierungssinn und Trittfestigkeit. Am Westufer des Ludwigsees geht es auf schmalem Pfad, auch ist ein Abzweig nicht zu verpassen. Überwiegend unbefestigt und nicht ausgeschildert.
Einkehr: Keine Möglichkeit.
Tipp: Am Nordufer des Ludwigsees besteht Bademöglichkeit.

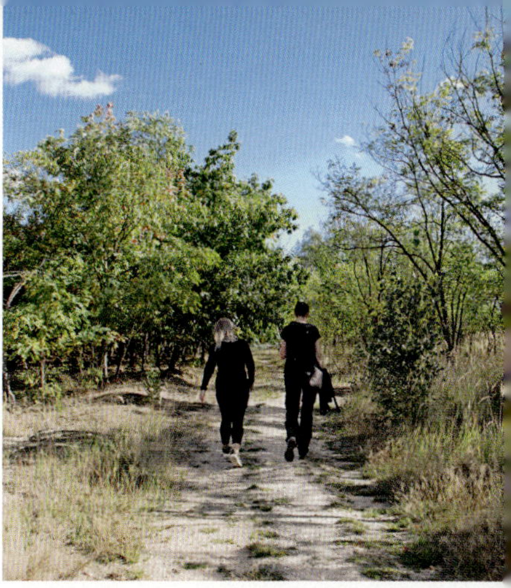

Auf sandigen Wegen geht es zum Ludwigsee.

Die S-Bahn-Haltestelle **Petersroda** ❶ verlassen wir an Gleis 2 und halten uns dann schräg links. Wir folgen der Straße bis zur T-Kreuzung, wo wir rechts den Fußweg nutzen. Auf der Straße der Freundschaft geht es immer geradeaus, am Gasthof Zum Frosch vorbei. Wir passieren den Parkplatz an der Straße Am Goitzscherand, wo die Wanderung für Autofahrer beginnt. Weiter laufen wir durch die Schranke und folgen dann links dem geteerten Weg. An der T-Kreuzung geht es rechts hinunter. Am ersten Abzweig biegen wir links in den unbefestigten Weg ein.
Wir wandern immer geradeaus weiter. Bald ist rechter Hand der erste See zu sehen, die Vernässungsfläche Petersroda. Ab und zu blinkt er durch die Vegetation. Wir bleiben stets auf dem Hauptweg. An einer Gabelung geht es rechts, dann immer grob geradeaus. Zeitweise teilt sich der Weg in mehrere Pfade, wir nehmen eher einen der rechten, dann führt er vom See weg. Nach einem Abzweig linker Hand geht es nach knapp 200 m rechts und gleich wieder links. An einem **Abzweig** ❷ vor dem **Ludwigsee** biegen wir rechts ein und wandern auf dem idyllischen Pfad rechts des Sees weiter. Auch an einem (trockenen) Graben geht es geradeaus durch ihn hindurch.
Jetzt heißt es aufpassen. Schließlich zweigt der Hauptpfad schräg rechts ab und wir folgen ihm. Am ersten deutlichen Abzweig

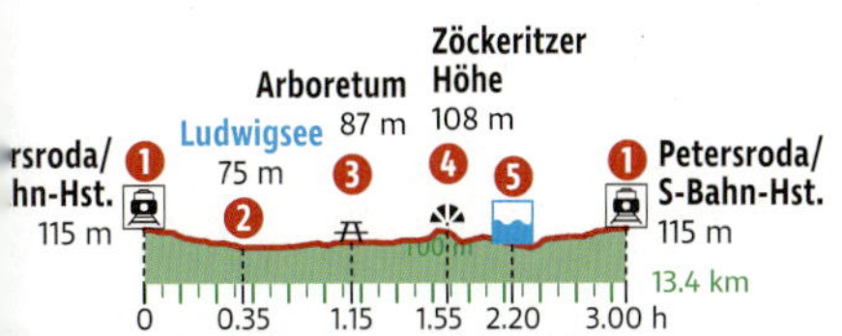

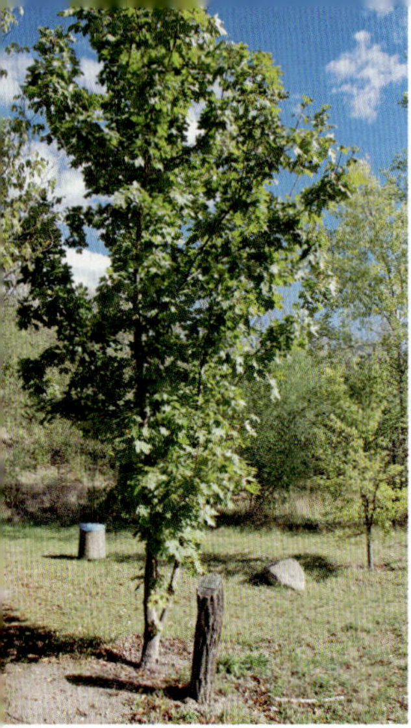

Spitzahorn am Arboretum.

geht es links, ggf. dient hier eine aufrechte Bahnschwelle der Orientierung. Wir wandern nun immer geradeaus weiter, der Weg wird später breiter. An der T-Kreuzung biegen wir links ein. An einem Abzweig halten wir uns schräg links. Die Landschaft ist nun leicht hügelig. Wir überqueren eine Holzbrücke und halten uns dann rechts. Gleich geht es an der Gabelung schräg links aufwärts. Am Abzweig mit Wegweisern bietet sich kurz links, dann rechts ein Abstecher zum **Arboretum** 3 mit Rastplatz an. Verschiedene neu gepflanzte einheimische Bäume sind hier mit Schildern versehen.

Wir kehren zu den Wegweisern zurück und biegen links ein (ohne Abstecher rechts). Es geht immer geradeaus und an einer Schranke mit Rastplatz links. Die Skulpturengruppe »Die Wächter« linker Hand erinnert an die hiesige Umwandlung der Landschaft, wofür die stählernen »Wächter« als Zeugen stehen. Wir

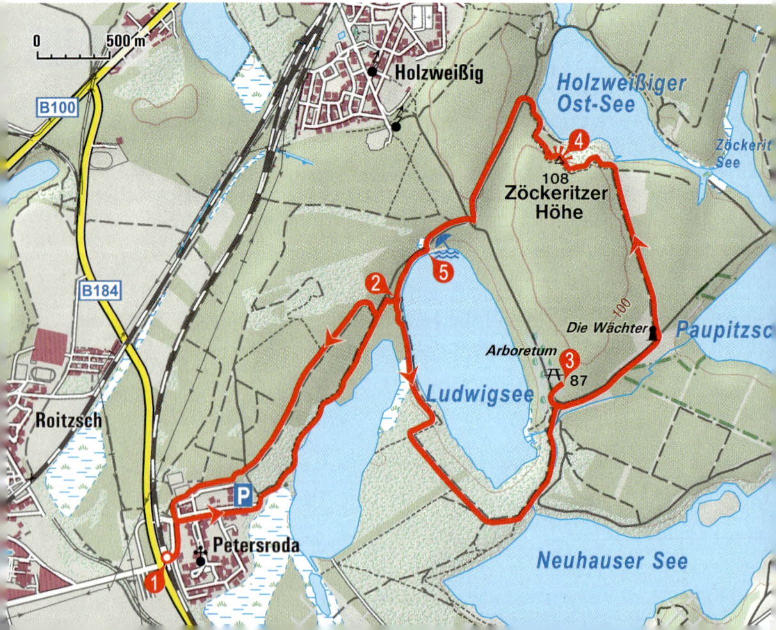

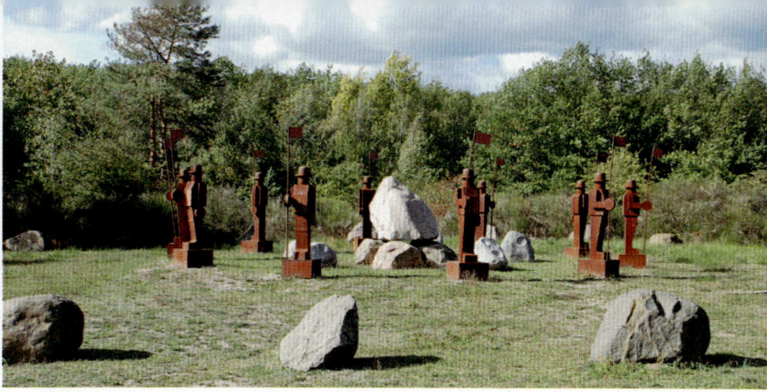

»Die Wächter«, ein Kunstwerk von Anatol Herzfeld, sind von einem Kreis aus Findlingen umgeben.

bleiben auch hier immer geradeaus auf dem Hauptweg. Rechter Hand liegt schließlich das Gehege der Exmoor-Ponys. Diese echten Wildpferde stammen ursprünglich aus dem Südwesten Englands, wo sie seit Jahrtausenden heimisch sind und einige Herden auch heute noch in freier Natur leben. Am Gehegeende nutzen wir geradeaus den Pfad. Der Holzweißiger Ost-See liegt vor uns. Wir wandern hinauf auf die **Zöckeritzer Höh**e ❹, wo sich bei zwei Pfeilern eine schöne Aussicht auf den See bietet. 1956 musste das Dorf Zöckeritz, 1963 die gleichnamige Ziegelei und Oberförsterei dem Bergbau weichen. Für kurze Zeit geht es noch aufwärts, dann wieder abwärts, immer dem sich schlängelnden Pfad folgend.

Nach einer Schranke geht es nach links auf den geteerten Weg, an der T-Kreuzung kurz rechts und dann gleich wieder links. Am Abzweig halten wir uns geradeaus. Am folgenden Abzweig biegen wir links ab. Wir kommen wieder zum **Ludwigsee**, diesmal an der **Badestelle** ❺. Wir nutzen hier rechts den Pfad, den See linker Hand. An zwei Pfeilern wird der **Abzweig** ❷ des Hinwegs erreicht, wo wir rechts einbiegen. An der nächsten T-Kreuzung geht es rechts, dann wieder links.

In den ersten Weg rechts einbiegend verlassen wir nun den Hinweg. Der Pfad »Zeitreise Goitzsche« geleitet uns nach oben. Dort geht es links und dann immer geradeaus, auf dem Hauptweg. Schließlich nutzen wir an einem breiten Querweg geradeaus den Pfad, der schnell nach links schwenkt. An der Straße Am Waldesrand geht, wer zur S-Bahn will, rechts. Wer an der Straße Am Goitzscherand geparkt hat, nutzt den Kiefernweg geradeaus und kehrt an der Kreuzung links zum Parkplatz zurück. Alle anderen laufen die Straße Am Waldesrand immer geradeaus, vorbei am Fußballfeld rechter Hand. Am Ende von Garagen geht es links und an der Straße (T-Kreuzung) rechts in den Fußweg vom Hinweg. Links und dann immer geradeaus gelangen wir wieder zur S-Bahn-Haltestelle **Petersroda** ❶.

TOP 11

↗ 70 m | ↘ 70 m | 13.9 km

Von Möhlau in die Oranienbaumer Heide

3.00 h

Blühende Heidelandschaft, Wildpferde und ein See

Die schönsten Naturparadiese entstehen nicht selten auf Flächen ehemaliger militärischer Nutzung – so auch die ca. 2200 ha große Oranienbaumer Heide. In den offenen Flächen in der Mitte blüht die Heide, so weit das Auge reicht, den Rand bilden ausgedehnte Mischwälder – ein ideales Rückzugsgebiet vieler seltener Pflanzen und Tiere. Zum Erhalt des großen zusammenhängenden Heide-Magerrasen-Ökosystems werden Heckrinder und Koniakpferde eingesetzt, die mit etwas Glück auch vom Wanderweg aus gesehen werden können. 2017 wurde die Oranienbaumer Heide als »Weidelandschaft des Jahres« ausgezeichnet.

Im Süden schließt sich der ehemalige Bergbauort Möhlau an, wo bereits 1680 nach Braunkohle gegraben wurde. Die erste Grube wurde im Jahr 1846, die zweite 1900 angelegt. Heute werden die beiden aus den Restlöchern entstandenen Seen vielfältig als Naherholungsgebiet genutzt.

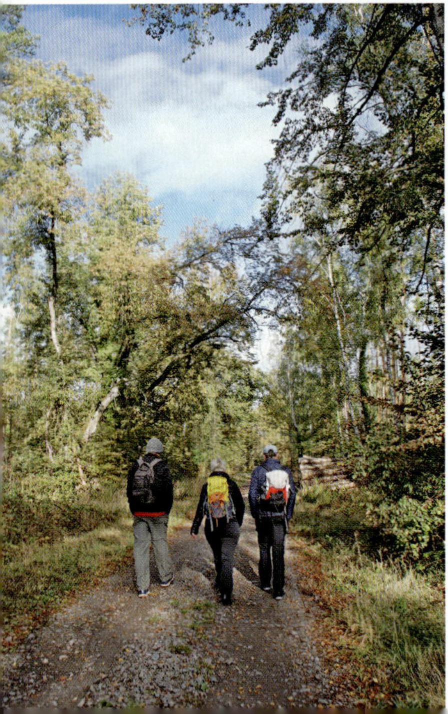

Ausgangspunkt: Bushaltestelle »Möhlau, Gaststätte«, OT Kleinmöhlau. Von Leipzig Hbf. mit der S2 Richtung Lutherstadt Wittenberg nach Gräfenhainichen, dort mit dem Bus 330 Richtung Möhlau (Rufbus, Anmeldung unter Tel. 08000-366910, 1 Std. vor Abfahrt, Mo–Sa 7–20 Uhr). Parkplatz anbei (Navi: Altjeßnitzer Straße, Möhlau).
Anforderungen: Leichte Wanderung, überwiegend breite und gerade Wege. Kaum Ausschilderung. Schmaler Pfad am Rand des Möhlauer Sees (Alternative möglich).
Einkehr: Klepel's Eiscafé (Mo/Di Ruhetag, sonst ab 14 Uhr) und Gaststätte Möhlauer See in Großmöhlau.
Tipp: Fernglas zur Tierbeobachtung mitnehmen.
Hinweis: Wegen Naturschutz und Kampfmittelbelastung (ehemaliges militärisches Übungsgelände) ist strikt auf den Wegen zu bleiben.

Auf dem Weg in die Oranienbaumer Heide.

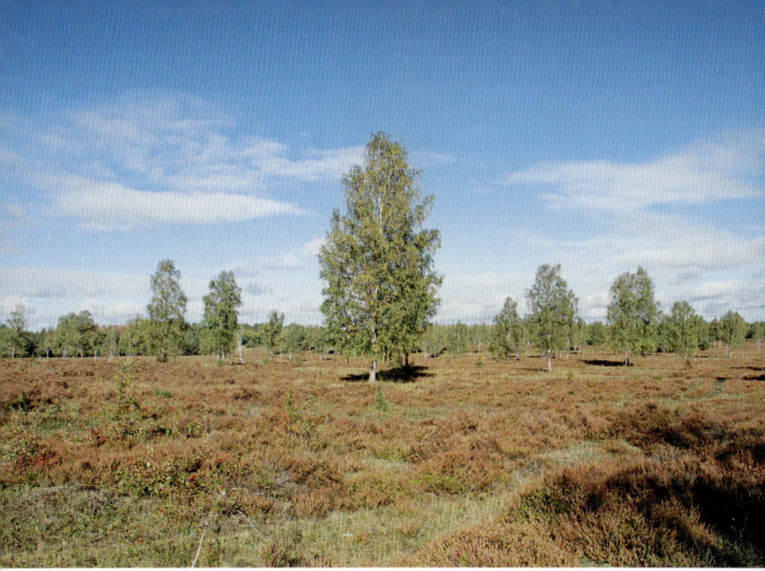

Die Oranienbaumer Heide bietet viel Offenlandflächen.

Den Ortsteil **Kleinmöhlau** ❶ verlassen wir immer geradeaus auf der Söllnitzer Straße. Nach dem Ortsausgangsschild gehen wir geradeaus weiter, vorbei an einem kleinen Parkplatz. In der leichten Rechtskurve des Hauptweges halten wir uns geradeaus in die Lindenallee am alten Möhlauer Weg, einem seltenen Beispiel einer Waldallee aus Linden. Es geht immer weiter geradeaus, erst nach ca. 1 km an der großen Kreuzung nach rechts in den befestigten Weg. An einer Kreuzung wandern wir geradeaus weiter.
Kurz danach wird die **Oranienbaumer Heide** ❷ betreten. Wir laufen immer geradeaus weiter, an mehreren Informationstafeln zu Tierwelt und Beweidung vorbei. Dieser Teil gehört zur halboffenen Weidelandschaft. Nach ca. 2,5 km geht es an einem Abzweig rechts in Richtung Jüdenberg. Wir wandern für weitere knapp 3 km geradeaus weiter, auch an einer Kreuzung, einem Abzweig und einer weiteren Kreuzung. Erst an der nächsten Kreuzung geht es rechts, zur Orientierung dienen gelbe Gaspfähle. Hier wird das Naturschutzgebiet verlassen.

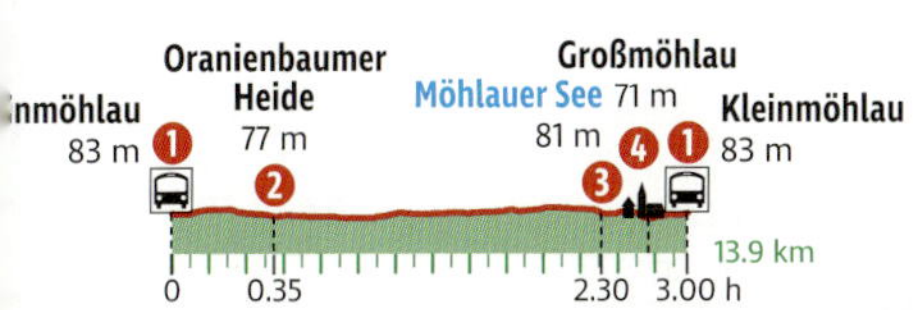

Das ehemalige Militärgelände ist nun rechter Hand. Wir bleiben immer auf unserem Weg. An mehreren Abzweigen geht es geradeaus. Ein bisschen schlängelt sich

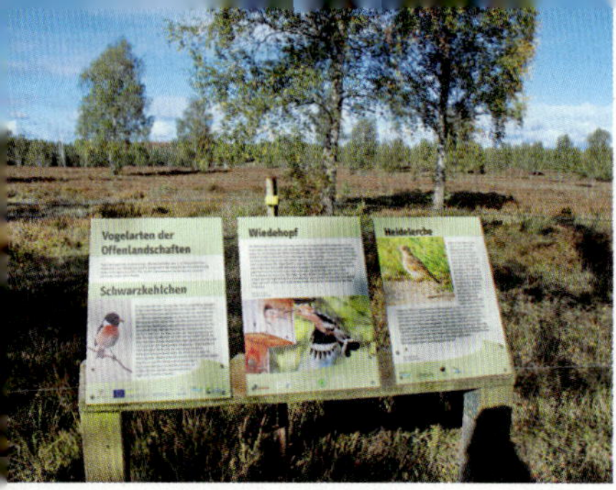

Hier ist man gut informiert.

der Weg. Vor der Straße nehmen wir nach rechts den zunächst parallel verlaufenden Weg am Waldrand entlang. Wir bleiben auf dem Hauptweg, der einen weiten Rechtsbogen macht. Am gelben Gaspfahl 208 geht es an der Kreuzung geradeaus. Wer bequeme Wege bevorzugt, kürzt ab, indem er hier jedoch links abbiegt und sich dann immer geradeaus bis zu einem Parkplatz hält.

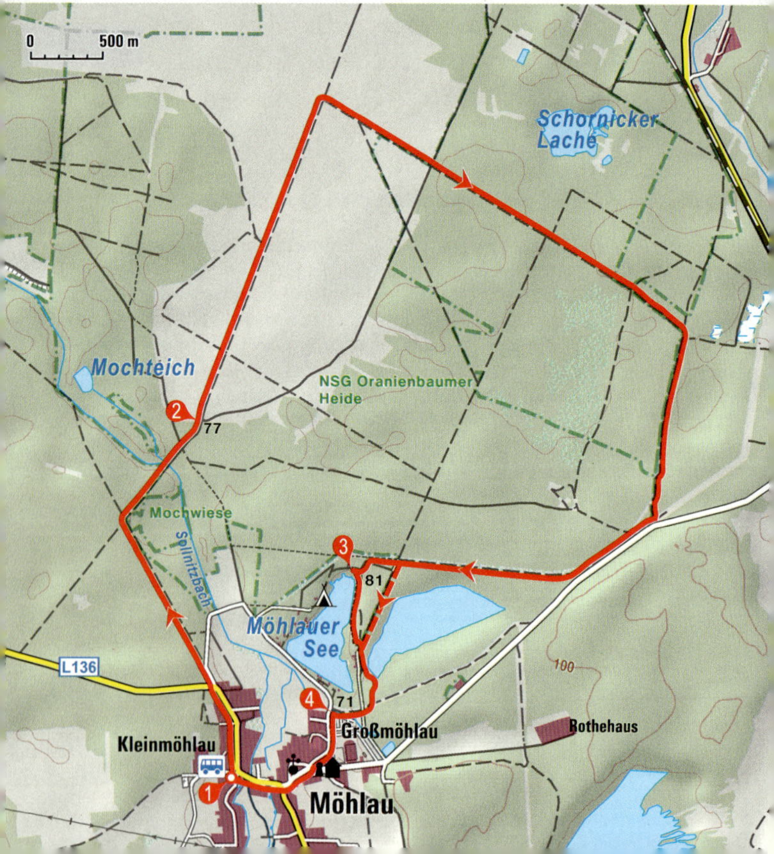

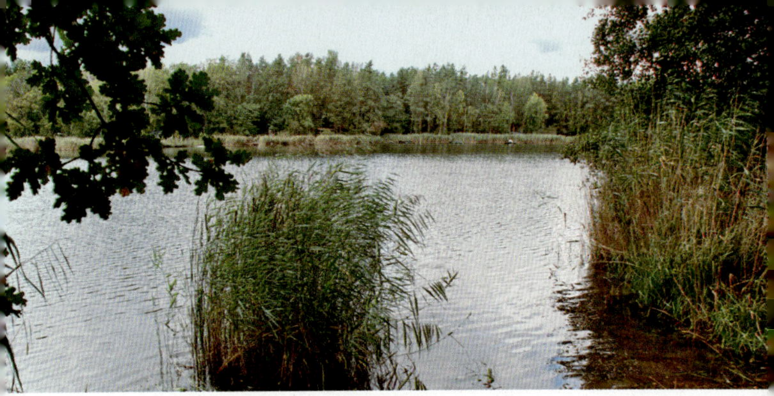

Der Möhlauer See ist am Ufer teilweise mit Röhricht bewachsen.

Wer geradeaus gegangen ist, biegt in den ersten Pfad, der mit steinernen Pfeilern gekennzeichnet ist, schräg links ein. Dann halten wir uns geradeaus und später rechts in den Seeweg. Linker Hand führt eine Stahltreppe hinunter. Da diese jedoch etwas marode ist, wählen wir lieber den nächsten Pfad abwärts (ca. 50 m vor einem Abzweig). Der Pfad führt hinunter an den **Möhlauer See** ❸ und dort am linken Ufer immer weiter – auch da, wo es scheinbar nicht mehr weitergeht. Schließlich wird der Pfad breiter und führt nach oben. Dort schwenkt der Weg bei Gartenhäusern nach links. An der T-Kreuzung biegen wir nach rechts ab.

Am Parkplatz (hier stoßen die Abkürzer hinzu) halten wir uns schräg links und dann geradeaus, wo ein Baum die Zufahrt für Autos zum Weg versperrt. Am Abzweig geht es schräg rechts, so auch an der Gabelung und schließlich an der T-Kreuzung. Geradeaus überqueren wir einen geteerten Weg. An der T-Kreuzung überschreiten wir links die Brücke. **Großmöhlau** ❹ wird betreten, bald liegt ein Eiscafé linker Hand. Wir folgen der Pflasterstraße bis zur Gaststätte, wo wir uns rechts halten, so auch an der Durchgangsstraße. Linker Hand erinnert eine Lok der Grube Golpa an den Bergbau (mit Rastplatz). Wir kommen vorbei an der Bushaltestelle Kaufhalle und laufen weiter geradeaus. Nach der Brücke gehen wir schräg links durch den kleinen Park, mit einem Teich linker Hand, zurück zu Bushaltestelle und Parkplatz in **Kleinmöhlau** ❶.

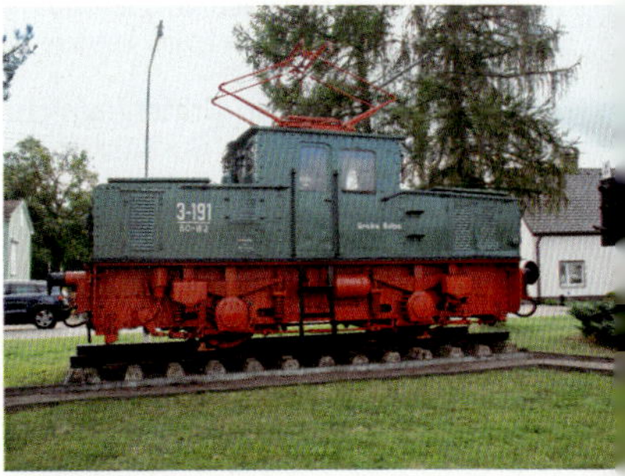

Erinnerung an das überbaggerte Dorf Golpa.

↗ 130 m | ↘ 130 m | 23.6 km

12 Gräfenhainichen

5.30 h

Bergbaufolgelandschaft mit idyllischen Seen, einer Halde und Ferropolis

Gräfenhainichen – dieser Name scheint untrennbar mit Ferropolis, der Stadt aus Eisen, verbunden. Das monumentale industriegeschichtliche Freiluftmuseum auf einer Halbinsel im Gremminer See dient heute häufig als Kulisse für Großkonzerte. Nicht umsonst wird das Bergbausanierungsgebiet auch als »Industriekulturlandschaft Ferropolis« bezeichnet und war Teil der EXPO 2000.

Auf dieser Runde ist viel regionale Bergbaugeschichte zu erleben: Die Barbarahöhe, eine ehemalige Halde, zwei Tagebaurestseen bei Zschornewitz, wo 1915 das damals größte Braunkohlekraftwerk der Welt entstand. Die dazu gehörige Werksiedlung nach Vorbild englischer Gartenstädte steht unter Denkmalschutz. Nach Ferropolis genießen wir am Tagebaurestloch Gremminer See auf dem Skulpturenpfad moderne Kunst in der Landschaft. Am Ende geht es durch die historische Altstadt von Gräfenhainichen, vorbei an der klassizistischen Paul-Gerhardt-Kapelle von 1844. Die Kleinstadt ist der Geburtsort des berühmten Kirchenlieddichters Paul Gerhardt (1607–1676).

Ausgangspunkt: Gräfenhainichen, Bahnhof. Von Leipzig Hbf. mit der S2 Richtung Lutherstadt Wittenberg (ohne Umsteigen) oder Richtung Dessau, umsteigen in Bitterfeld in die S8 Richtung Lutherstadt Wittenberg (beide zusammen stündlich) nach Gräfenhainichen. Parkplätze am Bahnhof vorhanden (Navi: Eisenbahnstraße, Gräfenhainichen).

Anforderungen: Wenig ausgeschildert. Hohe Anforderungen an Ausdauer, Gemüt und Orientierung durch langes Gehen auf geteerten oder langen kerzengeraden Wegen, schwer zu findende Pfade bei Zschornewitz. Führt durch einen Windpark (wer davor Angst hat, kann ausweichen, indem er immer am Nordrand der Halde bleibt). Wenig Schatten, nicht für heiße Sommertage geeignet. Wer Ferropolis weglassen möchte, spart 3 km.

Einkehr: Gaststätte Platanenhof (Mo/Di Ruhetag) in Zschornewitz; Restaurant Hollywood/Schacht Barbara (Mo Ruhetag) in Gräfenhainichen.

Tipp: Früh zu der langen Tour aufbrechen.

Vom **Bahnhof** ❶ in **Gräfenhainichen** wenden wir uns zur Stadtseite und halten uns links, an Bushaltestellen vorbei. An einer Kreuzung geht es geradeaus in die Dornewitzer Straße. Immer weiter laufen wir geradeaus, schließlich halten wir uns bei der Parkstraße 24 schräg links. Am Ende der Straße geht es geradeaus in den Pfad. Wir überschreiten die Gleise der Kohlebahn, halten uns an der Gabelung links, wie auch an der Kreuzung (geradeaus darf der Barbarasee, die ehemalige Grube Barbara, nicht betreten werden). Wir wandern immer auf dem Hauptweg geradeaus. Schließlich führt er ins Freie. An einer Kreuzung geht es geradeaus, auch am Abzweig.

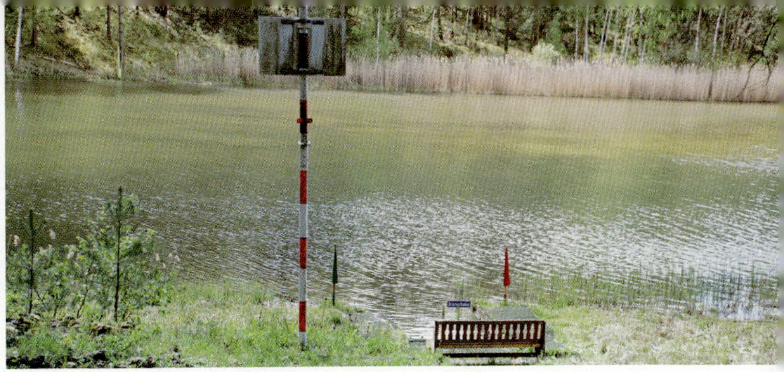

Am Zschornewitzer See bietet sich eine Rast an.

An einer großen, dreiteiligen Kreuzung biegen wir rechts ein. Bald überschreiten wir geradeaus die B 100 (Vorsicht!). Am Abzweig geht es an einer platzartigen Erweiterung links, jetzt geteert, so auch am nächsten Abzweig. Der Weg ist kurz noch geteert und wird dann ungeteert fortsetzt. Wir befinden uns jetzt am Fuße der ca. 50 m hohen **Hochhalde Barbarahöhe** ❷ und laufen immer geradeaus weiter. Sie war entstanden zunächst als Halde zum Tagebau Golpa II, später zum erst ab 1984 aufgeschlossenen Tagebau Gröbern. Unser Weg trifft auf einen geteerten, auch hier gehen wir geradeaus und an der Gabelung rechts hinauf. Bald bietet sich eine Aussicht linker Hand, es geht an Windrädern vorbei. An einem Tümpel halten wir uns geradeaus. Nach einer weiten Kurve biegen wir an einem Windrad an einer Gabelung links ab, laufen hinunter und am Abzweig geradeaus. Nach einer Rechtskurve geht es an der Kreuzung rechts.
Nun lernen wir eine ganz andere Umgebung kennen. An einem Abzweig wenden wir uns links zum idyllischen **Zschornewitzer See** ❸ (mit Bank), auch »Gurke« wegen seiner länglichen Form genannt, heute u.a. Angelgewässer und Regattastrecke. Als »Restloch Golpa II« gehört er zum ehemaligen Kohlefeld Golpa. Auf halber Höhe biegen wir rechts in den Pfad ein, immer parallel zum See (falls dieser einmal zugewachsen sein sollte, kann man einfach oben auf dem breiteren Parallelweg bleiben). Unten auf dem Pfad gehen wir schließlich an einer Gabelung rechts hinauf, der See wird verlassen. Oben halten wir uns geradeaus und am Parkplatz links.

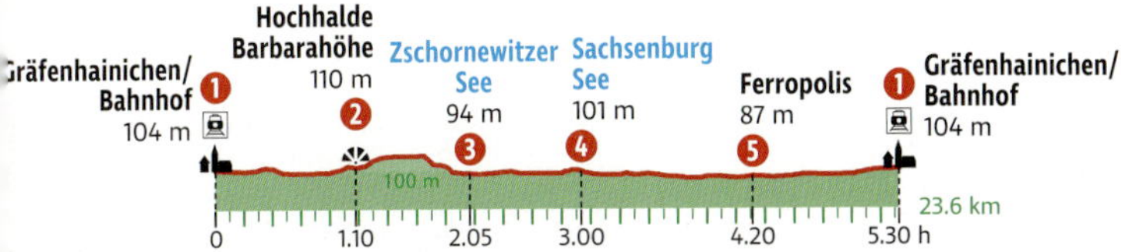

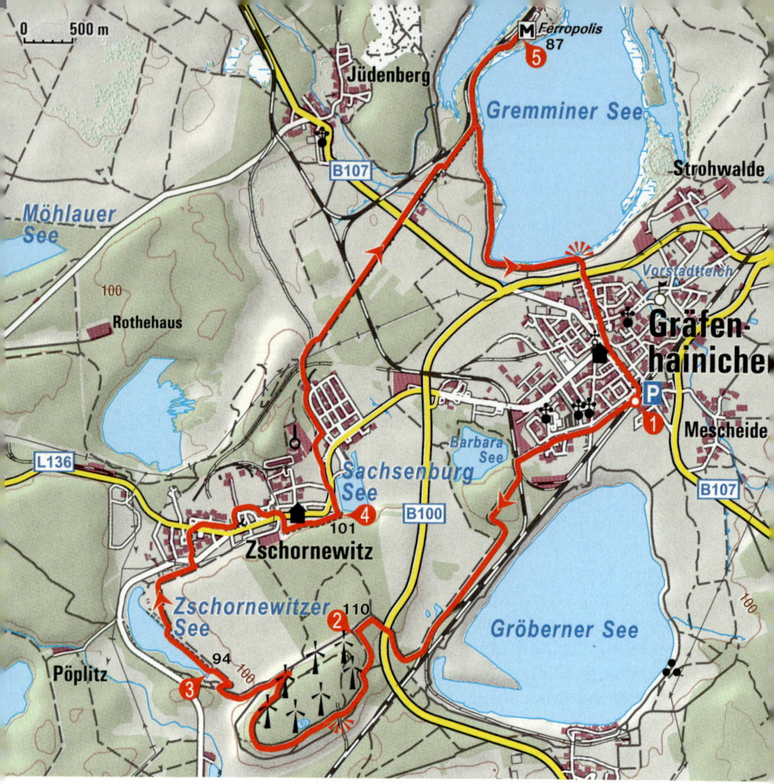

An der Kreuzung biegen wir rechts ab und an der folgenden Kreuzung links (geradeaus ist Befahren verboten, nur für Anwohner frei). Geradeaus überqueren wir in Zschornewitz die Straße und gehen am Haus Nr. 30 links vorbei. Der Weg schwenkt nach links. Dann halten wir uns geradeaus, so zunächst auch beim Park, und biegen in ihn schräg rechts ein. An der Straße gehen wir rechts, vorbei an den ersten pittoresken Häusern der Werkssiedlung. Am Pöplitzer Weg folgen wir der Durchgangsstraße schräg links. Vor der Bushaltestelle biegen wir links ein in den denkmalgeschützen Walther-Rathenau-Platz. Am Ende der Straße halten wir uns rechts, wo weitere Wohnhäuser zu bewundern sind, und an der Carl-von Ossietzky-Straße geradeaus. Schräg links geht es in die Straße des Friedens. An der T-Kreuzung biegen wir links ab und in die Burgkemnitzer Straße rechts (geradeaus befindet sich eine Gaststätte). Vor dem Wäldchen geht es kurz links, dann gleich rechts hinein, wo wir dem Pfad weiter folgen.

Vor dem **Sachsenburg See** ❹, auch Druschplatzsee genannt, einem weiteren Tagebaurestloch, geht es an der T-Kreuzung links, dann weiter geradeaus in den idyllischen Pfad in Ufernähe. Anschließend erreichen wir wieder eine Straße, nutzen den Fußweg linker Hand und biegen nach dem Supermarkt schräg links ab. Es geht an Garagen vorbei, dann geradeaus in den Pfad. An einer Gabelung halten wir uns rechts und bei Häusern kurz geradeaus, dann links durch die Siedlung. Nach der Rechtskurve ist an der Kreuzung links einzubiegen (Radweg »Kohle/Dampf/Licht«).

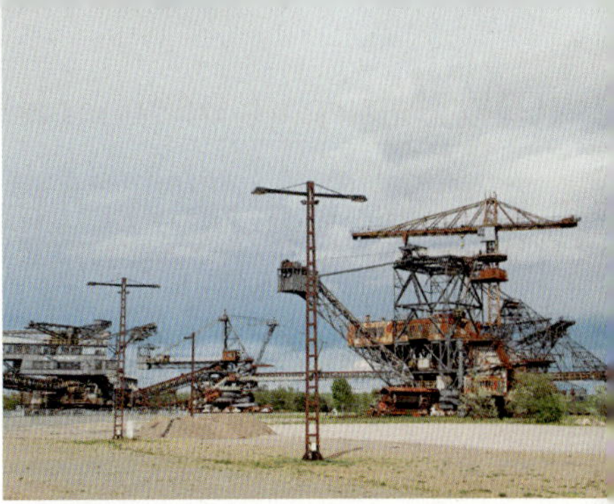

Ferropolis, mit originalen stillgelegten Braunkohlebaggern.

Wir überschreiten erneut die Gleise der ehemaligen Kohlebahn. An zwei Abzweigen halten wir uns schräg rechts und bleiben immer auf dem Hauptweg. Es geht unter den Rohren hindurch und dann immer geradeaus an ihnen entlang. Geradeaus laufen wir erneut über Gleise der Kohlebahn und weiter geradeaus, auch an der Straße.
Der Weg ist jetzt befestigt. An einer Brücke geht es nach rechts. Wer jetzt abkürzen möchte, geht weiter geradeaus. Alle anderen biegen den ersten Weg links ab. Am Parkplatz halten wir uns immer geradeaus nach **Ferropolis** ❺. Anbei liegt der Gremminer See, Rest des Tagebaus Golpa Nord. Der zugehörige Heideort Gremmin war dem Bergbau zum Opfer gefallen. Wir kehren zurück zum Parkplatz und biegen dort schräg links in den geteerten Weg ein. An der T-Kreuzung geht es links (die Abkürzer stoßen von rechts hinzu). An einem Abzweig halten wir uns geradeaus und genießen den Kunstpfad.
Schließlich geht es an einer Gabelung rechts und über Stufen hinauf. Vom sogenannten Gräfenhainicher Stadtbalkon bietet sich ein schöner Blick über den See. Wir gehen über die Brücke, dann in **Gräfenhainichen** immer geradeaus. An einer Grünanlage liegt rechts die Paul-Gerhardt-Kapelle. Wir folgen der Bahnhofstraße weiter geradeaus, dann sind wir bald wieder am **Bahnhof** ❶.

Das berühmte Fenster am Gremminer See.

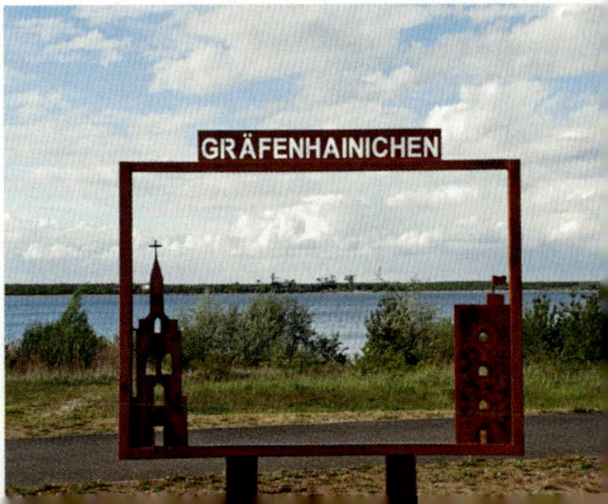

Der Naturpark Dübener Heide

Nördlich von Leipzig beherrschen ausgedehnte Wälder das Bild, ein Paradies für Wanderer. Wir befinden uns hier im größten zusammenhängenden Waldgebiet der mitteleuropäischen Tiefebene. Das sandige Hügelland wirkt von den Niederungen aus wie ein bewaldeter Höhenrücken, die höchste Erhebung ist der Hohe Giek (193 m). Idyllische Waldseen und sagenumwobene Stätten sorgen für Abwechslung.
Die Dübener Heide reicht geografisch noch über den eigentlichen Naturpark hinaus und dehnt sich im Westen bis an die Mulde bei Dessau und im Norden bis zur Elbe bei Wittenberg. Oft werden Teile des Leipziger Neuseenlandes mit hinzugezählt (Touren 10–12). 1992 wurde der östliche Teil zum Naturpark erklärt, der sich über zwei Bundesländer, Sachsen und Sachsen-Anhalt, erstreckt. Das Logo ist der Biber, der hier schon ausgestorben war, aber erfolgreich wieder angesiedelt wurde. Auch der Wolf kehrt nach und nach zurück. 2020 wurde die Dübener Heide als »Qualitäts-Naturpark« ausgezeichnet, einem Label, das vom Verband Deutscher Naturparke für die Entwicklung nachhaltiger Strategien bei Naturparken vergeben wird.
Weite Flächen werden von Landschafts-, Natur- und Vogelschutzgebieten eingenommen. So wurde 1995 im Wandergebiet das Naturschutzgroßprojekt Presseler Heidewald und Moorgebiet ins Leben gerufen (Tour 19). Die größte Wasserfläche ist der Muldestaussee (6,3 km²), der den Naturpark nach Südwesten hin abschließt (Tour 13).

Auf der Roten Wand (Tour 17).

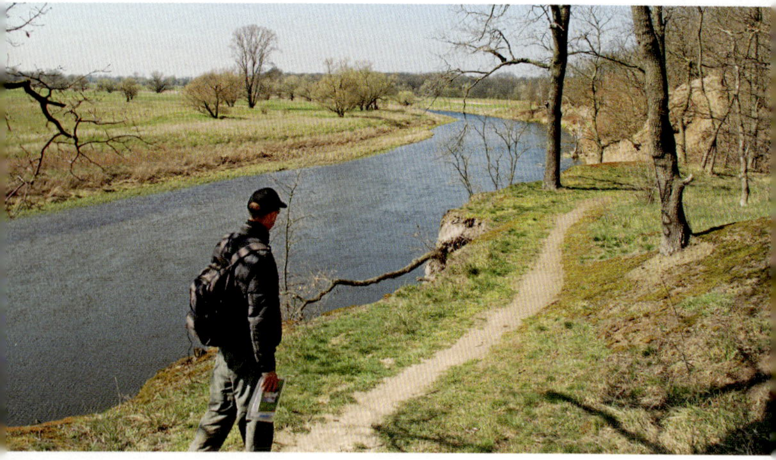

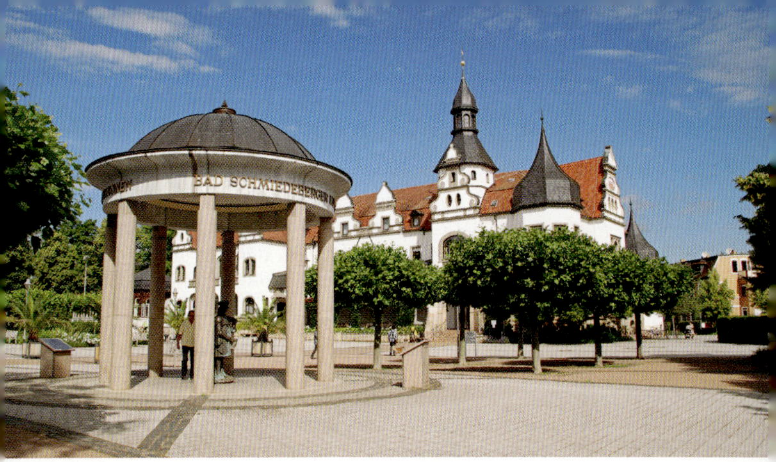

Im Kurzentrum von Bad Schmiedeberg (Touren 14 und 15).

Den Wanderer erwarten tiefe Ruhe und Entspannung, denn die Dübener Heide war schon immer dünn besiedelt. Vielmehr ist sie ein traditionelles Wandergebiet, wo schon ab 1930 alle wichtigen Wanderwege markiert wurden. Heute wird ein Teil von ihnen auch zum Radfahren genutzt. Der erste »Qualitätswanderweg Wanderbares Deutschland« in der Dübener Heide ist die 30 km lange Heide-Biber-Tour, die die beiden Kurorte Bad Düben und Bad Schmiedeberg verbindet (Touren 14, 15 und 17). Dort locken Heilwasserquellen und Eisenmoorbäder. Ein weiterer Höhepunkt ist das Schloss Reinharz, das auf schönen Wegen von Bad Schmiedeberg aus erreicht wird (Tour 14). Jede der hier vorgestellten Touren hat etwas Besonderes zu bieten – kleine kulturelle Sehenswürdigkeiten in Einklang mit außergewöhnlich schöner Natur.

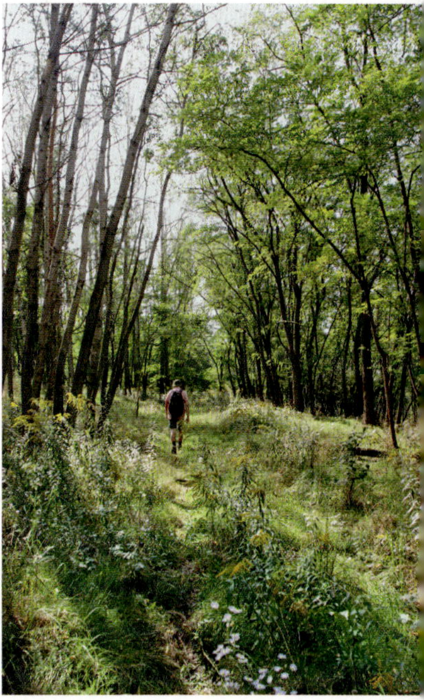

Auf zum Muldestausee (Tour 13).

↗ 130 m | ↘ 130 m | 16.4 km

13 Von Burgkemnitz zum Muldestausee

4.00 h

Seen, Heidewald und kleine Sehenswürdigkeiten

Burgkemnitz – westliches Eingangstor zur Dübener Heide. Das schmucke Heidedorf punktet gleich zu Beginn der Tour mit allerlei Sehenswürdigkeiten: dem Gesteinslehrpfad »Spur der Steine«, einem ursprünglich im englischen Stil angelegten Schlosspark mit Neorenaissanceschloss von 1869 und einer schönen Barockkirche, wo monatlich öffentliche Konzerte stattfinden. Im Anschluss erwarten uns mehrere idyllische Seen in schöner Naturlandschaft, denen man ihren Ursprung im Tagebau nicht mehr ansieht. Laub- und Kiefernhölzer sowie Feldwege geleiten zum Höhepunkt der Runde, dem Muldestausee, heute Naherholungsgebiet in der Bergbaufolgelandschaft. Die größte Wasserfläche der Dübener Heide punktet mit mehreren Aussichtspunkten, u.a. vom Haus am See aus, einem Informationszentrum für Umwelt- und Naturschutz.
Im zweiten Teil der Runde geht es von der Schachtbaude aus nach Schlaitz, wo ein Holzskulpturenweg lockt. Jedes Jahr kommen neue Figuren hinzu, die mit der Kettensäge hergestellt wurden. Der Rückweg erfolgt wieder an Feldern vorbei und durch Wald. Krönender Abschluss ist das Arboretum in Burgkemnitz.

Ausgangspunkt: Bahnhof Burgkemnitz. Von Leipzig Hauptbahnhof mit der S-Bahn Linie 2 Richtung Lutherstadt Wittenberg bis Burgkemnitz (ca. alle zwei Stunden). Alternativ kann in den vollen Stunden dazwischen auch in Bitterfeld in die S-Bahn Linie 8 Richtung Lutherstadt Wittenberg umgestiegen werden. Parkplatz anbei (Navi: Am Bahnhof, Burgkemnitz).
Anforderungen: Teilweise ausgeschildert. Der Weg zum Muldestausee kann leicht zugewachsen sein und ist daher nicht bei Regenwetter zu empfehlen. Zum Teil sandige Böden, die das schnelle Voranschreiten erschweren.
Einkehr: Landgasthof Hubertus (Di Ruhetag) in Burgkemnitz; Schachtbaude (Mo Ruhetag) am Muldestausee; Eisbar und Hotel Landgaststätte in Schlaitz.
Hinweis: Von Dezember bis Ostern sind die Holzskulpturen in Schlaitz im Winterquartier (nicht zu besichtigen).
Tipps: Bademöglichkeit im Blauen See. Am Ende der Tour bieten sich ein Besuch des Arboretums mit ca. 200 Arten von Bäumen und Sträuchern sowie Teilen des Findlingslehrpfades an (Eintritt 50 Cent) und der (offenen) Kirche Burgkemnitz.

Wandern am Roten See.

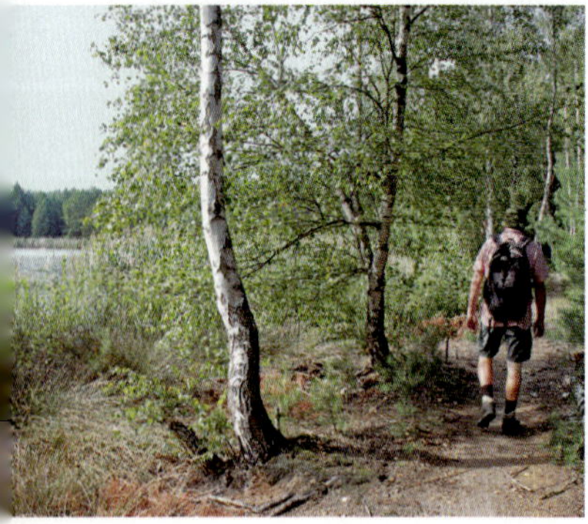

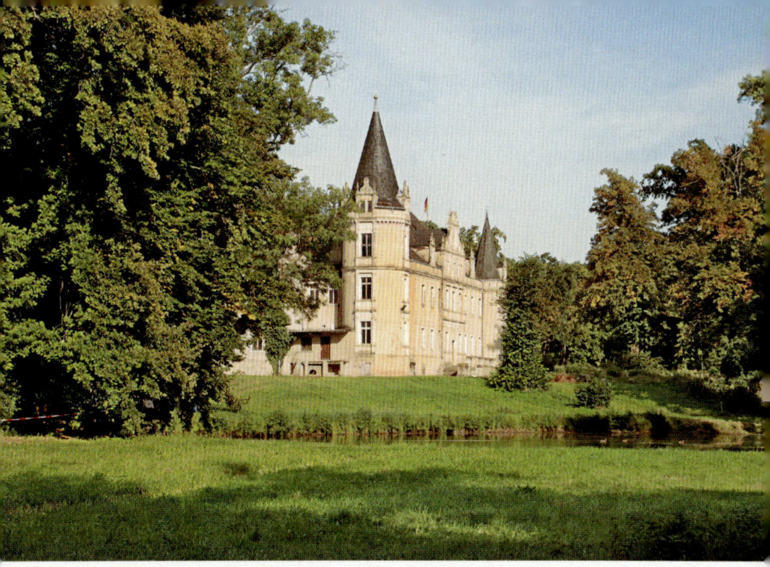

Schloss Burgkemnitz ist in einen schönen Landschaftspark eingebettet.

Am **Bahnhof Burgkemnitz** ❶ wenden wir uns zu den Bushaltestellen und dann zu einem Findling der »Spur der Steine« (Rötlicher Granitgneis), wo wir rechts in den Fußweg einbiegen. Der Schlosspark wird betreten. Bald wird das Wanderzeichen roter Punkt sichtbar, das uns im ersten Teil der Wanderung mit Unterbrechungen immer wieder begleiten wird. Nachdem rechter Hand der sogenannte Bahnteich passiert ist, ist bald das Schloss linker Hand zu sehen. An der Gabelung gehen wir links. Am Abzweig halten wir uns geradeaus, der Weg macht einen Linksbogen. An der Straße wird der Park verlassen, wir gehen nach rechts.

In der Ortsmitte (rechts ist die Kirche zu sehen) geht es vorbei an der Gaststätte, dann geradeaus in die Sternstraße. Wir halten uns immer geradeaus, vorbei an einer Gartensiedlung und geradeaus in den Wald. Das Landschaftsschutzgebiet Dübener Heide wird betreten. Wir bleiben für 400 m auf dem Hauptweg und biegen dann ca. 50 m vor einer leichten Rechtskurve links in den Pfad ein (Achtung, leicht zu übersehen!).

Am Roten See erreichen wir das Naturschutzgebiet Schlauch Burgkemnitz und bleiben strikt auf dem Weg, der meist

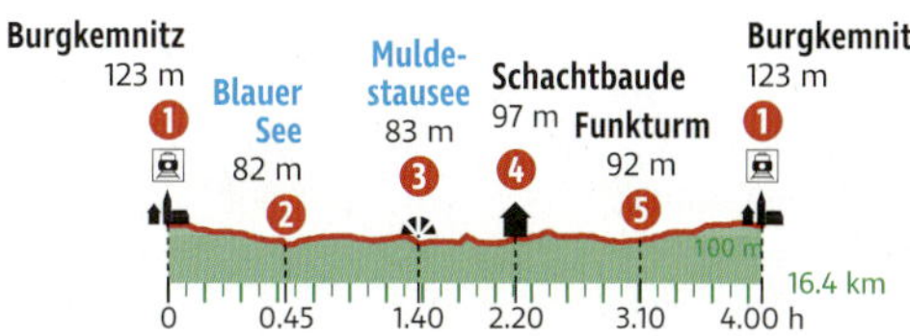

am See entlang verläuft. Schließlich verlässt der Weg den See und schwenkt nach schräg rechts. An der Kreuzung halten wir uns rechts. Am Abzweig geht es geradeaus, aber an der folgenden Kreuzung biegen wir rechts für einen Abstecher zum mit Wasser gefüllten Steinbruch. An seinem Rand sind Aufschlüsse von Porphyr mit strukturbestimmendem Orthoklas sichtbar. Wir gehen zurück zur Kreuzung, dort geradeaus und hinunter zum **Blauen See** ❷. Am Querweg vor dem See biegen wir links ein.
Wir treffen wieder auf die Kreuzung von vorhin und biegen nun rechts ein, wo wir den roten Punkt wieder aufnehmen. Nun geht es an Feldern vorbei.

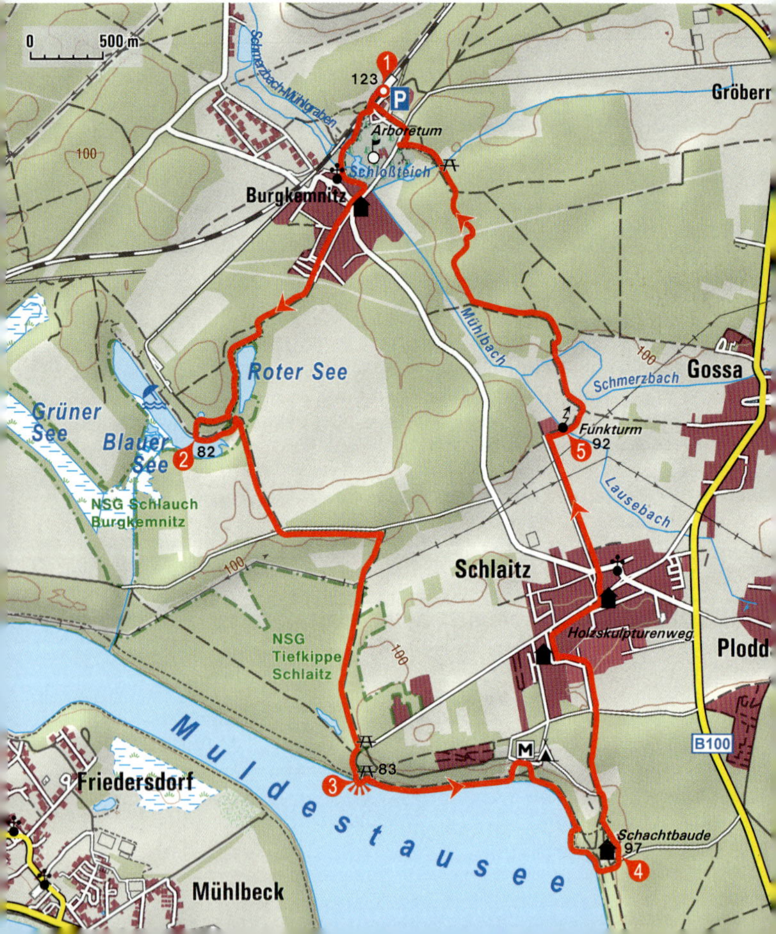

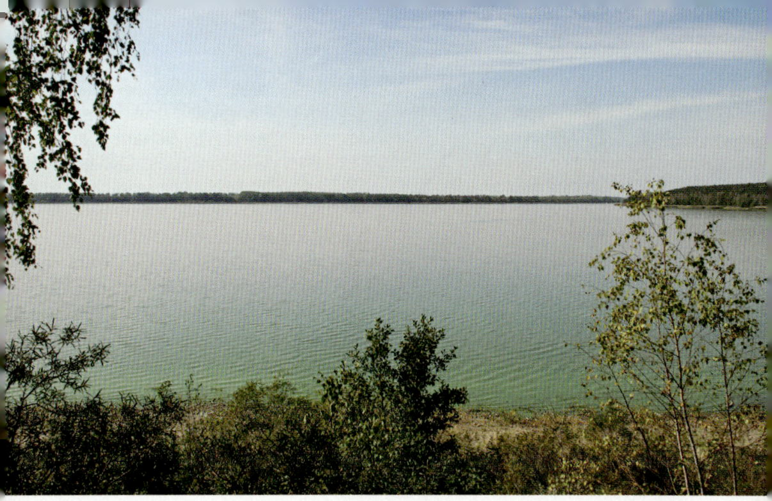

Am Muldestausee lässt es sich weit übers Wasser blicken.

An der T-Kreuzung biegen wir links in den geteerten Weg ein. Nach ca. 600 m geht es an einer Kreuzung geradeaus und dann nach ca. 70 m am Abzweig scharf rechts. Am folgenden Abzweig laufen wir geradeaus weiter (links ist ein Acker), dann biegen wir links ein und wandern weiter am Waldrand entlang. Hier beginnt ein wenig begangener, teilweise mit dem roten Punkt markierter Wanderweg, der stellenweise leicht zugewachsen sein kann. Im Wald wird der Weg wieder deutlicher. Wir gehen immer weiter geradeaus, bis wir an einer Kreuzung mit Rastplatz rechts einbiegen.
Am ersten Abzweig gehen wir links hinunter und an der Gabelung rechts zum Aussichtspunkt auf den **Muldestausee** ❸. Anschließend kehren wir wieder zum Weg zurück, indem wir uns schräg rechts halten, dann rechts. Wir bleiben auf diesem bequemen Weg, der nun etwas entfernt vom Wasser verläuft. Immer wieder bieten sich kleine Stichwege für Abstecher an das Ufer. Wir kommen am Segelclub vorbei. Schließlich führen links Stufen den Fischlehrpfad zum Haus am See hinauf (eine Abkürzung ist möglich, indem man unten auf dem Weg bleibt).
Oben biegen wir rechts ein, vorbei an technischen Relikten vom Tagebau, auf dem Campingplatz-Gelände, hier mit dem Wanderzeichen gelber Punkt gekennzeichnet. In den ersten Weg ist mit dem Lutherweg (Wanderzeichen: grünes L) rechts einzubiegen, es geht abwärts. Unten biegen wir links ab und setzen unseren Weg von vorhin fort (Abkürzer stoßen hier zu). Nach der großen Rechtskurve gehen wir an der Kreuzung (mehrere Wanderzeichen rechter Hand) rechts zum See. Am See halten wir uns links. Der Weg schwenkt wieder nach links und erreicht den Hauptweg von vorhin, wo wir rechts einbiegen. Nach einer Wiese am Abhang gehen wir

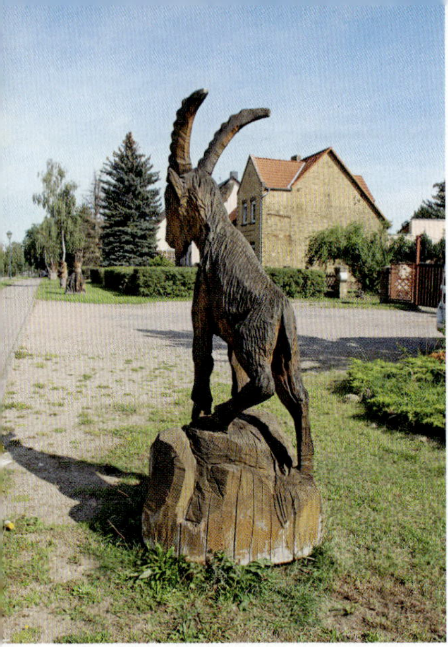

Holzskulptur in Schlaitz.

links hinauf. Oben geht es über den Parkplatz und dann links zur Gaststätte **Schachtbaude** ❹. Wir passieren das Gebäude auf der rechten Seite und laufen am zweiten Parkplatz geradeaus. An der Gabelung halten wir uns rechts. Unser Weg mündet in einen weiteren, wo wir geradeaus weiterwandern. An der Kreuzung gehen wir kurz links, dann gleich wieder rechts.

Bei Schlaitz folgen wir der Straße geradeaus weiter, die am Ende nach links schwenkt, später am Ende wieder nach rechts. An der T-Kreuzung (eine Eisbar lockt linker Hand) halten wir uns rechts. Bald erfreuen uns erste Holzskulpturen rechter Hand. Vor der Gaststätte biegen wir an der Alten Schmiede links in die Dorfstraße ein. Wir folgen dieser bis zur Kreuzung, wo es geradeaus geht. Nun ist für ca. 1 km eine kleine Durststrecke auf dem Teerweg zu überwinden.

Vor dem ersten Gebäude rechter Hand biegen wir rechts ein und kommen am **Funkturm** ❺ vorbei. An der Kreuzung halten wir uns links. In der Rechtskurve geht es geradeaus, noch kurz über die Wiese, dann in den Wald. Am breiten Querweg biegen wir links ein. Nun geht es immer geradeaus. Nach einer leichten Rechtskurve biegen wir an einer Gabelung mit dem grünen Balken am Gneisgranit rechts ab. Hier sind noch Reste eines in die Jahre gekommenen Naturlehrpfades zu sehen. An der Gabelung halten wir uns links. An der T-Kreuzung geht es rechts und gleich wieder links. Wir folgen immer dem Hauptweg, mit Resten vom Wanderzeichen grüner Balken und dem Naturlehrpfad. An der Kreuzung geht es geradeaus, auch wo rechts der mit dem grünen Dreieck gekennzeichnete Weg einmündet. Bald ist rechts ein Abstecher zum Rastplatz am Gesundbrunnen möglich, der im 17. und 18. Jh. genutzt wurde und seit 1985 trocken liegt. Auch ohne Abstecher wird gleich ein weiterer Rastplatz rechter Hand erreicht.

An einer Gabelung wird der Hauptweg nach links auf einen kleinen Pfad verlassen. Hier stehen besonders hohe und eindrucksvolle Buchen. Bald kommen wir am Arboretum linker Hand vorbei. An der Straße gehen wir rechts, dann links. Kurz vor dem **Bahnhof Burgkemnitz** ❶ schwenkt der Weg nach rechts und das Ziel ist erreicht.

↗ 200 m | ↘ 200 m | 15.2 km

TOP

3.30 h

Zum Schloss Reinharz

14

Auf schönen Wegen durch die Wälder der Dübener Heide

Vom Bad Schmiedeberger Ortsteil Weinberge, wo noch bis Anfang des 19. Jh. Wein angebaut wurde, geht es an einer Quelle vorbei und in den Wald. Auf lauschigen Wegen erreichen wir den ersten Höhepunkt der Tour, die Ausflugsgaststätte »Schöne Aussicht 1910« mit dem 1910 als Kaiser-Wilhelm-Turm errichteten 30 m hohen Aussichtsturm. Hier bietet sich ein weiter Blick über die Dübener Heide und auf das im Talbecken liegende Städtchen Bad Schmiedeberg (s. Tour 15).

Weiter geht es auf geschwungenen Wegen durch wunderbaren Mischwald, an mehreren kleinen Sehenswürdigkeiten vorbei, wie Jungfern- und Zigeunergrab, Dreiländereck und Jagdhausteich. Am Waldende erblicken wir das kleine Heidedorf Reinharz und den Turm des gleichnamigen Wasserschlosses, zwischen 1690 und 1701 von Heinrich von Löser erbaut.

Der Rückweg streift den kleinen Landschaftspark im englischen Stil, früher an das Projekt »Gartenträume« angeschlossen, führt am Heideteich vorbei zur Gralhöhe mit den geheimnisvollen Werner'schen Steinen und wieder zurück nach Weinberge.

Schloss Reinharz.

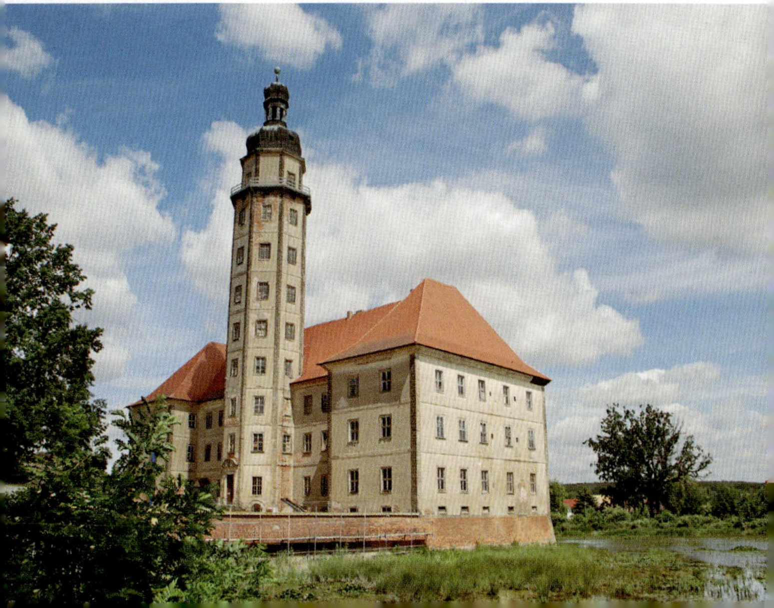

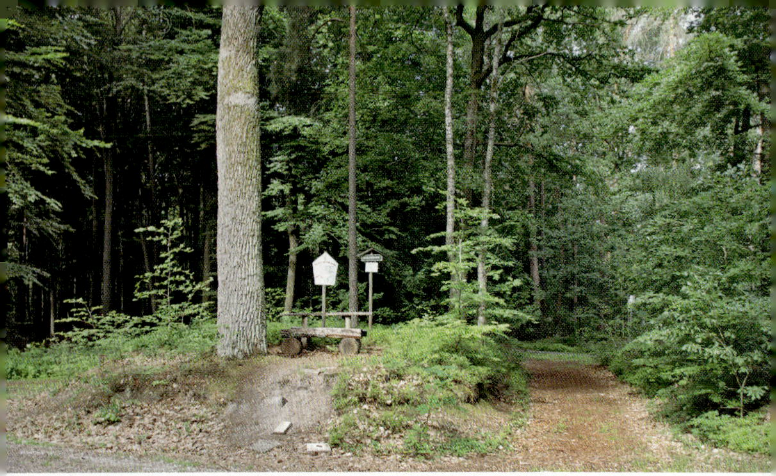

Das Dreiländereck, wo um 1600 das »Rathsholz zu Schmiedeberg«, die »Globigsheide des Hans Löser« und der »Sächsisch Kurfürstliche Wald« zusammentrafen.

Ausgangspunkt: Bushaltestelle »Weinberge«, Weinbergstraße, Bad Schmiedeberg. Von Leipzig Hbf. mit der S 2 Richtung Lutherstadt Wittenberg nach Gräfenhainichen, dort in den Bus 331 Richtung Söllichau zur Haltestelle »Söllichau, Ortsmitte«, dort in den Bus 337 Richtung Bad Schmiedeberg zur Haltestelle »Weinberge« (ca. stündlich). Beides Rufbusse (Reservierung Tel. 08000-366910, mind. 1 Std vor Abfahrt, Mo–Sa 7–20 Uhr). Autofahrer beginnen die Tour besser am Parkplatz der Schönen Aussicht ❷.

Anforderungen: Teilweise ausgeschildert. Folgt am Anfang dem Terrainkurweg 4 (TK 4), später oft der Heide-Biber-Tour (HBT).

Einkehr: Schöne Aussicht 1910 (Di Ruhetag) in Bad Schmiedeberg; Café Graf Löser (nur Sa/So Nachmittag) am Schloss Reinharz; Gaststätte Bergschlösschen (Mo/Di Ruhetag) im Bad Schmiedeberger Ortsteil Weinberg.

Tipp: Im Schloss Reinharz finden am Wochenende Führungen und Veranstaltungen statt (Info: https://reinharz.de, Tel. +49 34925 71786).

Von der **Bushaltestelle Weinberge** ❶, einem Ortsteil von **Bad Schmiedeberg**, blicken wir zur Gaststätte Bergschlösschen und gehen die Straße leicht aufwärts. Wo bald die Straße nach links schwenkt, nutzen wir den kleinen Pfad am linken Straßenrand. Die Weinbergsquelle liegt rechter Hand. Wo linker Hand ein breiter Weg abgeht, biegen wir schräg links in den Pfad ein. Größere Gruppen gehen besser kurz den breiten Weg und an der Kreuzung rechts. Beide Wege treffen bald wieder aufeinander, und es werden Schilder vom TK 4 sichtbar, auch eine einzelne Note, das Wanderzeichen vom Pfad der Lieder.

Wir kommen an einem Rastplatz mit geschnitztem Eichhörnchen vorbei und wandern immer geradeaus weiter. Am Ende des Weges führen uns Stufen hinauf zur **Schönen Aussicht** ❷. Wir gehen hier rechts, links am Parkplatz vorbei (hier stoßen die Autofahrer dazu), und folgen dem geteerten Weg in Richtung der Straße. Allerdings biegen wir vorher in den ersten Weg links hinunter ab. Bald wird das erste Wanderzeichen der Heide-Biber-Tour (HBT), dem vorläufig zu folgen ist, sichtbar und das **Jungferngrab** erreicht. Das Mädchen Margarethe Christine von Glasenapp war im 30-Jährigen Krieg mutige Botin zwischen Schmiedeberg und Düben, wurde aber von den Schweden überfallen und ermordet.

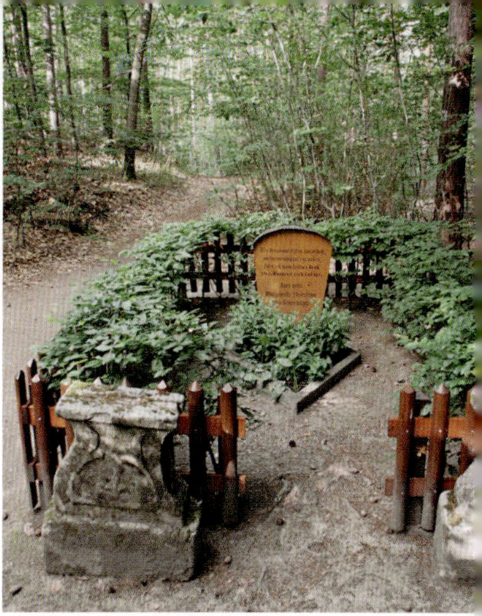

Das Jungferngrab.

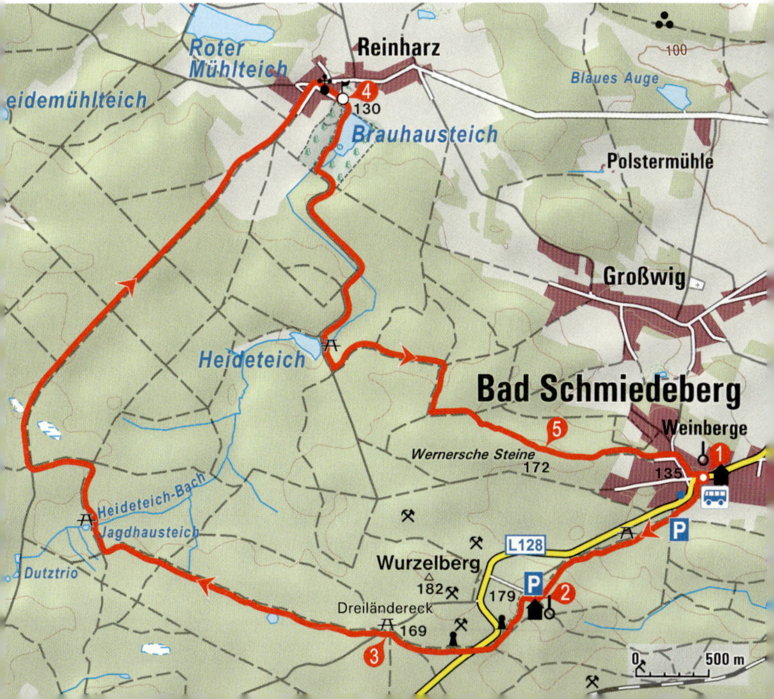

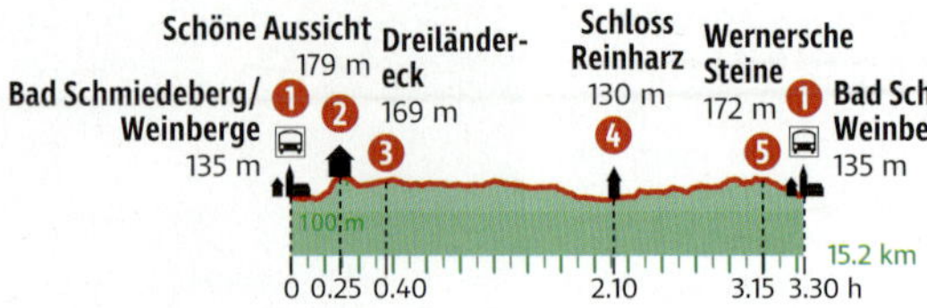

Unten gehen wir an der T-Kreuzung rechts, über die Straße, dann schräg links. An der Gabelung laufen wir geradeaus weiter. Nach ca. 70 m führt am Abzweig rechts ein Abstecher zum sogenannten Zigeunergrab, eines Schaustellers und Puppenspielers, der vermutlich vom eigenen Sohn ermordet worden war. Wir kehren zurück auf unseren Weg und folgen weiter der Heide-Biber-Tour.

Wir kommen zum **Dreiländereck** 3 (siehe Bild S. 94). Hier halten wir uns schräg links und gehen rechts am Rastplatz vorbei, dann geradeaus in den Heidekammweg, der mit einem grünen Dreieck gekennzeichnet ist, die Heide-Biber-Tour wird verlassen. Immer wandern wir geradeaus weiter, zeitweise durch schönen Buchenwald, dann kommen wieder Kiefern. An der Kreuzung geht es geradeaus (Lange Linie). Der Weg schwenkt mit dem grünen Dreieck nach links. An der folgenden Kreuzung biegen wir rechts ab und erreichen bald den Jagdhausteich mit Schutzhütte.

Weiter geht es geradeaus, an der Kreuzung aber links in eine einseitige Birkenallee. An der folgenden Kreuzung halten wir uns rechts, das grüne Dreieck wird verlassen. Wir kommen vorbei am Rastplatz an der Sammelstation Nord. Dann wandern wir für längere Zeit geradeaus. Am Waldrand werden die Türme vom nächsten Ort, von Reinharz, sichtbar. Wir laufen weiter geradeaus, auch im Ort. An einem kleinen Platz vor der Bushaltestelle biegen wir rechts ein und passieren die Kirche. Vor der Brücke halten wir uns rechts, dann links in den Schlosspark.

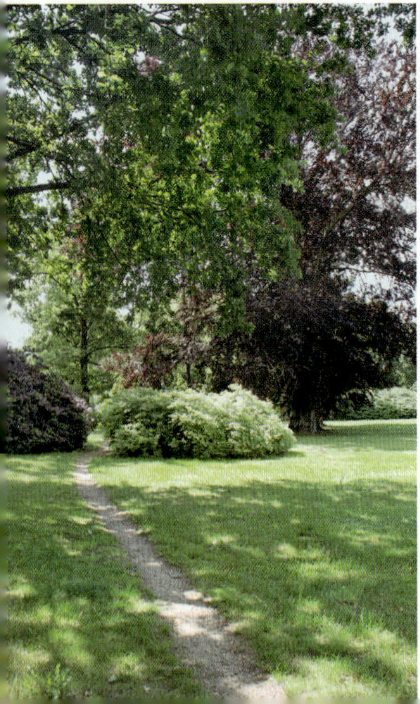

Im Schlosspark Reinharz locken auch kleine Wege.

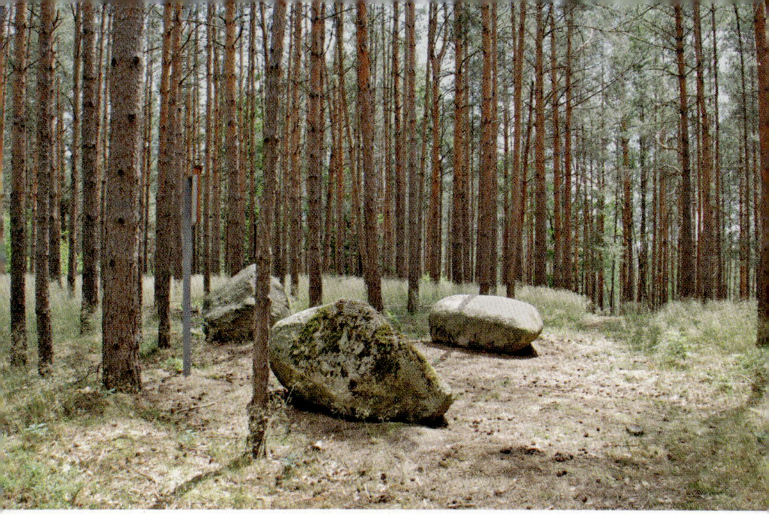

Die Wernerschen Steine vermitteln das Gefühl eines Kraftortes.

Das **Schloss Reinharz** ❹ liegt nun linker Hand. Wir gehen weiter bis zu einem Teich (zeitweise mit Seerosen) rechter Hand, blicken noch einmal zurück (hier ist die Sicht besonders eindrucksvoll) und biegen rechts ein. Unser Pfad mündet bei einer großen Blutbuche in den Weg der Heide-Biber-Tour. An der Gabelung halten wir uns links, immer noch am Teich. An der T-Kreuzung geht es nach links und in den ersten Weg rechts, gekennzeichnet mit HBT und TK 6. Der Weg schwenkt nach rechts. An einer Kreuzung halten wir uns links. Der Weg schwenkt erneut nach links, und der Heideteich mit Rastplatz wird erreicht.

Anschließend biegen wir an der Kreuzung links in Richtung Großwig ab und verlassen die Wanderzeichen. An einem Abzweig gehen wir geradeaus und an der Kreuzung rechts, weiter oben an der T-Kreuzung links. Nach knapp 300 m wenden wir uns an der Gabelung rechts hinauf, der Hauptweg wird verlassen. Immer wandern wir geradeaus weiter, hinauf auf einen lang gestreckten Hügelrücken, bis schließlich linker Hand die Findlinge **Wernersche Steine** ❺ erreicht werden. Nachdem wir unseren Weg fortgesetzt haben, sehen wir bald einen weiteren Findling auf einer hohen Stelle rechts des Weges.

An einem Abzweig halten wir uns schräg links und an der Wiese geradeaus. In **Bad Schmiedeberg** geht es an der T-Kreuzung rechts. Nutzer öffentlicher Verkehrsmittel wenden sich an der Kreuzung nach links und gelangen geradeaus zurück zur **Bushaltestelle Weinberge** ❶. Autofahrer gehen an der Kreuzung geradeaus, an der Durchgangsstraße rechts und weiter wie oben zu Beginn der Tour beschrieben.

↗ 140 m | ↘ 140 m | 10.6 km

15 Von Bad Schmiedeberg zur Schönen Aussicht

2.30 h

Von der Kurstadt zu allerlei großen und kleinen Sehenswürdigkeiten

Schon seit 1878 besteht in Bad Schmiedeberg ein Eisenmoorbad, das die natürlichen Torfvorkommen der Dübener Heide nutzt. Zuerst lernen wir die schönsten Vorzüge der Kureinrichtungen kennen: den doppelten Heilbrunnen und den Kurpark, der seit 2017 zur Landesinitiative »Gartenträume Sachsen-Anhalt« gehört. Höhepunkte sind der Rosengarten und die Moor- und Kräuterachse. An einem weiteren Heilbrunnen stärken wir uns für die kleine Wanderung.

Durch eine pittoreske Birkenallee gelangen wir zum Wald, wo bald der Vitriolteich, der letzte Rest eines im 16. Jh. gegründeten Vitriolbergwerkes, erreicht ist. Auf schönen Wegen gelangen wir, am Jungferngrab vorbei, zur Schönen Aussicht (vgl. Tour 14). Der Rückweg erfolgt durch die Höllenschlucht, die gar nicht so höllisch ist, und weiter auf dem Barfußpfad zurück in das Zentrum der Kurstadt.

Ausgangspunkt: Bad Schmiedeberg, Kreisverkehr an der Dommitzscher Straße und Korgauer Straße. Von Leipzig Hbf. Bus 196 Richtung Bad Düben bis zur Haltestelle »Postweg, Bad Düben«. Dort in den Bus 238 Richtung Bad Schmiedeberg zur Haltestelle »Dommitzscher Str., Bad Schmiedeberg« (Biber-Linie, Rufbus, Tel. +49 3421 7746620, Anmeldung bis 1 Std. vor Abfahrt von 8 bis 21 Uhr, ca. alle zwei Stunden). Kostenloses Parken in der Korgauer Straße (Navi: Korgauer Straße, Bad Schmiedeberg), ansonsten zahlreiche weitere Parkplätze in Bad Schmiedeberg.

Anforderungen: Leichte Wanderung. Überwiegend ausgeschildert, verschiedene Wege. Leichte An- und Abstiege. Im Kurpark muss an manchen Stellen Ruhe gehalten werden.

Einkehr: Restaurant Schöne Aussicht 1910 (Di. Ruhetag); zahlreiche Gaststätten in Bad Schmiedeberg, z. B. Restaurant im Kurhaus (tgl. geöffnet).

Tipp: Anschließende Besichtigung der historischen Altstadt nördlich des Kurhauses mit Kirche (Turmbesteigung möglich) und frühbarockem Rathaus.

Von der Bushaltestelle in **Bad Schmiedeberg** ❶ wenden wir uns zum Kreisverkehr, dort halten wir uns schräg links, überqueren die Korgauer Straßer und betreten den Park. In den ersten Weg geht es rechts, dann ist diesem immer weiter bis zum Kurhaus und dem Doppelbrunnen zu folgen. Hier bietet es sich an, sich noch etwas Trinkwasser für die Tour abzufüllen. Am Brunnen halten wir uns links und am Ende des Schwanenteiches vor dem neu gebauten Kurmittelhaus wieder links, vorbei an der Wetterstation. Der erste Weg rechts führt uns zum Kurpark. Anschließend bleiben wir weiterhin auf dem Hauptweg.

Im Park folgen wir den Wanderzeichen der Terrainkurwege schräg links (TK 1, 2, 3, 4), das Radfahrerdenkmal (eigentlich ein Kriegerdenkmal) rechter Hand. Wir kommen an einer Kneippanlage und Moorküche linker Hand

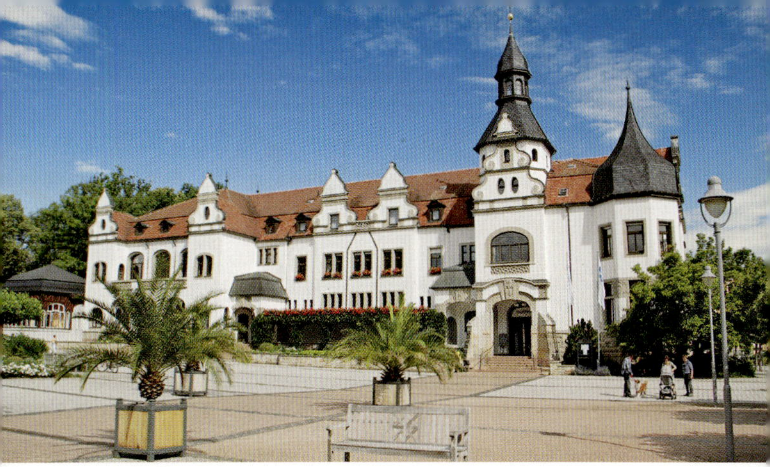

Das Jugendstil-Kurhaus in Bad Schmiedeberg.

vorbei. Der Weg ist nun mit Kiefern bestanden und führt leicht abwärts. Bei der kreisförmigen Anlage wenden wir uns rechts zur Mitte (Schaubeet), dann wieder leicht nach rechts bis kurz vor dem Tor, wo wir links abbiegen. Zur Orientierung dienen die Toiletten, an denen es geradeaus weitergeht. Am Parkende biegen wir vor den Beeten links ein, der Rosengarten ist erreicht (hier ist Ruhe geboten). Vor der Kneippanlage halten wir uns links und erkunden nun im Zickzack die interessante Moor- und Kräuterachse. An der Hecke mit Lindenbäumen geht es rechts, kurz links und wieder rechts. Durch das Tor wird dann der Park verlassen.

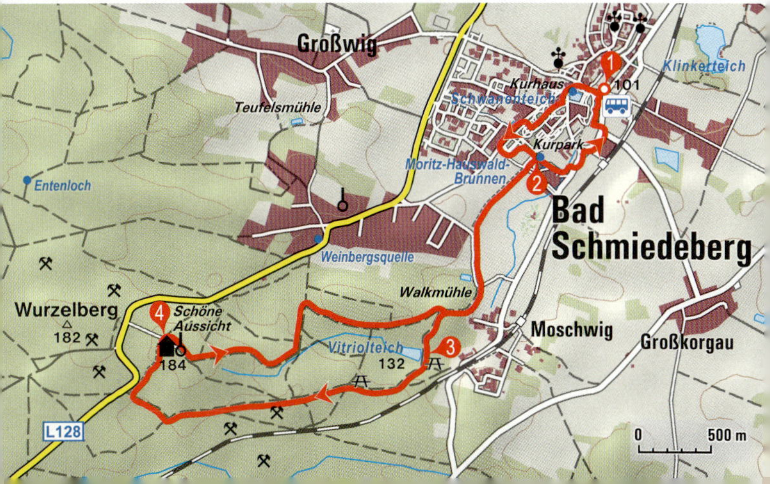

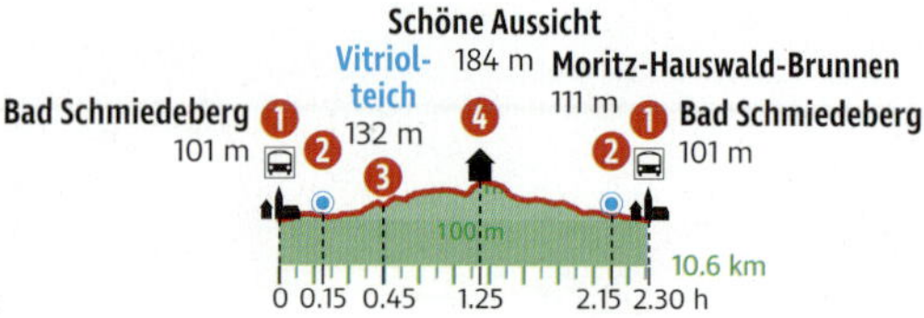

Geradeaus wird der **Moritz-Hauswald-Brunnen** ❷ erreicht. Hier halten wir uns rechts und folgen den Terrainkurwegen 1, 2, 3, 4 über die Brücke. Danach geht es geradeaus weiter und an der T-Kreuzung links, gleich wieder rechts in den Fuß-/Radweg. Nun durchschreiten wir eine schöne Birkenallee. Nach einer weiteren Kneippanlage mündet unser Weg in einen breiteren, wo wir geradeaus weiterwandern, vorbei an den Moorlagerstätten linker Hand. An der Walkmühle (Wohnhaus) geht es geradeaus, rechter Hand liegt ein Teich mit Seerosen. Wir wandern immer geradeaus, bis wir an einem Abzweig links der Heide-Biber-Tour (HBT) folgen. Wir kommen am **Vitriolteich** ❸ mit Rastplatz vorbei.

An der Gabelung rechts abbiegend wird der Wanderweg Heide-Biber-Tour verlassen. An der folgenden Gabelung gehen wir links hinauf und oben an der Kreuzung rechts. Wir wandern nun länger geradeaus, wieder der Heide-Biber-Tour folgend. An der Kreuzung mit Rastplatz laufen wir geradeaus, so auch an der folgenden. Danach kommt eine gleichwertige Gabelung. Hier halten wir uns geradeaus, die Heide-Biber-Tour wird erneut verlassen. Immer folgen wir dem Weg geradeaus, bis es vor einem Verbotsschild (Durchfahrt verboten) an einem Abzweig nach rechts geht. Nach einer Schranke biegen wir noch vor der Straße rechts ein, gleich dem Wanderzeichen der

Die Birkenallee.

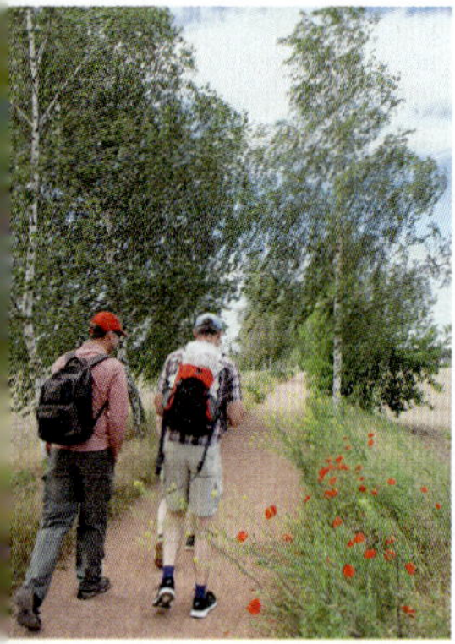

Der Vitriolteich.

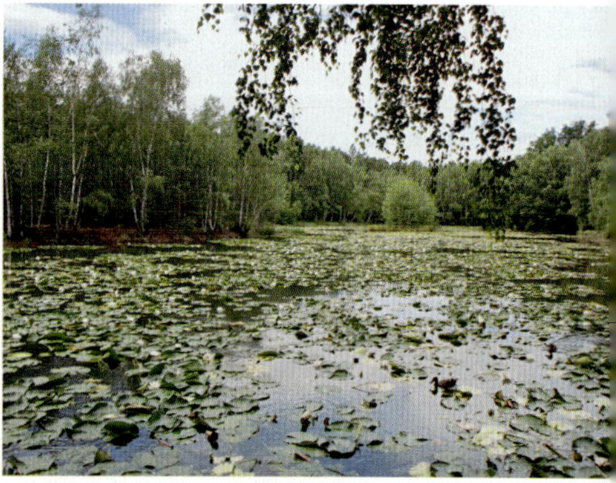

Heide-Biber-Tour und anderen nach. Der Weg gewinnt immer mehr an Höhe. Die nächste Sehenswürdigkeit ist das Jungferngrab linker Hand (s. Tour 14, S. 95). Oben angekommen erreichen wir nach rechts die **Schöne Aussicht** ❹. Wir gehen links um das Gaststättengebäude herum und links am Turm vorbei. Bei einem Schild »Durchfahrt verboten« betreten wir wieder den Wald, den Wanderzeichen der Heide-Biber-Tour, dem grünen Dreieck und dem TK 5 nach. Diese Markierungen verlassen wir alle an einer Gabelung und folgen links dem roten Punkt, der uns nun immer geradeaus durch die Höllenschlucht führt. Unser Weg schwenkt schließlich nach links und wir erreichen eine Kreuzung mit Rastplatz, wo wir uns mit dem roten Punkt links halten. Wir folgen dann dem zweiten Weg nach rechts (ohne roten Punkt) in Richtung Naturlehrpfad und Walkmühle, dann geht es immer geradeaus. Vereinzelt erfreuen uns moderne Schilder des Naturlehrpfades.

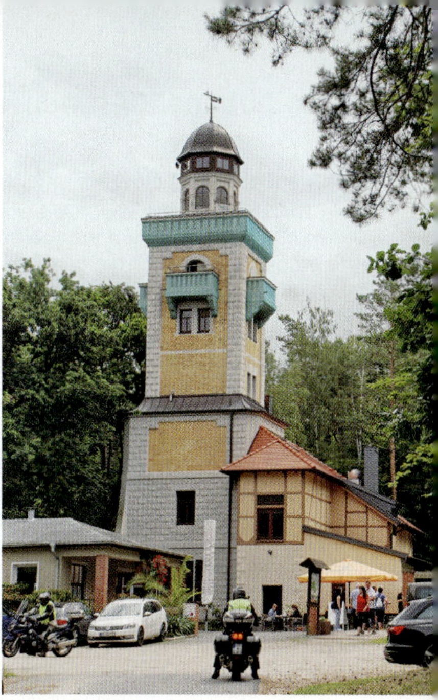

An der Schönen Aussicht.

Schließlich ist die Route des Hinwegs erreicht. Wir kommen wieder an der Walkmühle vorbei, laufen weiter immer geradeaus und nach dem Schotterweg in den Fuß-/Radweg. Vor dem Klinikpark geht es kurz links und gleich wieder rechts. Am **Moritz-Hauswald-Brunnen** ❷ biegen wir rechts in den Barfußpfad ein. Möglich ist es auch, auf dem befestigten Weg daneben zu bleiben. Wir beginnen mit der Nr. 5 »Schotterrasen«, die Nr. 15 wird später unsere letzte sein. Wir folgen ihm zunächst bis Nr. 8 vor der Straße, wo wir links abbiegen. Es geht an einem Spielplatz vorbei, dann geradeaus über die nächste Straße zur Nr. 10, durch ein Wäldchen (Nr. 11) und durch eine Obstwiese (Nr. 12). An der Straße mit Bushaltestelle halten wir uns links und bei Nr. 14 erneut links, wieder zum Park. Vor der Nr. 15 biegen wir rechts ab und verlassen den Barfußpfad. An einem Abzweig laufen wir schräg rechts, so auch nach einer Bank (Hinweg). Am Kreisverkehr gehen wir geradeaus zur Bushaltestelle in **Bad Schmiedeberg** ❶ oder rechts in die Korgauer Straße, wo wir geparkt haben.

↗ 125 m | ↘ 125 m | 13.7 km

16 Zum Dübener Gesundbrunnen

3.30 h

Waldwanderung zu einer Heilquelle

Viele Wege führen zum Ziel. Obgleich mehrere Terrainkurwege von Bad Düben aus zum Gesundbrunnen geleiten – auf dieser Tour drehen wir erst eine große Runde durch die herrliche Dübener Heide, bevor wir uns dem Höhepunkt auf ruhigen Wegen nähern.

Ab Söllichau führt uns der attraktive Försterweg, benannt nach der traditionsreichen Forstwirtschaft der Heide, zunächst durch sanft hügelige Endmoränenlandschaft in schattigen Wald. Am Heideringweg streifen wir das Schutzgebiet »Buchenwaldgebiet und Hammerbachtal in der Dübener Heide«, wo neben Buchen- auch Eichen-Hainbuchenwald auftritt. Hier halten wir uns an kleine Wege und gelangen am Forsthaus Tornau ins Freie.

Nach dem Ort Tornau kommen wir an den legendären Holzskulpturen vorbei, die vom hier jährlich stattfindenden Wettbewerb »Kunst mit Kettensägen« stammen. Wieder im Wald überschreiten wir kurz vor dem »Unbedeutendsten Punkt der Erde« die Grenze zwischen Sachsen-Anhalt und Sachsen und erreichen bald darauf den sagenumwobenen Gesundbrunnen. Das rotbraune Wasser ist stark eisenhaltig und bringt Erquickung und Heilung, genau das Richtige für den Wanderer. Gleich wieder in Sachsen-Anhalt, erfolgt der Rückweg in der Aue des Schleifbaches.

Der Weg nach Tornau verläuft zwischen Wald und Feld.

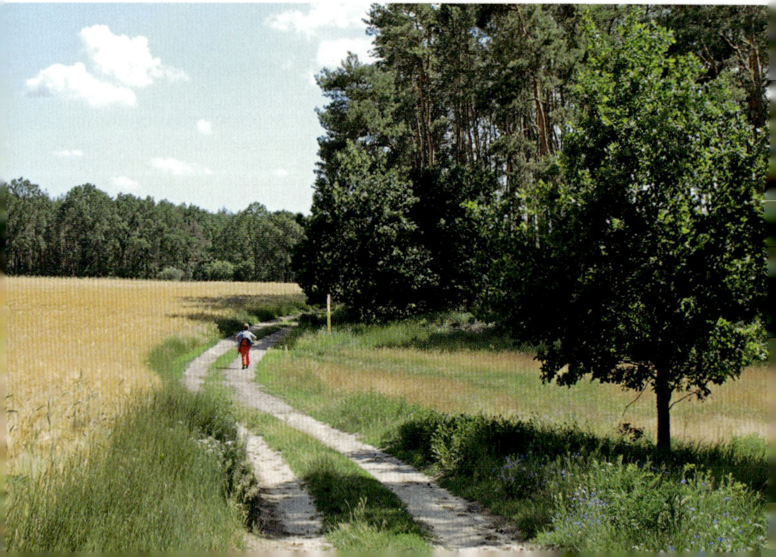

Ausgangspunkt: Söllichau, Bushaltestelle »Söllichau, Ortsmitte«. Von Leipzig Hbf. mit dem Bus 196 Richtung Bad Düben zur Haltestelle »Postweg, Bad Düben«, dort in den Bus 238 Richtung Bad Schmiedeberg zur Haltestelle »Söllichau Postweg« (Biber-Linie, Rufbus, Tel. +49 3421 7746620, Anmeldung bis 1 Std. vor Abfahrt von 8 bis 21 Uhr, ca. alle zwei Stunden), dann zu Fuß die Brunnenstraße entlang zur Bushaltestelle »Söllichau, Ortsmitte« oder von Leipzig Hbf. mit der S-Bahn Linie 2 Richtung Lutherstadt Wittenberg Hbf. bis Gräfenhainichen, dort mit dem Bus 331 Richtung Söllichau bis zur Haltestelle »Söllichau Ortsmitte« (Rufbus, Tel.+49 8000 366910, 1 Std. vor Abfahrt, Mo–Sa 7–20 Uhr, ca. stündlich). Parkplatz anbei (Navi: Söllichau, Brunnenstraße).
Anforderungen: Nur am Anfang mit Wanderzeichen, ansonsten wenig ausgeschildert, z. T. kleine, naturbelassene Wege (holprig). Da die breiten Forstwege umgangen werden, sind die Wege manchmal leicht abenteuerlich. Etwas Orientierungssinn ist nötig.
Einkehr: Unterwegs keine. Pension und Gaststätte Zum Brunnen (Mo/Di Ruhetag) in Söllichau.
Tipp: Die Wanderung lässt sich auch gut von Bad Düben aus erreichen, am schnellsten ab Museumsdorf oder Bockwindmühle auf dem Terrainkurweg 3 (TK 3) zum Gesundbrunnen 4, dann weiter entspr. der Beschreibung.
Hinweis: Das Wasser im Gesundbrunnen wird nicht regelmäßig getestet (Verkostung auf eigene Gefahr).

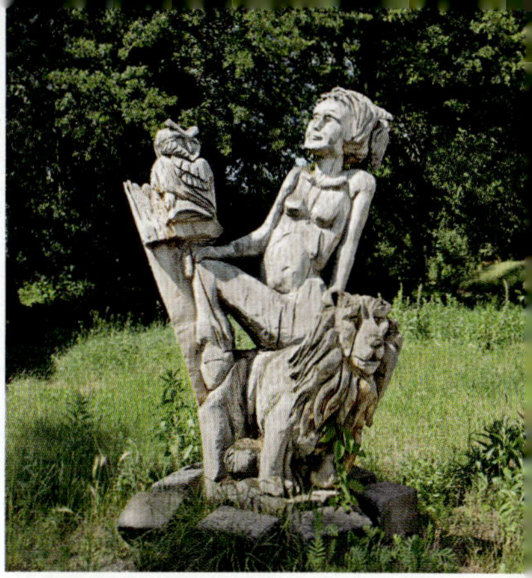

An der Holzskulpturenwiese.

Von der Bushaltestelle (»Söllichau, Ortsmitte«) in **Söllichau** 1 wenden wir uns zu einem kleinen Brunnen und gehen weiter die Straße entlang, vorbei an der Gaststätte. Dann biegen wir schräg rechts in die Straße nach Gräfenhainichen und wieder schräg rechts in den Reinharzer Weg ein, nun markiert mit dem gelben Balken, Wanderzeichen des Försterweges. An einem Abzweig mit Rastplatz halten wir uns schräg links. An der Kreuzung geht es geradeaus, auch an der nächsten. Der **Wanderweg »Wald der Lieder«** 2 wird überquert. Wir wandern immer geradeaus weiter, auch an einem Abzweig.
An der zweiten Kreuzung biegen wir links in den breiten Forstweg (Heideringweg) ein, der gelbe Balken wird verlassen, dann in den ersten Weg wiederum links. Wir laufen an einem Abzweig vorbei und dann schräg rechts. Ggf. ist der Weg hier etwas holprig, wird später aber besser. An einem Hochsitz wandern wir schräg links weiter, an einem Abzweig geradeaus und an der Gabelung links. Am breiteren Weg geht es rechts und geradeaus über die Straße. Nun wandern wir immer geradeaus weiter. Schließlich kommen wir am Forsthaus vorbei ins Freie.

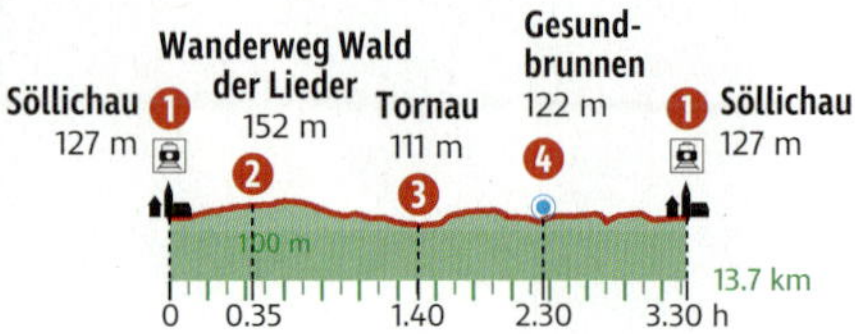

Ein Rastplatz bildet den Auftakt für einen schönen Weg, der zunächst am Waldrand verläuft. An der T-Kreuzung halten wir uns rechts. **Tornau** ❸ wird erreicht, wo wir schräg links gehen. Wir betreten den Ortskern nicht, sondern biegen vielmehr an der Straße links ein, dem Lutherweg, Jakobspilgerweg und der Heide-Biber-Tour (HBT) folgend. Vor dem Wald geht es rechts in den Stelenweg, vorbei am Schild »Holzskulpturenwiese«, wo sich einige Stelen bewundern lassen. An einem Abzweig mit Rastplatz halten wir uns links, dem grünen Punkt folgend, und geradeaus in den Wald. Dann wandern wir immer geradeaus weiter.

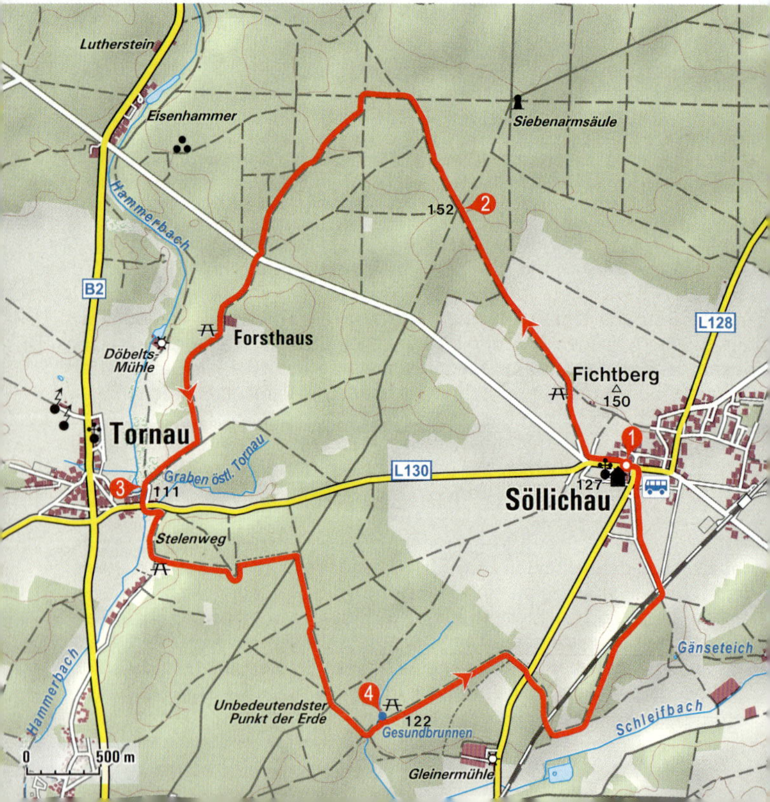

An einer T-Kreuzung biegt der grüne Punkt links ab. Wir aber halten uns hier rechts. Wo der Weg nach schräg rechts schwenkt, biegen wir scharf nach links ein, dann in den ersten Weg rechts. Am befestigten Weg heißt es aufpassen: Hier ist der genau rechtwinklig abzweigende Weg der richtige. Geradeaus wird bald ein weiterer befestigter Weg überschritten. An der T-Kreuzung gehen wir kurz rechts, dann wieder links. Am »Unbedeutendsten Punkt der Erde« (Schild) halten wir uns schräg links in den breiten Weg und wenden uns an der Kreuzung nach links, dann wieder links in den Pfad zum **Gesundbrunnen** 4. Ein Rastplatz lädt zu Pause und erquickendem Umtrunk ein, wer mag.
Anschließend wenden wir uns zum Unterstand, gehen dort links und dann immer geradeaus. Am Waldende biegen wir nach rechts ab. Wir überqueren die Straße (Vorsicht!), halten uns schräg rechts und gleich an der Gabelung links. Der Weg schwenkt nach rechts und führt über ein Gleis. Auf der Wiese, die schon zum Schleifbachtal gehört, ist an der T-Kreuzung links und an der Gabelung wieder links einzubiegen. Der Weg führt im Wald bald parallel zu den Gleisen. Am Waldende geht es links über die Gleise und immer geradeaus in Richtung Kirche.
Im Ort nutzen wir den Fußweg geradeaus, laufen kurz noch an der Straße entlang und gehen an der Durchgangsstraße links zurück zur Bushaltestelle und zum Parkplatz in **Söllichau** 1. Wer zur Bushaltestelle »Söllichau Postweg« will, biegt rechts ein.

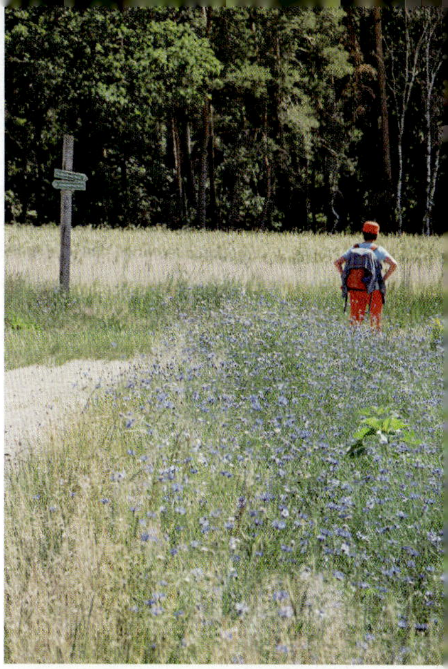

Kurz vor Tornau zeigen Schilder den Weg.

Eisenhaltiges Wasser am Dübener Gesundbrunnen.

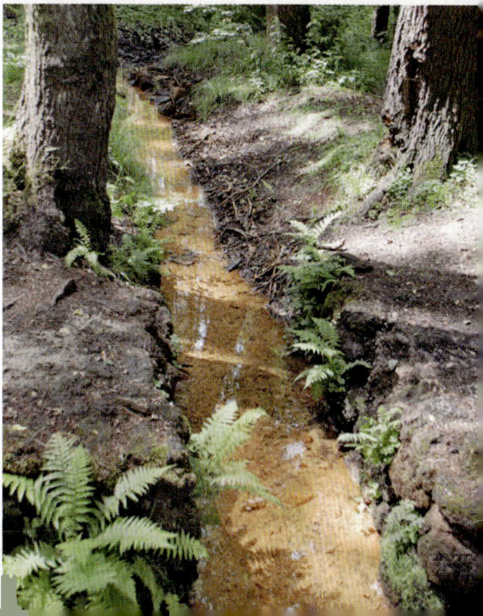

↗ 120 m | ↘ 120 m | 16.8 km

17 Von Bad Düben in die Muldeaue

4.00 h

Vom Roten Ufer über den Heidewald zur Kurstadt

Nördlich und östlich von Bad Düben beginnt der Wald – daher nennt man das Städtchen an der Mulde auch das »Tor zur Dübener Heide«. Wir lernen auf dieser Tour die Flusslandschaft und einige Teile der sehenswerten Kurstadt kennen.

Den ersten Höhepunkt bildet die sogenannte Rote Wand, ein Steilhang der Mulde mit bis zu 15 m Höhenunterschied. Dann geht es um den Ort Alaunwerk herum, wo 1557–1886 Alaun abgebaut wurde, ein bereits im Altertum bekanntes Salz, das früher als blutstillendes Mittel, Augenwasser und als Beizmittel in der Färberei verwendet wurde.

Wir bleiben eine Weile in der Muldelandschaft und wenden uns dann bei Brösa in das Brösaer Holz, einem schönen Wald mit gras- und moosbewachsenem Boden. Nach Schwemsal, einem gemütlichen Ort mit Heidedorfcharakter, geht es auf einem angenehmen Feldweg zum NaturSportBad, dann wieder am Hammerbach entlang nach Bad Düben mit Bockwindmühle von 1840 und vor allem dem Kurpark, einem der frühesten Bürgerparks Deutschlands (seit 1846), wo auch ein Moorerlebnispfad lockt. Dort ist einiges über Entstehung, Abbau und Verwendung von Mooren zu erfahren.

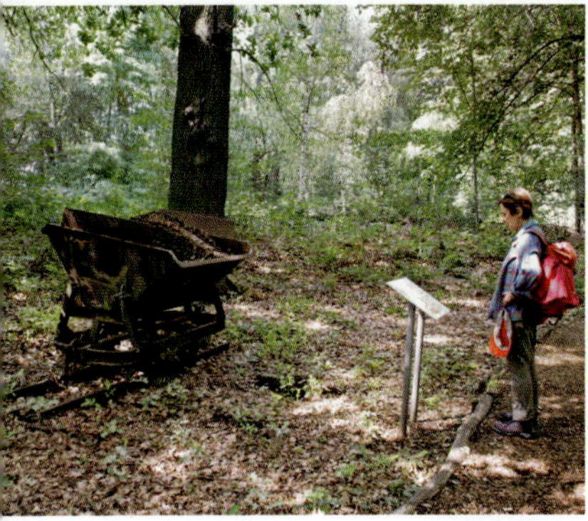

Auf dem Moorlehrpfad in Bad Düben.

Ausgangspunkt: Heide Spa, Bad Düben. Von Leipzig Hbf. mit dem Bus 196 Richtung Bad Düben zur Haltestelle »Heide Spa, Bad Düben« (ca. alle 2 Std.). Parkplatz anbei (Navi: Bitterfelder Straße, Bad Düben).
Anforderungen: Erfordert etwas Ausdauer. Beim Roten Ufer und bei Schwerz kleine Pfade, genau aufpassen. Ansonsten deutliche Wege, z.T. ausgeschildert. Im Sommer kann es auf dem Radweg zwischen Schwerz und Brösa voll werden. Für Kinder ist die Tour zu lang und bei der Roten Wand zu gefährlich.
Einkehr: Waldschänke (Mo/Di Ruhetag) in Schwerz; Gutsscheune Schwemsal (nur nachmittags); Restaurant LebensArt und Mühlenstube mit Biergarten im Heide Spa (tgl. geöffnet) in Bad Düben.
Tipp: Naturparkhaus Dübener Heide, in Bad Düben neben der Burg Düben (Mi/So Ruhetag, Sonderausstellungen Mi/Sa/So Ruhetag, Do 14.30–15.30 Uhr), kostenfreie Führung, Anmeldung: Tel. +49 34243 72993, Infos: www.naturpark-duebener-heide.de.

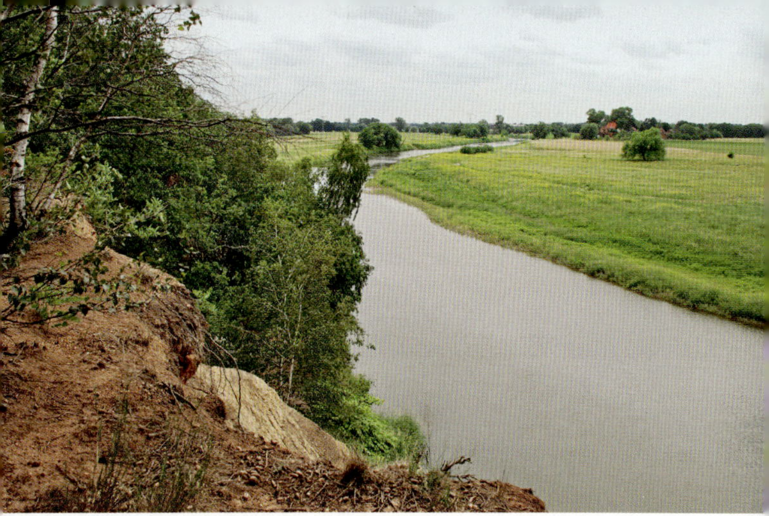

Die Mulde von der Roten Wand aus.

Vom **Heide Spa** ❶ in **Bad Düben** wenden wir uns zur Durchgangsstraße, biegen dort rechts und nach dem Sportplatz links ein (Richtung Alaunwerk). In der Kurve laufen wir am Sackgassenschild geradeaus weiter, aber nach knapp 10 m links in den Waldweg, wo wir zunächst geradeaus weiter wandern. An einer Gabelung halten wir uns links und vor der Mulde rechts. Ab hier sind noch Reste des Wanderzeichens gelber Punkt vorhanden, die eine zusätzliche Orientierung bieten können. In einer Senke geht es nach rechts, weg vom Fluss. Dann wenden wir uns gleich nach links, Stufenreste führen nach oben. Dort laufen wir geradeaus weiter, auch am Aussichtsplatz. Wir stehen nun auf der Roten Wand. Der Weg schwenkt bald vom Ufer weg, gleich biegen wir an der Kreuzung links ein. Wieder begeistern schöne Aussichten auf die Muldeaue, dann geht es an der Gabelung rechts. Am Waldende halten wir uns beim Rastplatz links und am Schild »Durchfahrt verboten« geradeaus, so auch in **Schwerz** ❷. Vor der Waldschänke (traditionell »Uhu«genannt) in Alaunwerk geht es scharf links, bald beginnt ein schöner Waldweg, der schließlich ins Freie tritt.

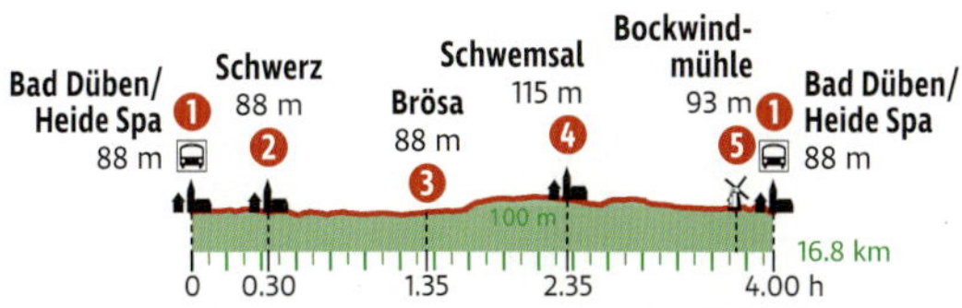

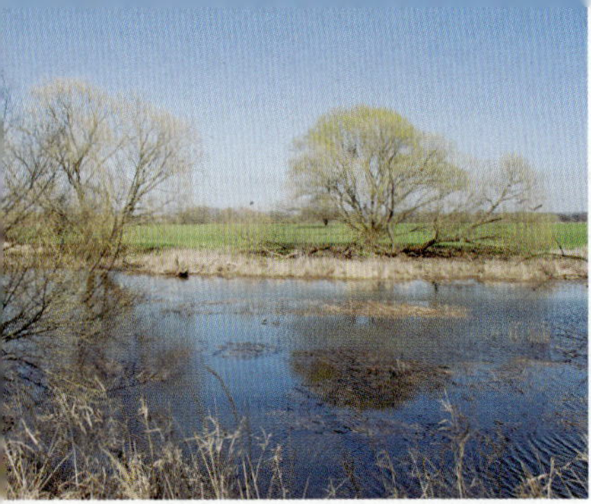

In der Muldeaue.

Am Ende der Wiese wandern wir geradeaus in den kleinen Waldpfad (Achtung, leicht zu übersehen). Am Waldende schwenkt er nach rechts, hier ist es besonders idyllisch. An der T-Kreuzung geht es links in den Radweg, dem wir für über 2 km weiter folgen. Linker Hand fließt die Mulde. Der Weg schwenkt nach rechts, vorbei am Graben Schwemsal. Wo er abgeteilt ist, halten wir uns links und folgen dem Radweg. An der T-Kreuzung geht es erneut links. In **Brösa** ❸ nutzen wir die erste Straße rechts, dann wandern wir immer geradeaus. Sie geht bald in einen Feldweg über. Wir überqueren die Straße (Vorsicht!), laufen schräg rechts weiter und am Schild »Durchfahrt verboten« erneut schräg rechts in das Brösaer Holz. An der Gabelung halten wir uns rechts, anschließend geht es immer geradeaus weiter. Schließlich biegen wir an einer Schneise mit Stromleitung schräg rechts ein. An der Gabelung geht es rechts und dann immer geradeaus. Wir kommen an kleiner Bank am Feld vorbei. Der Weg schwenkt kurz vor Waldende nach links und mündet in einen anderen Weg, der an einem Rastplatz nach rechts schwenkt.

Wir gehen geradeaus zum Ort, und auch in **Schwemsal** ❹ immer geradeaus. Wir laufen bis zu einer Querstraße, dort rechts und an der Durchgangsstraße zweimal links in Richtung Bad Schmiedeberg. Gleich ist bei drei Garagen in den ersten Weg rechts einzubiegen. Die kleine Straße führt vorbei am Friedhof, dann geht es schräg rechts und an der Gabelung geradeaus. Anschließend laufen wir schräg links weiter und biegen gleich schräg rechts in eine Pflasterstraße ein. Am Fachwerkhaus halten wir uns wieder schräg rechts. An der T-Kreuzung geht es nach links, vorläufig weiter auf dem Lutherweg. An der Gabelung wandern wir schräg links weiter. Der Weg ist von Birken gesäumt. Am Waldrand biegen wir rechts ab. Am Abzweig halten wir uns geradeaus, dann schwenkt der Weg nach links.

Schwemsal wurde bereits 1394 erstmals urkundlich erwähnt.

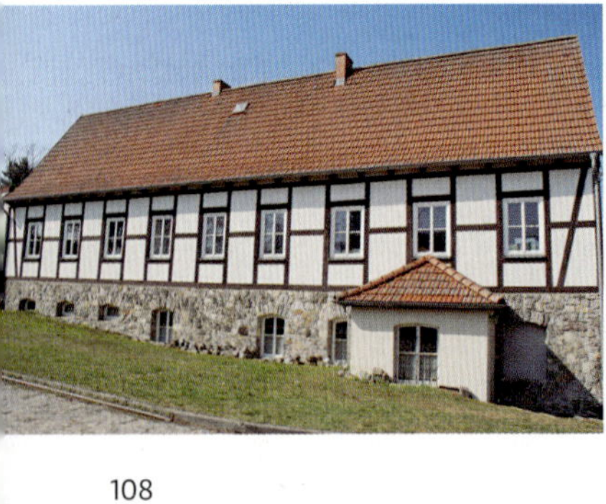

In **Hammermühle**, einem Bad Dübener Ortsteil, bleiben wir auf dem Hauptweg, das NaturSportBad linker Hand. An dessen Ende bie-

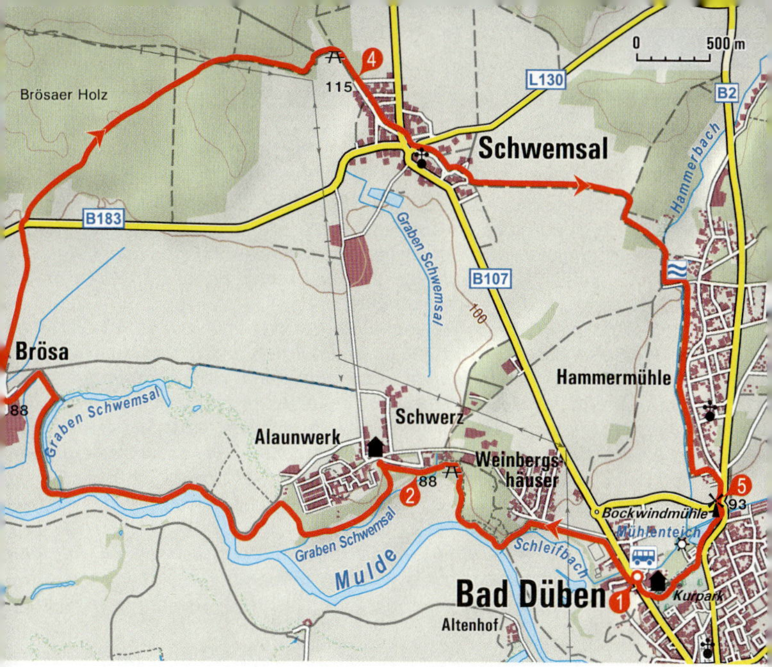

gen wir links und in den ersten Weg rechts ein, jetzt auf der Heide-Biber-Tour (HBT). Wir wandern am Hammerbach entlang. Am Ende des Weges geht es links und in Hammermühle rechts, wieder auf dem Lutherweg. An der Straße biegen wir rechts in den Fußweg ein, linker Hand ist eine Bank mit Liedertafel. Wir überqueren die Straße und gehen vor der **Bockwindmühle** ❺ links.

Wir überschreiten die Brücke, halten uns dann rechts und an der Gabelung wieder rechts. Wir befinden uns hier im Kurpark von **Bad Düben**. Der Obermühlenteich liegt rechter Hand. Wir laufen weiter geradeaus, dem Lutherweg und anderen Wanderzeichen folgend. Wir überqueren die Straße, dann halten wir uns schräg rechts, den Wanderzeichen folgend. An der T-Kreuzung biegen wir rechts ein. Bei der Liedertafel »Das Wandern ist des Müllers Lust« führt rechts ein lohnender Abstecher zum Moorerlebnispfad (der Eingang ist gleich links). Wir kehren zurück und halten uns an der Tafel rechts (ohne Abstecher wäre es einfach geradeaus gegangen). Bei der Wiese gehen wir nach rechts und danach immer geradeaus, den Wanderzeichen nach. Am gepflasterten Weg biegen wir rechts ein (Heide-Biber-Tour). Den Parkplatz querend, links am Gebäude vorbei, kommen wir zurück zum **Heide Spa** ❶.

↗ 70 m | ↘ 70 m | 12.4 km

18 Im südlichen Authausener Wald

3.00 h

Wälder, Bachauen und der erste Weltumwanderer

Der Weg ist das Ziel – und das Ziel ist der Weg. Diese Wanderung punktet weniger mit aufregenden Höhepunkten, sondern mit wunderschönen Wegen in angenehmem Mischwald. Nicht umsonst gehört dieser Teil der Dübener Heide zum Naturerbe der Deutschen Bundesstiftung Umwelt (DBU) und ist auch Vogelschutzgebiet.

Wir starten die Runde an der Neumühle, der letzten von den einst drei Mühlen Pressels (heute Gaststätte), vorbei am Presseler Teich, dem ehemaligen Mühlteich. Nach einem langen Stück quer durch den Wald erreichen wir zwei hübsche Teiche, wo bald ein kurzer Abstecher zum sogenannten Pakerschloss führt, einer ruhigen und idyllischen Stätte, einst Sitz einer slawischen Burgwallanlage aus dem Frühmittelalter. Hier sind Wassergraben und Wälle noch zu erkennen. Später erreichen wir eine große freien Fläche blühender Heide. Am Waldrand treten wir den Rückweg auf dem Kögel-Wanderweg an. Dem Globetrotter Friedrich Gustav Kögel (1860–1947) zu Ehren wurde in Pressel 1994 eine Gedenktafel anlässlich des 100-jährigen Jubiläums seiner erstmaligen Weltumwanderung aufgestellt.

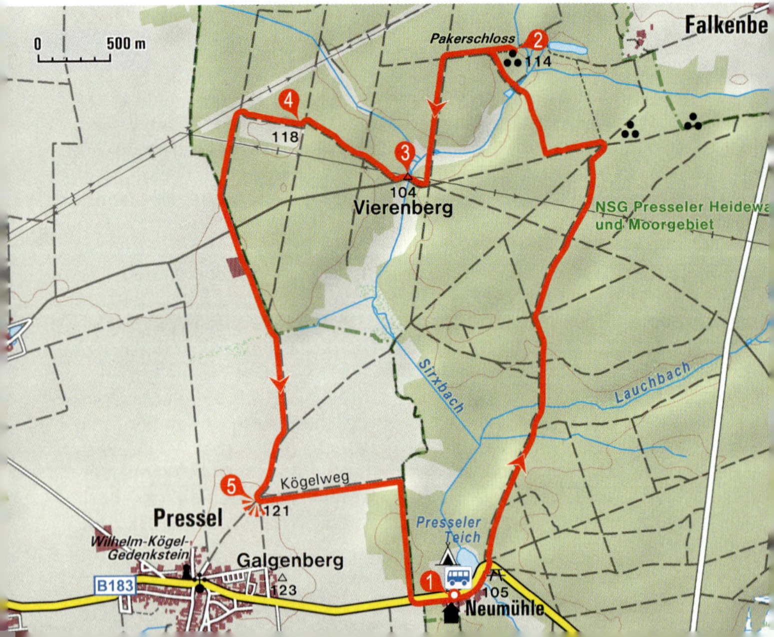

Ausgangspunkt: Pressel-Neumühle östlich von Pressel. Von Leipzig Hbf. mit dem Bus 196 Richtung Bad Düben bis zur Haltestelle »Paradeplatz, Bad Düben«, dort in den Bus 235 Richtung Zinna zur Haltestelle »Pressel Teich, Laußig« (Rufbus, Tel. +49 3421 7746620, Anmeldung bis 1 Std. vor Abfahrt von 8 bis 21 Uhr, ca. alle 4 Stunden, nur Mo–Fr). Großer Parkplatz anbei (Navi: Neumühle, Laußig).
Anforderungen: Nur am Schluss ausgeschildert, überwiegend eben und leicht zu gehen. Die vielen kleinen Wege erfordern Orientierungssinn. Im Bereich des Pakerschlosses kann es feucht und die Wege können zugewachsen sein. Für Kinder ist nur der letzte Teil auf dem Kögel-Wanderweg geeignet, am Anfang ist zu wenig Abwechslung geboten.
Einkehr: Unterwegs keine. Gaststätte Neumühle (keine festen Öffnungszeiten, Anm. Tel. +49 34243 26101) im Feriendorf Neumühle.

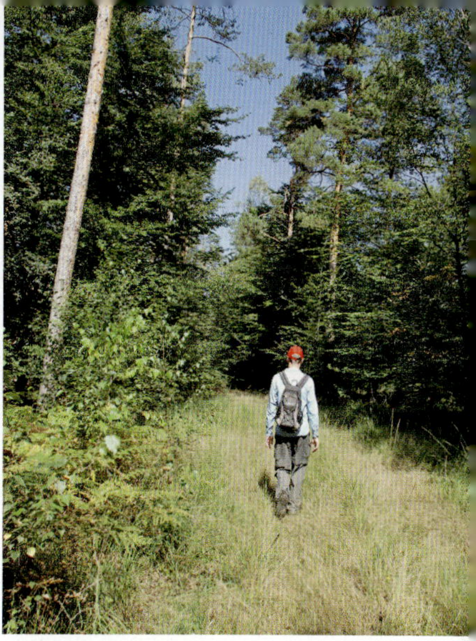
Weg ab der Neumühle.

Von der Bushaltestelle gehen wir mit dem Rücken zum Feriendorf **Neumühle** ❶ vorsichtig an der Straße entlang, der Presseler Teich liegt linker Hand. An einem Rastplatz halten wir uns schräg links in den linken Weg in den Wald. Wir bleiben für längere Zeit immer geradeaus auf dem Hauptweg. An einer gleichwertigen Gabelung geht es schräg links. Danach wird der Weg schmaler. Weiterhin wandern wir immer geradeaus weiter, auch an zwei Kreuzungen, dann an einer Gabelung und wieder an einer Kreuzung. Nach einer Stromleitung kommen wir kurz über eine Schneise. Dann wird eine T-Kreuzung erreicht, wo wir uns rechts halten. An der Kreuzung geht es scharf nach links.
Nach knapp 400 m biegen wir an einer großen Buche linker Hand rechts in den deutlichen Weg ab. Er führt zu zwei idyllischen Teichen in der Sirxbachaue, zwischen denen wir hindurchgehen. Am Abzweig ist für einen Abstecher zur ehemaligen Wallburg **Pakerschloss** ❷ scharf nach rechts abzubiegen. Nachdem wir vom Weg aus die Stätte betrachtet haben, laufen wir wieder zurück und halten uns am Abzweig geradeaus. An der Kreuzung biegen wir in den breiten Weg links

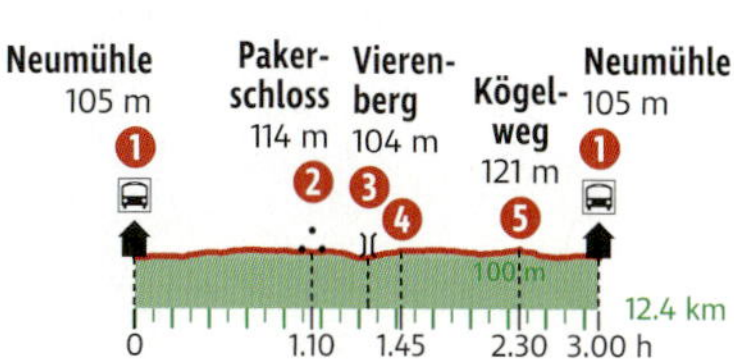

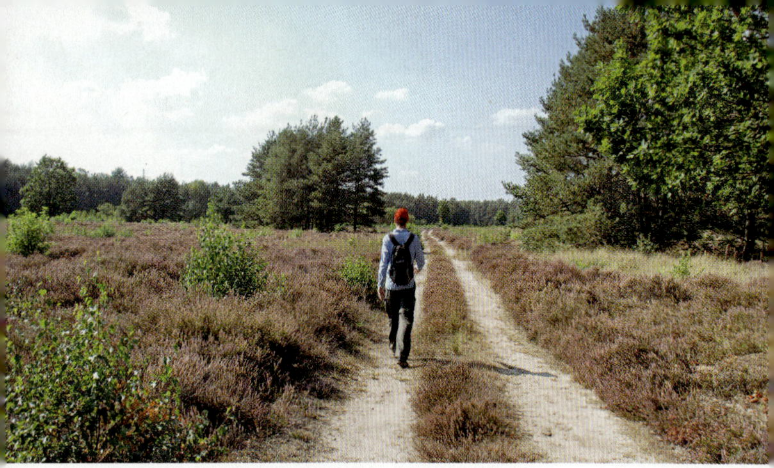

Die Heidekrautwiese lädt zum kräftigen Auschreiten ein.

ein. In der Senke ist ein weiterer Teich im Bereich des Sirxbaches zu sehen. Nach der Stromleitung gehen wir an der Kreuzung (mit Meilenstein) rechts. Wieder kommen wir an einem Gewässer der Sirxbachaue vorbei, hier am **Vierenberg** ❸. An einem Abzweig halten wir uns schräg rechts, wieder führt der Weg unter der Stromleitung weiter. An der Kreuzung folgen wir dem Weg geradeaus. Bei einem Querweg geht es links und gleich wieder rechts am rechten Rand der freien Fläche entlang, einer herrlichen **Heidekrautwiese** ❹.

Vor der nächsten Stromleitung an der T-Kreuzung halten wir uns links und am Waldrand wieder schräg links. Gleich werden an einer Kreuzung mehrere Wanderzeichen erreicht, u. a. der Lutherweg und der Försterweg. Immer wandern wir nun am Waldrand entlang, auch schließlich geradeaus auf freies Feld. An der T-Kreuzung halten wir uns rechts. An der nächsten Kreuzung, wo sich ein schöner Blick auf Pressel bietet, biegen wir scharf links in den **Kögelweg** ❺ ein, weiterhin auch als Lutherweg gekennzeichnet. Verschiedene Orte der Welt werden auf Tafeln kurz beschrieben. An der T-Kreuzung geht es an der Tafel »Mailand« rechts. Dann kommen wir wieder in den Wald. An der Straße wenden wir uns links zurück zu Bushaltestelle und Parkplatz an der **Neumühle** ❶.

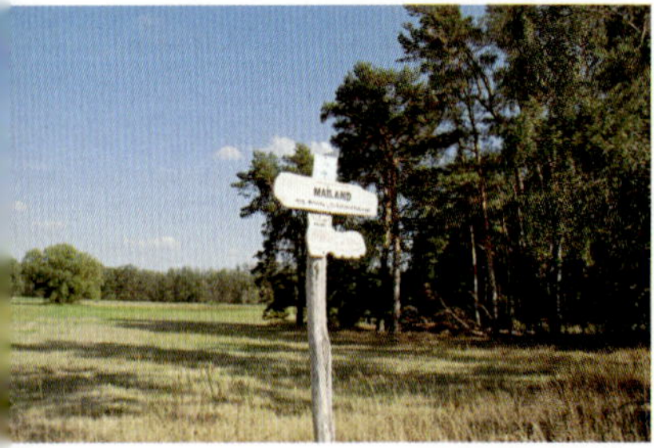

Auf dem Kögel-Wanderweg.

↗ 70 m | ↘ 70 m | 13.9 km

3.30 h

Im Presseler Heidewald

TOP 19

Zwei Moore, ein Natur- und ein Ameisenlehrpfad

Diese Wanderung führt in das größte Naturschutzgebiet der Dübener Heide: das Presseler Heidewald- und Moorgebiet, Teil eines größeren Vogelschutzgebietes. Erfolgreich ist man heute um Erhalt und Renaturierung der beiden Moore im Kernstück bemüht. Denn der Torfabbau ist lange vorbei: Im Wildenhainer Bruch fand er 1790–1854 und im Zadlitzbruch 1864–1914 statt. Von der Neumühle gelangen wir erst auf dem Naturlehrpfad, dann auf dem Ameisenlehrpfad zum Torfhaus, wo einst Torfmeister und Auflader wohnten. Das erste Moor ist der ca. 200 ha große Wildenhainer Bruch, wo man von einem Besucherhochstand das Moor und seine Vögel beobachten kann. Auf verschlungenen Wegen gelangen wir zum ca. 100 ha großen Zadlitzbruch, den wir auf einem wildromantischen Pfad durchqueren können.
Die einzigartige Naturlandschaft bietet seltenen Pflanzen und Tieren wie Wollgras, Sonnentau und Salbeigamander Schutz, ist Rast- und Brutplatz für Kraniche. Die beiden Moore machen diese Tour zu einer der schönsten in der Dübener Heide.

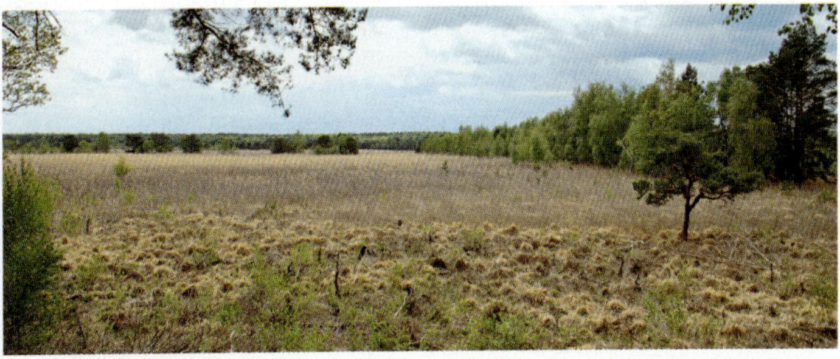

Am Wildenhainer Bruch.

Ausgangspunkt: Pressel-Neumühle östlich von Pressel. Von Leipzig Hbf. mit dem Bus 196 Richtung Bad Düben bis zur Haltestelle »Paradeplatz, Bad Düben«, dort in den Bus 235 Richtung Zinna zur Haltestelle »Pressel Teich, Laußig« (Rufbus, Tel. +49 3421 7746620, Anmeldung bis 1 Std. vor Abfahrt von 8 bis 21 Uhr, ca. alle 4 Stunden, nur Mo–Fr). Großer Parkplatz anbei (Navi: Neumühle, Laußig).
Anforderungen: Ab und zu holprige Stellen und undeutliche oder leicht zugewachsene Wege. Orientierungssinn ist beim Ameisenlehrpfad nötig. Kurze Zeit geht es an wenig befahrenen Straßen entlang.
Einkehr: Gaststätte Neumühle (keine festen Öffnungszeiten, Anm. Tel. +49 34243 26101) im Feriendorf Neumühle; Torfhaus Gaststätte (nur Sa/So) in Torfhaus.
Tipp: Im Oktober ist die Chance am größten, Kraniche zu sehen.

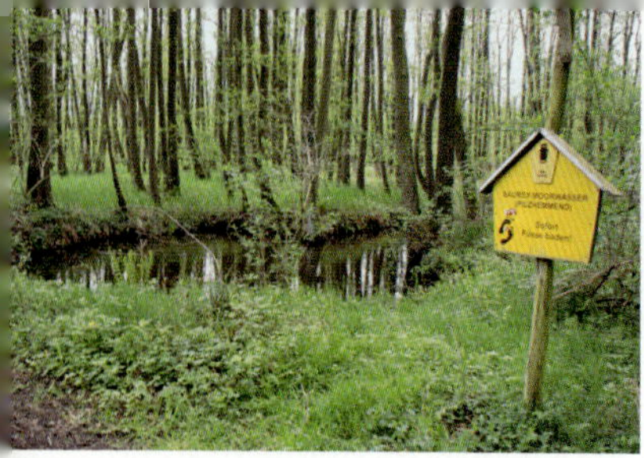

Am Moorbad lassen sich die Füße baden.

Von der Bushaltestelle gehen wir links am Feriendorf **Neumühle** 1 vorbei, der Parkplatz liegt linker Hand. Anfangs befinden wir uns noch auf dem Kögel-Wanderweg (vgl. Tour 18). Wir wandern immer geradeaus weiter. Unser Weg schwenkt nach rechts. An der Gabelung halten wir uns links, der Kögelweg wird verlassen. Wir halten uns jetzt vielmehr an die Ausschilderung des Naturlehrpfades (Wanderzeichen: grüner Diagonalbalken). Daher laufen wir an einem Abzweig geradeaus weiter. Der Naturlehrpfad schwenkt bei der Tafel »Stamm schön was los« nach links, dann geht es geradeaus, den Schildern »Naturlehrpfad, Torfhaus« nach. Wir kommen vorbei an einem »Moorbad« und einer Wiese. Beim Hochsitz geht es links und über eine kleine Brücke. Eine weitere Wiese grüßt. An der Straße halten wir uns links und folgen weiter dem grünen Diagonalbalken.

An einem kleinen Friedhof linker Hand geht es geradeaus und dann schräg nach links. 10 m vor der Wandertafel biegen wir rechts ein, hier beginnt der **Ameisenlehrpfad** 2. Wir überqueren die Straße, um ihm weiter zu folgen. An zwei Abzweigen wandern wir geradeaus weiter, dann schwenkt der Weg an Bänken nach links. Diverse Tafeln informieren über die Ameisen; bei »Körperbau der Ameise« halten wir uns links. Oben an der T-Kreuzung geht es an einem Rastplatz rechts, und der Lehrpfad wird verlassen. An der

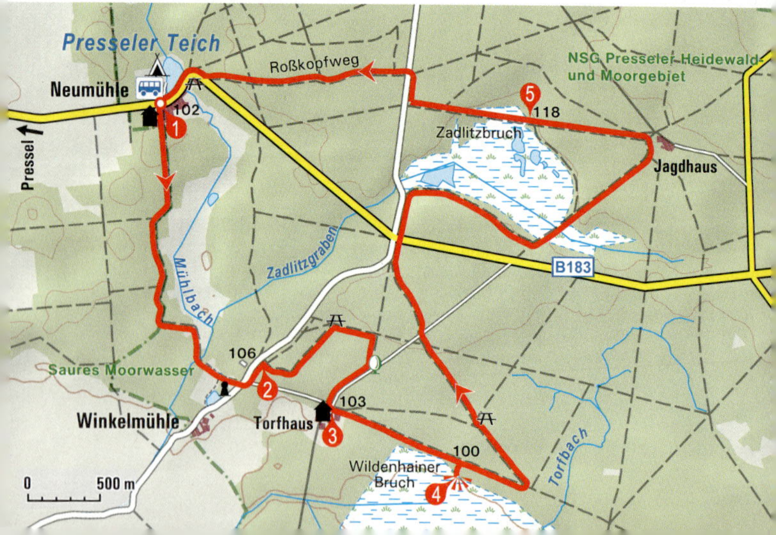

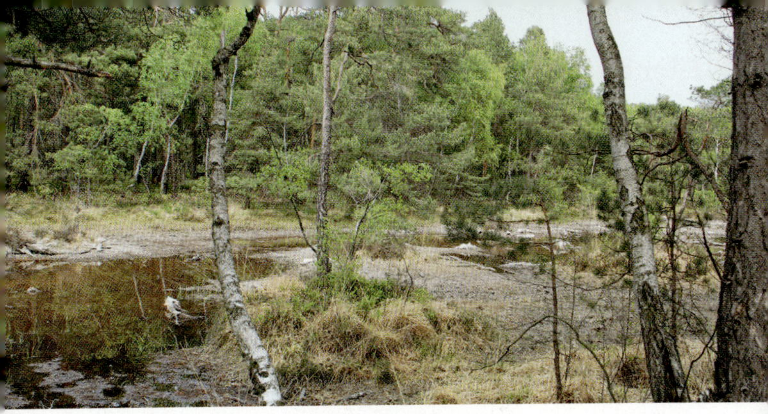

Am Zadlitzbruch hat sich viel Ursprünglichkeit erhalten.

ersten Kreuzung halten wir uns geradeaus und an der folgenden rechts in den breiten, geschotterten Weg,. An der Straße gehen wir am Naturdenkmal »knorrige Buche« rechts. Am Ort **Torfhaus** ❸ biegen wir links ab (geradeaus liegt die Gaststätte).

Für ca. 1 km laufen wir geradeaus, dann biegen wir rechts ab zum lohnenden Aussichtspunkt auf den **Wildenhainer Bruch** ❹. Wir kehren wieder zurück und gehen am breiten Weg rechts. Nach ca. 400 m halten wir uns an einer Bank scharf links in den »Schrägen Weg«. Nach einer leichten Linkskurve wenden wir uns rechts zum Rastplatz, wo wir links einbiegen. Nun wandern wir immer geradeaus, auch über die kleine Straße. An der nächsten Straße geht es rechts, dann bald geradeaus über die Kreuzung. Ab dem Parkplatz führt ein Parallelweg zur Straße weiter.

Am Schild »Naturschutzgebiet« biegen wir rechts in einen schönen Weg ein, dem wir immer geradeaus folgen. Schließlich geht es an einer Gabelung links, so auch an der folgenden T-Kreuzung. Wir wandern zwischen zwei Mooren und immer geradeaus weiter. An der T-Kreuzung biegen wir links ein, dann in den ersten Weg wieder links. Erneut können wir entspannt immer geradeaus auf einem wunderschönen Weg laufen, am **Zadlitzbruch** ❺ vorbei. An der Straße gehen wir rechts, bzw. den Parallelweg, dann in den ersten Weg links (Roßkopfweg) und für ca. 1,5 km immer geradeaus.

An der Straße biegen wir rechts ein und erreichen einen Rastplatz. Nach der Linkskurve der Straße und dem Presseler Teich sind bald wieder die Bushaltestelle und der Parkplatz im Feriendorf **Neumühle** ❶ erreicht.

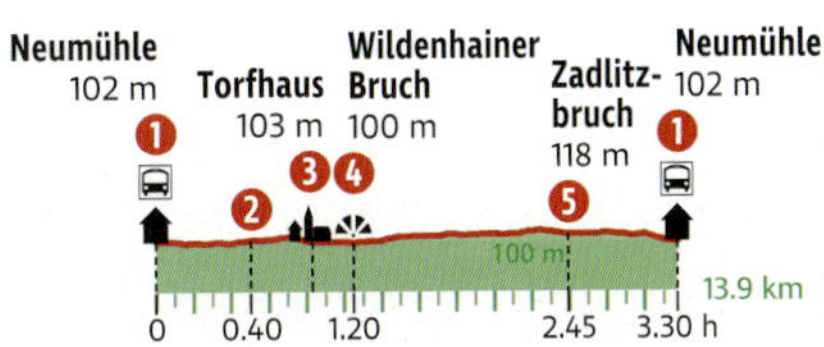

Eilenburg und Dahlener Heide

Nordwestlich von Leipzig liegt ca. 20 km entfernt die Stadt Eilenburg, Tor einer breiten Talung über Mockrehna bis hin nach Torgau. Die Stadt an der Mulde bildet so den Übergang zwischen Dübener und Dahlener Heide. Letztere reicht ungefähr von Dahlen und Schildau bis Belgern an der Elbe. Die Dahlener Heide hat ihren ganz eigenen Charakter – hier beginnt eine Welt für sich.

Die Dahlener Heide ist kleiner als ihre große Schwester, die Dübener Heide, dafür aber etwas höher gelegen. Hohe Erhebungen auf unseren Wanderungen sind der Schildberg oder auch Schildauer Berg genannt (217 m, Tour 22) und der Hospitalberg (201 m, Tour 21). Von Norden nach Süden erstrecken sich zwischen Schildau und Belgern mehrere bewaldete Höhenrücken, die parallel verlaufen und nach Süden aufgebogen sind. Ihr Ursprung liegt vermutlich in einer Stauchmoräne der Saalevereisung. Höhenunterschiede bis zu 50 m auf engem Raum sind möglich. Südlich wird die Heide flach (z. B. bei Dahlen, Tour 24) und geht ins Oschatzer Hügelland über.

In der südlichen Muldeaue (Tour 21).

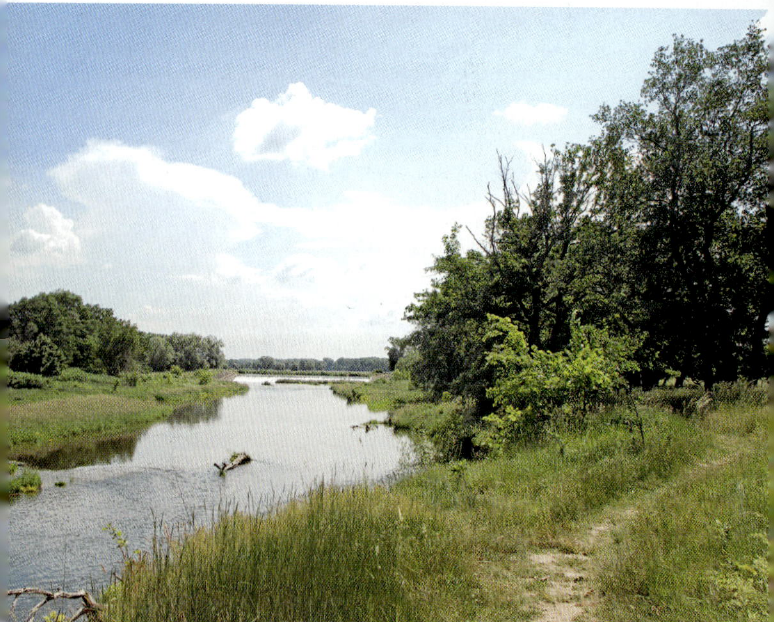

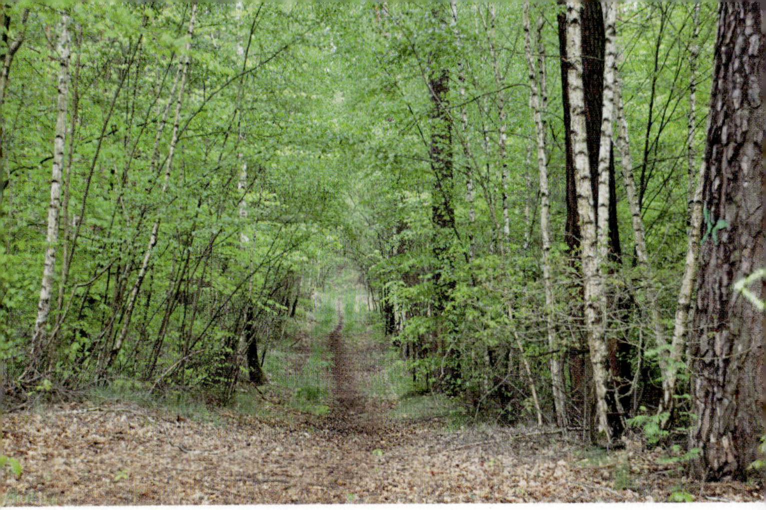

Auf dem Weg zum Zahlteich (Tour 25).

Über fünfzig kleine Teiche, Bachtäler, Auwiesen und zahlreiche kleine sagenumwobene Sehenswürdigkeiten lockern die Landschaft auf. Die Dahlener Heide ist Landschaftsschutzgebiet, wo ausgedehnte Mischwaldgebiete und gute, von der Forstwirtschaft noch weitgehend unverdorbene Wanderwege geradezu dazu einladen, die Region auf Schusters Rappen zu erkunden. Schon der bekannte Zoologe Alfred Brehm (1829–1884, Brehms Tierleben) erkannte die Reize der bewaldeten Hügellandschaft (Tour 22). Früher war sie beliebtes Wandergebiet der Leipziger. Heute ist es in der Dahlener Heide ruhiger geworden und sie gilt eher als Geheimtipp.

Ausgewiesene Naturschutzgebiete sind das Naturschutzgebiet Reudnitz mit seinen Teichen und naturnahen dichten Wäldern (u.a. mit Altbuchenbeständen, Tour 25). Weite Auenlandschaften der Mulde dagegen erwarten uns nördlich und südlich von Eilenburg im Naturschutzgebiet Vereinigte Mulde Eilenburg-Bad Düben (Touren 20 und 21), Teil des FFH-Gebietes Vereinigte Mulde und Muldeauen und des Vogelschutzgebietes Vereinigte Mulde.

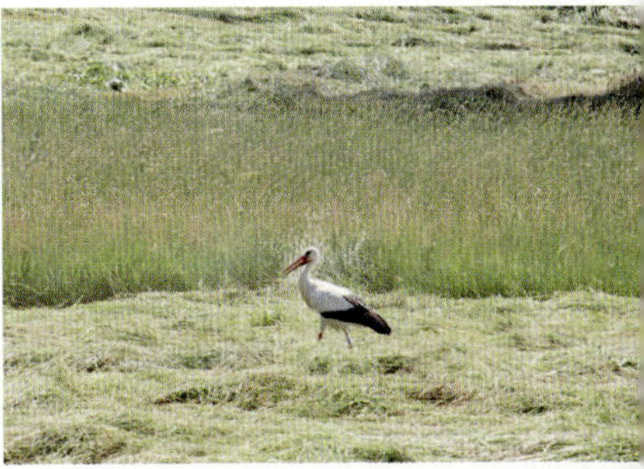

Stolzer Storch in der nördlichen Aue von Eilenburg (Tour 21).

↗ 75 m | ↘ 75 m | 20.2 km

20 In der Muldeaue bei Gruna

5.00 h

Eine Fluss-, Wald- und Wiesenwanderung durch ein Naturparadies

Die sich schlängelnde naturnahe Mittlere Mulde ist zwischen Mörtitz und Laußig besonders idyllisch. Dank ihrer hohen Flussdynamik erleben wir bald herrliche Ausblicke auf Altwasserarme, Reste von Weichholzauwäldern, Wiesen und Weiden in einer malerischen Flusslandschaft, auf die Mulde selbst mit Flussinseln, Sandbänken und Kieshegern. Viele Vogelarten wie Roter und Schwarzer Milan, Schwarzspecht und Weißstorch sind hier heimisch – die Mulderegion steht hier auch unter Vogelschutz.

Am Fährhaus Gruna lohnt sich ein Abstecher per Fähre zu einem der Höhepunkte der Tour, dem Barockschloss Hohenprießnitz. Besonders schön ist der Schlosspark, ein verwunschener Landschaftsgarten nach englischem Vorbild, u. a. mit alten Eichen.

In der zweiten Hälfte geht es vom Ort Gruna mit seinem Wendenturm, dem Rest einer Wasserburg aus dem 14. Jh., an der Mulde entlang nach Laußig. Anschließend wandern wir auf ruhigen Forstwegen zur Heideschänke. Den krönenden Abschluss bildet der idyllische Weg im Bruchwald Gruna, mit Resten eines alten Muldearms, Refugium seltener Tiere wie z. B. der Mopsfledermaus, und wieder zurück zum Ausgangspunkt.

Ausgangspunkt: Mörtitz. Von Leipzig Hbf. mit S-Bahn Linie 4 Richtung Hoyerswerda bis Eilenburg, dort mit dem Bus 232 Richtung Bad Düben bis »Mörtitz, Doberschütz« (ca. alle zwei Stunden). Parken im Bereich der Bushaltestelle (Navi: Hauptstraße, Mörtitz).

Anforderungen: Ausdauer nötig. Wechsel von befestigten Wegen und undeutlichen Wiesenpfaden. Breite Forstwege im Grunaer Wald. Wenig Ausschilderung. Für Kinder ist die Tour zu lang (und ggf. zu wenig geboten).

Einkehr: Gaststätte Fährhaus Gruna; Heideschänke Laußig (Rotes Haus, Mo/Di Ruhetag).

Tipp: Früh zu dieser langen Tour aufbrechen, damit auch Zeit für den Abstecher nach Hohenprießnitz bleibt.

Hinweise: Fähre nach Hohenprießnitz 1 Euro für Erwachsene (einfache Fahrt). Das Schloss ist nicht zu besichtigen.

An der Mulde nach Laußig.

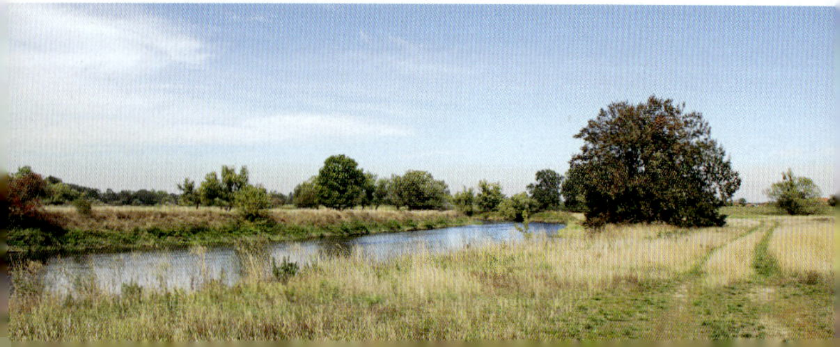

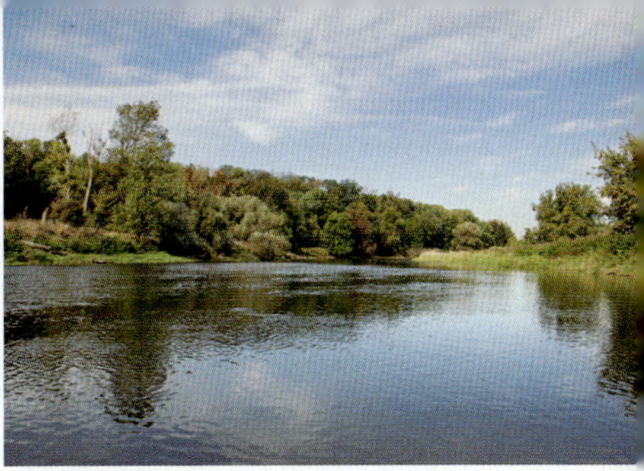

Auf der Muldefähre.

An der Bushaltestelle **Mörtitz** ❶ wenden wir uns in Richtung Vorfahrtschild nach Süden und gehen gleich schräg rechts hinunter. An der T-Kreuzung biegen wir rechts ein. Bald wird das Naturschutzgebiet Vereinigte Mulde Eilenburg-Bad Düben betreten. Zunächst geht es an Äckern vorbei, die 1830–1845 mit dem Bau der Muldedeiche nach der Trockenlegung des Sumpflandes angelegt worden waren. In einer Linkskurve bleiben wir weiter geradeaus auf dem Hauptweg in Richtung der einzeln stehenden Kirche von Mörtitz – das zugehörige Dorf war wegen der Überschwemmungen in höhere Lagen umgezogen. Davor biegen wir rechts ab und erblicken bald rechter Hand den Kalten See, einen Altarm der Mulde. Wir gehen hinauf auf den Damm, dahinter rechts. Hier bietet sich ein schöner Blick auf die Muldelandschaft und schräg links auf den Ort Zschepplin.

Wir wandern links des Dammes weiter auf dem bisweilen undeutlichen Weg zwischen Mulde und Damm (notfalls lässt sich jederzeit auf den Damm oder den Radweg auf der anderen Dammseite wechseln). Gleich an der Gabelung halten wir uns rechts, immer weiter links des Dammes. An einem befestigtem Weg geht es geradeaus, nun wird unser Pfad ggf. erneut undeutlich. Wir genießen wieder die schöne Landschaft mit der Mulde linker Hand. Schließlich muss auf den Damm gewechselt werden, spätestens bei Stein 4,00. Oben auf dem Damm geht es an der Gabelung links und weiter an der Mulde entlang. Der Weg wird breiter, und der Damm wird verlassen. Immer halten wir uns in Richtung des weißen Häuschens.

Am **Fährhaus Gruna** ❷ bietet sich ein Abstecher nach Hohenprießnitz an. Nach der Überfahrt gehen wir nach ein paar Schritten nach links und folgen der kleinen Straße nach der Rechtskurve aufwärts. Oben biegen wir bei einem Parkplatz linker Hand rechts in den kleinen Pfad, den sogenannten »Liebesweg«, ein, der gleich nach rechts schwenkt und durch den Fichtbusch führt. Wir halten uns immer auf dem Hauptweg gerade-

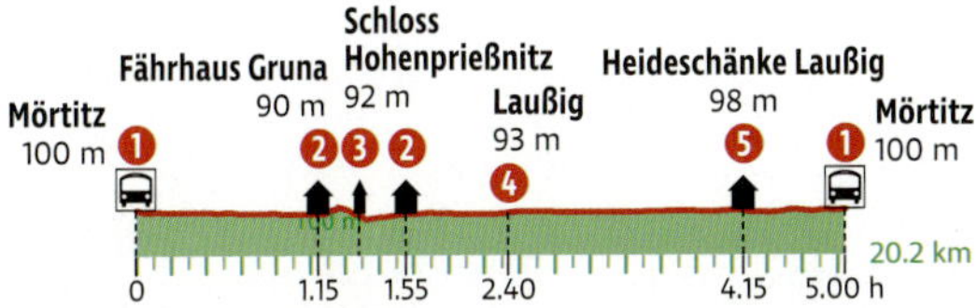

aus. Schließlich geht es an der Straße rechts und dann vor dem **Schloss Hohenprießnitz** ❸ schräg rechts, vorbei an einer Säule und rechts am Schloss vorbei. Dann laufen wir rechts hinunter und überschreiten unten die Brücke geradeaus. An der Kreuzung biegen wir links ein und halten uns an der Gabelung ebenfalls links. Der Schlossteich liegt nun linker Hand, geboten wird wieder ein schöner Schlossblick. An einem Abzweig gehen wir geradeaus zwischen zwei Säulen hindurch. Am Teichende halten wir uns an der Gabelung rechts, ebenso an der kleinen Straße. Gärten liegen linker Hand, und am Abschnitt E2 gehen wir schräg rechts, zunächst parallel der Straße. Wieder wandern wir auf einem schönen Weg. Am Ende der Wiese rechter Hand biegen wir links ab und an der Straße wieder rechts. Gleich bietet sich hier ein schöner Muldeblick. Wir folgen der Straße, bis wir uns links wieder zur Fähre wenden.

Am **Fährhaus Gruna** ❷ halten wir uns geradeaus (ohne Abstecher rechts), vorbei an der Gaststätte. In Gruna wenden wir uns schräg links zur Kirche, gehen vorbei am Wendenturm und immer die Straße weiter, vorbei an der Bushaltestelle »Gruna Gemeinde«, auch am Ortsausgang. Man kann bald auf dem Damm weiterlaufen. Bei einer Schranke schreiten wir hinunter zur Mulde und biegen davor rechts ein. Wir wandern für ca. einen knappen Kilometer an der Mulde entlang, die schließlich an einer Schranke rechter

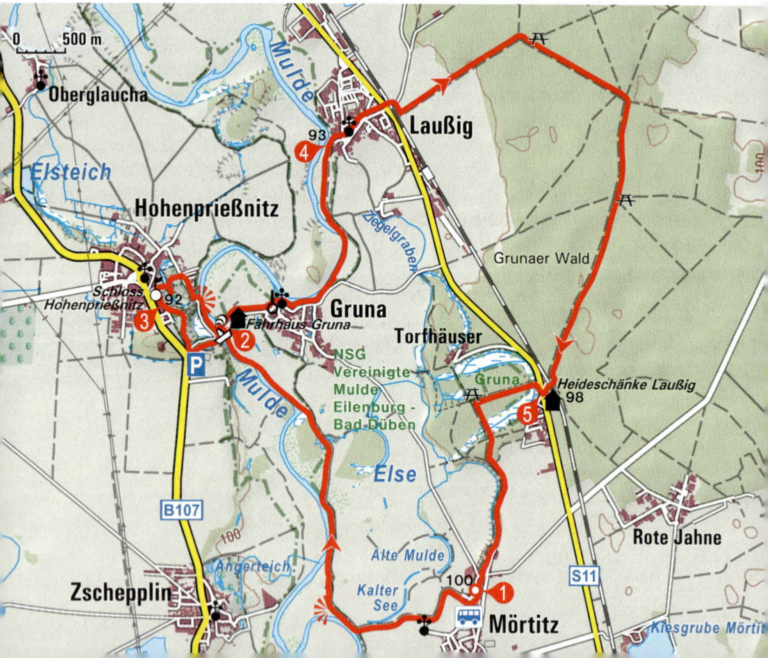

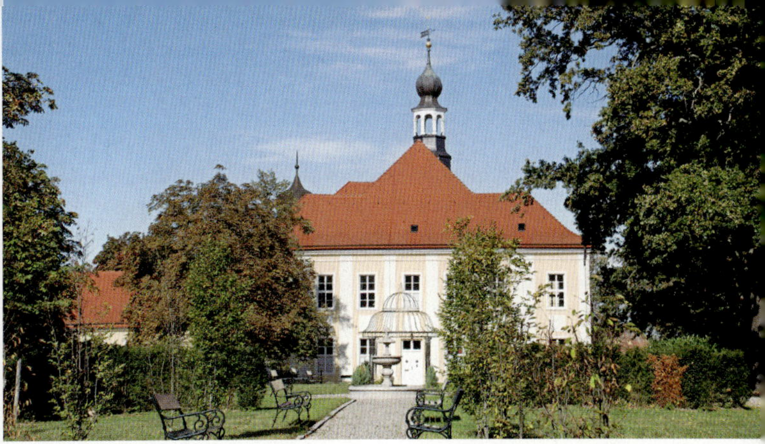

Schloss Hohenprießnitz gilt als eines der schönsten Barockschlösser Sachsens.

Hand verlassen wird. Der Weg wird wieder deutlicher, ist dann auch geschottert, und führt an einem Teich vorbei.
In **Laußig** 4 gehen wir geradeaus, dann die Hauptstraße entlang, vorbei an einem Baum mit Bank. Die Kirche liegt linker Hand. An der Kreuzung folgen wir schräg rechts der Straße der Bodenreform. An deren Ende geht es über den Bahnübergang. Gleich danach biegen wir rechts in den Feldweg ein, dann in den ersten links. Geradeaus wird der Grunaer Wald betreten. An der T-Kreuzung halten wir uns rechts. Dann wandern wir geradeaus weiter, ein Rastplatz liegt linker Hand (Grenzweghütte), so über die nächste Kreuzung hinweg, aber an der nächsten ist an Schildern rechts einzubiegen. An der folgenden Kreuzung wird wieder ein Rastplatz erreicht (Gertraud's Hütte, Dreiländereck). Auch hier halten wir uns weiter geradeaus, nun immer den Wanderzeichen grünes Dreieck und gelber Balken nach.
Schließlich geht es rechts und über ein Gleis zur **Heideschänke Laußig** 5, wo wir noch vor der Straße rechts einbiegen, bis zum Ende des Parkplatzes laufen und dort über die Straße zu einem Schild »Naturschutzgebiet«. Dort schreiten wir schräg rechts hinunter (Schranke). Zwischen Tümpeln (Reste einer Muldemäanderschleife) wird das Naturschutzgebiet Gruna, Teil des Waldes Grunaer Bruch oder Grundbruch, betreten. Wir wandern immer geradeaus durch den schönen naturnahen Wald, zwischendurch werden die Wanderzeichen gelber Balken und Heidesteig sichtbar. Diese verlassen wir an einer Kreuzung mit Rastplatz, wo wir links einbiegen. Auf einer Anhöhe geht es an der Kreuzung geradeaus und an der T-Kreuzung links, dann immer am Waldrand entlang. An einer Gabelung laufen wir rechts hinunter. Der schöne Waldweg tritt schließlich aus dem Wald und führt erst an einem Damm, dann an Gärten entlang. Im Ort halten wir uns schräg links, wir gelangen rechts zurück zur Bushaltestelle **Mörtitz** 1.

↗ 60 m | ↘ 60 m | 14.3 km

21 Rund um Eilenburg

3.30 h

Eine von grünen Muldeauen umgebene Stadt

Die Mulde und ihr Nebenarm, der Mühlgraben, umschließen Eilenburg wie eine Insel. Nördlich und südlich der Stadt bietet die Muldeaue eine Naturoase. Eilenburg wurde urkundlich schon 961 erwähnt, und so kann eine alte Burg den Auftakt dieser Tour bilden: die Reste der einst mächtigen Burganlage der »Ilburg« mit dem Sorbenturm aus dem 10. Jh. Von hier bietet sich ein weiter Blick über die Stadt; deren Kirche St. Andreas und Nikolai weit über die Dächer hinausragt. Hier wirkte der Pfarrer Martin Rinckardt (1586–1649), dessen Kirchenlied »Nun danket alle Gott« noch heute weit bekannt ist.

Weiter geht es zum Rand der nördlichen Muldeaue, wo mit etwas Glück Störche und Greifvögel im hier wenig erschlossenen Naturschutzgebiet Vereinigte Mulde Eilenburg-Bad Düben zu erspähen sind (südliche Fortsetzung von Tour 20). Auf grünen Wegen geht es an der mittelalterlichen Stadtgrenze durch Eilenburg zur südlichen Muldeaue, ein weiteres Vogelschutzgebiet. Hier begleiten mächtige alte Bäume und Muldeblicke den Wanderer zum Kollaer Wehr, auch Bobritzer Damm genannt, einem wasserwirtschaftlichen Bauwerk mit Fischaufstiegstreppe. Am Ende kommen wir an der Rückseite des Tierparks vorbei.

Ausgangspunkt: Bahnhof Eilenburg. Von Leipzig Hbf. mit der S-Bahn Linie 4 Richtung Torgau oder Hoyerswerda nach Eilenburg (ca. halbstündlich oder stündlich) oder mit dem RE Richtung Cottbus nach Eilenburg (ca. alle zwei Stunden). Parkplatz anbei (Navi: Bahnhofstraße, Eilenburg).

Anforderungen: Überwiegend befestigte Wege. Steil hinauf zur Burg. Wenig ausgeschildert. Für Kinder besser ohne nördliche Aue (s. Hinweis).

Einkehr: Symposio (Mo Ruhetag), Gasthaus Drossel (Mo/Di Ruhetag) sowie Tierparkrestaurant und Café (tgl. geöffnet) in Eilenburg; zahlreiche weitere Gaststätten in Eilenburg.

Tipp: Sorbenturm (zugänglich Mai–Sept. So 13–17 Uhr); Tierpark Eilenburg, Stadtpark 3, 04838 Eilenburg, Tel. +49 3423 752984 (tgl. geöffnet).

Hinweis: Die nördliche Aue kann weggelassen werden (Einsparung ca. 3,5 km). Wer auch die südliche Aue weglassen möchte, geht an der Bahnhofstraße zurück zum Bahnhof (weitere Einsparung ca. 6,5 km).

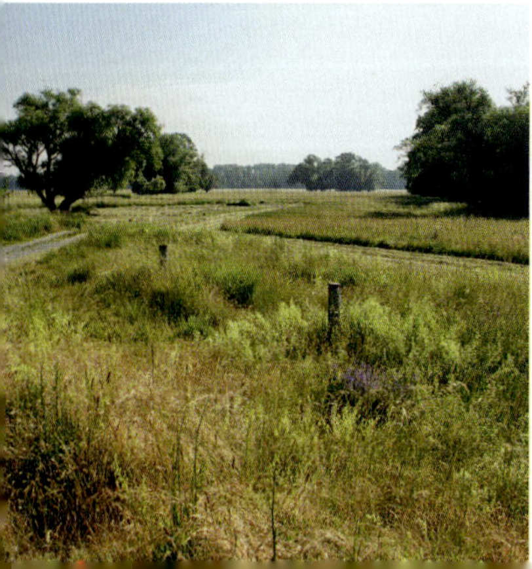

Blick auf die nördliche Muldeaue.

Am **Bahnhof Eilenburg ❶** wenden wir uns in Richtung Stadt, halten uns am Kreisverkehr kurz links und biegen dann gleich rechts in den Park ein. Wir laufen immer geradeaus und kommen an einem Teich vorbei. An der ersten Brücke geht es noch geradeaus, dann aber schräg links. Nach Überschreiten der folgenden Brücke halten wir uns geradeaus. Der Burgturm wird sichtbar. An der Mauer laufen wir rechts des Flusses entlang. Unser Weg mündet in eine Straße, wir halten uns weiter am Fluss und kommen an der Gaststätte Symposio vorbei. Am Kreisverkehr biegen wir links ab und überqueren gleich die Straße. Dann geht es über die Brücke und in die erste Straße rechts (Mühlstraße). Anschließend steigen wir links die Stufen hinauf.

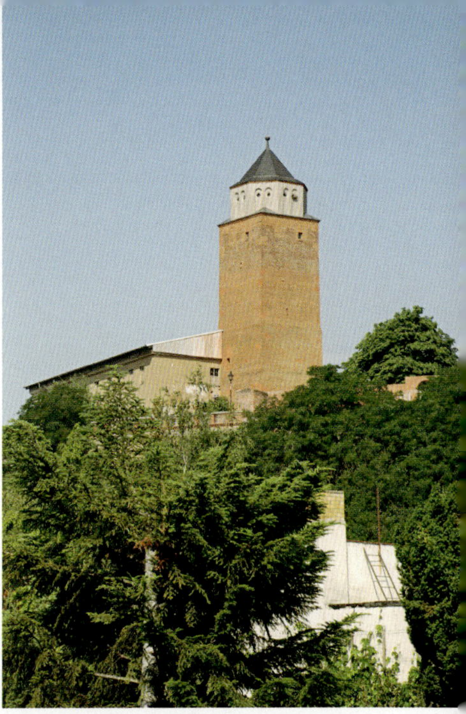

Turm der Burg Eilenburg.

Oben halten wir uns erst links, dann rechts zum Turm. Geradeaus wenden wir uns zum Modell der **Burg Eilenburg ❷**. Wir gehen weiter und am Parkplatz rechts, immer geradeaus zum Sorbenturm. An diesem biegen wir links ein und wandern an der Mauer entlang zurück zum Parkplatz. Nun geht es rechts durch das Tor und an der Kirche rechts in den Fußweg. Immer laufen wir geradeaus und an der T-Kreuzung rechts (vor Haus Nr. 4). Links geht es in den Funkenweg (wer die nördliche Aue nicht besuchen will, geht hier geradeaus, auch an der Straße Schloßaue). Wir biegen an der T-Kreuzung rechts ein (vor Haus Nr. 6), dann links in die Straße Hainicher Aue.

Nun führt eine kleine Durststrecke immer geradeaus, an Sportanlagen und dem Ortsausgangsschild vorbei. Dann biegen wir in den ersten Weg schräg rechts ein. Vor dem Damm halten wir uns links, hier dem grünen Balken und Lutherweg nach. Wir biegen in den ersten Weg rechts ein und kommen im Wald gleich an einem Altarm, dem Lübbischwasser, später an einem Rastplatz vorbei. Am Waldrand breiten sich weite Auenlandschaften aus, das **Naturschutzgebiet Vereinigte Mulde Eilenburg-Bad Düben ❸**.

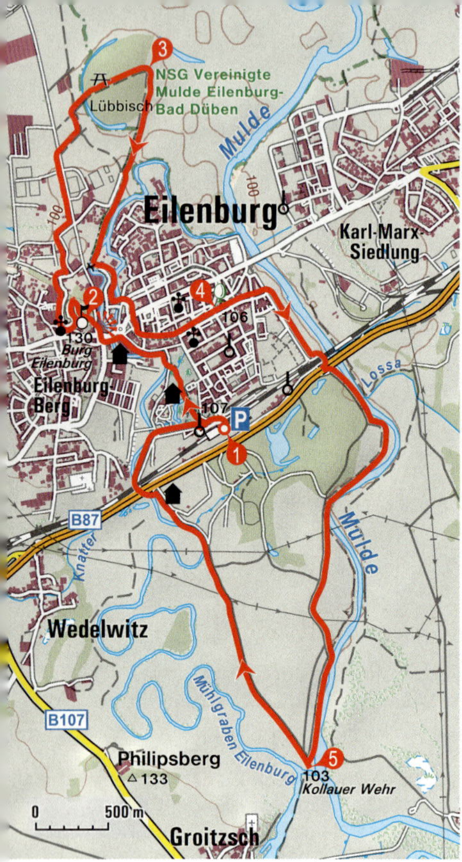

Hier halten wir uns rechts, dem Lutherweg folgend, bald am Damm entlang. Schrebergärten liegen rechter Hand. Links geht es über die Brücke (Abkürzer stoßen von rechts zu). Rechts in den Pfad einbiegend laufen wir in etwa parallel zur Straße (alternativ lässt sich auch die Straße benutzen). Rechter Hand liegt der Mühlgraben. Der Pfad mündet in die Straße, wir laufen weiter geradeaus. Wir folgen weiter vorne der ersten Straße links und steuern auf die Kirche zu. Nach der Brücke halten wir uns kurz links und gleich wieder rechts, dann biegen wir rechts in die Große Mauerstraße ein. Es geht geradeaus über die Straße und rechts an der Apotheke vorbei.

Am Parkplatz wenden wir uns kurz nach rechts, dann gleich links in den Lutherweg. Wir wandern nun immer geradeaus weiter. An der Bahnhofstraße halten wir uns geradeaus (wer die Tour hier beenden möchte, gelangt rechts zurück zum Bahnhof). An der großen **Blutbuche** ❹, einem Naturdenkmal, geht es geradeaus und dannrechts in die Friedrich-Ebert-Straße. Kurz vor der Bahnbrücke laufen wir links hinunter, dann kurz rechts und gleich wieder links, unter der Autobrücke durch, dann geradeaus.

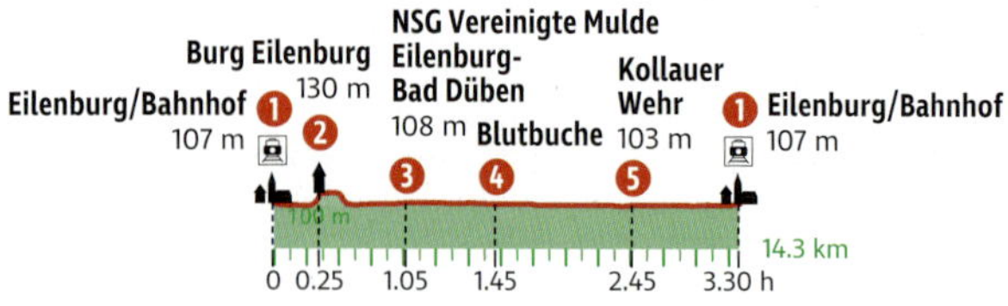

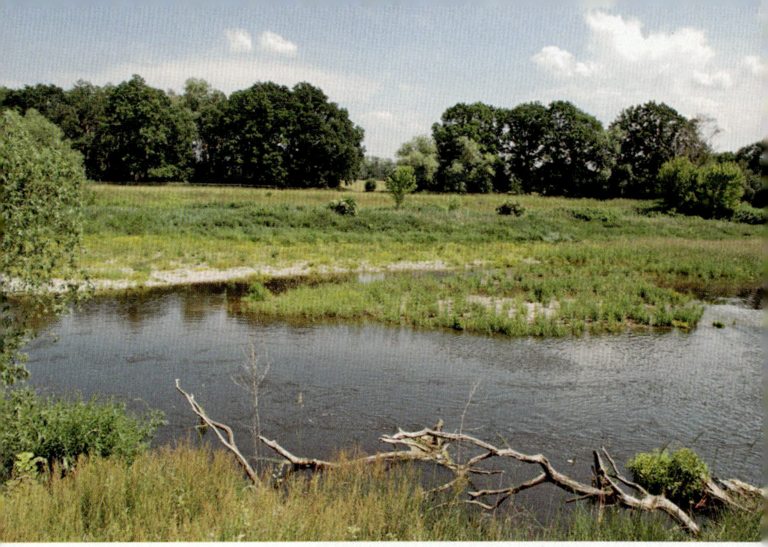

In der südlichen Muldeaue.

Wir kommen nun in den Bereich der südlichen Muldeaue. Am geteerten Weg halten wir uns kurz links und gleich rechts, weiterhin ist der Weg geteert. An einem Abzweig nutzen wir links den unbefestigten Weg in Richtung Mulde. An der Gabelung halten wir uns rechts. Bald grüßen alte Eichen rechter und die Mulde linker Hand. Unser Weg mündet in einen Schotterweg und verläuft weiter an der Mulde entlang. Wir wandern immer geradeaus weiter. Ca. 250 m nach der Stromleitung nehmen wir an der Gabelung links den unbefestigten Weg. Blicke auf das Wehr sind möglich, alte Bäume säumen den idyllischen Pfad. An einem Abzweig geht es geradeaus. Unser Pfad trifft auf einen geteerten Weg, in den wir links einbiegen.

Wir kommen zum **Kollauer Wehr** 5, auch Muldewehr Kollau oder Bobritzer Damm genannt. Hier informiert eine Tafel über die Geschichte der Mulde-Regulierung. Anschließend gehen wir den geteerten Weg ein Stück zurück und dann immer geradeaus, auch an der Kreuzung. Nach einem Pollerpfeiler halten wir uns schräg links, der geteerte Weg wird verlassen. Wir wandern vorbei an einer Gartenanlage, biegen an der T-Kreuzung links ein und kommen vorbei am Gasthaus Drossel, wo ein Biergarten zur Rast einlädt. Vor der B 87 halten wir uns links, dann rechts. Wir gehen unter zwei Brücken hindurch.

An der Gabelung halten wir uns rechts und kommen an der Rückseite des Tierparks vorbei (zum Eingang geht es vor dem Gelände links). Am Turm biegen wir rechts ein, gleich links führt uns der Weg zurück zum **Bahnhof Eilenburg** 1.

↗ 210 m | ↘ 210 m | 17.8 km

22 Von Schildau in die westliche Dahlener Heide

4.30 h

Wald, Steinbrüche und Teiche

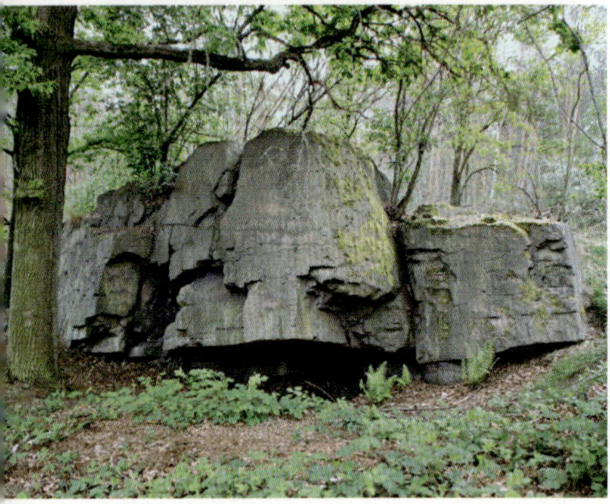

Der Napoleonstein.

Schildau, da denkt man gleich an die skurrilen Geschichten der Schildbürger. In der Tat könnten diese hier ihren Ursprung haben. Die kleine Stadt am Rande der Dahlener Heide identifiziert sich mit ihnen. Bis 2012 trug die Stadt allerdings den Beinamen Gneisenaustadt nach dem berühmten Generalfeldmarschall und Heeresreformer (1760–1831). Sein Denkmal steht auf dem Marktplatz. Von diesem geht es auf dem Schildauer Triftweg mit Naturlehrpfad schnell in die Natur. Erste Station sind die Hasenteiche, Reste einer einstmals längeren Teichkette und heute Lebensraum für allerlei Lurche und Nattern. Bald ist der Schildberg (217 m) mit seinem steinernen Aussichtsturm von 1936 erreicht. Eine Kuriosität ist unweit davon der Napoleonstein: Der Legende nach soll Napoleon 1812 hier übernachtet haben, der Stein sieht aber auch wie sein Dreispitz (Hut) aus.

Der Hauptteil der Tour verläuft an mehreren Steinbrüchen und Teichen vorbei durch den Wald und vor dem Holzteich auch an Feldern entlang. Kurz nach Brauns Berg wird der Wald verlassen und wir kehren im Freiland über Schilderhain nach Schildau zurück.

Ausgangspunkt: Bushaltestelle Schildau, Markt. Mit dem Regional-Express Richtung Dresden bis Dahlen, dort in den Bus 785 Richtung Torgau bis Sitzenroda, Schmiede, dort in den Bus 767 Richtung Schildau bis zur Haltestelle »Schildau, Markt« (nur Mo–Fr, alle zwei Stunden). Parkplatz anbei (Navi: Markt 1, Schildau).
Anforderungen: Nur am Anfang ausgeschildert und dort auch lückenhaft. Kleine Wald- und Forstwege. Orientierungssinn nötig. Gemäßigter Aufstieg auf den Schildberg und Brauns Berg. Für Kinder eher nur bis Heßlers Schlucht geeignet.

Einkehr: Nur am Tourende in Schildau Toscanella Restaurant & Pizzeria (ehemals Dante's, tgl. geöffnet, Mo nur abends).
Tipp: Museum der Schildbürger, Marktstr. 14, 04889 Belgern-Schildau, OT Schildau, Tel. +49 34221 62231 (Mo Ruhetag).
Hinweis: Der Aussichtsturm auf dem Schildberg ist in der Regel Mitte Mai bis Mitte Oktober an Sonn- und Feiertagen geöffnet (Touristinformation Schildau Tel. +49 34224 44035). Rastplätze für größere Gruppen.

Von der Bushaltestelle auf dem **Markt** ❶ in **Schildau** biegen wir rechts in die Beethovenstraße ein. An der T-Kreuzung gehen wir uns rechts, wieder rechts und gleich links in die Friedensstraße. Nach ca. 700 m halten wir uns an der Gabelung mit kleinem Rastplatz rechts (Sackgasse). Immer geradeaus laufen wir auf dem sogenannten Schildauer Triftweg weiter, die Straße geht in einen Feldweg über und das Landschaftsschutzgebiet Dahlener Heide wird betreten. An einem Rastplatz gelangen wir in den Wald und zur Tafel 4 des Naturlehrpfades. Hier führt ein Abstecher zu Unteren Hasenteich. Ohne Abstecher wandern wir geradeaus weiter. Am Oberen Hasenteich bietet sich rechts ein weiterer Abstecher an. Ohne Abstecher halten wir uns an der T-Kreuzung links und folgen weiter dem Naturlehrpfad. Wir biegen in den ersten Weg rechts ein und in den nächsten links.

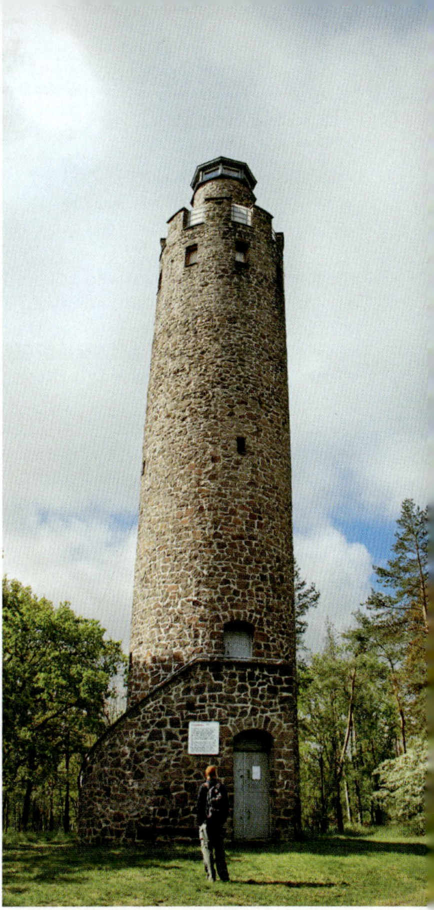

Aussichtsturm auf dem Schildberg.

Am **Schildberg** ❷ laufen wir geradeaus, links am Turm vorbei. Hier ist dem Naturlehrpfad zu folgen. Am Abzweig halten wir uns rechts. Am nächsten Abzweig führt geradeaus ein Abstecher zum Napoleonstein. In Sichtweite des Steins halten wir uns rechts und gehen von hinten hinunter (gegen den Uhrzeigersinn), da dieser Weg weniger steil ist. Wir kehren zum Anfang des Abzweigs zurück und halten uns dort links. Nun laufen wir immer den Weg hinab; dieser kann zerfahren sein. An der T-Kreuzung folgen wir dem Forstweg nach links.

Zweimal geht es an Abzweigen geradeaus. An einer Gabelung wird links der Forstweg verlassen. An der Kreuzung führt schräg links ein kurzer Abstecher zum Steinbruch Heßlers Schlucht. Wir kehren zurück und biegen an der Kreuzung links ein. An der T-Kreuzung geht es links, wir befinden

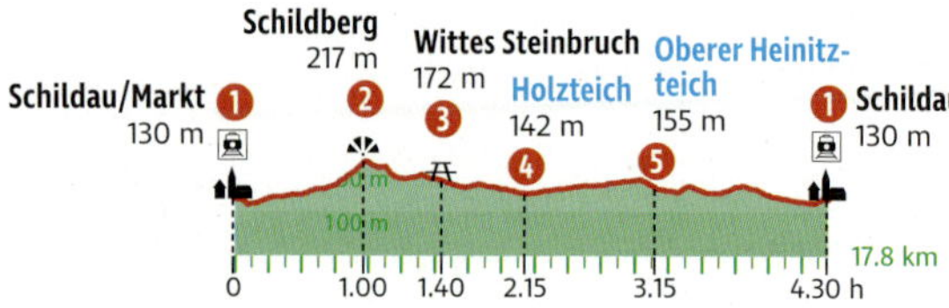

uns wieder auf dem Forstweg von vorhin. An der Gabelung halten wir uns rechts, um weiter auf dem Forstweg zu bleiben. An der Kreuzung geht es geradeaus, so auch am Abzweig. Dann biegen wir an der Gabelung links in den Reitweg ein. **Wittes Steinbruch** ❸ mit Rastplatz und Weiher ist erreicht. Wir schreiten weiter zur Kreuzung, wo der Naturlehrpfad mit der Tafel 7 endet.

Hier geht es scharf rechts, dem Diagonalbalken nach und gleich an der Gabelung links. An der ersten Kreuzung halten wir uns geradeaus und an der folgenden rechts. An der darauffolgenden Kreuzung biegen wir links in den Forstweg ein, der bald ins Freie tritt. An der Gabelung wählen wir den linken Weg, an der Kreuzung geht es dann schräg links. Beim **Holzteich** ❹

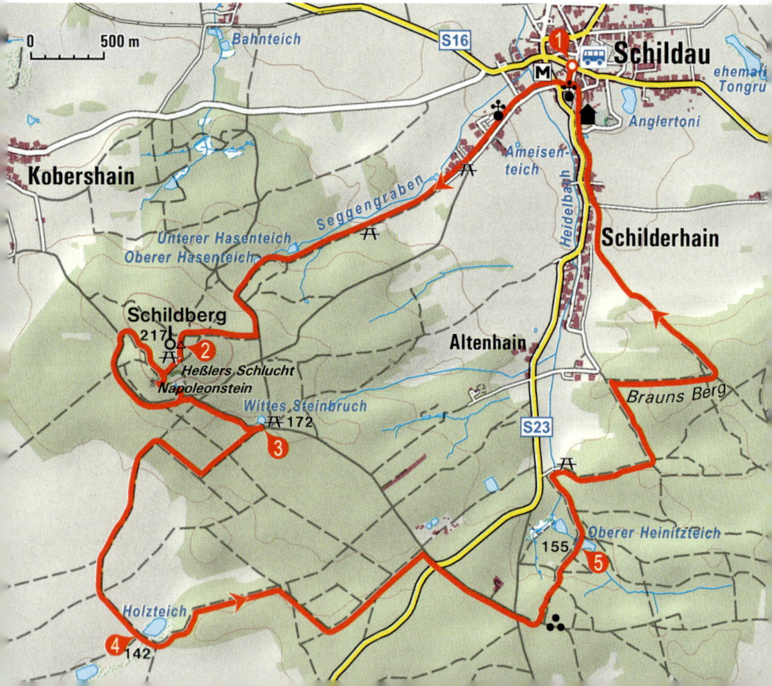

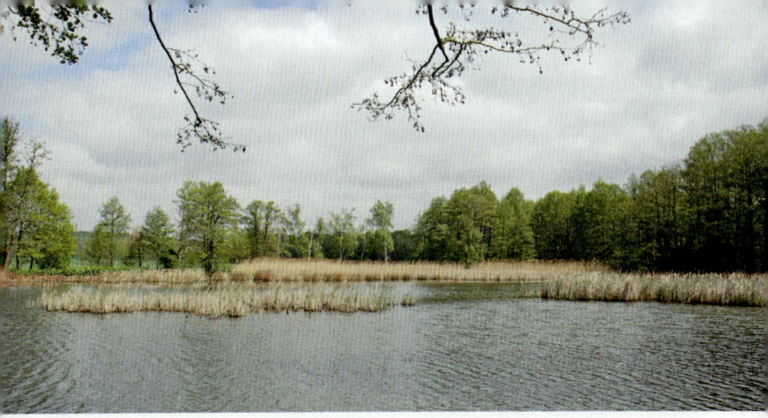
Am Holzteich geht es wieder in den Wald.

halten wir uns geradeaus und am Seeende am Abzweig links. An zwei Abzweigen gehen wir es geradeaus weiter, auch an der Kreuzung, aber an den folgenden rechts in einen deutlichen Weg. Wir wandern geradeaus bis zur T-Kreuzung und dort links. Am Abzweig geht es geradeaus, aber an der Kreuzung rechts, jetzt in einen geschotterten Weg.
Wir überschreiten die Straße und laufen für ca. 700 m weiter geradeaus, zunächst in Richtung Forstbaumschule. Der Weg ist weiterhin geschottert und führt geradeaus durch ein Tor. Auch an einer Kreuzung wandern wir geradeaus weiter, der Weg wird hier wieder besser. Am ersten Abzweig biegen wir in den Weg links ein. Wir sehen eine Kiefer und eine Buche, die miteinander verwachsen sind. An der Gabelung halten wir uns rechts und an einem Abzweig geradeaus. Der **Obere Heinitzteich** ❺ liegt rechter Hand.
Wir passieren eine Schranke. An der Kreuzung biegen wir schräg links ein, dann geht es immer geradeaus. Vor der Wiese, fast an der Straße, halten wir uns rechts. Am Rastplatz wandern wir geradeaus in den Wald. An der Gabelung geht es links, weiter auf dem Hauptweg, und an der Kreuzung scharf links. An einem kleinen Häuschen linker Hand halten wir uns scharf rechts. Sanft führt der Weg aufwärts. Ca. 100 m nach dem höchsten Punkt, der in den Karten als Brauns Berg bezeichnet wird, folgen wir nach links dem Forstweg, der später ins Freie führt.
Wir wandern nun immer geradeaus weiter. Unser Weg mündet bei Schildenhain in einen Schotterweg, wo wir weiter geradeaus laufen. Bei einem Gebäude geht es links zur Straße und dort rechts, jetzt mit dem Lutherweg. Wir laufen die Straße entlang, vorbei an der Gaststätte. Nach dem Vorfahrtsschild gehen wir geradeaus hinauf. Das Pfarrhaus liegt rechter, die Kirche linker Hand, dann erfreut uns auch ein Maulbeerbaum. Am Ende des Weges halten wir uns geradeaus (leicht links versetzt). Kurz danach ist der **Markt** ❶ in **Schildau** erreicht.

TOP

23

↗ 140 m | ↘ 140 m | 12.9 km

Von Schmannewitz in den Hospitalwald

3.00 h

Eine Waldwanderung zu allerlei kleinen Sehenswürdigkeiten

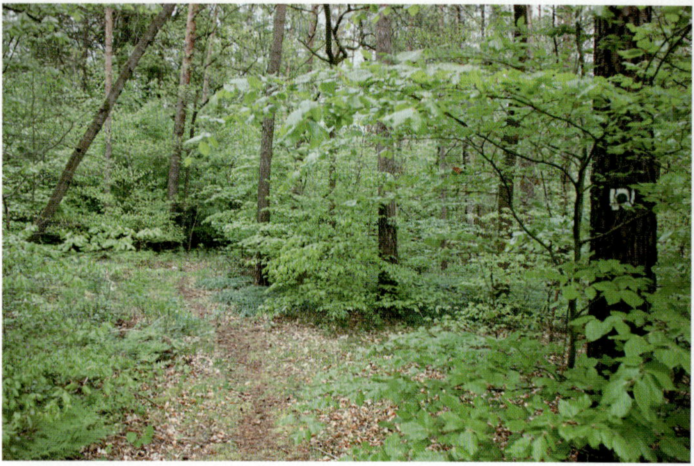

Unterwegs zum Imhoffstein.

Auf dieser Wanderung lernen wir das Kerngebiet der Dahlener Heide mit ihren vielen abwechslungsreichen Punkten gut kennen. Los geht es am Waldbad Schmannewitz, einem natürlichen Badesee. Nachfolgende Höhepunkte tragen spannende Namen, so gleich zuerst der Imhoffstein. Der eiszeitliche Findling wurde 1910 nach dem Erfinder und Brunnenbaumeister Imhoff benannt. Weiter wandern wir zur Hospitalhütte im Hospitalwald, der so heißt, weil er einst dem Hospital in Dahlen gehörte. Nördlich davon erinnert wiederum die Jägereiche an die Bedeutung der Dahlener Heide als Jagdgebiet, das schon August der Starke zu schätzen wusste.

Wir erreichen den 24,5 km langen Bach Dahle und die Dahlequelle, Namensgeberin für die Dahlener Heide. Und die Tote Altbuche darf mithilfe ihrer Tochter leben, da beide Bäume miteinander verwachsen sind und der jüngere einen Teil des älteren mit Nährstoffen versorgt. Unweit davon gedenken wir der Toten Magd, die schon im Mittelalter hier vom Blitz erschlagen wurde. Brehms Ruhe erinnert an den berühmten Zoologen (Brehms Tierleben), der sich öfters hier aufhielt und die Vorzüge der Dahlener Heide zu schätzen wusste. Am Ortsrand von Schmannewitz rundet ein Besuch des Gehölzlehrpfades mit Tiergehegen die Tour ab.

Ausgangspunkt: Bushaltestelle Waldbad in Schmannewitz. Von Leipzig Hbf. mit dem Regional-Express Richtung Dresden bis Dahlen, dort mit Bus Nr. 785 Richtung Ochsensaal bis Haltestelle »Schmannewitz Waldbad, Dahlen« (Rufbus, Tel. +49 3421 7746620, Anmeldung bis 1 Std. vor Abfahrt von 8 bis 21 Uhr, Kleinbus, max. 13 Personen und ein Kinderwagen). Parkplatz anbei (Navi: Buchaer Straße, Schmannewitz), alternativ auch am Ortsrand von Schmannewitz (Navi: Waldstraße, Schmannewitz), s. u. Ende der Tour.
Anforderungen: Deutliche Wald- und Forstwege. Die Ausschilderung ist unvollständig, die Wanderzeichen nicht durchgehend, Tendenz zu »rot«.
Einkehr: Gaststätte Hospitalhütte (tgl. geöffnet) am Hospitalberg; Imbiss Zum Fensterlädchen (tgl. ab 15 Uhr geöffnet) in Schmannewitz; in Schmannewitz außerdem das Restaurant im Ferienhotel Wiesenhof (tgl. geöffnet).
Tipp: Anschließend im Waldbad Schmannewitz das kühle Nass genießen (tgl. geöffnet).

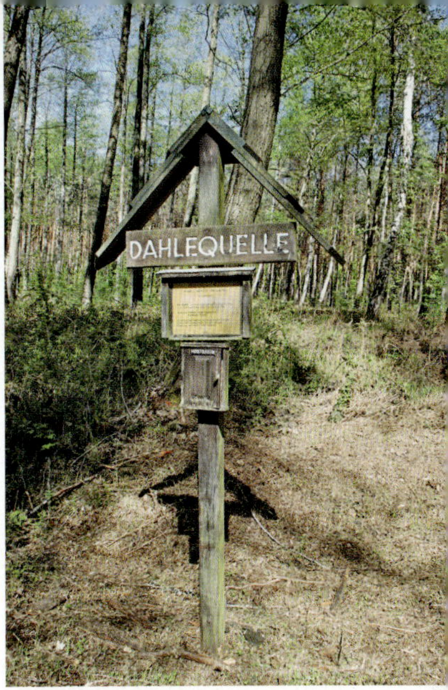

Die Dahlequelle.

Von der Bushaltestelle **Waldbad** ❶ in **Schmannewitz** geht es, den Ort im Rücken, ein Stück die Straße weiter. Wir nutzen den Pfad auf der linken Straßenseite. Mit dem grünen Punkt biegen wir links ein und an der Gabelung rechts. Kurz danach mündet unser Weg in einen breiteren. An der Kreuzung geht es geradeaus und an der Gabelung rechts, so auch am Abzweig. Am nächsten Abzweig wandern wir geradeaus weiter, auch an der Kreuzung und am Parkplatz. Wir überschreiten die Straße, vorbei an der Käthe-Kollwitz-Hütte, einem ehemaligen Erholungsheim und Kurhotel für Sauerstoffbehandlung. Früher ein Ausflugsziel mit öffentlicher Gaststätte, ist heute vom einstigen Glanz nicht mehr viel übrig.
Dahinter biegen wir links ein und vor dem Spielplatz rechts. Wir nutzen geradeaus den Pfad, Wegweiser erleichtern ggf. die Orientierung. An einem Abzweig halten wir uns geradeaus, der Weg führt am Zaun weiter. An der T-Kreuzung geht es rechts und nach ca. 250 m links. Nach ca. 100 m ist der Findling **Imhoffstein** ❷ rechter Hand erreicht. Wir folgen dem Weg weiter. Am Abzweig biegen wir scharf links ab und an der Kreuzung scharf rechts. An einer Bank geht es links, der Weg ist nun breiter. An einem Abzweig laufen wir geradeaus weiter, nun mit dem Wanderzeichen gelber Balken. An der Gabelung halten wir uns rechts und an mehreren Abzweigen stets

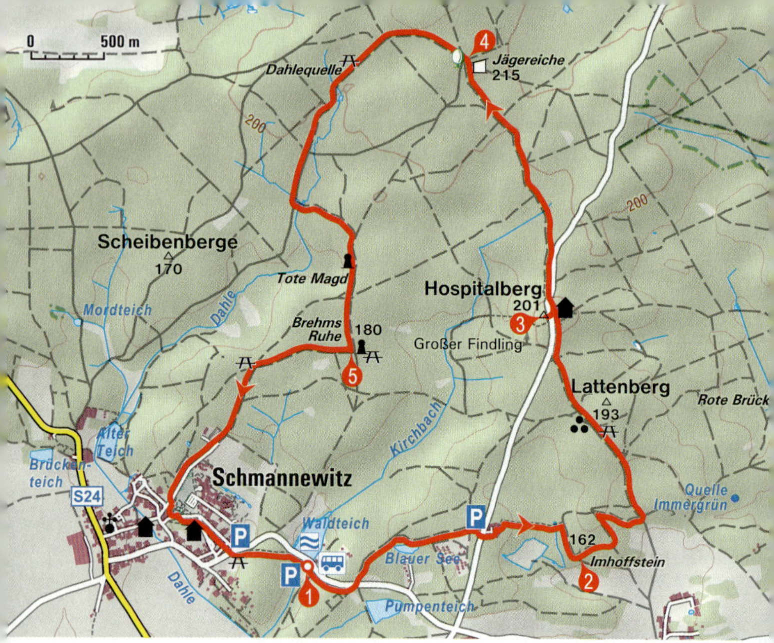

geradeaus. Auch an der großen Kreuzung (rechts ist ein Rastplatz) wandern wir geradeaus weiter, nun mit dem grünen Balken, auch an der folgenden Kreuzung geradeaus. Wir treffen auf eine Straße und wenden uns nach rechts zur Gaststätte Hospitalhütte. Einer der höchsten Punkte der Dahlener Heide, der **Hospitalberg** ❸, liegt gegenüber.

Wir folgen weiter der Straße und biegen bei einer leichten Rechtskurve schräg links ein. Der Pfad mündet in einen kleingeschotterten Weg. Immer bleiben wir nun geradeaus auf dem Hauptweg. An einer breiten Gabelung geht es links, nun mit dem grünen Punkt, dann immer geradeaus bis zur **Jägereiche** ❹. Genaue Erklärungen sind in der Schutzhütte zu finden, hinter der wir uns links halten. Zur Orientierung dienen jetzt roter und gelber Balken auf Wegweisern. An der Gabelung halten wir uns links und erreichen bald eine Informationstafel zur Dahlequelle mit Rastplatz. Hier wandern wir geradeaus weiter, die Dahle fließt links parallel zum Weg. Später schwenkt der Hauptweg nach links. Am Abzweig (ein Teich liegt linker Hand) geht es geradeaus. Auch an der Kreuzung

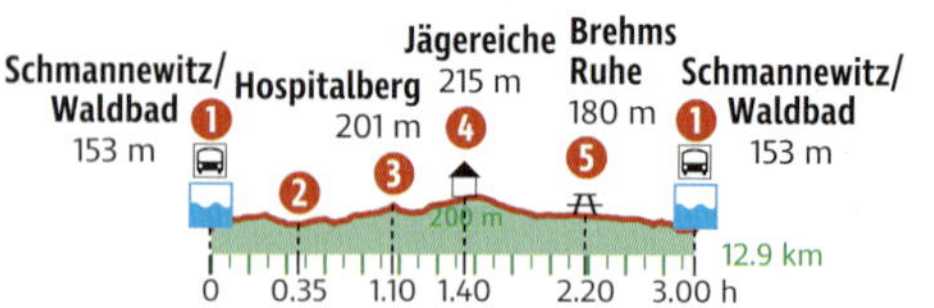

halten wir uns geradeaus, nun mit dem grünen Balken. Jetzt heißt es aufpassen. Am folgenden Abzweig biegen wir links ein (5 m später kommt von rechts ein Weg, sodass es sich fast um eine Kreuzung handelt). An der Gabelung mit Teich halten wir uns links, an der folgenden Gabelung rechts und am Abzweig geradeaus. An der T-Kreuzung rechts abbiegend erreichen wir gleich linker Hand die »Tote Altbuche« (mit Erklärungstafel), kurz darauf die »Tote Magd« rechter Hand.

An der Gabelung folgen wir der Markierung gelber Punkt nach links. An der Kreuzung geht es geradeaus. An der folgenden Kreuzung wenden wir uns rechts zu **Brehms Ruhe** 5, mit Rastplatz. Hier wandern wir weiter und biegen an der großen Kreuzung mit einem weiteren Rastplatz schräg links ein. Bald wird das Waldende erreicht. Geradeaus geht es am Sportplatz von **Schmannewitz** rechter Hand vorbei. Auch an einer Gartensiedlung kommen wir vorbei, dann laufen wir geradeaus, auch an einer Bank. Am Schild »Holzweg« geht es schräg links, und wir folgen dem Gehölzlehrpfad. An einem Abzweig halten wir uns geradeaus. Bei Tiergehegen biegen wir scharf links ein, an einem Rastplatz vorbei. Dann wenden wir uns nach rechts, laufen bis zum Gehegeende und an der T-Kreuzung links.

Der Fußweg führt an der Straße hinauf. Wo der Holzweg rechts abzweigt, gehen wir aber weiter nach oben, vorbei am Imbiss Zum Fensterlädchen, dann schräg rechts in den Parkweg. Unten überschreiten wir die Straße und biegen links in den Fuß-/Radweg ein. Am Parkplatz linker Hand können übrigens Autofahrer die Tour auch beginnen. An einem Rastplatz wandern wir geradeaus den Waldweg hinauf. Am Waldteich halten wir uns geradeaus. Gleich sind Bushaltestelle und Parkplatz am **Waldbad** 1 erreicht.

Brehms Ruhe lädt zu einer Rast ein.

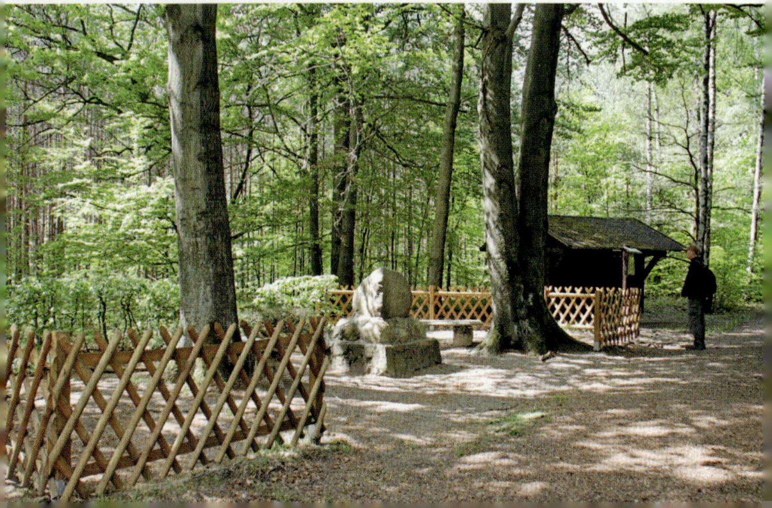

TOP

24

Zum Schlosspark Dahlen

↗ 80 m | ↘ 80 m | 8.3 km

2.00 h

Teiche, Kastanienallee und Schlosspark

Klein, aber fein – auf dieser kurzen Runde gibt es allerlei Schönes zu sehen. Vom Waldteich Schmannewitz geht es zunächst zu den »Sieben Zwergen«, Trümmerreste eines Findlings, die um eine Rastbank aufgestellt wurden. Durch die Eiszeit wurden etliche Granitfindlinge von Skandinavien nach Sachsen geschoben. Die Dahle, Namensgeber für die Stadt Dahlen und die Dahlener Heide, geleitet uns schließend an zwei idyllischen Teichen vorbei über eine schöne Kastanienallee zum Remisenwald und nach Dahlen, auch »Südtor zur Dahlener Heide« genannt.

Das barocke Schloss aus dem 18. Jh. wurde 1973 bei einem Brand zerstört und verfiel. Seit 2009 kümmert sich der Schloss- und Parkverein Dahlen um den Wiederaufbau. Der Rückweg erfolgt zuerst durch den sehenswerten Schlosspark, dann durch seine Erweiterung. Denn den Bereich der beiden Teiche vom Hinweg nennt man Tiergehege, da die Teiche früher zum Schloss Dahlen gehörten und eingezäunt waren, um Tiere zu beobachten. Auf schönen Wegen kommen wir zum Schluss noch an einem weiteren Teich, dem Pumpteich, vorbei.

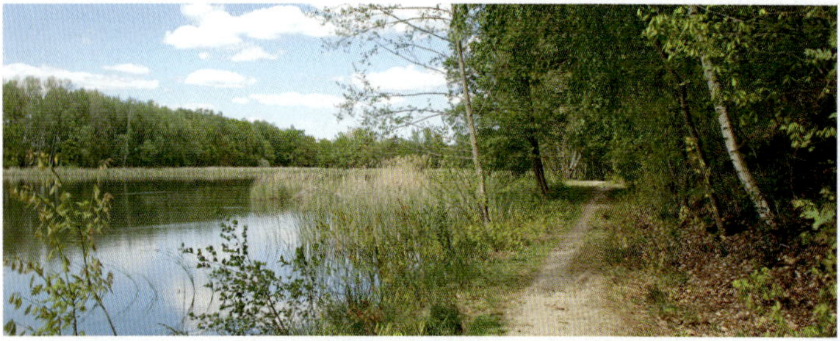

Auf dem Rückweg können wir die Teiche auf der anderen Seite genießen.

Ausgangspunkt: Bushaltestelle Waldbad in Schmannewitz. Von Leipzig Hbf. mit dem Regional-Express Richtung Dresden bis Dahlen, dort mit Bus Nr. 785 Richtung Ochsensaal bis Haltestelle »Schmannewitz Waldbad, Dahlen« (Rufbus, Tel. +49 3421 7746620 Anmeldung bis eine Std. vor Abfahrt von 8 bis 21 Uhr, Kleinbus, max. 13 Personen und ein Kinderwagen). Parkplatz anbei (Navi: Buchaer Straße, Schmannewitz).

Anforderungen: Leichte Wanderung mit deutlichen Wegen und kaum Höhenunterschieden. Etwas Orientierungssinn ist nötig. Wenig ausgeschildert.

Einkehr: Unterwegs keine. Für Schmannewitz siehe Tour 23 (S. 131).

Tipp: Anschließend kann man im Waldbad Schmannewitz das kühle Nass genießen (Mai–Sept. tgl. geöffnet).

An der Bushaltestelle **Waldbad** ❶ in **Schmannewitz** wenden wir uns rechts zum Parkplatz und gehen an dessen Ende geradeaus in den Weg (Schild »Durchfahrt verboten«), dann immer geradeaus. Wir erreichen die steinernen »Sieben Zwerge« mit Rastplatz. Anschließend wandern wir weiter geradeaus. Schließlich laufen wir kurz zwischen zwei Bächen, der rechte ist die Dahle. Wir kommen an zwei Teichen vorbei, dem Grasteich und dem Mühlteich, dazwischen lädt eine schöne Bank zur Rast ein. Am Ende des Mühlteichs geht es rechts über eine Brücke und dahinter gleich nach links. Wir genießen hier eine wunderschöne Kastanienallee. An der Straße halten wir uns geradeaus. Der Weg schwenkt nach rechts (für einen kurzen Abstecher zum Ziegelteich wäre erneut rechts einzubiegen).
Ohne Abstecher nutzen wir den ersten Weg und kommen bald in den **Remisenwald** ❷. An der Gabelung halten wir uns rechts und an der Kreuzung geradeaus. An der nächsten Gabelung geht es nach links und bald auf die Schloßstraße zu, die wir überqueren. Gleich danach biegen wir rechts in den Pfad im Park ein und nutzen den ersten Weg schräg rechts. An einem Abzweig geht es geradeaus und wieder aus dem Park hinaus. An der Straße biegen wir links ein. Bald ist das **Barockschloss**

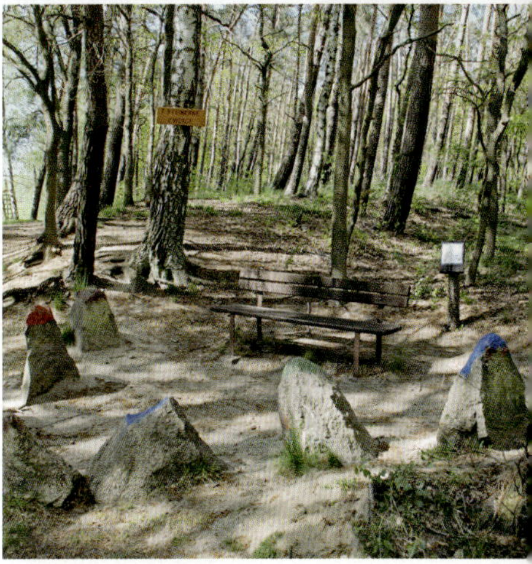

Die Sieben Zwerge.

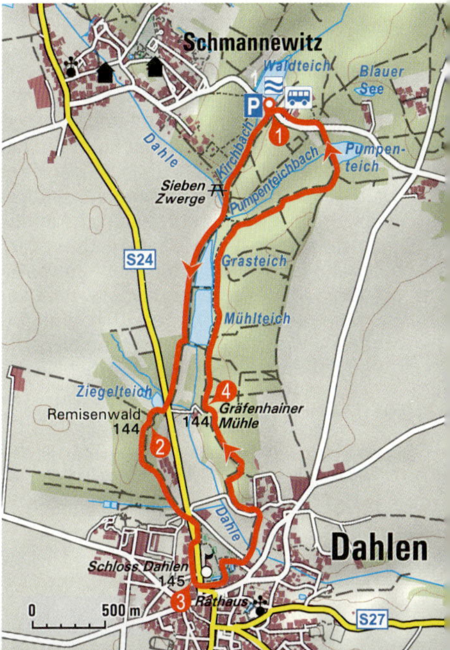

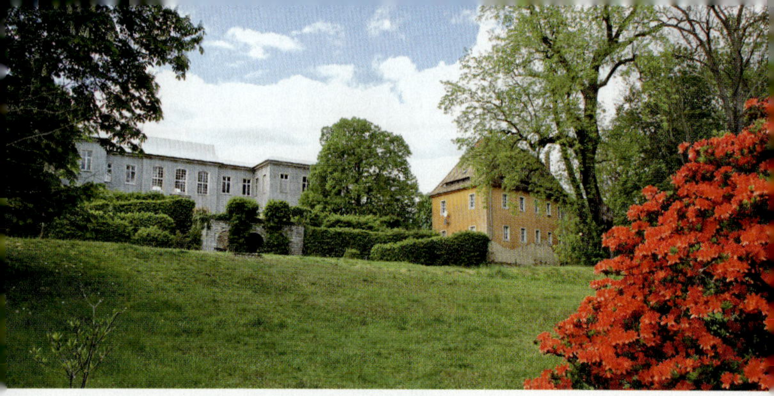

Das Dahlener Schloss von hinten.

Dahlen ❸ linker Hand zu sehen. Wir halten uns weiter geradeaus und in den ersten Weg links (geradeaus und dann links wäre ein Abstecher zum sehenswerten Dahlener Marktplatz möglich). Wieder im Schlosspark gehen wir am ersten Teich vorbei, dann links. Linker Hand ist ein Blick auf die Rückseite des Schlosses möglich. Wir wandern weiter geradeaus und biegen hinter dem nächsten Teich rechts ein, dann geradeaus, bis wir an der T-Kreuzung erst rechts und gleich links einbiegen. Wir haben nun den Park verlassen, überschreiten eine kleine Brücke und genießen den netten Weg. In die Straße scharf links einbiegend verlassen wir diese in der Linkskurve wieder nach rechts in den Wald. Der Weg führt sanft aufwärts. An der Gabelung halten wir uns links und folgen dem Hauptweg, dann immer geradeaus. Bei der **Gräfenhainer Mühle** ❹ halten wir uns an der Gabelung links, über einen Steg. Der schöne Weg schlängelt sich. Beim Mühlteich, den wir auf dem Hinweg von der anderen Seite gesehen haben, geht es geradeaus in den Quellweg, und tatsächlich kommen wir an einer Quelle vorbei. Am Grasteich wandern wir geradeaus weiter.
Unser Weg führt später sanft aufwärts und vom Teich weg. An einem breiten Abzweig halten wir uns geradeaus, an der Gabelung links. An der Straße geht es ein kurzes Stück hinauf und an der Kreuzung links in den ebenen Weg. An der T-Kreuzung biegen wir links ein. Bald kommen wir am Pumpenteich rechter Hand vorbei. An der Straße halten wir uns links. Nach wenigen Metern beginnt auf der rechten Seite ein kleiner Pfad an der Straße entlang. Am Abzweig laufen wir geradeaus weiter. Wir bleiben aber rechts der Straße und erreichen bald wieder unseren Ausgangspunkt am **Waldbad** ❶ in **Schmannewitz**.

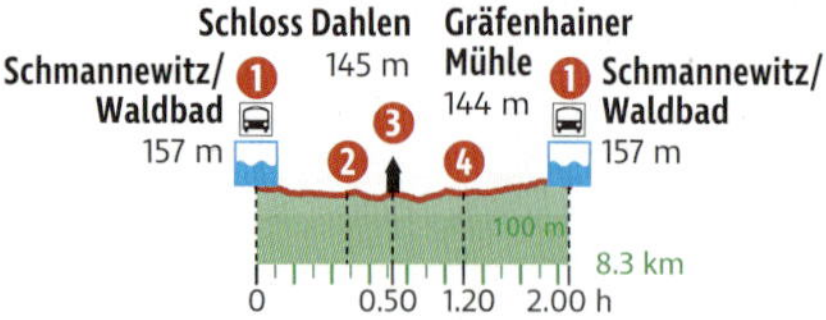

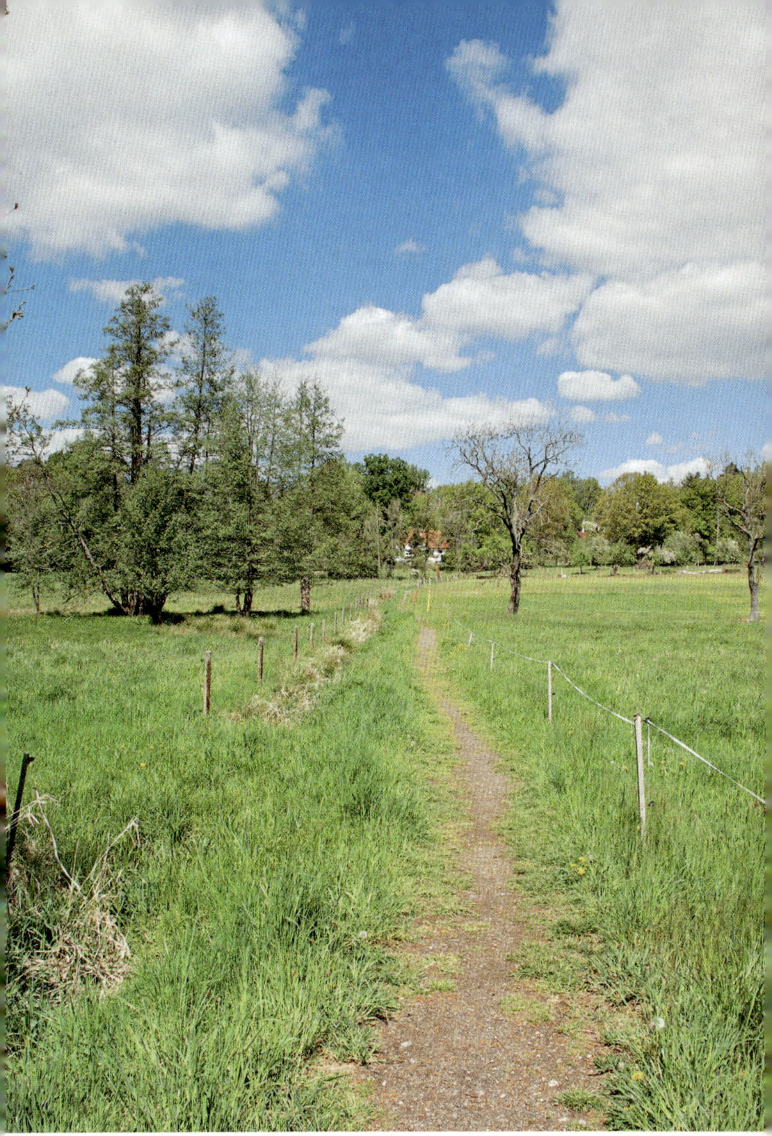

Auf dem Weg zur Gräfenhainer Mühle.

↗ 180 m | ↘ 180 m | 16.9 km

25 Rund um Reudnitz

4.30 h

Zu einer Teichlandschaft in den Wäldern der Vorderen Heide

Von Olganitz, einem kleinen Ort zwischen Dröschkauer Heide und Vorderer Heide, stimmen wir uns auf die vor uns liegende Waldwanderung ein. Wie ein Relief breiten sich die sanften Hügel der Stauchendmoränen-Landschaft vor uns aus, die Hinterlassenschaft zweier Eiszeiten.

Kurz nachdem der Wald betreten wurde, kommen wir zur ehemaligen Grenze zwischen den Königreichen Sachsen und Preußen, die die Dahlener Heide von 1818 bis 1952 teilte. Auf einem idyllischen Waldweg erreichen wir bald die ersten Teiche, Teile einer dreizehngliedrigen Teichkette im Naturschutzgebiet Reudnitz in einem größeren Vogelschutzgebiet. Naturnahe Wälder, Buchen- und Eichen(misch)wälder und Erlen-Bruchwälder sind hier vorherrschend. Anschließend kommen wir zur kleinen eisenhaltigen Quelle Immergrün, in der Nähe auch die ehemals mit 350 Jahren älteste Buche der Dahlener Heide, jetzt liegend.

Ab der kleinen Waldsiedlung Reudnitz wird die Teichkette nach Nordwesten im Hirschbachtal fortgesetzt. Der Rückweg erfolgt über schöne Waldwege und dann wieder im Freien nach Olganitz.

Ausgangspunkt: Bushaltestelle Olganitz. Mit dem Regional-Express Richtung Dresden bis Oschatz, dort mit dem Bus 764 bis »Olganitz, Cavertitz«. Parkmöglichkeit nahe der Bushaltestelle (Navi: Am Anger, Olganitz). Autofahrer können die Tour auch in Reudnitz beginnen (ca. 4 km Einsparung), am Parkplatz 5 nördlich der Ortsmitte (Navi: Waldstraße, Reudnitz).

Anforderungen: Wenig Ausschilderung, Wanderzeichen nur sporadisch. Überwiegend kleine Waldwege und -pfade. Orientierungssinn notwendig, vor allem im zweiten Teil ab Reudnitz.

Einkehr: Hotel-Restaurant Pelzer/ Waldschänke Reudnitz (nur Fr–So).

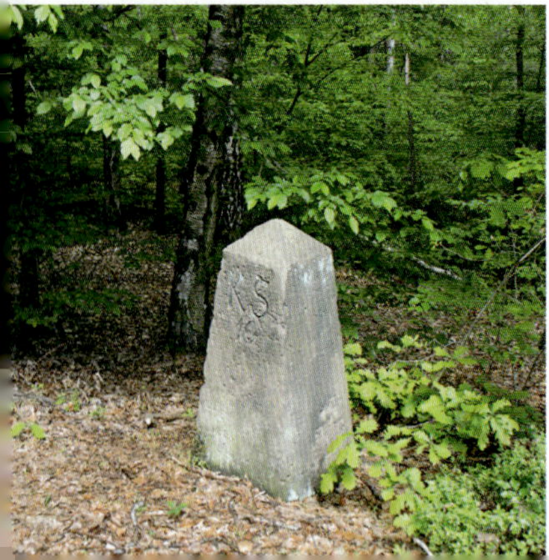

An der Bushaltestelle in **Olganitz** 1 laufen wir rechts am Briefkasten vorbei, dann nach links. Wir kommen an der Kirche romanischen Ursprungs vorbei. An der T-Kreuzung geht es rechts kurz die Landstraße entlang, dann in den ersten Weg links (»Zum Bungalowdorf«). Am Abzweig gehen wir geradeaus und an der Gabelung rechts. Die Vordere Heide wird betreten. Kurz nach

Der Grenzstein, hier die Seite des Königreichs Sachsen.

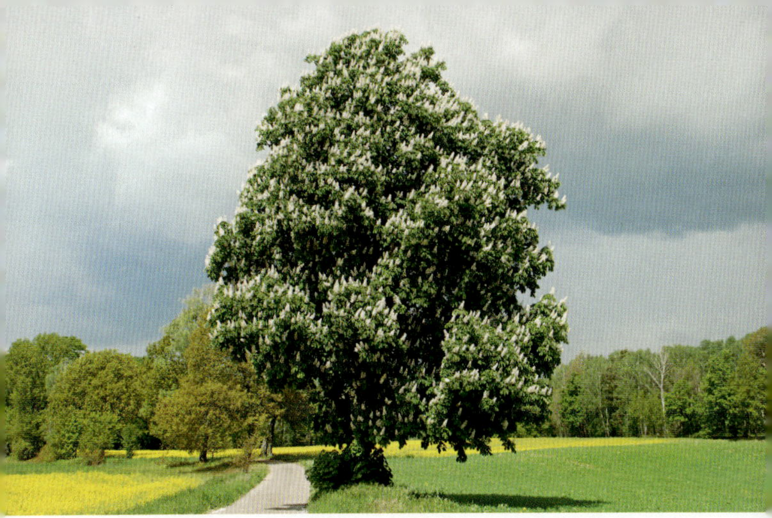

Von Olganitz zum Wald.

dem Waldbeginn halten wir uns am alten **Grenzstein** ❷ (Sachsen/Preußen) links. Die Autofahrer, die in Reudnitz gestartet sind (siehe »Ausgangspunkt« links), stoßen hier dazu. Wir wandern immer geradeaus weiter, auch wo es in Schlangenkurven bergauf geht, und auch geradeaus über eine Straße. Bei Wegweisern biegen wir links in Richtung Auteich ein, gleich geht es rechts weiter. Danach halten wir uns immer geradeaus.

Der **Zahlteich** ❸ liegt bald rechter Hand. Am Teichende bleiben wir auf dem Hauptweg. An der T-Kreuzung biegen wir links, dann gleich rechts ein. Vor dem Auteich wenden wir uns links zu einem Rastplatz. Wir wandern links um den Teich herum und halten uns an der T-Kreuzung rechts. An einem Abzweig geht es geradeaus. Nun liegt der Neue Teich linker Hand. An der Straße wenden wir uns kurz links, dann in den ersten Weg rechts. An der Kreuzung wandern wir geradeaus weiter, immer auf dem Hauptweg. An einer deutlichen Gabelung halten wir uns links (Hauptweg) und am Waldrand rechts. Am Abzweig geht es rechts, dann geradeaus bis zur Kreuzung, dort rechts.

Gleich danach biegen wir links für einen Abstecher zur **Quelle Immergrün** ❹ ein. Am Abzweig führt geradeaus ein weiterer Abstecher zur jetzt liegenden, ehemals größten Buche der Dahlener Heide. Wir kehren zurück zur Kreuzung, wo wir rechts einbiegen. An der Gabelung geht es links und an der nächsten rechts. Unser Weg mündet in einen geschotterten. An der Gabelung halten wir uns rechts. An einem Rastplatz gehen wir links, vorbei an einem kleinen Teich mit rotem Geländer, daher die Rote Brücke genannt. An der Dreier-Gabelung wählen wir den mittleren Weg.

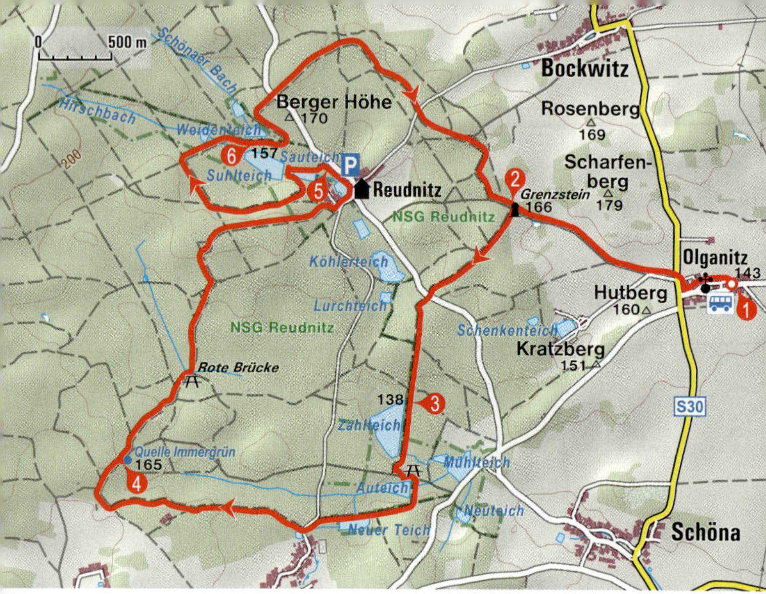

An einem Abzweig geht es geradeaus, so auch an der ersten Kreuzung (Reitweg) und auch an den folgenden. Ebenfalls geradeaus laufen wir über den geteerten Weg (weiterhin auf dem Reitweg) und gleich schräg links. Oben geht es geradeaus. Der Weg ist jetzt undeutlicher. Wir biegen rechts in den Pfad ein, halten uns dann am deutlichem Weg kurz rechts und gleich links in den Reitweg. Unser Weg macht bald einen Rechtsbogen Immer wandern wir geradeaus weiter. Vor der Wiese schwenkt der Weg nach links. An der T-Kreuzung biegen wir rechts ein und an der folgenden T-Kreuzung links.

Im Ort **Reudnitz** kommen wir rechts am Scheffelteich vorbei. Bei der Gaststätte wenden wir uns links zum **Parkplatz** ❺, wo manche Autofahrer die Wanderung beginnen mögen. Kurz vor Ende des Parkplatzes halten wir uns links der Wandertafel schräg links und biegen ca. 10 m vor dem Zaun in den Trampelpfad rechts ein. Vor dem Suhlteich biegen wir links ein. Am Ende des Sees schwenkt der Weg nach links, der Sauteich liegt nun linker Hand. Der Weg wird für kurze Zeit undeutlich und führt dann rechts am Zaun entlang (Trinkwasserschutzgebiet). An der T-Kreuzung halten wir uns rechts und an der folgenden links. An der Bank vom Heideverein Dahlener Heide geht es rechts in den breiten Weg.

Wir folgen nun immer geradeaus dem Hauptweg. An der Kreuzung geht es schräg rechts, gleich ist ein Hochsitz linker Hand zu sehen. Am Abzweig halten wir uns geradeaus. An einem fein geschotterten Weg geht es rechts der Hirschteich blinkt nun auf der linken Seite durch Bäume. An der T-Kreuzung biegen wir rechts ein, der **Weidenteich** 6 liegt nun linker Hand. 50 m nach einem NSG-Schild rechter Hand ist scharf nach links abzubiegen. An der Gabelung halten wir uns links, in den etwas breiteren der beiden Wege. Hier sehen wir nun die andere Seite vom Weidenteich. An einem Abzweig geht es geradeaus für einen Abstecher zu einem weiteren Teich, dem Wältschteich.

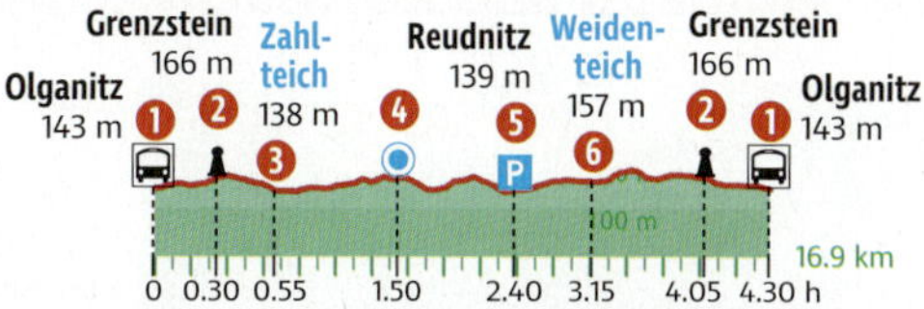

Ohne Abstecher biegen wir am Abzweig rechts ab und überqueren dann die Straße. Buchenzweige hängen in den Weg hinein, wir lassen uns aber nicht abschrecken und wandern immer geradeaus weiter, auch an einer Kreuzung. Wir bleiben auf dem Hauptweg, der nach rechts schwenkt. An der Gabelung gehen wir links (eigentlich geradeaus) und an der Kreuzung schräg links. Wieder wird geradeaus eine Straße überquert. An der Gabelung halten wir uns rechts und folgen dem breiten Weg weiter. An der T-Kreuzung biegen wir links in den Reitweg ein. An der nächsten Gabelung halten wir uns wieder rechts, weiter auf dem Reitweg. Dieser schwenkt kurz vor Waldende nach rechts. An der nächsten Gabelung gehen wir links, so auch an der T-Kreuzung.

Autofahrer, die die Runde in Reudnitz begonnen haben, gehen am **Grenzstein** 2 rechts und weiter wie oben beschrieben. Alle anderen laufen hier immer geradeaus (wie auf dem Hinweg), an der Landstraße kurz rechts, dann links zurück zur Bushaltestelle in **Olganitz** 1.

Am Suhlteich lässt es sich schön entlangwandern.

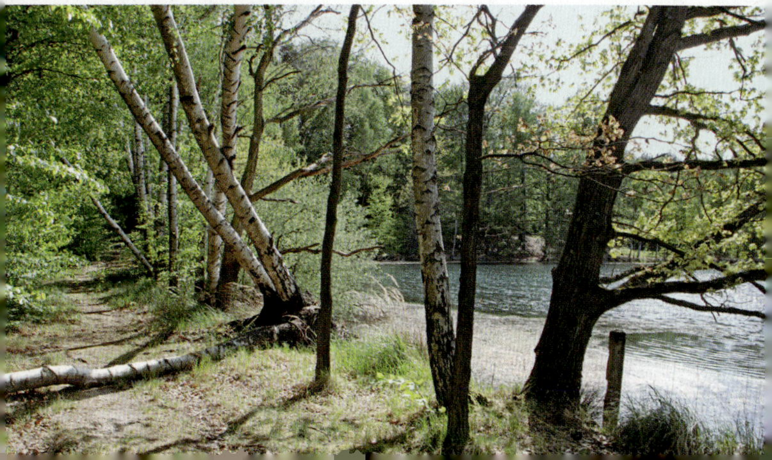

Muldetal und Nordsächsisches Hügelland

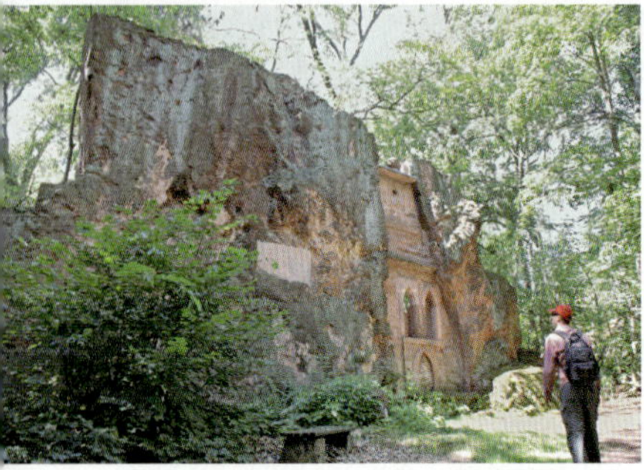

Die Einsiedelei am Rochlitzer Berg (Tour 35).

Eine liebliche Landschaft – östlich von Leipzig wird es hügelig. Die Freiberger Mulde und die Zwickauer Mulde haben tiefe Täler eingeschnitten und fließen ab Colditz nach Norden als Vereinigte Mulde weiter. In dieser landschaftlich besonders reizvollen Region mit mehr oder weniger hohen Erhebungen und Flusstälern begeistern Schlösser, Burgen, Klöster und steile Felsen. Weite Teile unseres Wandergebietes liegen im Geopark Porphyrland im Muldenland und haben Anteil sowohl am Tiefland wie am hügeligen Erzgebirgsvorland.

Bei Machern (Tour 30) geht das Leipziger Land in das Porphyrhügelland an der Mulde über. Bereits im Westen ragen kleine Anhöhen als bewaldete Kuppen aus der Umgebung heraus, wie der Sorgenberg (172 m) bei Machern (Tour 30) oder der Kohlenberg (179 m) bei Brandis (Tour 31). Nach Norden hin reicht das Wandergebiet bis zu den Hohburger Bergen (Tour 28), nach Osten dehnt es sich bis zum Oschatzer Hügelland, wo sich der Collmberg (313 m, Tour 26) weit über die Landschaft erhebt. Beide grenzen südlich

Steinbruch im Brandiser Hügelland (Tour 31)

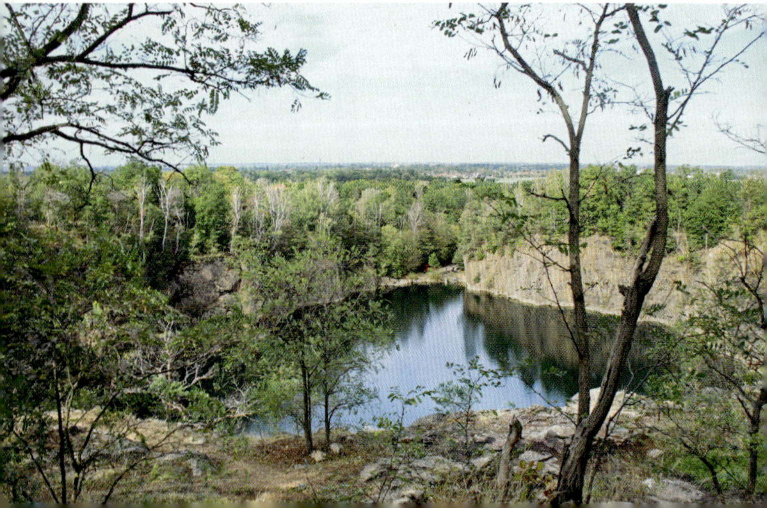

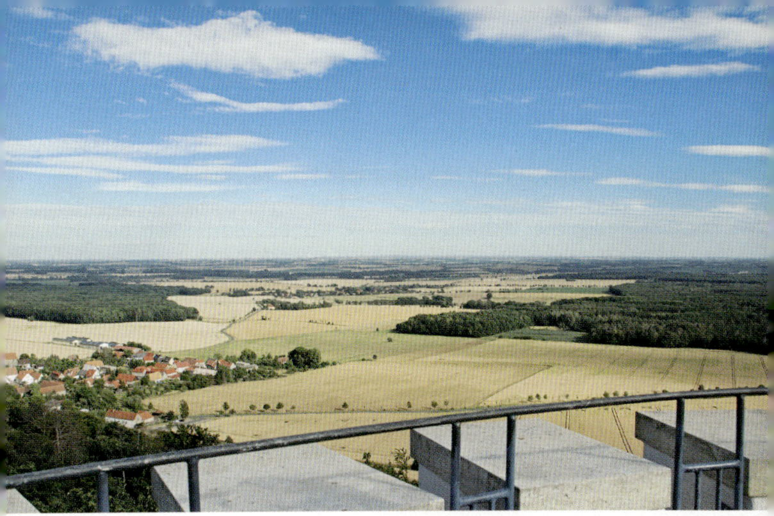

Blick vom Albertturm (Tour 26).

an die Dahlener Heide an. Gegen Süden erstreckt sich das Mulde-Löß-hügelland, wo schon Erhebungen vorkommen wie der Rochlitzer Berg (353 m, Tour 35). Eher schroffen Formationen hoch über der Mulde begegnen wir bei Grimma an der Vereinigten Mulde (Tour 32) und bei der Burg Mildenstein an der Freiberger Mulde (Tour 34).

In der ansonsten waldarmen Gegend um Leipzig liegen einige ausgedehnte Wälder. Im Norden der Wermsdorfer Wald (Tour 27), im Südosten der Thümmlitzwald (Tour 33) und im Südwesten der Glastener und Colditzer Forst (Tour 36). Die Böden eignen sich hier weniger gut für Ackerbau. Erhalten sind auch ornithologisch wichtige Teichgebiete, z. B. die Lübschützer Teiche bei Machern (Tour 30).

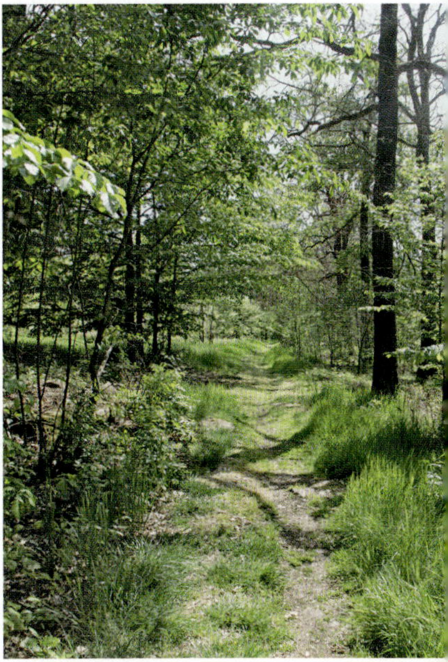

Auf dem Weg zum Fernblick (Tour 28).

↗ 250 m | ↘ 250 m | 14.7 km

26 Auf den Collmberg und zum Wüsten Schloss Osterland

4.00 h

Auf den höchsten Berg Nordsachsens und zu einer Burgruine

Der weithin sichtbare Collmberg (313 m) bildet einen guten Auftakt ins Grimma-Wurzener Porphyrhügelland. Der bewaldete Berg aus quarzitischen Grauwacken ist nicht sehr hoch, aber dennoch eindrucksvoll, ist er doch die einzige Erhebung weit und breit. Der übliche Weg führt von Wermsdorf aus los. Wir aber wandern auf weniger bekannten, dafür viel schöneren Pfaden. Vom kleinen Ort Fliegerhorst geht es auf lauschigen Waldwegen und an Teichen vorbei hinauf zum Gipfel. Dort lohnt sich die Besteigung des Albertturmes, benannt nach dem sächsischen König Albert, der einen großartigen Rundumblick auf unser Wandergebiet gestattet: die Dahlener Heide (Touren 22–25), den Wermsdorfer Wald (Tour 27) und die Leipziger Bucht.

Anschließend steigen wir ab zum gleichnamigen Ort Collm mit seiner gewaltigen, vermutlich tausendjährigen Linde nahe der Kirche – eine mittelalterliche Gerichtsstätte. Der Rückweg führt durch den Oschatzer Stadtwald, vorbei am Albertstein, und zu einer weiteren Sehenswürdigkeit: der Ruine des Wüsten Schlosses Osterland, benannt nach der gleichnamigen historischen Landschaft in Mitteldeutschland. Erbaut wurde sie im romanischem Baustil zwischen 1211 und 1230 als Jagdschloss der Grafen von Meißen und der Ostmark und ist schon seit ca. 1300 wüst.

Blick zurück auf den Collmberg.

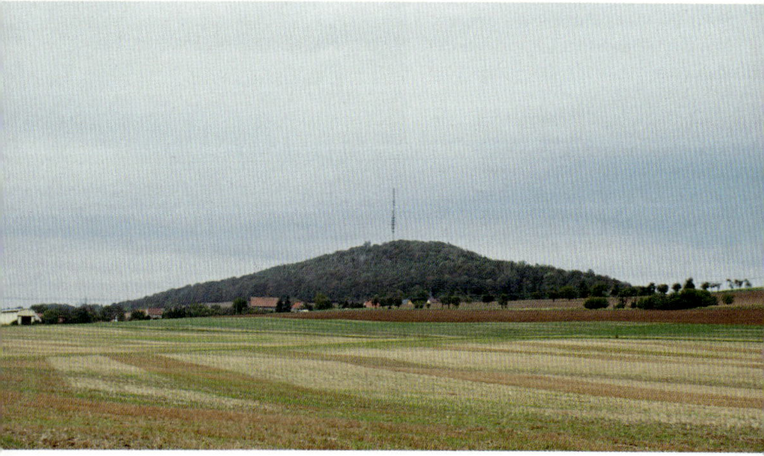

Ausgangspunkt: Fliegerhorst, Bushaltestelle »Fliegerhorst, Alte Wache«. Von Leipzig Hbf. mit dem Regional-Express Richtung Dresden, in Oschatz in den Bus 801 Richtung Wermsdorf zur Bushaltestelle »Fliegerhorst, Alte Wache«. Parkmöglichkeiten anbei (Navi: Alte Wache, Fliegerhorst).
Anforderungen: Die Tour ist nur in der Nähe des Collmberges ausgeschildert und verläuft z.T. auf kleinen Waldpfaden, die Orientierungssinn erfordern.
Einkehr: In Collm als kurzer Abstecher ca. 50 m südlich der Kirche das Kleine Café am Collm, Lampersdorfer Str. 26 (Mo–Mi Ruhetag).

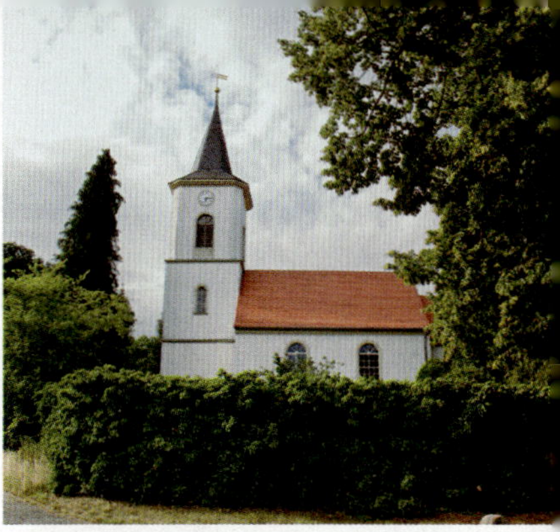

Die Collmer Kirche.

Von der Bushaltestelle in **Fliegerhorst** ❶ wenden wir uns zur Straße Alte Wache und gehen links durch die Schranke. An der Kreuzung halten wir uns schräg links in den unteren Weg und am nächsten Abzweig rechts. Wir überqueren geradeaus die kleine Straße und kommen dann an einer Solaranlage und an einer schönen Wiese rechter Hand vorbei.
Nun geht es in den Oschatzer Kirchwald, wo wir an der T-Kreuzung links und an der nächsten rechts einbiegen. Der Weg schwenkt erst nach links, dann nach rechts. Wir laufen anschließend immer geradeaus, auch über den geteerten Weg. An der T-Kreuzung gehen wir kurz rechts, dann in den ersten Pfad links, der am Anfang etwas zugewachsen sein kann (Achtung, ggf. schwer zu sehen). Er schlängelt sich und führt abwärts. An der Kreuzung halten wir uns links und an der gleich folgenden geradeaus. An der T-Kreuzung biegen wir rechts ab. Wir wandern immer geradeaus, bis wir uns ca. 10 m nach einem Querweg schräg links halten. An der Kreuzung halten wir uns erneut schräg links und dann immer geradeaus, auch an der folgenden Kreuzung und schließlich am Feldrand. Im Wald nehmen wir den ersten Weg links.
Vor dem **Seifteich** ❷ halten wir uns rechts und am Ende des Teiches schräg links. Wir wandern nun zwischen Feldern, rechts bietet sich ein schöner

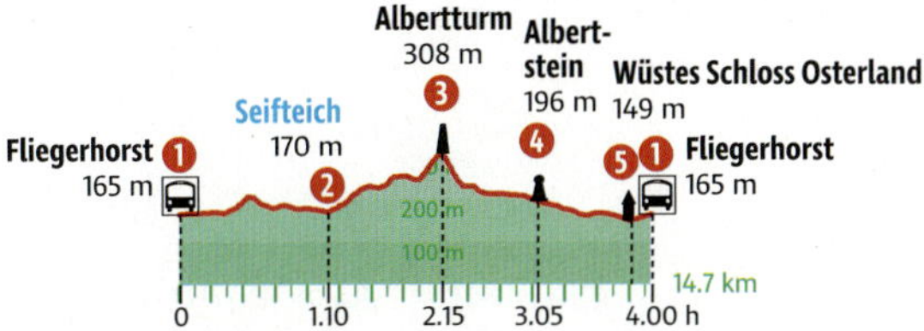

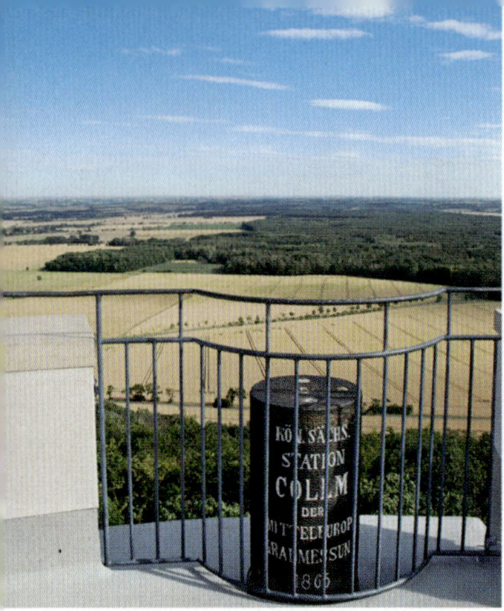

Blick vom Albertturm.

Blick auf Calbitz. Am Waldrand nutzen wir den ersten Weg schräg links und folgen vorläufig dem gelben Balken. Am Abzweig gehen wir geradeaus und mit dem Wanderzeichen am nächsten rechts, an einem Rastplatz vorbei.

Am Parkplatz überqueren wir die Straße und biegen dann in den ersten Weg schräg rechts und gleich an der Gabelung links ein. Der gelbe Balken wird verlassen. An der Kreuzung folgen wir nach links dem Reitweg. An der folgenden halten wir uns geradeaus, an der nächsten schräg rechts, weiterhin auf dem Reitweg. An einer weiteren Kreuzung folgen wir geradeaus dem roten Punkt, auch an der nächsten geht es geradeaus. Bald stößt von rechts ein Weg zu, wir wandern weiter geradeaus. Dann wird an der Gabelung links der Reitweg verlassen. An der Kreuzung biegen wir links in den Hohlweg ein und folgen immer dem Hauptweg. An der Gabelung gehen wir rechts. Der **Albertturm** **3** auf dem **Collmberg** wird erreicht, eine Schutzhütte anbei lädt zur Rast ein.

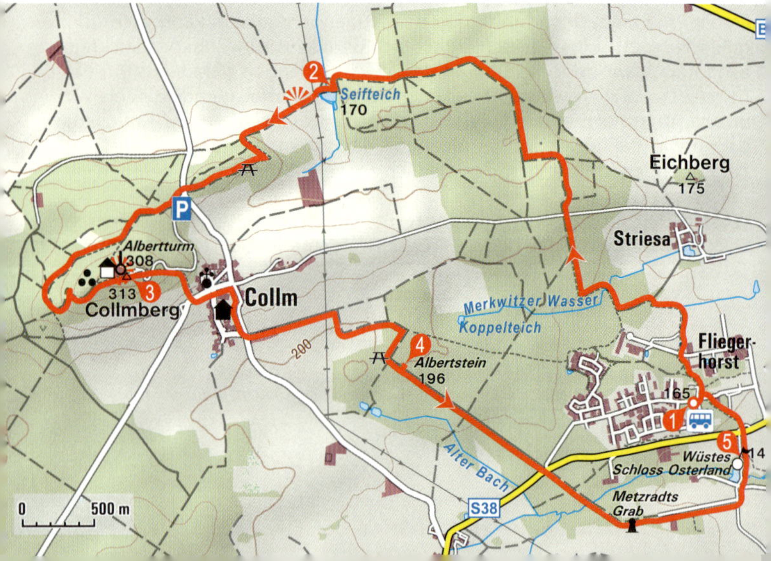

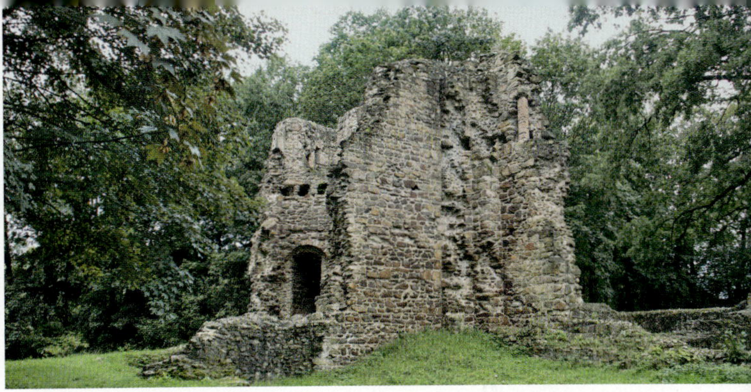

Wüstes Schloss Osterland.

Anschließend gehen wir die Straße hinunter, in einer Rechtskurve geradeaus, dem roten und gelben Balken folgend. Dann überqueren wir geradeaus die Straße, laufen anschließend ein Stück an der Straße entlang und biegen dann schräg rechts ein, den Wanderzeichen nach. Weiter unten geht es schräg links über den Spielplatz und an der Straße scharf links weiter, durch den Ort Collm. An der Kirche nutzen wir geradeaus den Oberweg und an der Kreuzung rechts den Hohlweg, gleichzeitig Radweg nach Lampersdorf. Wir folgen der kleinen Straße immer weiter und biegen unten an der Durchgangsstraße links in den Ankerweg ein. Bald eröffnet sich ein Blick zurück auf den Collmberg.

Nach der Stromleitung nutzen wir den ersten Weg rechts, der bald nach links schwenkt. Im Oschatzer Stadtwald halten wir uns zunächst geradeaus, dann aber am Abzweig rechts. An einer Kreuzung mit Rastplatz geht es links. Gleich wird der **Albertstein** ❹ linker Hand erreicht. Anschließend wandern wir eine Weile immer geradeaus, auch über eine Straße. Nach der Brücke wird der Weg schmaler. Nachdem er nach links geschwenkt ist, wird nach ca. 170 m linker Hand **Metzradts Grab** erreicht (Achtung, schwer zu finden, einem Pfad etwa rechtwinklig zum Hauptweg folgen). Begraben ist hier laut Inschrift ein Kommandant des 1. Königl. Sächsischen Schützenbataillions, der sich im Jahr 1829 im Wüsten Schloss das Leben genommen hat. Dann kehren wir zurück und nehmen den Hauptweg wieder auf. Nach einem Haus wird der Weg geteert. An der T-Kreuzung biegen wir links in die Straße ein. Am Teich bietet sich ein erster Blick auf die Ruine des **Wüsten Schlosses Osterland** ❺. Bald können wir uns links zu den Ruinen wenden, die wir am Rastplatz wieder verlassen. Geradeaus über die Durchgangsstraße folgen wir dem Fuß-/Radweg. An der Gabelung nutzen wir schräg links den Pfad. An der T-Kreuzung halten wir uns links und an der folgenden Kreuzung geradeaus. An der Straße geht es links zurück zur Bushaltestelle und Parkmöglichkeit in **Fliegerhorst** ❶.

↗ 100 m | ↘ 100 m | 15.4 km

27 Zu den Teichen im Wermsdorfer Wald

4.00 h

Durch schönen Mischwald zu idyllischen Teichen

Wermsdorf ist wohl vor allem durch das ursprünglich von Kurfürst August dem Starken errichtete Schloss Hubertusburg bekannt. Der Wermsdorfer Wald diente ihm dabei zur Parforcejagd, die Teiche zur Fischzucht. Das Wermsdorfer Teich- und Waldgebiet ist heute Vogelschutzgebiet. Für das Früh- und Hochmittelalter ist am Kirchteich ein Dorf Nennewitz nachweisbar. Nahe dem Doktorteich künden bronzezeitliche Hügelgräber von früher Besiedlung.

Vom Wermsdorfer Jagdschloss wandern wir zunächst in weitem Abstand zu den Teichen. Der erste Höhepunkt sind die Siedlungsreste von Nennewitz. Anschließend flanieren wir für längere Zeit näher am Wasser entlang. Nach einer idyllischen Landzunge sind bald die Hügelgräber erreicht. Vorbei an weiteren Teichen geht es dann auf einem Feldweg zurück nach Wermsdorf.

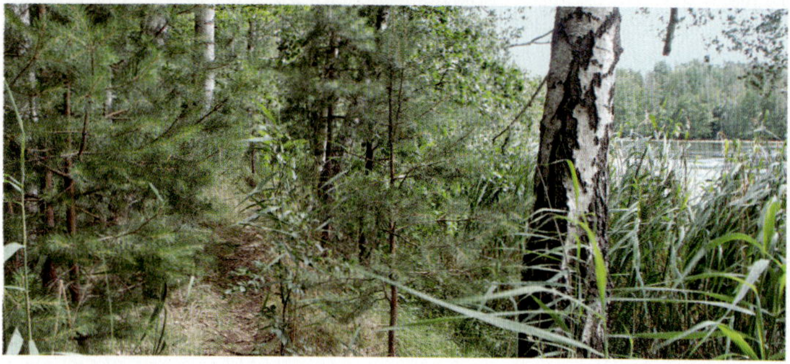

Pfad am Zeisigteich.

Ausgangspunkt: Bushaltestelle »Hirschplatz, Wermsdorf«. Von Leipzig Hbf. mit dem Regional-Express Richtung Dresden bis Dahlen, dort in den Bus 816 Richtung Wadewitz bis »Hirschplatz, Wermsdorf«. Parkplatz Ecke Friedhofstraße/Clara-Zetkin-Straße (Navi: Friedhofstraße, Wermsdorf). Autofahrer gehen die Clara-Zetkin-Straße hinunter in Richtung einer großen Linde zur Bushaltestelle.
Anforderungen: Mischung aus Pfaden, schmaleren und breiteren Wegen. Vereinzelt im Sommer leicht zugewachsen. Folgt im ersten Teil meist dem Wanderweg Nr. 4 (Förstersteig). Im Bereich der Teiche teilweise ausgeschildert. Viel Wald und Wasser, gut an heißen Tagen.
Einkehr: Unterwegs keine. Am Ausgangs-/Endpunkt gibt es eine Gaststätte im Hotel Zum Goldenen Hirsch; zahlreiche weitere Gaststätten in Wermsdorf.
Tipp: Schloss Hubertusburg bietet auch von außen eine eindrucksvolle Kulisse (Navi: An der Hubertusburg oder Schloßstraße oder Am Fasanenholz, Wermsdorf).

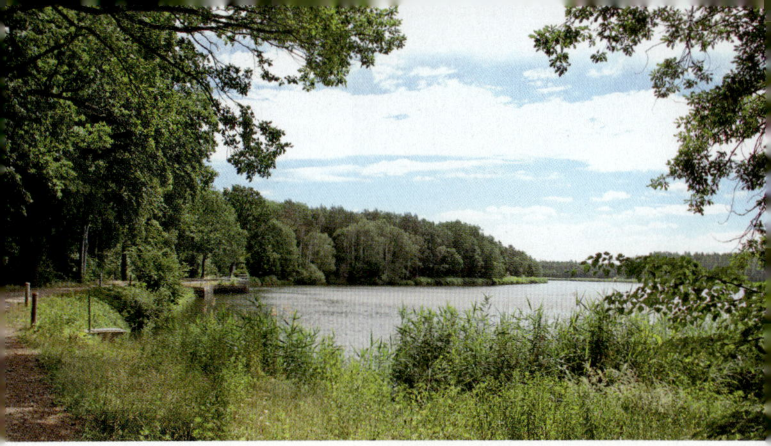

Vor dem Kirchteich, wo es bereits im frühen Mittelalter eine Siedlung gab.

Von der Bushaltestelle in **Wermsdorf** ❶ wenden wir uns mit dem Rücken zum Hotel in Richtung Fachwerkhaus; das Alte Jagdschloss gleich linker Hand, eine der drei Stationen des Lehrpfades Wermsdorf, die wir passieren. Weitere sind die Alte Poststation, das Alte Wasserhaus und das Fachwerkhaus »Rother Ochse«, wo wir rechts durch das Tor gehen. Links kommen wir an der Apotheke vorbei. Weiter vorne biegen wir an der T-Kreuzung links ein, vorbei am Bison-Gehege. Wir folgen der nach rechts schwenkenden Straße und biegen vor dem Ortsausgangsschild schräg rechts ein (Mobilfunkmast). Rechter Hand ist der markante Collmberg zu sehen (Tour 26). Auch lohnt ein Blick zurück auf Wermsdorf und das Schloss.
Wir kommen in den Wald und halten uns dort an einer Gabelung links in den Reitweg. An der Kreuzung geht es geradeaus. An der folgenden Gabelung halten wir uns rechts, der Reitweg wird verlassen. Wir befinden uns jetzt auf dem Förstersteig, dem Wanderweg Nr. 4, von dem sporadisch noch Schilder erhalten sind. An der Kreuzung wandern wir geradeaus weiter. Der Weg kann im Sommer leicht zugewachsen sein. An der großen Kreuzung geht es erneut geradeaus, auch an einem Abzweig. Kurz danach halten wir uns schräg rechts (Krummes G). An der T-Kreuzung geht es rechts, am Abzweig geradeaus. Unser Weg mündet in einen anderen Weg, wir wandern weiter geradeaus. An der Kreuzung halten wir uns rechts, so auch an der Gabelung (Hauptweg).
Vor dem Kirchteich, auch Kirchenteich genannt, informieren Tafeln über die **Wüstung Nennewitz** ❷. Hinter dem Wettin-Stein und der Wandertafel geht es schräg links in den Pfad. Wir kommen an Überresten des Dorfes, auch an der kleinen Burgruine, vorbei. An der T-Kreuzung geht es rechts, dann an weiteren Infotafeln geradeaus zwischen zwei Teichen, Teil der Drei Teiche. Danach biegen wir links ab. Wir wandern immer geradeaus,

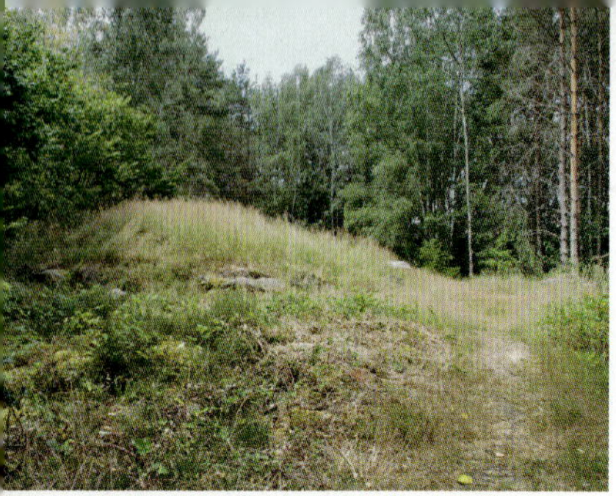

Hügelgrab aus der Bronzezeit.

an einer idyllischen Landzunge linker Hand vorbei. Am Teichende halten wir uns zunächst geradeaus, dann an der T-Kreuzung links. An der Kreuzung mit einer Schutzhütte biegen wir rechts ab, der Wanderweg Nr. 4 wird für kurze Zeit verlassen. Wir laufen durch das Feld der **Hügelgräber** ❸ und verlassen es an einer T-Kreuzung, wo wir uns rechts halten. Nach ca. 200 m geht es am Abzweig rechts, jetzt wieder auf Nr. 4. Wir wandern am linken Ufer des Doktorteiches entlang. Ein weiterer Teich, der Hälter Doktorteich, liegt linker Hand. Am Ende des Doktorteiches biegen wir rechts ein und an der Kreuzung wieder rechts. Jetzt liegt der Reiherteich linker Hand. Wir wandern immer geradeaus (Allee 8) und aufwärts. An der Kreuzung geht es rechts, dann erneut immer geradeaus. Unten biegen wir vor den Drei Teichen links ab.

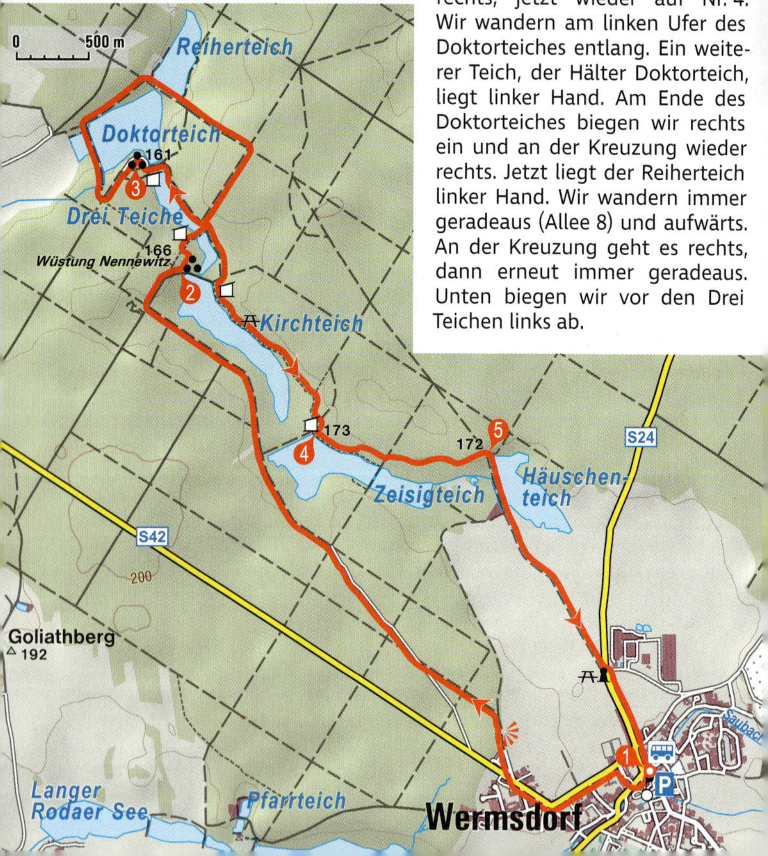

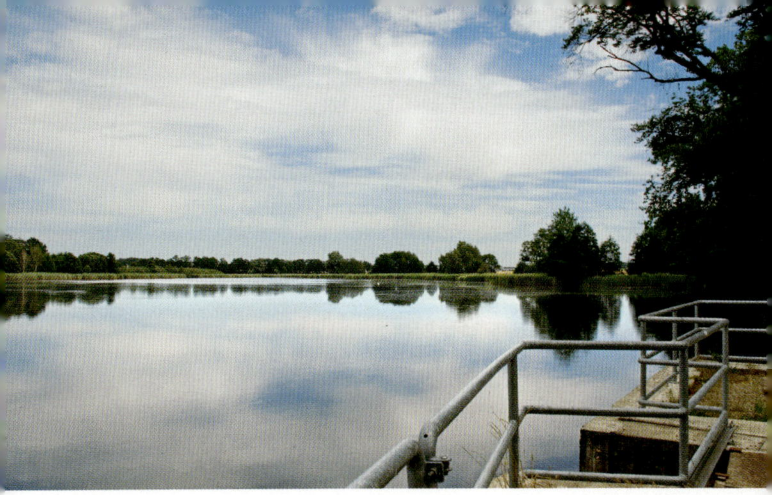

Am Häuschenteich, dem letzten Teich auf unserer Runde.

Ein kurzes Stück laufen wir nun wie auf dem Hinweg, folgen aber am Abzweig dem Weg geradeaus, links am Teich entlang. Hier beginnt ein schöner Uferweg. An der T-Kreuzung halten wir uns rechts und vor dem nächsten Teich, dem Kirchenteich, an der Schutzhütte links. Der Pfad hat viele Wurzeln. Der sporadisch mit rotem Balken gekennzeichnete Weg führt vom Teich weg. Wir folgen dem Pfad immer weiter und kommen über zwei Stege. An der Kreuzung mit breiten Wegen geht es rechts. Wer lieber bequem als idyllisch laufen möchte, kann alternativ auch geradeaus gehen.
Vor dem **Zeisigteich** 4, mit Schutzhütte, biegen wir links in den Pfad. Dieser wird schmal und könnte im Sommer leicht zugewachsen sein. Wo rechter Hand eine Art Bucht ist (das Wanderzeichen roter Balken haben wir im Rücken), biegen wir links ein und an der T-Kreuzung rechts. Am breiten Querweg gehen wir geradeaus weiter. Unser Weg mündet in einen Reitweg, wir wandern weiter geradeaus.
Vor dem **Häuschenteich** 5 biegen wir rechts ab. Geradeaus geht es auf einem Schotterweg aus dem Wald. Zwischen Feldern wird Schloss Hubertusburg sichtbar. Am Zeppelinstein (mit Bänken) geht es geradeaus, vorsichtig am Straßenrand entlang, bis wieder der Bürgersteig beginnt. Im Ort laufen wir immer geradeaus. Vor dem Alten Jagdschloss geht es links zur Bushaltestelle in **Wermsdorf** 1. Autofahrer halten sich geradeaus zurück zum Parkplatz.

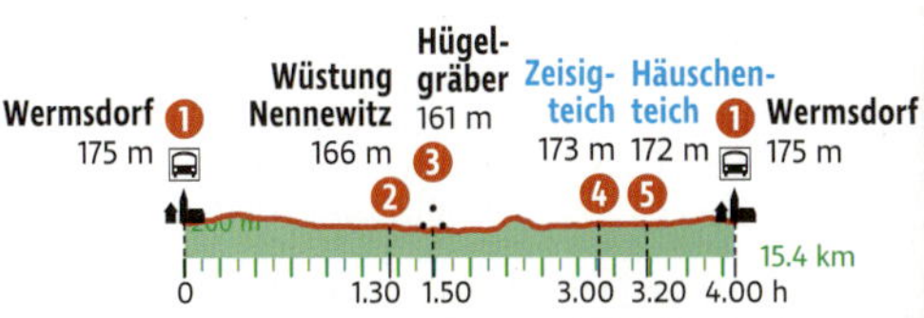

↗ 170 m | ↘ 170 m | 8.4 km

28 In den Hohburger Bergen

2.30 h

Waldidylle, schöne Ausblicke und ein großer See

So schön kann Bergbaufolgelandschaft sein! Die vor ca. 280 Millionen Jahren durch vulkanische Tätigkeit entstandenen Hohburger Berge werden auch die »Hohburger Schweiz« genannt. Der bis zu 240 m hohe und bewaldete Höhenzug ragt aus der eher ebenen Landschaft empor und beeindruckt durch seine tiefen Steinbrüche aus Quarzporphyr, der hier seit dem 19. Jh. abgebaut wird. In den Restlöchern entstanden Seen. Die Felswände sind bis zu 40 m hoch und seit 1925 bei Kletterern beliebt, wenn auch heute z. T. gesperrt, wo der Steinbruch noch in Betrieb ist.

Wir folgen dem Bergbaupfad und erreichen als Erstes den ehemaligen Steinbruch Löbenberg (Steinabbau von 1928–1958), anschließend den noch teilaktiven Zinkenberg (seit 1890). Am Waldrand genießen wir den Blick ins Lossatal und kommen durch den kleinen Ort Hohburg, wo ein Museum von der Geschichte des Steinabbaus erzählt.

Am Rande des Naturschutzgebietes Kleiner Berg Hohburg entlang gelangen wir zum Kaolinsee. Vor ca. 60 Millionen Jahren verwitterte der hiesige Quarzporphyr teilweise zu Kaolin, das hier bis 1965 abgebaut wurde. Von den Einheimischen wird er auch »de Kali« genannt und ist heute ein beliebter Badesee.

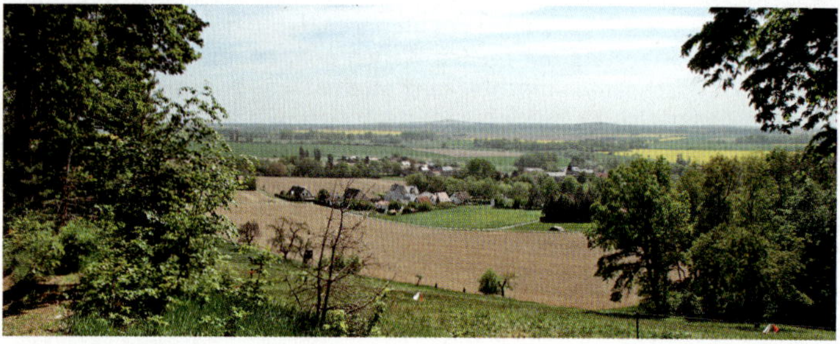

Aussicht vom Fernblick.

Ausgangspunkt: Bushaltestelle »Kleinzschepa, Hauptstraße«. Von Leipzig Hbf. mit der S-Bahn Linie 3 Richtung Wurzen, dort in Bus 676 Richtung Eilenburg bis »Kleinzschepa, Hauptstraße«. Autofahrer beginnen die Tour am Parkplatz in Hohburg (Navi: Am Kleinen Berg 7, Hohburg).
Anforderungen: Teilweise ausgeschildert, u. a. Bergbaupfad, keine Ausschilderung ab Hohburg. Einzelne kurze steile Abschnitte.
Einkehr: Keine Möglichkeit.
Tipps: Museum Steinarbeiterhaus Hohburg ❹ (geöffnet So–Do 13–16 Uhr, Infos: www.steinarbeiterhaus.de). Bademöglichkeit am Kaolinsee ❺.

Von der Bushaltestelle in **Kleinzschepa** ❶ geht es die Straße hinunter durch den Ort (Richtung Röcknitz). Am Ortsausgang halten wir uns nach dem Bach Lossa rechts. Wir biegen in den ersten Weg links ein. Wo der Hauptweg nach rechts schwenkt, nutzen wir geradeaus den schmalen Weg. An einem Abzweig wandern wir geradeaus weiter. Wir stoßen hier auf den Bergbaupfad, dem wir nun für längere Zeit folgen. Dazu halten wir uns an der Gabelung rechts und bleiben immer auf dem Hauptweg. Wir kommen vorbei an der Station 2 »Steinbruch Löbenberg«. An der Kreuzung geht es links, abwärts. An drei T-Kreuzungen halten wir uns rechts.

Der **Steinbruch Zinkenberg** ❷ ist nun hinter dem Weg, die Station 3. Wer ihn sehen will, sollte sich vorsichtig der Abbruchkante nähern. Dem Bergbaupfad folgen wir weiter und halten uns daher an der Gabelung rechts, so auch an der folgenden. An der Kreuzung wandern wir geradeaus weiter. An der T-Kreuzung biegen wir links ein und gleich an der Gabelung nochmal links. Das Wanderzeichen Bergbaupfad wird hier verlassen. An einer Bank laufen wir geradeaus weiter, so auch an einem Abzweig. Am Waldrand ist bei einer Wiese der sogenannte **Fernblick** ❸ erreicht.

Nachdem wir dort die Aussicht genossen haben, wandern wir

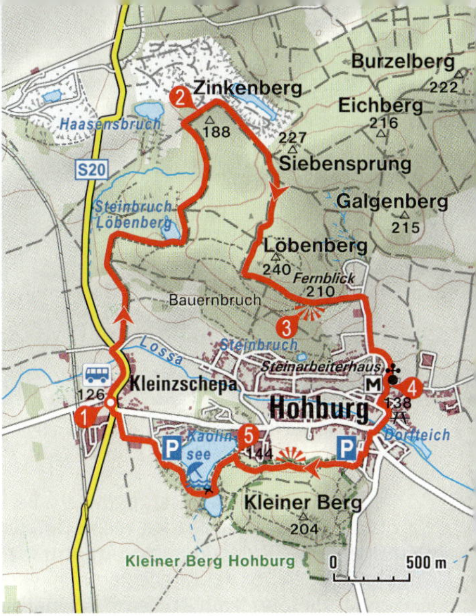

Der Steinbruch Zinkenberg.

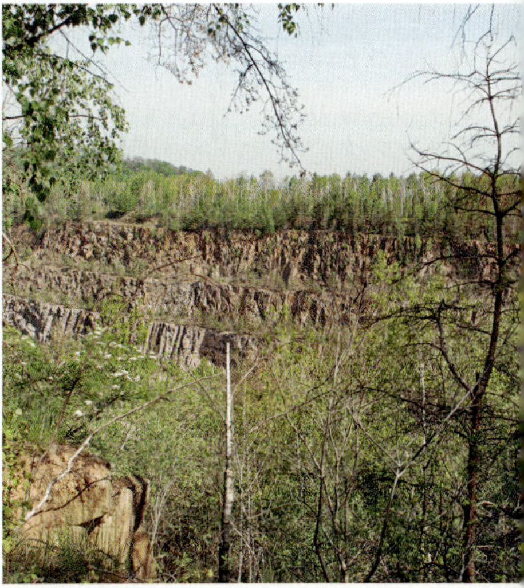

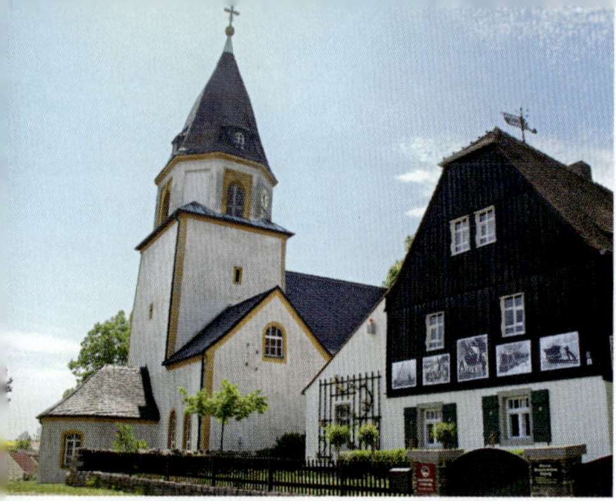

Die evangelische Pfarrkirche und das Museum Steinarbeiterhaus in Hohburg.

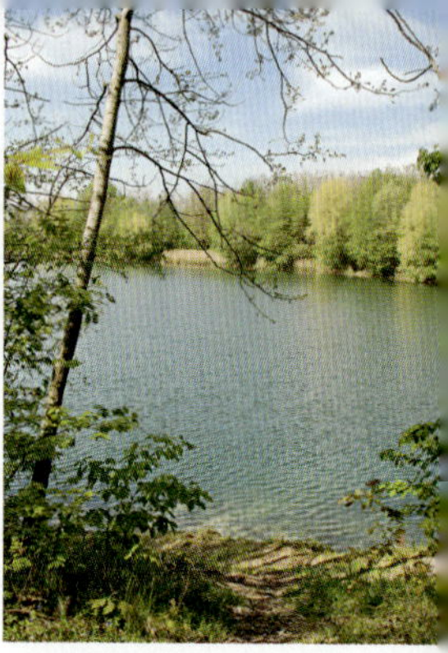

Am Kaolinsee finden sich auch Bademöglichkeiten.

geradeaus weiter, nun sanft abwärts. Bei den ersten Häusern von **Hohburg** geht es an der T-Kreuzung rechts, an der Kreuzung geradeaus und an der folgenden T-Kreuzung links. Am Brunnenweg vorbei folgen wir der Kirchgasse. Noch vor der Kirche kommen wir an einem Parkplatz rechter Hand vorbei, gefolgt vom **Museum Steinarbeiterhaus Hohburg** ❹. Die Kirchgasse weiter bis zu deren Ende biegen wir an der T-Kreuzung links ab. An der Kreuzung, wo mehrere Bänke und eine große Linde zur Rast einladen, geht es rechts, vorbei an der Bushaltestelle.

Nach der Brücke über die Lossa biegen wir rechts ein und gleich danach links in den Fußweg. Wir kommen an einem großen Parkplatz mit Wandertafel vorbei, wo die Tour für Autofahrer beginnt.

Am Ende des Parkplatzes biegen wir rechts ein und gleich an der T-Kreuzung links. Vor dem Sportplatz halten wir uns rechts und laufen rechts am Sportlerheim vorbei, nun am Waldrand. Bei einer Bank bietet sich ein schöner Blick auf Hohburg. Am Abzweig geht es geradeaus. Wir überqueren einen geteerten Weg und halten uns dann an der Gabelung rechts, auf dem Hauptweg. Am **Kaolinsee** ❺ biegen wir links in den schönen Pfad ein. Rechts überqueren wir die Brücke, dann halten wir uns wieder rechts. Der Weg tritt ins Freie, und wir wandern am »Strand« an der Gabelung links weiter zu einem Parkplatz. Dort halten wir uns rechts und nutzen an der Kreuzung links den Fuß-/Radweg. An der T-Kreuzung biegen wir rechts ein, an der Straße links und gleich rechts in Richtung »Eilenburg/Röcknitz«. Gleich wird die Bushaltestelle in **Kleinzschepa** ❶ erreicht.

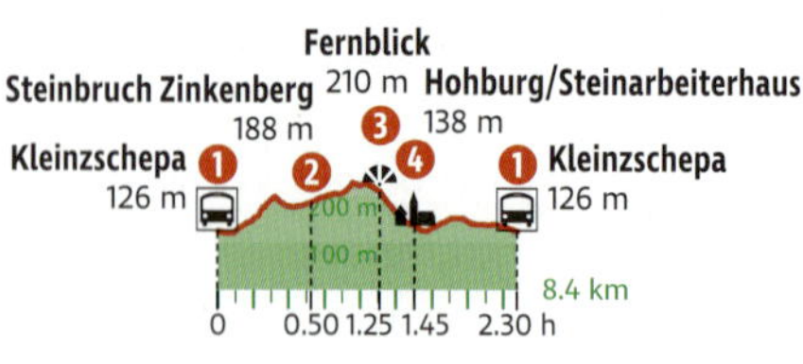

↗ 110 m | ↘ 110 m | 9.8 km

2.30 h

Vom Vorderen Planitz zum Wachtelberg

29

Durch Wald und über die Mulde zu einem Aussichtsturm

Schöne Wanderwege, mehrere Einkehrmöglichkeiten, zwei Fährfahrten und ein attraktives Ziel – was will man mehr für einen kleinen Ausflug, ob allein oder in einer Wandergruppe.
Von Bennewitz gelangen wir zunächst durch schönen Laubwald zum Forsthof Waidmannsheil, wo mehrere Spielplätze und andere Attraktionen die Kinder erfreuen. Wir durchwandern weiter den Wald, gelangen ins Freie und erreichen das Angelgewässer Schmölener Lache. Hier ist es nicht mehr weit zur Mulde, die wir per Personenfähre überqueren, hinüber nach Dehnitz, wo uns zwei weitere Gasthöfe erwarten.
Bald ist der Höhepunkt unserer Wanderung erreicht, der Aussichtsturm auf dem Wachtelberg, umgeben vom Naturschutzgebiet Wachtelberg-Mühlbachtal, einem der ältesten Schutzgebiete Deutschlands (seit 1911). Wieder per Fähre zurück, kommen wir anschließend über eine schöne Streuobstwiese und an einem weiteren Café vorbei zurück nach Bennewitz.

Ausgangspunkt: S-Bahn-Haltestelle Bennewitz. Von Leipzig Hbf. mit der S-Bahn Linie 3 Richtung Wurzen zur Haltestelle »Bennewitz«. Autofahrer parken am Parkplatz zwischen Bahnhofstraße, Lindenstraße und Ahornring (Navi: Ahornring, Bennewitz).
Anforderungen: Überwiegend deutliche Wege, unbefestigt und befestigt, breit und schmal. Etwas Orientierungssinn ist im Planitzwald nützlich. Wenig Ausschilderung. Die abwechslungsreiche Tour eignet sich u.a. wegen ihrer Einkehrmöglichkeiten gut für Familien.
Einkehr: Forsthof Waidmannsheil im Planitzwald; Zur Fähre und Landgasthof Dehnitz in Dehnitz; Café Amselgrund in Bennewitz.
Tipp: Anschließend Besichtigung der Altstadt von Wurzen (eine Station mit der S-Bahn).
Hinweis: Der Bismarckturm ist nur im Sommer und nur an Sonn- und Feiertagen geöffnet (Voranmeldung unter Tel. +49 172 3409882).

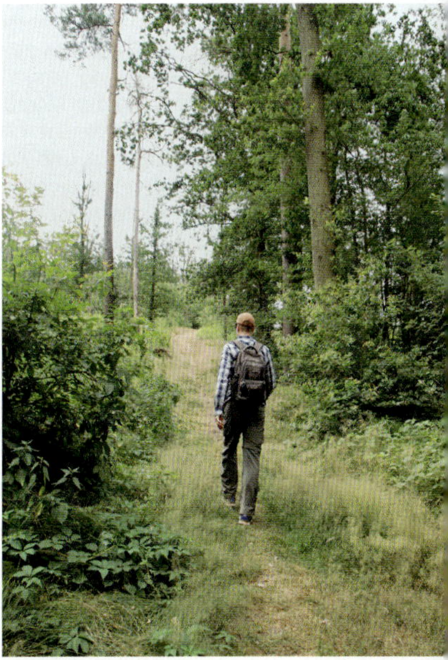

Auf dem Weg zum Forsthof.

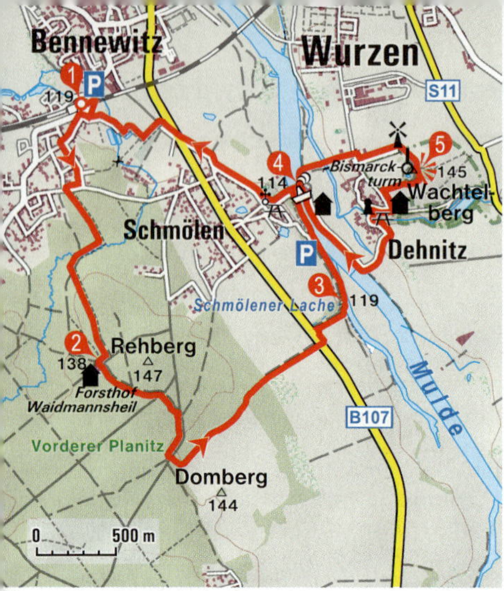

Wer mit öffentlichen Verkehrsmitteln angereist ist, geht mit Rücken zur **S-Bahn-Haltestelle Bennewitz ①** links und biegt an der Unterführung, einer Steinbogenbrücke aus dem Jahr 1897, rechts in die Bergstraße ein. Autofahrer wenden sich zur Bahnhofstraße, dann rechts und gehen durch die Unterführung, dann geradeaus in die Bergstraße. An der Straßenkreuzung biegen alle links in die Mittelstraße ein. Wir laufen immer geradeaus weiter, bis an einer T-Kreuzung der Planitzwald erreicht ist.
Hier halten wir uns kurz rechts dann wieder links. Der Weg führt schließlich rechts über einen Steg, dann wandern wir geradeaus auf dem Waldpfad weiter. Nach einer Tafel des Naturlehrpfades zum Thema »Ameisen« geht es am Zaun entlang. An der T-Kreuzung biegen wir links ein und nach ca. 50 m wieder links in den Pfad. An der T-Kreuzung geht es rechts, und der **Forsthof Waidmannsheil ②** wird erreicht.
Wir biegen davor links ein und halten uns an der ersten Kreuzung geradeaus, an der folgenden biegen wir rechts in den geschotterten Weg ein. Nach ca. 400 m folgen wir dem ersten Weg nach links. Am Waldrand schwenkt er nach links, ein Feld mit Waldinsel liegt nun rechter Hand. Danach kommen wir wieder in den Wald und halten uns am Waldende geradeaus. An der Straße gehen wir kurz links und dann gleich rechts in den geteerten Weg. An der T-Kreuzung folgen wir links dem Pfad hinunter und weiter unten an der T-Kreuzung wieder links. Die **Schmölener Lache ③** liegt rechter Hand, linker Hand ist eine Gartenanlage. Am Ende des Parkplatzes geht es vor der Hecke rechts, hinunter zur Mulde und an ihr entlang, den Fluss rechter Hand. Die Fähre wird erreicht, und wir setzen über. Am

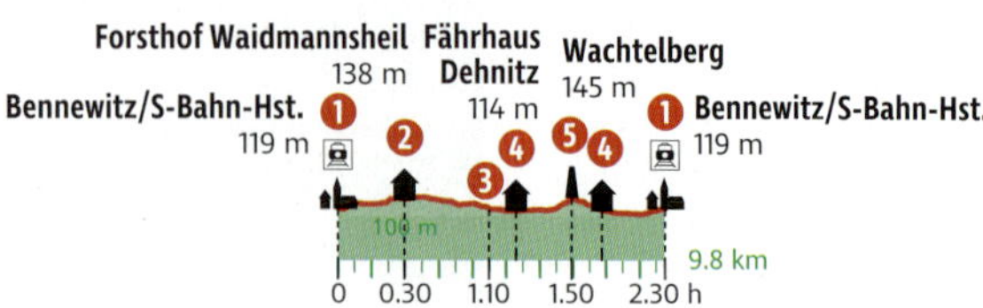

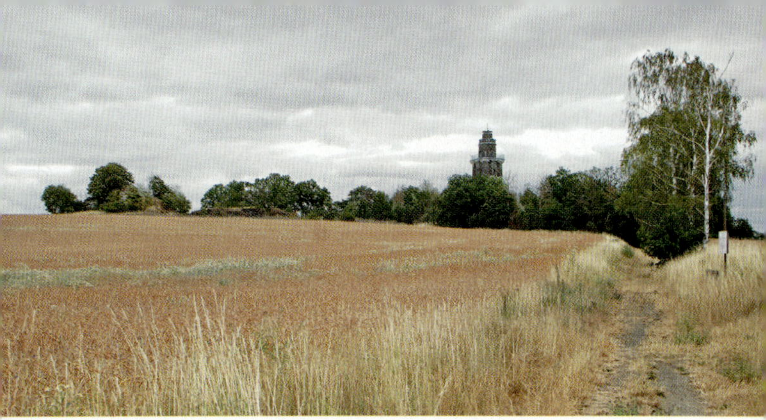

Blick zum Bismarckturm auf dem Wachtelberg.

Fährhaus Dehnitz ❹ (Gasthaus Zur Fähre) gehen wir rechts, links der Mulde weiter. Gegenüber sehen wir den Hinweg, und wo die Lache einfließt, gehen wir mit dem befestigten Weg links. Oben an der T-Kreuzung halten wir uns wieder links.

In einer weiten Rechtskurve kommen wir nach **Dehnitz**. Wir überschreiten rechts den Bach und gehen links am Spielplatz mit Rastplatz vorbei. An der T-Kreuzung (linker Hand ist ein Kriegerdenkmal) biegen wir rechts ein und beim Landgasthof Dehnitz links, dann in den ersten Weg rechts, zwischen Feldern. Am Abzweig gehen wir geradeaus und an der Gabelung weiter oben links. Wir bleiben nun immer auf dem geschotterten Weg, gehen links am **Bismarckturm** auf dem **Wachtelberg** ❺ vorbei und folgen dem Pfad am Geländer entlang.

Nachdem wir die Aussicht genossen haben, wird geradeaus das Areal verlassen. Vor dem Wohnhaus mit der alten Mühle ohne Flügel geht es links, an der T-Kreuzung kurz rechts und gleich wieder links in den Fuß-/Radweg. Wir überqueren die Brücke der Dehnitzer Lache und halten uns vor der Mulde links, zurück zum **Fährhaus Dehnitz** ❹, wo wir wieder übersetzen.

Wir laufen geradeaus in Richtung des Ortes Schmölen und biegen nach ca. 120 m schräg rechts ein, am Rastplatz vorbei. An der Kreuzung (die Ursula-Kapelle liegt linker Hand) geht es rechts. Dann wandern wir immer geradeaus bis zur B 107 und auch dort geradeaus weiter. Nach Pöllern biegen wir links in den Pfad ein (Schild »Amselgrund«). Hier erfreuen uns schöne Streuobstwiesen. Vor den Gärten halten wir uns rechts, am Ende des Weges links, dann wieder rechts, vorbei am Café Amselgrund. Wir folgen dem Hauptweg durch die Gartenanlage weiter. An der T-Kreuzung geht es rechts, und der Hinweg ist erreicht. Nutzer der S-Bahn gehen vor der Unterführung links zur **S-Bahn-Haltestelle Bennewitz** ❶, Autofahrer dagegen durch die Unterführung und danach bald links zurück zum Parkplatz.

↗ 130 m | ↘ 130 m | 14.8 km

30 Von Schloss Machern zu Schloss Püchau

4.00 h

Schlösser, idyllische Ortschaften, Wald, Parks und Teiche

Auf dieser Tour wird viel Abwechslung geboten. Wir starten im Schlosspark Machern und wandern durch das Gotenholz und auf einem Feldweg nach Plagwitz, dessen dreieckiger Ortskern mit altem Dorfbrunnen, großer Linde und Streuobstwiese etwas Besonderes darstellt.

Anschließend geht es auf zum glanzvollen Höhepunkt der Tour, dem beeindruckenden Schloss Püchau. Schon im 10. Jh. Stützpunkt Heinrichs I. bei seiner Eroberung slawischer Gebiete, wurde die Burg 1888 zu einem verspielten Schloss im tudor-gotischen Stil umgebaut. Vom Schlosspark sind Muldeaue und Hohburger Berge (Tour 28) zu sehen. Die Grafen zu Püchau ließen südwestlich die Lübschützer Teiche zur Fischzucht anlegen, heute ein Vogelparadies und unser nächstes Ziel.

Den krönenden Abschluss der Runde bildet der als einer der frühesten englischen Landschaftsgärten Deutschlands angelegte Macherner Schlosspark, auch der »Wörlitzer Park Sachsens« genannt, mit allerlei romantischen Kleinoden.

Schwan mit Jungen an den Lübschützer Teichen.

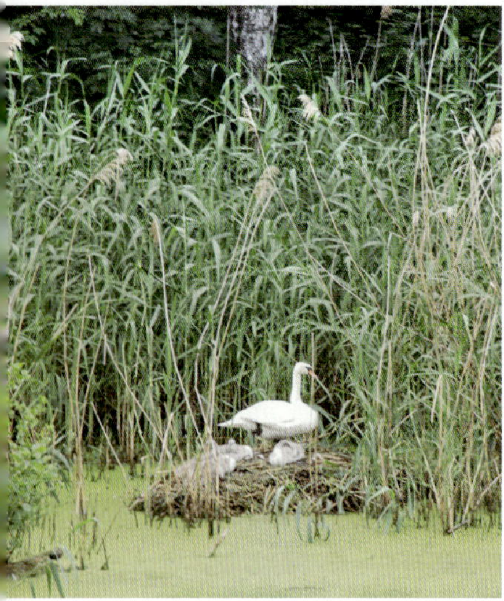

Ausgangspunkt: S-Bahn-Haltestelle Machern. Von Leipzig Hbf. mit der S-Bahn Linie 3 Richtung Wurzen zur Haltestelle »Machern« (ca. stündlich). Parkplatz anbei (Navi: Brandiser Straße, Machern).
Anforderungen: Abschüssiger Pfad am Iristeich. Keine Ausschilderung vorhanden, erhöhter Orientierungssinn nötig beim Sorgenberg, nach den Lübschützer Teichen und im Park. Bei Lübschütz geht es an einem Hundetrainingsplatz vorbei. Ansonsten hoher Anteil an befestigten Wegen, daher gut für Gruppen geeignet (auch wegen der Einkehrmöglichkeiten). Ab Plagwitz muss für 1,5 km an einer ruhigen Straße gelaufen werden.
Einkehr: Eiscafé im Parkhotel (tgl. geöffnet) in Machern; Café im Schloss Püchau (nur Sa/So); Gaststätte Lübschützer Teiche am Sahlweidenteich; mehrere weitere Gaststätten in der Nähe vom Schloss Machern.
Hinweis: Eintritt in Schloss Püchau und den Park gegen Spende.

Nutzer von öffentlichen Verkehrsmitteln steigen an der **S-Bahn-Haltestelle Machern** ❶ die Stufen hinauf. Autofahrer wenden sich in Richtung Bahnsteig 1. Alle überqueren dann die Brücke. Wir laufen geradeaus über die Kreuzung und gleich rechts in die Schloßgasse. An der T-Kreuzung geht es links, dann am Schloßplatz rechts und links am Schloss Machern vorbei in den Schlosspark. An der T-Kreuzung biegen wir links ab, dann rechts in die Baumallee. Wir überschreiten die Gothische Brücke, rechter Hand liegt ein großer Teich, der Schwemmteich. Uns immer geradeaus haltend wird der Park schon wieder verlassen.

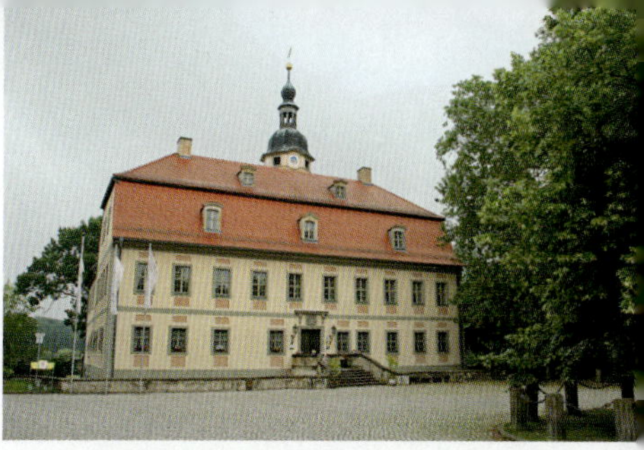

Schloss Machern ist heute eine vielseitige Begegnungsstätte.

An der Straße gehen wir kurz links und biegen dann gleich rechts in eine Siedlung ein, in den Schwarzen Weg. An der Kreuzung nutzen wir links den Weißackerweg. An einem Abzweig geht es geradeaus, und der Weg schwenkt nach rechts. Wir folgen dem Hauptweg und gehen am folgenden Abzweig erneut geradeaus. Im Wald halten wir uns an der Gabelung links, steigt nun an. Vor dem Funkturm auf dem Sorgenberg biegen wir links ab. Nun geht es wieder abwärts und weiter unten an der Kreuzung links. Wir halten uns dann an der T-Kreuzung rechts. Am Abzweig wandern wir geradeaus weiter. An der Kreuzung geht es links und gleich wieder rechts. Wir laufen rechts am Iristeich entlang und nutzen am Ende den kleinen Pfad geradeaus, um auf den breiteren Parallelweg zu kommen. Wir schreiten den Feldweg hinauf.

In **Plagwitz** ❷ halten wir uns rechts (rechter Hand ist ein alter Wegweiser), dann am Teich links. Am Dorfplatz, wo am Anger eine Tafel über den Ort infomiert (hier auch ein Trafohaus und eine Bushaltestelle) biegen wir rechts ein. Wir folgen der Straße, die erst eine Links-, dann eine Rechtskurve macht und aus dem Ort hinausführt. Bäume, die die Straße säumen, sowie Blicke auf die Holländer-Mühle Püchau linker Hand und unser nächstes Ziel rechter Hand versüßen die 1,5 km auf der wenig befahrenen Landstraße.

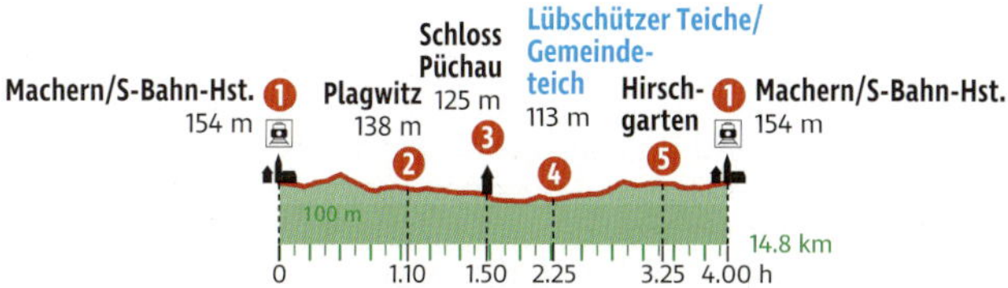

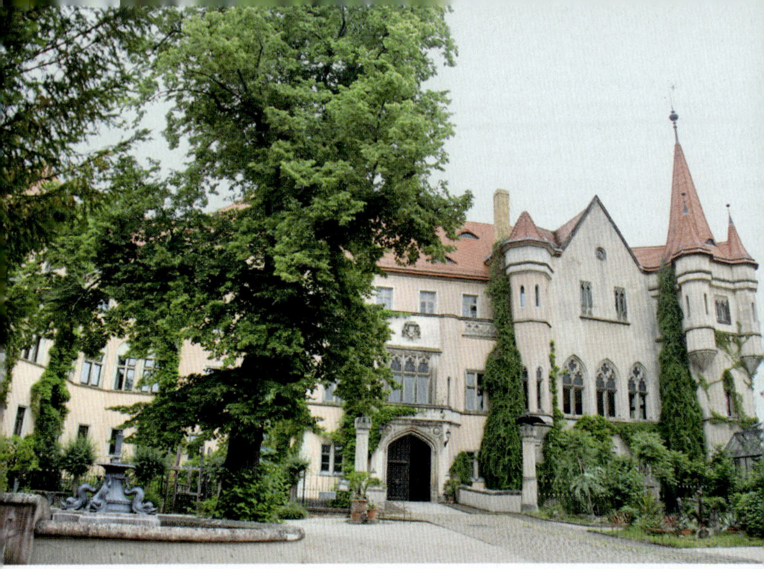

Schloss Püchau ist eine der ältesten erhaltenen Schlossanlagen Sachsens.

An der B 107 halten wir uns geradeaus und gelangen nach **Püchau**. Im Ort geht es geradeaus (leicht links versetzt) in die Schloßstraße und an der Kreuzung links zum **Schloss Püchau** ❸. Hier locken Café, Schlosspark und ein Labyrinth. Nach der Besichtigung gehen wir zurück zum Parkplatz, links durch das Tor und danach schräg links weiter. Unten halten wir uns geradeaus, dann geht es rechts in die Dögnitzer Straße, der Tiergartenteich liegt rechter Hand. Püchau wird verlassen. Am Ende des Teiches lohnt ein Blick zurück zu Kirche und Schloss.

Immer weiter laufen wir auf der kleinen geteerten Straße. Kurz nach einer Links-, dann Rechtskurve geht es in einen deutlichen Weg rechts, bald vorbei am Hundeabrichteplatz (Vorsicht!). In Lübschütz folgen wir weiter dem geteerten Weg. An der Kreuzung halten wir uns schräg links. Wir kommen am Trafohaus vorbei, genutzt als wertvoller Nistplatz für gebäudebewohnende Vogelarten. An der T-Kreuzung geht es links und in der Linkskurve geradeaus.

Der erste der **Lübschützer Teiche** liegt gleich rechter Hand, der **Gemeindeteich** ❹. Wieder geht es über die B 107, dann geradeaus. Es folgen rechter Hand der Schwemmteich, dann der Stachelnußteich, Quellteich und Galgenteich. An einem Abzweig gehen wir rechts (Schild »Lübschützer Teiche«), vorbei an Ausläufern des Campingplatzes und an der Gabelung erneut rechts. Wir erreichen den Sahlweidenteich, einen Badesee, wo wir uns geradeaus halten, am linken Ufer enlang.

An der Gaststätte biegen wir scharf links ab und an der Zeltplatzverwaltung halten wir uns schräg rechts. Nach den Picknickbänken an einem Kiosk geht es schräg rechts in den Wald. Wir wandern immer geradeaus, bis ein Parkplatz erreicht wird. Daran laufen wir links vorbei, dann schräg links. Immer geht es nun geradeaus und bei den ersten Häusern von Machern schräg links in den Pfad. Auch hier immer geradeaus, an der Straße kurz rechts und in den ersten Weg links.

Am **Hirschgarten** 5 wird erneut der **Schlosspark Machern** erreicht. Am Ende des Zauns halten wir uns rechts und in den ersten Weg links. Wir gehen rechts um die Pyramide, um die Statue der Vestalin rechter Hand gut sehen zu können. Wir laufen weiter geradeaus. Parallel zum Waldrand wird bald der Open-Air-Bereich unterhalb der Ritterburg erreicht. Hier gehen wir geradeaus, auch am Ende der Sitzplätze. An der T-Kreuzung biegen wir rechts ein und wandern dann immer geradeaus, vorbei an einem ehemaligen Bauernhaus und der Wilhelmsruh. An der T-Kreuzung gehen wir rechts und am Käutzchenbad links über die kleine Brücke.

Vor dem Schwemmteich halten wir uns links und kürzen dann rechts die Ecke ab, um an Henriettens Ruh vorbeizukommen. Nun erfreut die Blutbuchenallee und dann die Tulpenbaumallee, den Tempel der Hygieia linker Hand. An der Kreuzung gehen wir geradeaus in Richtung Schloss. Der Weg schwenkt nach links und wir kommen am Sitzplatz der Gräfin Lindenau vorbei. Erneut geht es nach links und dann rechts (Schloßgasse), wir befinden uns auf der Strecke vom Hinweg. An der T-Kreuzung halten wir uns links, überqueren die B 6 und gehen zurück zur **S-Bahn-Haltestelle Machern** 1 und zum Parkplatz.

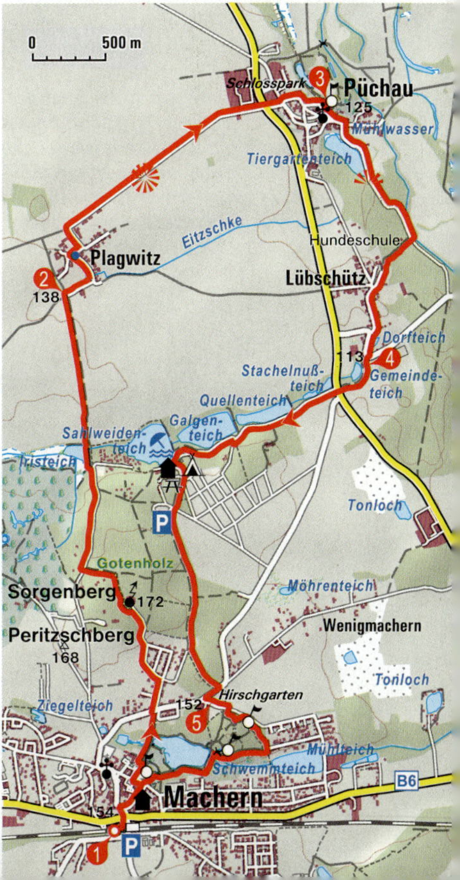

TOP

↗ 170 m | ↘ 170 m | 21.8 km

31 Im Brandiser Hügelland

6.00 h

Über sanfte Hügel durch Wald und Feld zu spektakulären Steinbrüchen

Das Porphyrhügelland zeigt sich hier von seiner besten Seite. Diese Wanderung führt an einem halben Dutzend Teiche und Seen vorbei, im Hinterland verbergen sich noch mehr. Große Teile der Wanderung führen durch Vogelschutzgebiet.

Den Auftakt bildet der Kohlenbergteich, ein Zuhause vieler Wasservögel. Felsig wird es an den Steinbruchseen Westbruch und Ostbruch, beide schon seit Langem bei Kletterern beliebt. Wir setzen unseren Weg durch den Forst Brandis fort. Anschließend wandern wir an der größten Wasserfläche auf dieser Tour entlang, dem Moritzsee, auch Ammelshainer See genannt, eine ehemalige Kiesgrube, wo auch gebadet und gesurft wird. Die idyllischen hellen Seeufer vermitteln fast skandinavisches oder kanadisches Flair.

Hinter Ammelshain begeistern wieder eher felsige Steinbrüche, den Auftakt bildet der Steinbruch Ammelshain am Hasenberg, gefolgt vom Blauen Bruch und Schwarzen Bruch im Hinteren Planitz. Der Schmielteich gegen Ende des Waldes ist Naturschutzgebiet, wo mit etwas Glück Kraniche zu sehen sind. Durch den Polenzwald, dem einstigen Gutswald und Niederwildrevier zum Rittergut Polenz, gelangen wir zurück nach Brandis.

Blick über den Westbruch.

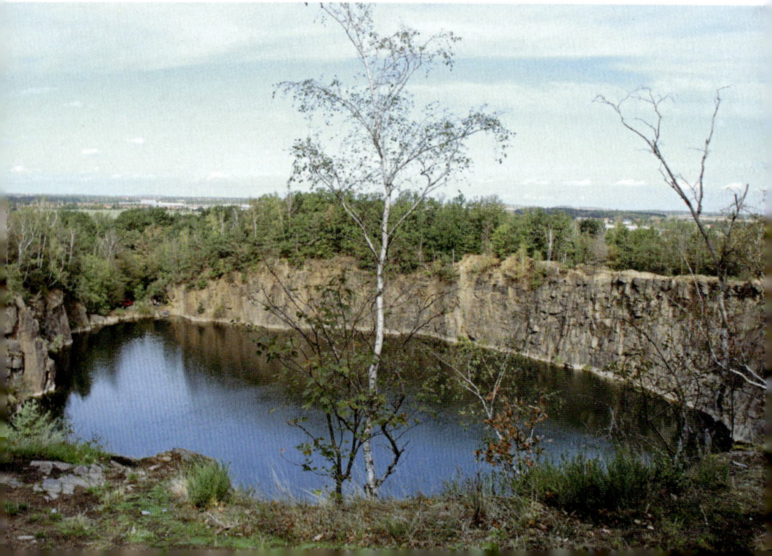

Ausgangspunkt: Bushaltestelle »Brandis Bahnhof« in Brandis. Von Leipzig Hbf. mit der Regiobahn Richtung Grimma bis Beucha, mit dem Bus 689 Richtung Gerichshain bis Haltestelle »Bahnhof (Bus), Brandis«. Parkplätze anbei (Navi: Am Bahnhof, Brandis).
Anforderungen: Die lange Tour erfordert Ausdauer und Orientierungssinn. Beim Westbruch sind kritische Stellen mit Absturzgefahr. Auf keinen Fall bei schlechtem Wetter oder nach Regenfällen machen. Am Schmielteich kann es Kreuzottern geben. Für Kinder ist die Tour zu lang und zu gefährlich.
Einkehr: Unterwegs keine. Abstecher zur Neubauernschenke (Mi Ruhetag, nur Sa/So Mittagstisch) in Ammelshain möglich; mehrere Gaststätten in Brandis.
Hinweise: Abkürzung im Hinteren Planitz möglich (ca. 3 km Einsparung). Baden ist nur im Moritzsee erlaubt, in den Steinbruchteichen ist es verboten.

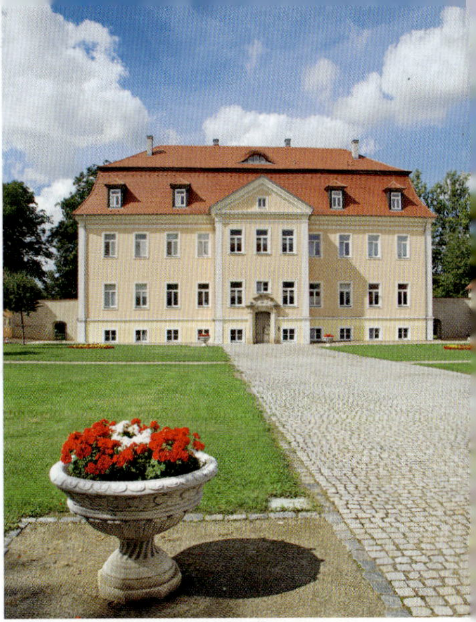

Schloss Ammelshain ist heute eine exklusive Wohnanlage.

An der Bushaltestelle **Brandis Bahnhof** ❶ gehen wir mit dem Rücken zum Einbahnstraßenschild die Straße entlang, den Park rechter Hand. Am Andreaskreuz laufen wir links über die Gleise, dann wieder links und an der Kindertagesstätte vorbei. Dann steuern wir auf den Kohlenberg zu. Vor der Klinik biegen wir rechts ein, dann geradeaus in den Weg. An der Gabelung halten wir uns rechts zum Kohlenbergteich und dort links. An der kleinen Straße biegen wir links ein und nach dem Haus Nr. 12, dem letzten linker Hand, schräg links in den Pfad (nicht in den breiten Weg).
Der Pfad ist schmal und führt über viele Wurzeln zum Westbruch. Wir achten stets auf die Absperrung (Vorsicht!) und bleiben immer in der Nähe des Sees. Zwischendurch wird es steil. Ca. 5 m vor einem besonders steilen Stück (wo man sich am Seil festhalten müsste, um hinaufzugelangen) geht es erst rechts, dann schräg rechts abwärts (Vorsicht!). Unten biegen wir an der T-Kreuzung links ein und kommen durch eine Schranke. Wir wandern immer geradeaus bis zur höchsten Stelle, wo sich noch einmal ein schöner Blick auf den Steinbruch bietet, und halten uns dort rechts.
Immer geradeaus wandern wir bis zum **Aussichtspunkt Ostbruch** ❷. Nachdem wir auch hier die Aussicht genossen haben, biegen wir rechts in den Pfad ein. Unten an der T-Kreuzung halten wir uns rechts und bleiben

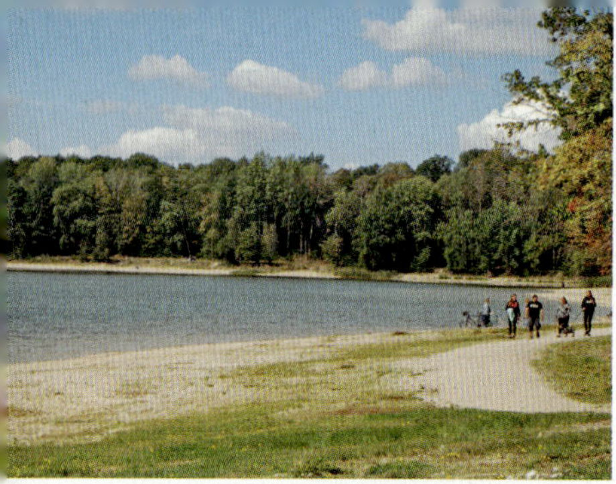

Am Moritzsee.

zunächst auf dem Hauptweg geradeaus. An einer gleichwertigen Gabelung geht es rechts (eine Birke wächst in der Mitte), dann immer geradeaus. An der Kreuzung mit Schutzhütte laufen wir schräg rechts haltend an der Hütte vorbei. An der Gabelung halten wir uns rechts, der Hauptweg wird verlassen. Wir gelangen ins Freie, der Weg führt am Feld entlang. Nach dem Funkturm biegen wir links in den geteerten Weg ein. Wir kommen über die A 14, dann links zum Parkplatz. Wir setzen unseren Weg fort, am Schild »Durchfahrt verboten« vorbei. Am **Moritzsee** ❸ gehen wir geradeaus, am Hundestrand entlang (alternativ führt parallel ein Weg durch den Wald). Wir bleiben immer auf dem Hauptweg und kommen an einem weiteren Parkplatz vorbei. Nach Gebäuden halten wir uns an der Gabelung rechts, weiter am See entlang. Am Seeende geht es geradeaus hoch, kurz links und gleich wieder rechts. Dann biegen wir kurz rechts und gleich wieder links ein. Immer geradeaus wandern wir bis zu einem geteerten Weg. Dort halten wir uns rechts, überqueren die Straße und nutzen links den Fuß-/Radweg. Erneut überqueren wir die A 14.

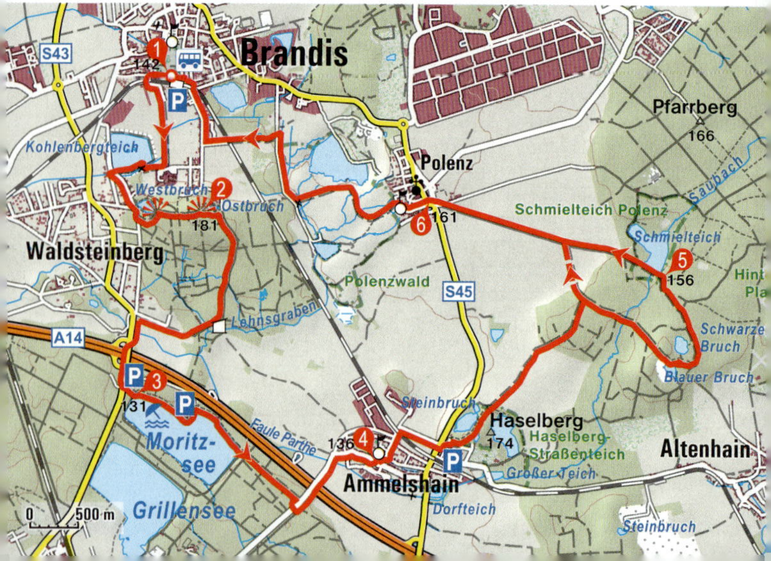

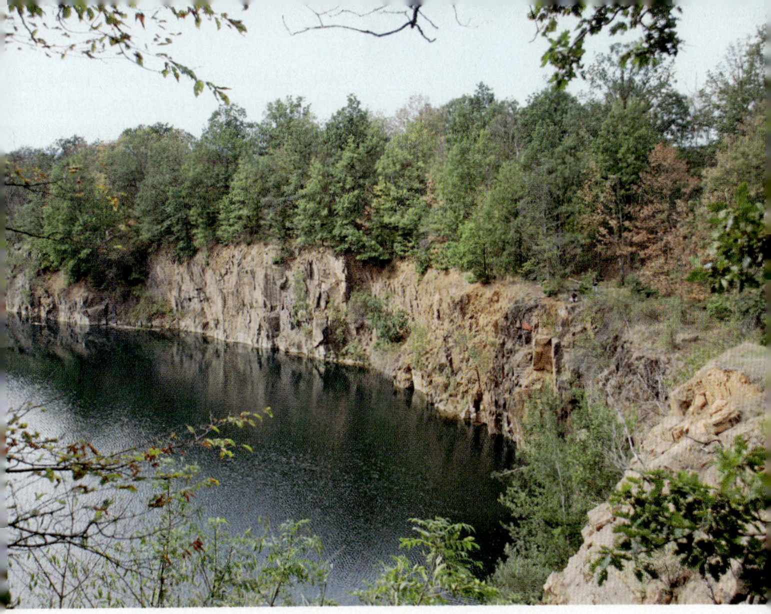

Steinbruch bei Ammelshain.

In **Ammelshain** biegen wir in die erste Straße rechts ein, in die Hauptstraße, und folgen ihr, bis es vor dem Haus Nr. 36a links in den Park geht. Dann halten wir uns schräg rechts, gehen durch den Mauerdurchgang und über das Gelände von **Schloss Ammelshain** 4, heute Privatwohnungen, das über ein Tor verlassen wird. Anschließend biegen wir links ab und laufen an der Kreuzung (links führt ein Abstecher zur Gaststätte) geradeaus. Wir überschreiten die Gleise und halten uns dann rechts. An der Durchgangsstraße halten wir uns links und biegen nach ca. 50 m rechts ein, gehen schräg links über den Parkplatz und dann in den schmalen Weg links von einem Haus, ins Naturschutzgebiet Haselberg-Straßenteich. Wir folgen dem Weg immer weiter. Bald führt schräg links ein Abstecher zum Steinbruch Ammelshain.

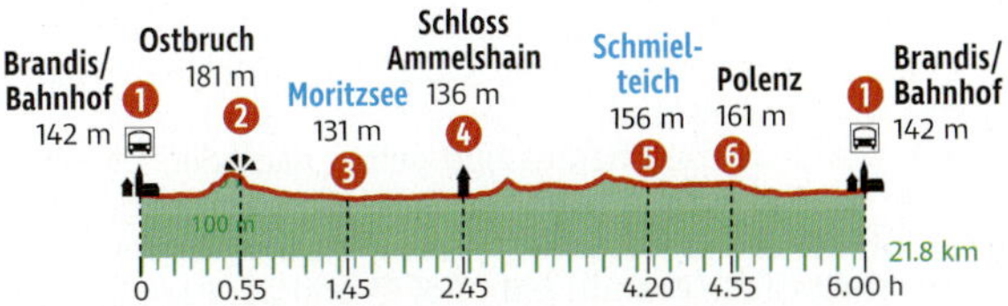

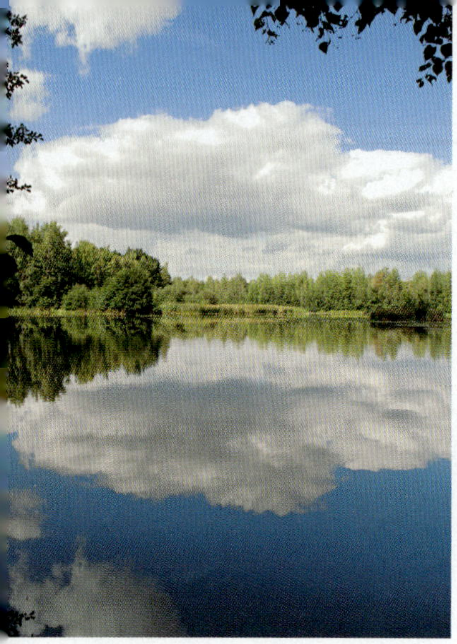

Am Schmielteich.

Wir folgen anschließend unserem Pfad weiter, bleiben am Waldrand, dann halten wir uns schräg rechts. An der T-Kreuzung biegen wir links ein und nach der Schranke scharf rechts ins Freie. Wir kommen wieder in den Wald, den Hinteren Planitz, wo wir immer geradeaus wandern, bis wir an der T-Kreuzung rechts einbiegen (links geht es ins Freie, die Runde lässt sich hier in diese Richtung gut abkürzen). Wir bleiben immer geradeaus auf dem Hauptweg, auch an einer großen Kreuzung geht es geradeaus (der Hauptweg wird hier verlassen). Oben lässt sich bald durch Bäume der Blaue Bruch erspähen. Wir folgen dem Pfad geradeaus noch ein Stück. Bald schwenkt er nach links. An der T-Kreuzung halten wir uns links für einen Abstecher zum Schwarzen Bruch. Wir kehren zurück, laufen dann geradeaus und abwärts. Unten an der T-Kreuzung halten wir uns links. Bald geht es schräg links in einen breiteren Weg und gleich schräg rechts. Hier ist links ein weiterer Abstecher zum Schwarzen Bruch möglich (von unten ist er allerdings nicht so eindrucksvoll wie von oben), noch einer führt später bei drei Steinen links ab.

Ohne Abstecher wandern wir immer geradeaus und halten uns an einer Gabelung links. An der Kreuzung am **Schmielteich** ❺ biegen wir in den Weg nach links ein. Nun wandern wir immer geradeaus weiter, den Teich rechter Hand. Der Wald wird verlassen und wir folgen dem Feldweg bis **Polenz** ❻. Dort halten wir uns an der Kreuzung und dem Abzweig geradeaus, auf der Parkstraße vorbei am Schloss Polenz, heute Seniorenresidenz. Dort nehmen wir den Weg nach links, die große Wiese rechter Hand, und kommen wieder in den Wald, diesmal in das Naturschutzgebiet Polenzwald. An einer Gabelung geht es rechts über die Wiese. Im Wald schwenkt der Weg nach ca. 250 m nach links. In den geteerten Weg rechts einbiegend verlassen wir das Naturschutzgebiet wieder. Ca. 200 m nach einem Haus rechter Hand biegen wir scharf links ab.

Wir kommen aus dem Wald heraus und gehen nach den Gleisen geradeaus weiter. An der T-Kreuzung halten wir uns rechts und folgen der Straße, wieder über Gleise, dann nach links. An der Kreuzung werden schräg links wieder die Bushaltestelle **Brandis Bahnhof** ❶ und der Parkplatz erreicht.

↗ 125 m | ↘ 125 m | 11.2 km

3.00 h

Von Grimma zum Kloster Nimbschen

32

Im Muldetal zu historisch bedeutenden Orten

Nachdem wir Grimma verlassen haben, wandern wir zunächst durch Wald zur Ruine des Klosters Nimbschen, aus dem Katharina von Bora, Luthers spätere Frau, 1523 mit neun weiteren Nonnen floh. 1546 wurde es im Zuge der Reformation aufgelöst.
Mit der Fähre Höfgen setzen wir über die Mulde, das Fährhaus wurde schon 1638 erwähnt. Bald wird die historische Schiffsmühle mit der gleichnamigen Gaststätte erreicht. Weiter geht es auf einem mit Skulpturen bestückten Weg an der Mulde entlang, einem Vogelschutzgebiet. Tief hat sie sich in die Felsen eingegraben. Ihre steilen Hänge, heute meist bewaldet, zeigen, dass wir uns im nordwestsächsischen Porphyrhügelland befinden. Wir folgen dem »Weg der Steine« zum Aussichtspunkt Rabenstein. Dann wird der Fluss durch den Stadtwald verlassen. Wir passieren die sehenswerte Hospitalkapelle Grimma und wandern dann durch den bewaldeten Schlangengrund. Nun wird die Mulde über eine Brücke mit prächtigen Wappen überschritten, die einen großartigen Ausblick über Grimma gestattet.
Zum Abschluss der Runde laufen wir durch die schöne Altstadt. Sehenswert sind der Marktplatz mit dem Renaissance-Rathaus (1585) und die Frauenkirche. Durch den Schwanenteichpark ist bald wieder der Bahnhof erreicht.

Die Klosterruine Nimbschen.

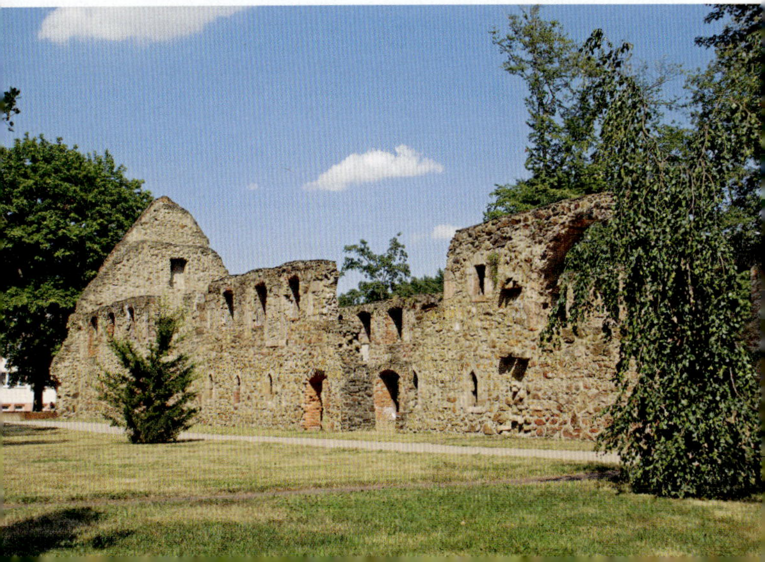

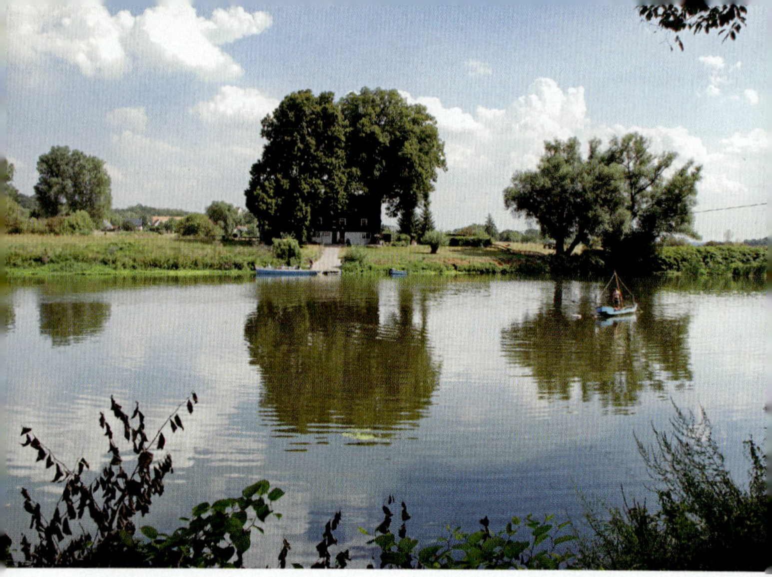

An der Muldefähre.

Ausgangspunkt: Bahnhof Grimma. Von Leipzig Hbf. Regiobahn Richtung Döbeln (ca. stündlich) oder mit dem Bus 690 (ca. alle zwei Stunden) bis Grimma. Parkplatz anbei (Navi: Bahnhofstraße, Grimma).
Anforderungen: Anfangs durch ein Wohngebiet, anschließend teilweise mit dem Wanderzeichen roter Balken ausgeschildert, überwiegend eben und leicht zu gehen. Ab dem Aufstieg zum Rabenstein ist etwas Orientierungssinn nötig (Tendenz zu »rot«).
Einkehr: Klosterschänke (tgl. geöffnet) beim Kloster Nimbschen; Hotel-Restaurant Zur Schiffsmühle (tgl. geöffnet) an der Mulde; Hospitalschenke (Mo/Di Ruhetag) bei der Hospitalkapelle.
Tipps: Museum Schiffsmühle (April bis Okt., Sa/So 12–17 Uhr).
Hinweis: Die Seilfähre Nimbschen–Höfgen verkehrt von April bis Oktober Mi–So ab 11 Uhr, Mo/Di Ruhetag oder Voranmeldung unter +49 3437 915158.

Am **Oberen Bahnhof Grimma** ❶ wenden wir uns zum Parkplatz und steuern dann an den Bussteigen vorbei auf die Ampel zu. Wir biegen rechts in die Bahnhofstraße ein, der wir bis zur Gabelsbergerstraße folgen und uns dort links halten. Mit der Hauptstraße wenden wir uns nach rechts. Am Zebrastreifen geht es links in den Buchenweg, der bald nach rechts schwenkt. Dann biegen wir links in die Stecknadelallee ein, die unten ebenfalls nach rechts schwenkt. Gegenüber der Nr. 6 geht es links hinunter und an der Straße scharf nach rechts. Dann halten wir uns geradeaus in den Fuß-/Radweg und am Abzweig rechts. Bald liegen Teiche linker Hand. Wir wandern nun immer geradeaus, parallel zum Harthgrundbach.

Schließlich überqueren wir eine Straße und folgen geradeaus dem Weg weiter. An der Kreuzung mit dem roten Balken biegen wir links ab. Der Weg erreicht bei einer Häusergruppe eine Straße, in die wir links einbiegen. Wir überqueren die Durchgangsstraße und kommen an der Klosterschänke vorbei. Die Kapelle liegt rechter Hand. Wir kommen rechts zur **Klosterruine Nimbschen** ❷ und am Ende schräg rechts an einer Bank und einem Brunnen vorbei. Hier gehen wir rechts, um einen bequemen Weg zu erreichen. Rechter Hand ist nochmal das Kloster gut zu sehen. Am Ende der Mauer linker Hand biegen wir links ein, dann wieder links in den Wanderweg. Nun wandern wir immer geradeaus weiter, schließlich schräg links bis zur **Seilfähre**.

Nach dem Übersetzen biegen wir hinter dem **Fährhaus Höfgen** ❸ links in den geteerten Weg ein (Wanderzeichen gelber Balken). Wir wandern rechts der Mulde weiter, bis wir an einer Gabelung den Hauptweg kurz zur Schiffsmühle verlassen. Dort biegen wir rechts zum gleichnamigen Hotel ab. Davor halten wir uns links, nun wieder auf dem geteerten Hauptweg weiter. Immer geradeaus steigen wir bis zum Aussichtspunkt Rabenstein hinauf. Für den Aufstieg werden wir mit einem schönen Blick auf die Mulde belohnt.

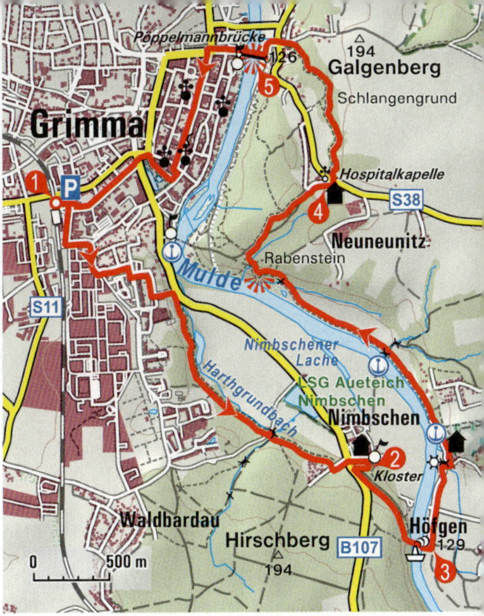

Glockeläuten zur Fähre.

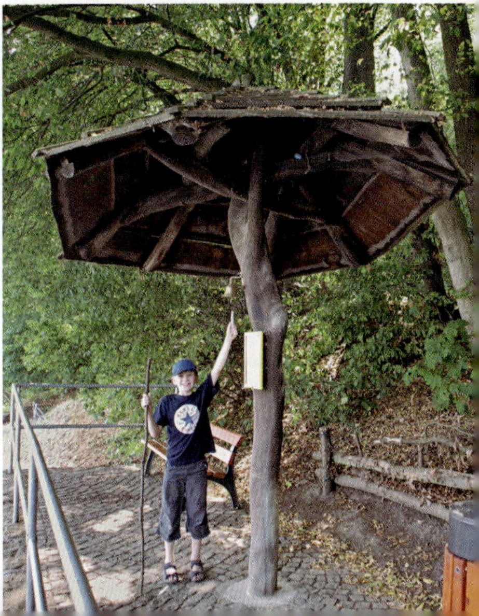

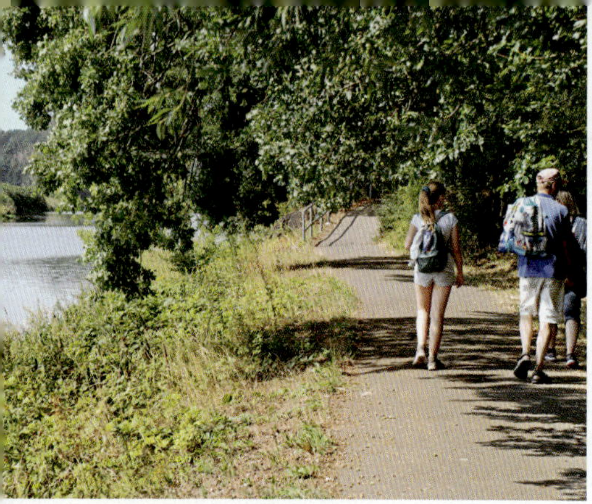

Wandern an der Mulde.

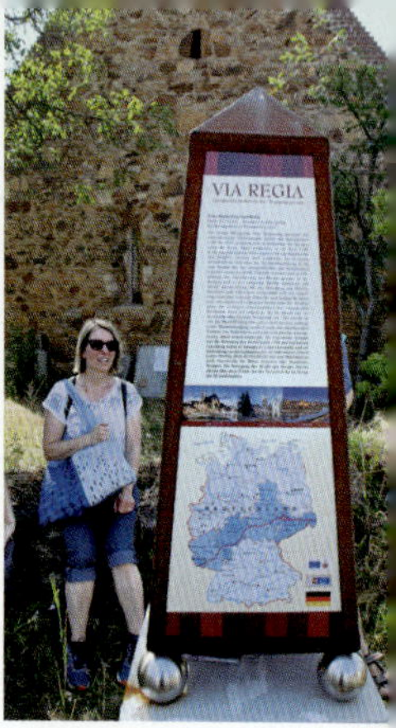

An der Kapelle.

Wir wandern vorerst auf dem Hauptweg weiter. Dann heißt es aufpassen. An der ersten Kreuzung geht es schräg rechts in den schmalen Weg und erneut aufwärts. Am breiteren Weg halten wir uns rechts und wandern an einem Abzweig linker Hand geradeaus vorbei. Aber weiter oben ist scharf links einzubiegen, es geht auch hier aufwärts. Der Weg schwenkt gleich nach rechts. An einer Kreuzung halten wir uns rechts und am Abzweig geradeaus. Auch bei den ersten Häusern laufen wir geradeaus weiter. Kurz danach ist die **Hospitalkapelle** ❹ linker Hand erreicht. Hier lädt auch die Hospitalschenke zur Einkehr ein. Hinter der Kapelle biegen wir links ein und überqueren die Straße. Geradeaus geht es in den Schlangengrund. Achtung, der Einstieg ist leicht zu übersehen. Wir folgen immer dem Weg, an einer Gabelung halten wir uns rechts. Am Ende des Tales gehen wir geradeaus über die Durchgangsstraße in die Sackgasse, dann rechts über die schöne Muldebrücke, auch **Pöppelmannbrücke** ❺ genannt.

Die Stadt **Grimma** ist erreicht. Wir biegen in die zweite Straße links ein (Hohnstädter Straße). Am Markt mit dem schönen Rathaus linker Hand laufen wir geradeaus weiter. Nach der Frauenkirche geht es an der T-Kreuzung links und an der Kreuzung rechts. Nach den Toiletten nutzen wir den ersten Weg rechts in den Schwanenteich-Park. Der erste Teich liegt bald linker Hand. Vor dem zweiten Teich biegen wir links ab dann steigen wir Stufen hinauf. Wir gehen geradeaus über die Straße und folgen der Karl-Marx-Straße immer geradeaus bis zum **Oberen Bahnhof** ❶.

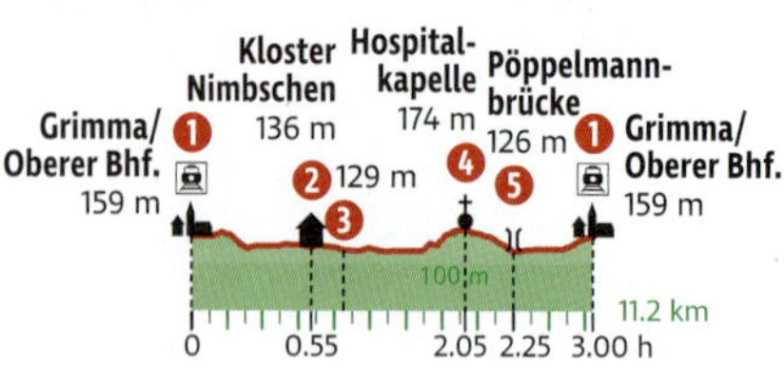

↗ 150 m | ↘ 150 m | 11.0 km

3.00 h

Im Thümmlitzwald 33

Auf wilden Wegen zu geheimnisvollen Steinen

Im Thümmlitzwald verstecken sich acht kleine und große Steine unterschiedlicher Epochen, zu denen meist vor Ort nähere Informationen gegeben werden. Auf eher wenig begangenen Wegen oder Abzweigen besuchen wir einen nach dem anderen, vom Lochstein zum Beatenkreuz. Auch der wohl älteste und mit 5,05 m höchste Stein, der sogenannte Große Monolith, ist heute von Robinien umgeben und trotz seiner Größe nur für den aufmerksamen Betrachter zu erkennen. Er war in zwei Teile zerbrochen und wurde 1981 wieder aufgestellt. Vermutlich handelt es sich um einen Menhir, auch »langer Stein« oder »Hünenstein« genannt, der zu prähistorischer Zeit zu Kultzwecken errichtet wurde. Ein Kultstein anbei ist auch der Teufelsstein, auf dem der Teufel seinen Hufabdruck hinterlassen haben soll. Mystische Stimmung lässt sich auch bei der sogenannten Waldkapelle spüren. Bald nach dem Beatenkreuz treten wir den Rückweg über schöne Waldwege an. Unser Start- und Zielpunkt ist seit 1993 nur noch Haltepunkt. Nahe der Unterführung gibt es Erläuterungen zur glorreichen Geschichte des Bahnhofs Tanndorf (seit 1868).

Ausgangspunkt: Bahnhof Tanndorf. Von Leipzig Hbf. mit der Regiobahn Richtung Döbeln bis Haltepunkt »Tanndorf« (Bedarfshaltestelle, ca. alle zwei Stunden, bei der Abfahrt sich deutlich hinstellen!). Parken an der Straße davor mit Platz für mehrere Pkw (Navi: Am Tanndorfer Bahnhof, Tanndorf/Zschadraß).
Anforderungen: Abenteuertour, Wege meist wenig begangen, z.T. holprig und mit quer liegenden Baumstämmen. Sehenswürdigkeiten nur z.T. ausgeschildert. Geeignet, wenn man Spaß an der Suche nach den Steinen hat bzw. sich mit Kindern auf die Suche macht und Geschichten zu den Zielen zu erzählen hat. Wer zugewachsene Wege scheut, macht diese Tour besser nicht im Sommer.
Einkehr: Unterwegs keine. Restaurant Schlossgewölbe im nahe gelegenen Schloss Podelwitz (s. Tipp unten).
Tipp: Anschließend zum Wasserschloss Podelwitz fahren und einkehren (Info: www.wasserschloss-podelwitz.de). Bus 621 von Bahnhof Tanndorf bis »Podelwitz (Zschadraß) Hauptstr., Colditz« (nur Mo–Fr). Navi: Leisniger Landstraße, Podelwitz.

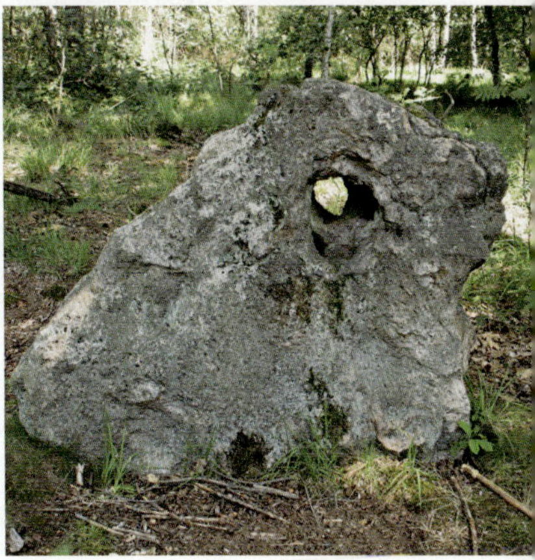

Der Lochstein im Thümmlitzwald.

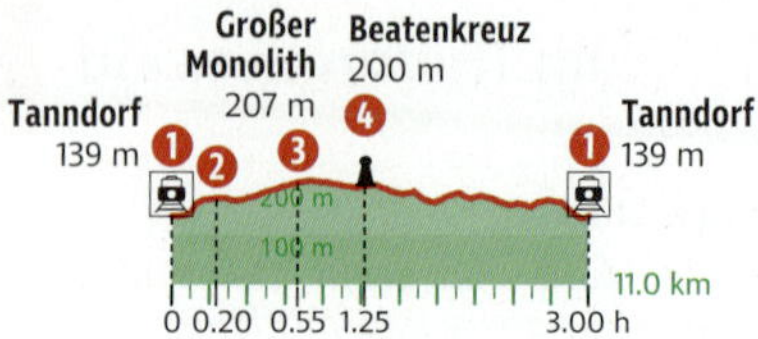

Der Große Monolith.

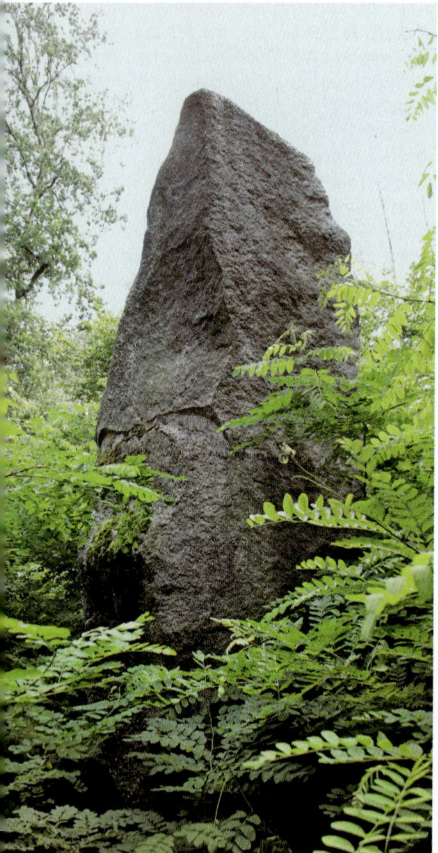

Am **Bahnhof Tanndorf** ❶ schreiten wir durch die Unterführung zur Bushaltestelle und biegen rechts in die Straße ein (hier parken die Autofahrer). An der Durchgangsstraße überqueren wir rechts die Gleise. Dann halten wir uns links und gleich geradeaus in die Sackgasse. Beim letzten Haus gehen wir rechts und dann geradeaus, der Weg ist teilweise recht holprig. Im Wald biegen wir an der T-Kreuzung links ein (diese Stelle merken wir uns für den Rückweg) und später an der Kreuzung rechts.

Bald liegt der **Lochstein** ❷ rechter Hand. An der Kreuzung geht es links, jetzt suchen wir den Hutungsstein rechter Hand. Wir setzen unseren Weg fort und halten uns an der Kreuzung rechts. Bald steht der Kleine Monolith rechter Hand. Danach kommen wir am Försterstein rechter Hand vorbei. Am Abzweig wandern wir geradeaus weiter und biegen an der Kreuzung rechts ein. An der Straße halten wir uns kurz links, dann gleich rechts. Wir kommen vorbei am Naumannstein linker Hand. An der Kreuzung biegen wir links ein. Achtung, wo eine kleine Lichtung ist, geht es links zum Teufelsstein und zum **Großen Monolithen** ❸, der ziemlich zugewachsen ist (Stand Juli 2020). Der Weg wird ab hier ggf. feucht.
An der Kreuzung halten wir uns links und an der Straße geradeaus. Wir erreichen den Wettinplatz, mit großem Rastplatz. Dann biegen wir an der Kreuzung rechts ab. Auf dem höchsten Punkt des

Weges liegt die Waldkapelle linker Hand. Nach deren Besichtigung setzen wir unseren Weg fort und biegen in den ersten Weg schräg links ein (Wanderzeichen gelber und roter Balken). An einer unscheinbaren Kreuzung, ca. 200 m vor der Straße, führt rechts ein Abstecher von ca. 50 m zum **Beatenkreuz 4**, wo vor rund 200 Jahren die unschuldige Jungfrau Beate ermordet worden sein soll – die vorerst letzte Sehenswürdigkeit. Achtung, der Abzweig ist leicht zu übersehen!

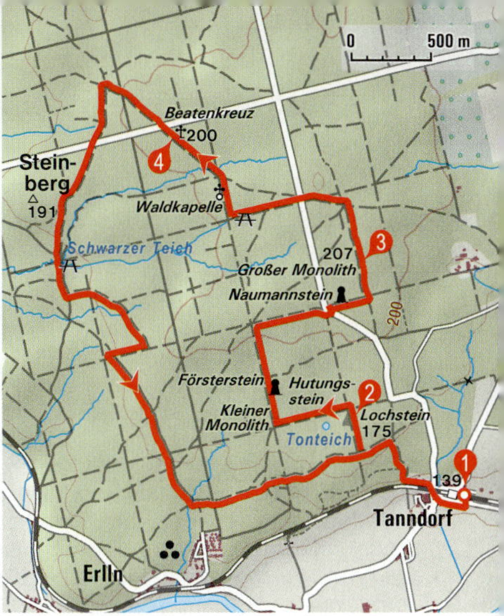

Wieder zurück auf unserem Weg geht es geradeaus über die Straße, weiterhin den Wanderzeichen nach. An der zweiten Kreuzung biegen wir links ein und folgen dem unscheinbaren Weg immer geradeaus. Wir überqueren die Straße und wandern geradeaus weiter, bis am Hochsitz links eingebogen wird. Am breiten Weg laufen wir geradeaus und aufwärts (nicht am Rastplatz vorbei). Nach ca. 200 m biegen wir in den ersten Weg links ein, ggf. ist er grasbewachsen. An der Gabelung halten wir uns rechts in den deutlichen Weg. An der T-Kreuzung geht es rechts in den geschotterten Weg und an der Kreuzung links in den unbefestigten. An drei Kreuzungen halten wir uns geradeaus und an der Gabelung links. An der folgenden Kreuzung mit Teich biegen wir links ein (Wanderzeichen Lutherweg und gelber Balken). An der Kreuzung mit Bank wandern wir geradeaus weiter. In der leichten Linkskurve geht es geradeaus, der Hauptweg wird verlassen. An der Kreuzung halten wir uns geradeaus, so auch an den beiden folgenden. Nun ist der Hinweg erreicht. Am Abzweig biegen wir rechts ein (an einer Kiefer), wandern immer geradeaus und halten uns unten nach links. Dann laufen wir geradeaus, rechts über die Gleise und links zurück zum **Bahnhof Tanndorf 1**.

Am Wettinplatz.

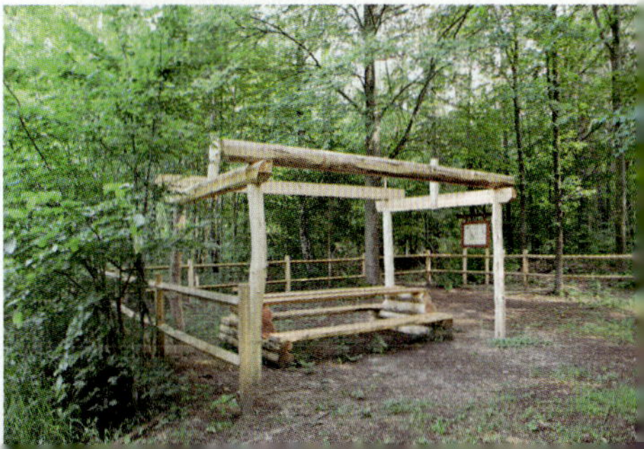

↗ 250 m | ↘ 250 m | 15.7 km

34 Zur Burg Mildenstein

4.30 h

Kleine Dörfer und ein großes Schloss

Reizvoll liegt Leisnig am tief eingeschnittenen Tal der Freiberger Mulde. Auf einem gewaltigen Sporn, einem Porphyrfelsen, thront die größte Sehenswürdigkeit des hübschen Städtchens: die Burg Mildenstein. Ihr Bergfried ist romanisch, die meiste Bausubstanz stammt aus dem 14./15. Jh., im 16. bis 18 Jh. umgestaltet. Heute ist hier ein beeindruckendes Museum untergebracht. Schon seit der Ottonenzeit (9.–11. Jh.) bildete Leisnig einen wichtigen Stützpunkt deutscher Herrschaft im ansonsten slawisch besiedelten Land. Von hier aus bietet sich ein schöner Blick auf die Mulde. Sehenswert ist in Leisnig auch die spätgotische Stadtkirche St. Matthäi von 1484.
Diese Wanderung führt bis zur Nordgrenze des Mulde-Lößhügellandes, der Freiberger Mulde, und ist von Bachtälern geprägt. Von Gersdorf aus ist bald das Kieselbachtal ereicht, dem wir bis Meinitz folgen, wo uns wiederum das Schanzenbachtal vor die Tore Leisnigs geleitet. Der Rückweg erfolgt in weiten Teilen durch das Hasenbachtal, teilweise ein Vogelschutzgebiet. Wir kommen nach Seifersdorf, dessen Kirche etwas ganz Besonderes bietet: einen lebensgroßen Kopf am Turm, der noch aus romanischer Zeit stammen könnte. Durch Wald und Feld geht es zurück nach Gersdorf.

Ausgangspunkt: Gersdorf, Bushaltestelle »Gersdorf, Unterdorf«. Von Leipzig Hbf. mit der Regiobahn Richtung Döbeln bis Leisnig. Mit dem Bus 924 Richtung Schönberg Goldene Höhe, Waldheim bis zur Haltestelle »Gersdorf, Unterdorf« (Achtung, nur wenige Busse). Parkplatz am Sportplatz (Navi: Kirchberg 9, Gersdorf, Hartha). Autofahrer gehen vom Parkplatz zurück zur Grundschule und an der Straße rechts zur Kirche, dann durch den Kirchgarten (Ruhe!) rechts an der Kirche vorbei und bei der Kapelle Stufen hinunter, der Weg ist steil. Unten halten wir uns geradeaus (hier treffen sich beide Varianten).

Anforderungen: Kaum ausgeschildert. Die Tour erfordert Ausdauer. Immer wieder muss in Abschnitten an wenig befahrenen Straßen entlang gewandert werden.

Einkehr: Mehrere Gaststätten in Leisnig; in Gersdorf gibt es noch den Gasthof Riedel (nur Fr–So geöffnet), wer hier auf den Bus warten möchte.

Tipps: Burg Mildenstein (siehe S. 29, Nov–März geschlossen, sonst Mo Ruhetag). Stiefelmuseum Leisnig (gerade Woche: So/Mo Ruhetag, ungerade Woche: Mo/Di Ruhetag). Vor der Kirchenmauer in Gersdorf steht ein kleines Sühnekreuz.

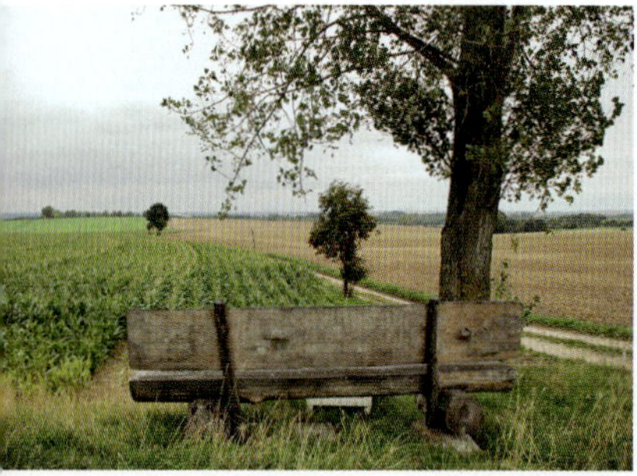

Bank mit Aussicht östlich von Seifersdorf.

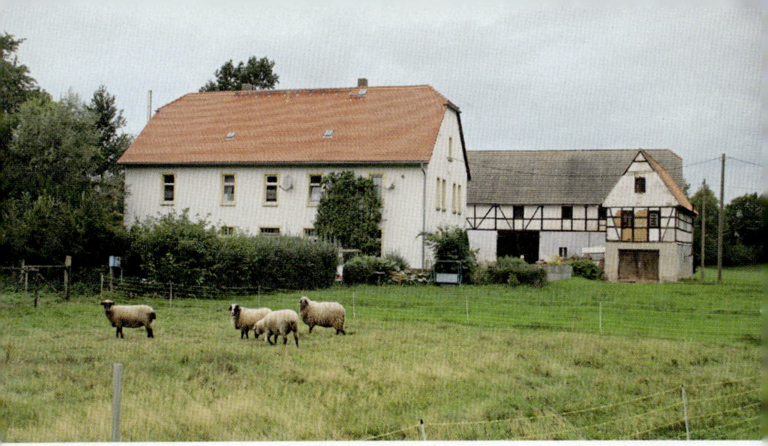

Landidylle in Gersdorf.

An der Bushaltestelle in **Gersdorf** ❶ wenden wir uns vom Ort weg und folgen der Durchgangsstraße unterhalb der Kirche bis zum Abzweig der Straße, wo wir nach links über die Bachbrücke gehen. Autofahrer kommen rechts von der Kirche hinunter. Wir halten uns an Haus Nr. 12 schräg rechts. Der Weg wird bald zum Pfad.

In Neudörfchen laufen wir zunächst geradeaus weiter, biegen dann nach dem Haus Nr. 26 in die nächste Straße links ein. Wir wandern nun parallel zum Kieselbach. An einer Gabelung halten wir uns rechts, dann immer geradeaus. Wir kommen durch ein schönes Wiesental. Unser Weg führt leicht in die Höhe. Am Ortseingang von **Meinitz** ❷ gehen wir schräg rechts. Später wird an der Durchgangsstraße eine Kreuzung erreicht, wo wir geradeaus laufen. Wir folgen der kleinen Straße weiter, gesäumt von Fachwerkhäusern. Sie macht einen Linksbogen und schwenkt dann nach rechts. Wir befinden uns hier im Schanzenbachtal und kommen an einzelnen Häusern vorbei, dann durch ein Wäldchen. Schließlich geht es rechts über die Brücke des Schanzenbaches. Dann halten wir uns schräg rechts, durch eine Unterführung.

In **Leisnig** laufen wir geradeaus weiter, bis wir an der Colditzer Straße rechts einbiegen und gegenüber von Haus Nr. 11 links in ein Gässchen. Hier lassen sich erste Blicke auf unser Ziel erhaschen. Steil führt der Weg hinunter. Unten halten wir uns rechts. An der Straße geht es links und gleich wieder rechts hinauf. Dann nutzen wir links die Stufen. Oben laufen wir geradeaus, am Kornhaus linker

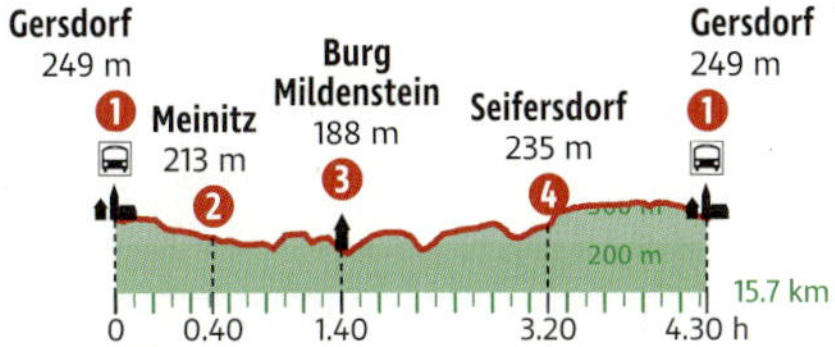

Hand vorbei. Wir biegen in die Turnerstraße rechts ein, die zum Markt führt. Dort halten wir uns links und an der Kirche vorbei. Weiter unten biegen wir an der T-Kreuzung rechts ein. Links geht es an der Taverne vorbei, dann vorbei an der Gaststätte Zum Stiefel. Jetzt wird die **Burg Mildenstein** 3 erreicht.
Nach der Besichtigung gehen wir rechts, durch einen Mauerdurchgang. Wir biegen rechts ein und steigen dann gleich links Stufen hinunter. Unten halten wir uns an der Straße links, dann rechts in die Lichtenberggasse. An der Kreuzung laufen wir geradeaus weiter. Der Weg schwenkt nach rechts, führt aufwärts und schwenkt nach links. Dann geht er in einen Schotterweg über. Es lohnt sich ein Blick zurück auf Leisnig und die Burg.

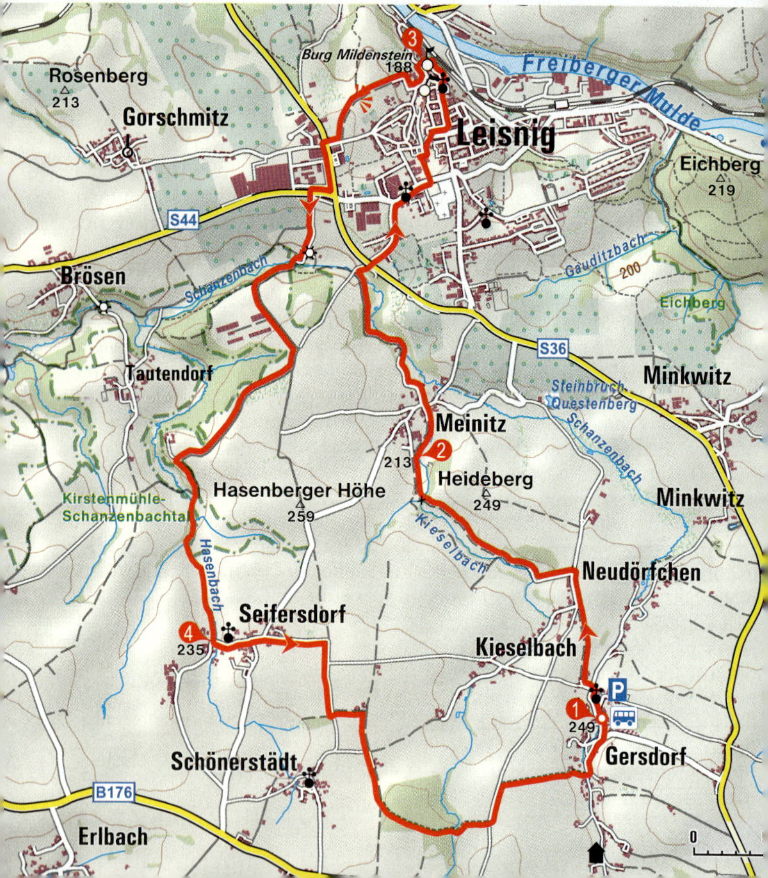

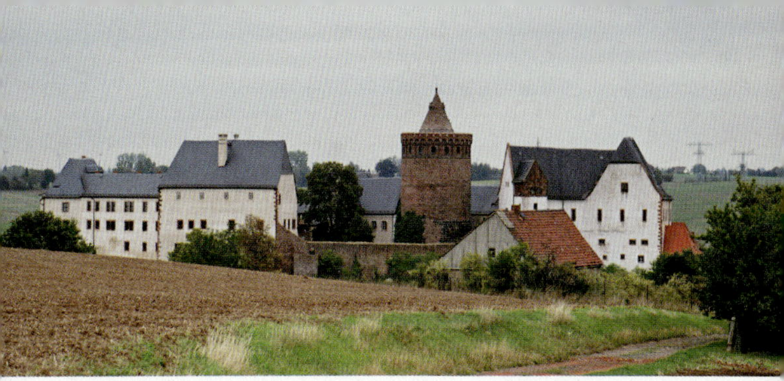

Burg Mildenstein.

An der Straße (geradeaus ist ein Supermarkt) biegen wir rechts ab und an der Kreuzung links. An der nächsten Kreuzung halten wir uns rechts in Richtung Zschadraß und Brösen. Wir verlassen die Straße am ersten Weg links (An der Liebchensmühle). Am Abzweig laufen wir geradeaus weiter und unten an einem Gehöft rechts. Dann überqueren wir nach links die Brücke über den Schanzenbach. Immer weiter wird auf dieser Straße gewandert, Wiesen grüßen links und rechts. Schließlich geht sie in einen Feldweg über. An der nächsten Straße halten wir uns rechts, Hopfen steht linker Hand. Wir biegen in den ersten Weg schräg rechts ein. Bald wandern wir oberhalb des Hasenbachtals und kommen wir an einer Streuobstwiese rechter Hand vorbei. Der Weg macht eine scharfe Linkskurve. Bei der folgenden scharfen Rechtskurve gehen wir geradeaus (also nicht der Kurve folgen). Für eine Weile wandern wir immer geradeaus weiter.
In **Seifersdorf** ❹ halten wir uns links, ein Abstecher führt den Hang hinauf zur Kirche. Dann laufen wir immer geradeaus, auch bei den letzten Häusern (Haus Nr. 41a–41b), wo der Ort wieder verlassen wird. An der T-Kreuzung folgen wir der Straßenkurve nach rechts. Am Abzweig nach Kieselbach geht es geradeaus, dann am nächsten Abzweig bei Ahornbäumen links. An der T-Kreuzung biegen wir rechts in den kleinen Weg ein. Wir kommen an einem Haus vorbei. Beim Wald halten wir uns schräg links in den Forstweg. An der Kreuzung geht es geradeaus und an der Gabelung rechts. Der Weg wird schmaler. An der T-Kreuzung biegen wir links in den Pfad ein, am Waldrand wieder nach links.
Dann nutzen wir den ersten Feldweg rechts. An der Straße halten wir uns links, wieder in den ersten Feldweg rechts. Wir kommen an einem Gehöft vorbei und biegen in die Straße links ein (rechts liegt die Gaststätte). Dann laufen wir immer geradeaus weiter. Wo die Durchgangsstraße nach rechts schwenkt, führt die Straße schräg links zurück zur Bushaltestelle in **Gersdorf** ❶. Autofahrer gehen die Straße hinauf zur Kirche, vorbei am Sühnekreuz, halten sich dann rechts und wieder links, zurück zum Parkplatz.

TOP

35

↗ 270 m | ↘ 270 m | 11.6 km

Auf den Rochlitzer Berg

3.30 h

Hinauf zu spektakulären Steinbrüchen und hinab zu einem Schloss

Der bewaldete Rochlitzer Berg (353 m), Rest eines Vulkankegels, gehört zu den beliebtesten Ausflugszielen der Region. Kein Wunder, hat er doch eine Fülle von Sehenswürdigkeiten zu bieten, deren Krönung ein Aufstieg auf den Aussichtsturm von 1860 und ein Besuch des eindrucksvollen Gleisbergbruches sind. Auf dem Porphyrlehrpfad, den wir von hinten beginnen, lässt sich alles bestens erkunden. Der seit Jahrhunderten abgebaute Rochlitzer Porphyr, auch als »sächsischer Marmor« bezeichnet, ist berühmt und wurde z.B. im Alten Rathaus oder der Thomaskirche in Leipzig verwendet.

Von der Rochlitzer Altstadt pirschen wir uns auf ungewöhnlichen Wegen den bewaldeten Berg hinauf, um die üblichen breiten und geschotterten Forstwege zu vermeiden. Für den Abstieg steht uns der schöne Rudolf-Zimmermann-Weg zur Verfügung, benannt nach dem berühmten Altmeister der Tierfotografie. Als Sohn des Verwalters des Aussichtsturmes ging er hier jeden Tag eine Stunde zu Fuß zur Schule. Zum Abschluss erwartet uns im reizvollen Tal der Zwickauer Mulde das eindrucksvolle Schloss Rochlitz (im Wesentlichen aus dem 14. Jh., in der Spätgotik umgebaut) mit Museum und Resten spätgotischer Wandmalereien in der Kapelle.

Ausgangspunkt: Bushaltestelle nahe dem Markt in Rochlitz. Von Leipzig Hbf. mit der Regiobahn Richtung Chemnitz bis Geithain, dort mit dem Bus 629 Richtung Gymnasium, Penig bis »Rochlitz, Rathausstraße«. Parken in der Rathausstraße oder am Markt in Rochlitz (Navi: Rathausstraße, Rochlitz).

Anforderungen: Orientierungssinn im ersten Teil und auch oben auf dem Berg. Überwiegend kleine Wege und Pfade, manchmal holprig. Ausschilderung nur im zweiten Teil. Auf den Rochlitzer Berg fährt auch der Bus 662 ab der Rathausstraße in Rochlitz (am Sa/So ca. stündlich). Der Abstieg ist verhältnismäßig einfach, erfolgt aber auch auf eher kleinen Wegen.

Einkehr: Bergrestaurant Türmerhaus auf dem Rochlitzer Berg; Blümchen-Café auf dem Rochlitzer Schloss; Schlosscafé am Markt in Rochlitz.

Tipp: Besuch des Rochlitzer Schlosses (Mo Ruhetag, Nov.–März geschlossen).

Hinweis: Achtung, der Durchgang durch Schloss Rochlitz ist nur zu den Öffnungszeiten möglich (kostenfrei, bis 17 oder 18 Uhr).

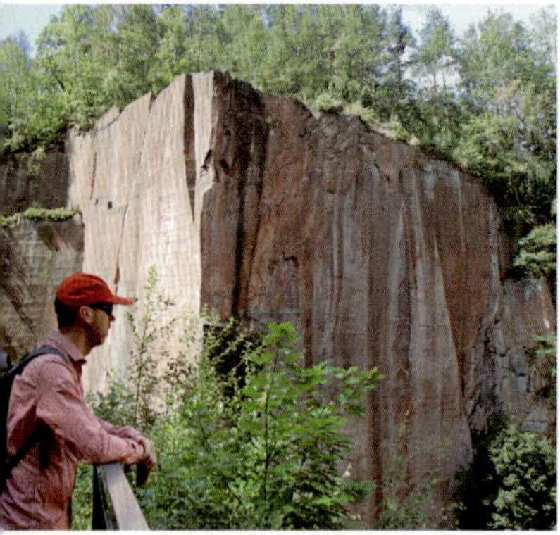

Der Gleisbergbruch.

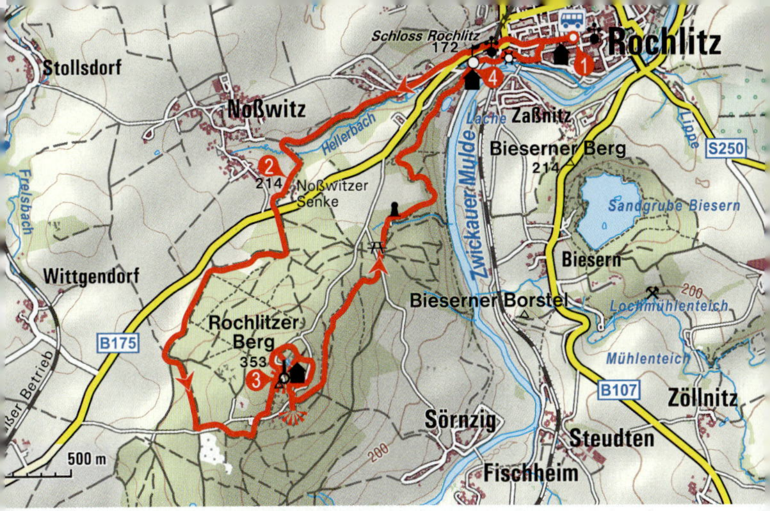

Von der Bushaltestelle in der Rathausstraße gehen wir entgegen der Fahrtrichtung (Einbahnstraße) leicht bergauf zum **Rochlitzer Markt** ❶. Am Ende des Platzes laufen wir geradeaus in die Burgstraße, dann immer geradeaus weiter. An der Durchgangsstraße biegen wir links ein und nutzen gleich den Weg geradeaus, der rechts an der Kirche vorbeiführt. Das Schloss sehen wir hier von hinten und sparen es für das Ende der Tour auf. Wir halten uns weiterhin geradeaus, auch am Parkplatz an der Durchgangsstraße. Wir biegen in die erste Straße schräg rechts ein (Noßwitzer Weg). Auch hier laufen wir immer geradeaus weiter, schließlich auch an den Garagen, wo die Straße an einem Vorfahrtsschild eine Rechtskurve macht.

Jetzt befinden wir uns in der Natur, im Hellerbachtal. Auch hier bleiben wir immer geradeaus auf dem Hauptweg. Es geht leicht aufwärts und an Gärten vorbei, durch Wald und wieder an Wiesen entlang. Achtung, in Sichtweite des nächsten Ortes ist vor einem gelben Gaspfahl scharf nach links abzubiegen. Wir überqueren eine kleine Brücke über den Hellerbach und folgen dem Pfad in den Wald. An einer Gabelung geht es nach rechts und bei der Kleingartenanlage in der **Noßwitzer Senke** ❷ immer geradeaus, dann über einen Steg. An der T-Kreuzung halten wir uns links. Wir überqueren die B 175 (Vorsicht!) und nehmen den Forstweg aufwärts. An der Kreuzung gehen wir rechts und gleich wieder schräg rechts.

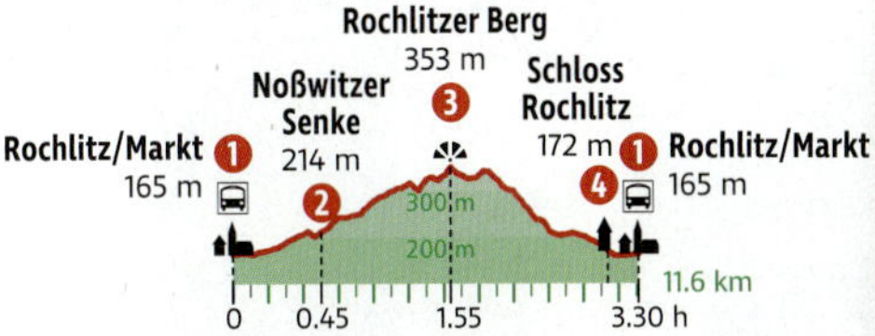

Wir gelangen wieder ins Freie und kommen an weiteren Gärten vorbei. Vor der Straße biegen wir am Ende der Gärten links ab und bald geht es in einen Wald hinein, wo der Weg etwas holprig sein kann. An einem Abzweig halten wir uns geradeaus, ungefähr parallel zum Waldrand. Am breiten Forstweg gehen wir links und nach ca. 100 m schräg rechts in den Reitweg. An der Kreuzung biegen wir links in die Straße ein. Gleich an der ersten Kreuzung laufen wir geradeaus (mehrere Wanderzeichen: gelber Balken, grüner Punkt, gelber Punkt) und an der nächsten links (u.a. Lutherweg). Steil wandern wir nach oben und halten uns an der Straße rechts.
Am Waldschlösschen, einer ehemaligen Gaststätte, ist der Porphyrlehrpfad erreicht. Es führt ein lohnender Abstecher nach links zu Bergkeller, Pferdestall und Porphyrbruch (Haberkornischer Bruch). Nach dem Abstecher gehen wir links die Straße hinauf, vorbei am Böhmestein linker Hand. Danach geht es links Stufen hinauf (wer keine Lust auf die Sehenswürdigkeiten hat, kann auch geradeaus abkürzen). An der Gaststätte Türmerhaus gehen wir links am Aussichtsturm Friedrich-August-Turm auf dem höchsten Punkt des **Rochlitzer Berges** ❸ vorbei und folgen weiter der Straße. Wir biegen beim ersten Abzweig rechts in den Porphyrlehrpfad ein. Bald geht es rechts zur Aussichtsplattform. Von hier aus kann man die Jahreszahlen an der steilen Kante besonders gut sehen (u.a. 1929, 1936, 1940, 1942).
Wir kehren zurück und halten uns dann rechts. An der T-Kreuzung geht es rechts noch einmal zum Gleisbergbruch, diesmal von unten. Wir gehen zurück, dann geradeaus, die historischen Sozialgebäude rechter Hand, der Historische Unterstand weiter vorne linker Hand. Nach den Sozialgebäuden biegen wir rechts ein, vorbei an der Schmiede linker Hand. Vor dem Spielplatz laufen wir rechts die Straße hinauf. In einer Rechtskurve führen Stufen zu einem Abstecher auf die Königshöhe mit einer Bank. Aussicht hat man hier allerdings keine mehr.
Wir folgen der Straße weiter und biegen am Funkturm nach rechts ab, zur Einsiedelei. Daran vorbei gelangen wir wieder zur Straße und halten uns dort rechts. Beim Platz biegen wir links ein (die Abkürzer von vorhin kommen hier entgegen und biegen rechts ab). Geradeaus

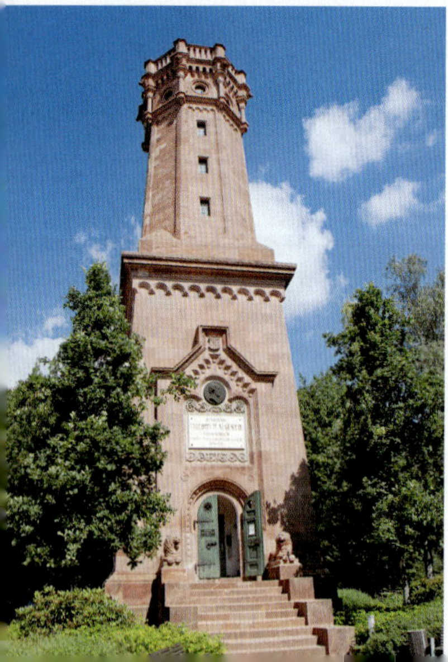

Der Aussichtsturm auf dem Rochlitzer Berg.

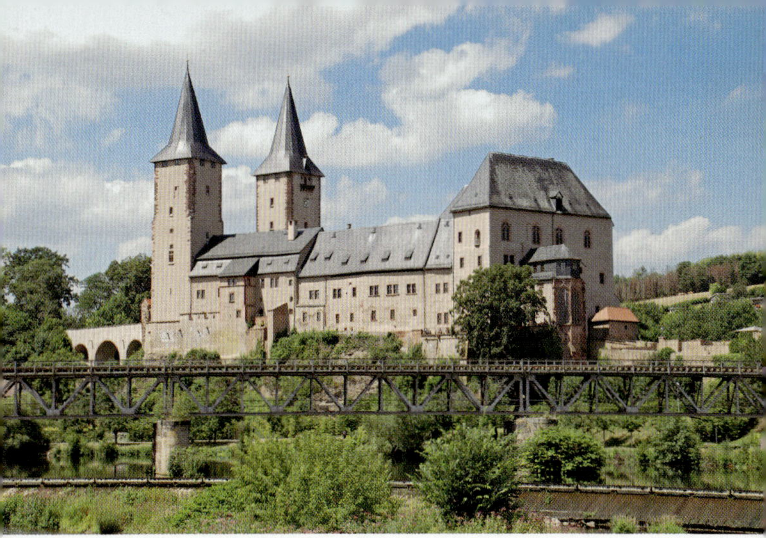

Das Rochlitzer Schloss von der Brücke.

gibt es einen letzten Abstecher zum Panoramablick, der allerdings jedes Jahr mehr zuwächst. Für einen schönen Rundumblick sollte man lieber auf den Aussichtsturm steigen.

Zurück am Platz biegen wir dann scharf rechts ein. Wir folgen nun für längere Zeit dem Rudolf-Zimmermann-Weg, einem schönen Pfad, der mit dem Wanderzeichen roter Balken markiert ist. Wir wandern immer geradeaus, nur an einem deutlichen Abzweig scharf nach rechts und gleich wieder nach links, den Wegweisern folgend. An der Kreuzung halten wir uns geradeaus. Später geht es ebenfalls geradeaus über die Straße und am Rastplatz erneut geradeaus. Kurz laufen wir auf einem geschotterten Weg, dann an der Gabelung links in den kleineren Pfad. Weiter unten halten wir uns geradeaus und überqueren eine Brücke. Am Denkmal für den Oberförster Brehme gehen wir rechts. Der Weg ist jetzt breiter. Bald bietet sich rechter Hand ein schöner Ausblick auf unser Ziel.

Nach der Rechtskurve gehen wir an der Gabelung links und an der nächsten Gabelung rechts. Geradeaus erreichen wir **Schloss Rochlitz** ❹. Wir durchschreiten den Hof, vorbei am Café. Die Burg wird verlassen. Vor der Kirche steigen wir rechts die Stufen hinunter. Vor der Mulde biegen wir links ein und gehen bald links an der Schlossmühle vorbei. An der Brücke geht es geradeaus, ein Abstecher lohnt aber für ein schönes Foto vom Schloss. An einem einzelnen Gebäude rechter Hand, der ehemaligen Baderei, geht es links die Muldengasse hinauf zum **Rochlitzer Markt** ❶, mit Parkmöglichkeiten und der Bushaltestelle schräg rechts.

↗ 130 m | ↘ 130 m | 18.9 km

36 Von Bad Lausick zur Parthequelle

4.30 h

Von der Kurstadt durch eine hügelige Landschaft zum Wald

In Bad Lausick wurde 1820 auf der Suche nach Braunkohle eine Mineralquelle entdeckt, die die kleine Stadt 1821 zum Hermannsbad und schließlich 1913 zum Eisenvitriol- und Moorbad Bad Lausick werden ließen. Heute ist der Moorbadebetrieb eingestellt, der Schwerpunkt liegt vielmehr bei der Behandlung von Herz- und Kreislauferkrankungen. Die Kleinstadt liegt zwischen der flachen Leipziger Tieflandsbucht bzw. dem südlichen Neuseenland im Westen und dem sächsischen Hügelland im Osten.

Vom Kurpark gelangen wir Richtung Osten auf schönen Feldwegen zum Glastener Forst, einem überwiegend naturnahen Laub-Mischwald. Zusammen mit dem Colditzer Forst bzw. Colditzer Wald bildet er eines der größten zusammenhängenden Waldgebiete Sachsens. Unterwegs begegnen wir blau-weißen Pfosten einer wasserwirtschaftlichen Anlage, die Wasser von der Mulde in das Leipziger Neuseenland Süd leitet. Weiter südlich kommen wir zur Quelle der Parthe, die in Leipzig in die Weiße Elster mündet (s. Tour 7), auch Parthenquelle oder Gossenborn genannt – nach dem zugehörigen Waldstück Gossa. Im Wechsel von Wiesen und Wäldern erreichen wir auf geschwungenen Wegen, auf einem stillgelegten Bahndamm und an zwei Teichen vorbei nach Westen hin wieder die Kurstadt.

Ausgangspunkt: Bad Lausick, Haltepunkt. Von Leipzig Hbf. mit der Regiobahn 6 Richtung Chemnitz oder mit der Regionalbahn 113 Richtung Geithain nach Bad Lausick (ca. stündlich). Parkplatz anbei (Navi: Heinrich-Heine-Straße, Bad Lausick).
Anforderungen: Teilweise ausgeschildert, überwiegend eben und leicht zu gehen. Diese lange Tour erfordert etwas Ausdauer.
Einkehr: Unterwegs keine. In Etzoldshain das Restaurant Waldschänke (Di Ruhetag, nur Sa/So Mittagstisch); in Bad Lausick das Poseidon (tgl. geöffnet) am Bahnhof sowie das Riff (tgl. geöffnet) am Kur- und Freizeitbad nahe dem Tonteich.

Am **Bahnhof Bad Lausick** ❶ wenden wir uns zu Gleis 2, dann zum Vorplatz mit Parkplatz. An der Bushaltestelle geht es links und nach dem Haus Nr. 5a rechts, in den »Weinberg« und Stufen hinauf. Wo der Weg gepflastert ist und wieder leicht bergab führt, biegen wir nach ca. 50 m links ein, wieder aufwärts. An der Straße halten wir uns geradeaus, links an der Sachsenklinik vorbei. Am Tennisplatz wird der **Kurpark** ❷ betreten. Ab hier wandern wir für längere Zeit auf Terrainkurwegen (Tk).

Wir steigen die Stufen hinunter und biegen weiter unten links in den Tk 1/2/3 ein. Dann schreiten wir rechts weitere Stufen hinunter zu einem kleinen Pavillon. Unten am Hauptweg biegen wir links ein (schräg rechts von uns ist die Freilichtbühne). Dann halten wir uns rechts in Richtung

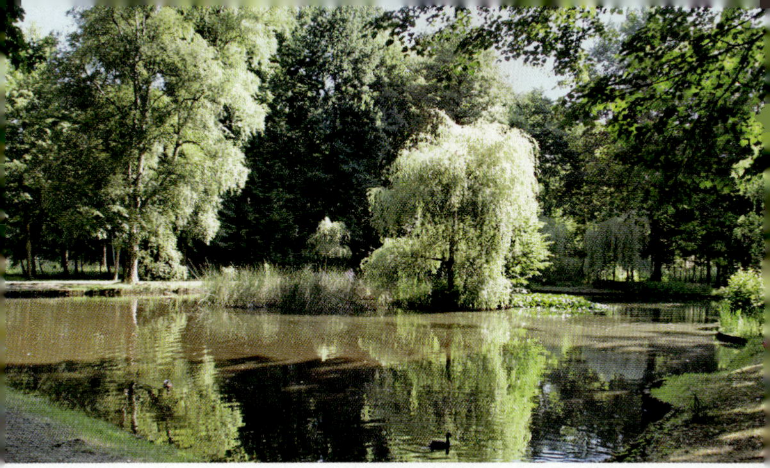

Am Ententeich im Kurpark von Bad Lausick.

Löschwasserentnahmestelle. Unser Weg macht einen Rechtsbogen, und an der Kreuzung halten wir uns links in Richtung Medianklinik. Geradeaus laufen wir am Ententeich vorbei und ebenso an der Tafel »Bad Lausicker Moortaschen« (Tk 2/3). An der Kreuzung geht es rechts (Tk 2). Wir überqueren die Brücke und biegen dann rechts ein, weiterhin auf dem Tk 2. An der T-Kreuzung halten wir uns links, jetzt in den Tk 4/5/6. An der T-Kreuzung biegen wir kurz rechts, dann gleich links in den schönen Feldweg ein, nun auf dem Tk 5/6. Er mündet in eine Straße, wo weiter der Tk 5/6 verläuft. Beim nächsten Ort verlassen wir vorläufig die Terrainkurwege und nutzen die Hintere Dorfstraße links.

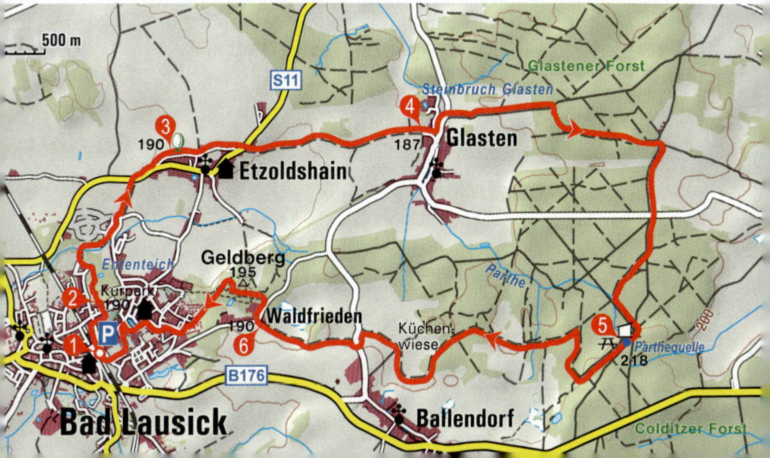

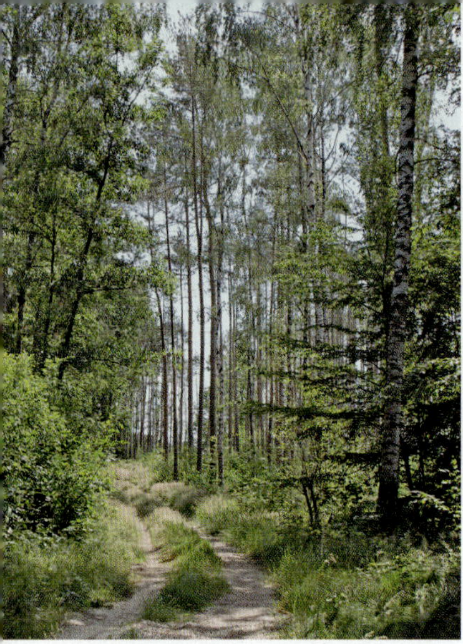

Im Glastener Forst.

Wir kommen am Ortsrand von **Etzoldshain** ❸ vorbei an einer großen Linde mit Bank, hier herrscht Landidylle. Am Ende überqueren wir die Straße in den Glastener Weg, nun wieder auf einem Terrainkurweg (Tk 9/10). Wir wandern auf dem schönen Feldweg immer geradeaus. Bei Bäumen betreten wir das Landschaftsschutzgebiet Colditzer Forst.

In **Glasten** ❹ gehen wir geradeaus und verlassen somit für längere Zeit die Terrainkurwege. An der Durchgangsstraße biegen wir scharf links ein (ein kurzer Abstecher führt vorher rechts zum Teich). Nach dem Ortsausgangsschild gehen wir rechts, den geteerten Weg immer geradeaus. Nach Beginn des Glastener Forsts halten wir uns in einer leichten Linkskurve scharf rechts, der Weg schwenkt gleich nach links. Wir folgen dem sich schlängelnden Forstweg, bis an der T-Kreuzung mit Bank links einzubiegen ist. Im Wald gehen wir stets geradeaus, immer wieder sind alte Grenzsteine zu sehen.

Am Waldende geht es an der T-Kreuzung rechts, dann am Waldrand entlang. Wir laufen an der Straße (mit Bushaltestelle) geradeaus, auch an einem Abzweig. An der wasserwirtschaftlichen Anlage, ausgewiesen mit blau-weißen Pfosten und Schild, geht es schräg rechts und an der Kreuzung links. An der großen Kreuzung (mit Schutzhütte) biegen wir rechts ein und folgen dem grünen Balken zur **Parthequelle** ❺. Hier laden mehrere Rastplätze zur Pause ein.

Nach der Rast gehen wir immer weiter geradeaus, biegen aber vor der Wiese rechts ein. Birken säumen den linken Wegesrand. Der Weg schwenkt bei einer Bank nach rechts. An der Kreuzung geht es links, wieder der wasserwirtschaftlichen Anlage nach, der wir für eine Weile folgen. Dazu

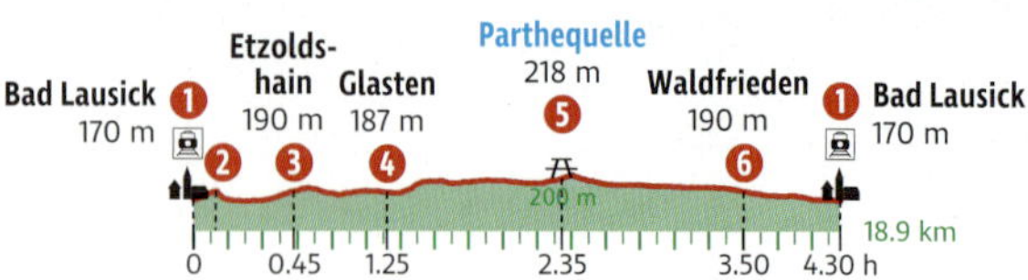

halten wir uns an einer Gabelung rechts und an der Kreuzung geradeaus, weiter auf dem Hauptweg. Hier wechseln nun Wiesen mit Wäldern. Auf den Wiesen befinden sich schöne Waldinseln mit alten Bäumen. An der Kreuzung halten wir uns geradeaus. In einem großen Rechtsbogen führt der Weg über die Küchenwiese. An der Kreuzung wandern wir erneut geradeaus. An der Straße biegen wir links ein, die wasserwirtschaftliche Anlage wird verlassen. Wir laufen unter der Stromleitung hindurch und biegen dann in den nächsten Weg rechts ein. Nun wandern wir immer geradeaus, auch bei den ersten Häusern von **Waldfrieden** 6. An der Straße halten wir uns rechts und biegen gleich in den ersten Weg links in den Wald ein. Nach ca. 90 m geht es links und den Pfad immer geradeaus. An einer Kreuzung mit Bänken biegen wir ebenfalls links ab. Die Terrainkurwege haben uns wieder.

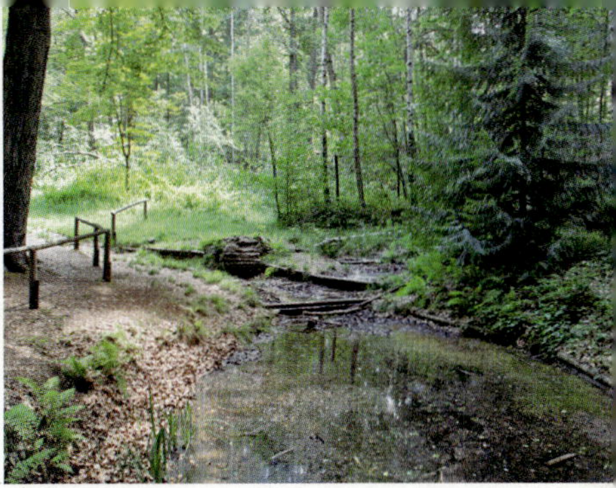

Die Parthequelle.

Wir folgen hier dem Tk 9/10 Richtung **Bad Lausick**. Bei Garagen geht es geradeaus, an der Gartenanlage rechts, an der Straße links, dann rechts in die Lessingstraße. An der T-Kreuzung halten wir uns links und hinter der Kastanie rechts. Nach der Kindertagesstätte biegen wir links ab. Am Schwanenteich gehen wir links und an dessen Ende rechts. Dann nutzen wir links die Waldstraße und den ersten Weg links (weiterhin Waldstraße). Dann halten wir uns rechts, den Tonteich linker Hand. Am Ende schräg rechts (nach links ginge es zu einer Gaststätte am Kur- und Freizeitbad) und an der Straße rechts. Gleich ist wieder der **Bahnhof** 1 linker Hand erreicht.

Auf dem Weg zum Waldfrieden.

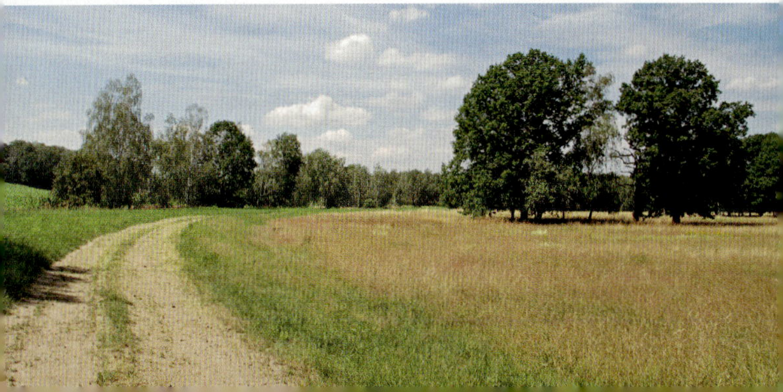

Kohrener Land und Altenburger Land

Bunte Felder und Obstbaumwiesen, kleine Dörfer und mittelalterliche Städtchen – südöstlich von Leipzig hat sich ein Hauch von alter Zeit, ein ursprüngliches Gepräge erhalten. Durch das Wandergebiet winden sich ungestört naturbelassene Flüsse und Bäche. Dem Reisenden erschließen sich diese Vorzüge jedoch erst auf den zweiten Blick – hier fehlt die Dramatik, es herrscht vielmehr »stiller Glanz«.

Täler und flache Hügelketten bestimmen das Bild, größere Erhebungen fehlen. Erst allmählich geht die liebliche Landschaft vom Tiefland im Norden in das Mittelgebirgsvorland weiter südlich über. Die Burg Gnandstein ragt deutlich aus der Landschaft heraus und bildet mit den Burgen Kohren und Streitwald/Wolftitz ein bescheidenes Burgendreieck im Kohrener Land. Imposanter treten im Altenburger Land Schloss Altenburg und die Burg Posterstein hervor.

Die wenigen Waldgebiete liegen im Osten, so der Streitwald bei Kohren-Sahlis (Tour 37), der Pahnaer Forst (Tour 39) und der Leinawald bei Altenburg (gestreift in Tour 38). Ansonsten ist hier viel Ackerbau zu sehen, denn die Lößdecke sorgt für gute Bodenfruchtbarkeit. Nicht umsonst wird der Naturraum um das Kohrener Land und das Altenburger Land als Altenburg-Zeitzer-Lößgebiet bezeichnet. Die Agrar-Kulturlandschaft wird reizvoll durch Restgehölze, Hecken und Baumreihen aufgehellt.

Blick zurück zur Burg Gnandstein (Tour 38).

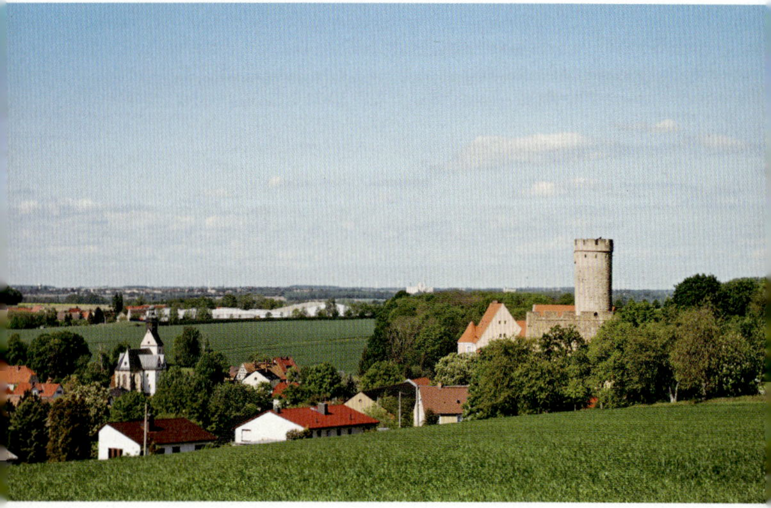

Während Frohburg das nördliche Tor zum Kohrener Land bildet, ist das Töpferstädtchen Kohren-Sahlis sein Mittelpunkt. Hier treffen sich kleine Flüsse und Bäche, die interessante Namen tragen: Die Maus (oder der Mausbach) wird von der Ratte, die Ratte von der Katze und die Katze von der Wyhra verschlungen. Im Altenburger Land durchfließen Sprotte und Pleiße die östlichste Ecke Thüringens. Bei Regis ist der tiefste Punkt der Pleißeaue (142 m, Tour 43) erreicht. Die einzigen Städte der Region sind die »Skatstadt« Altenburg an der Pleiße und die »Knopfstadt« Schmölln an der Sprotte.

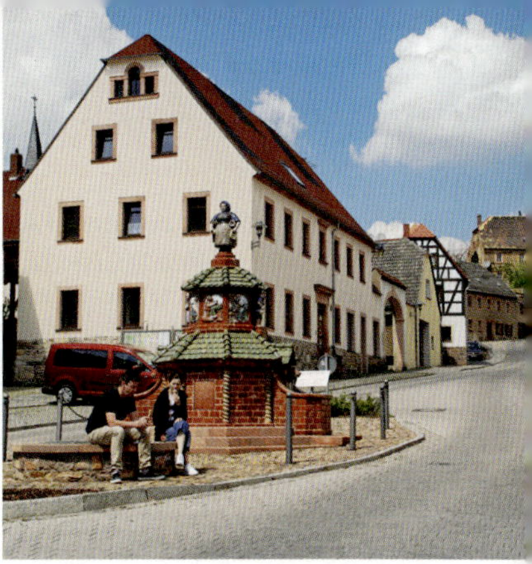

Töpferbrunnen in Kohren-Sahlis (Tour 37).

Landschaftsschutzgebiete sind das ganze Kohrener Land (Touren 37–39) und im Altenburger Land das Obere Sprottental von Posterstein bis Schmölln (Tour 41). Die wichtigsten Naturschutzgebiete bilden die Eschefelder Teiche (Tour 38) und die Haselbacher Teiche (Tour 43), die beide auch als Vogelschutzgebiete ausgewiesen sind.

Der Nobitzer Teich von Westen aus (Tour 43).

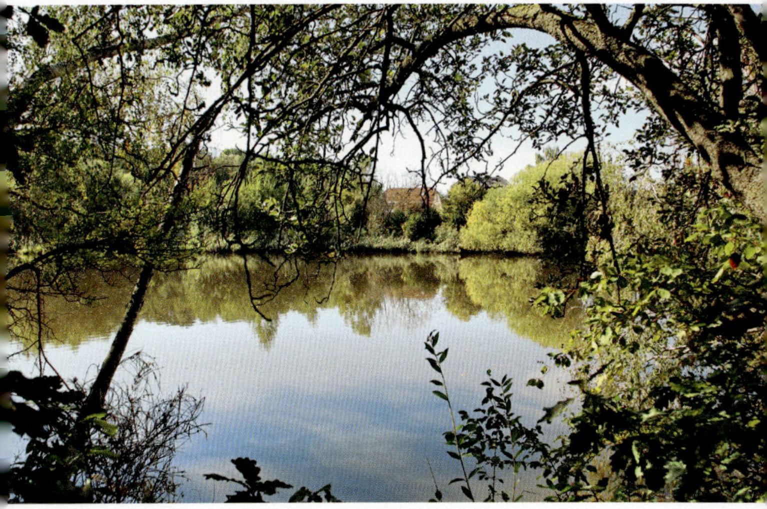

TOP

↗ 130 m | ↘ 130 m | 9.1 km

37 Von Kohren-Sahlis zum Lindenteich

2.30 h

Auf schönen Wegen zu allerlei Attraktionen

Grüne Wiesen und Wälder, idyllische Bäche und Teiche, dazu jede Menge Sehenswürdigkeiten – was will man mehr. Kohren-Sahlis gab der umliegenden lieblichen Landschaft ihren Namen: das Kohrener Land. Reizvoll in den Tälern von Wyhra, Ratte, Katze und Maus gelegen, war das kleine Städtchen einst bedeutende Stadt für Weberei und Töpferei. Heute sind drei Töpfereien, das Töpfermuseum und der Töpferbrunnen von 1928 erhalten. Letzterer ist Wahrzeichen der Stadt, zusammen mit den beiden romanischen Rundtürmen der frühdeutschen Kohrener Burg, die auch auf dem Stadtwappen zu sehen sind.

Wir wandern zunächst hinauf zur Burgruine, die auf einer 25 m hohen Hügelzunge, dem Burgberg, thront. Anschließend geht es im kühlen Bachtal der Maus (Vogelschutzgebiet) zum romantischen Schwindpavillon in Rüdigsdorf, benannt nach den Wandfresken des Münchner Malers Moritz von Schwind (19. Jh.), die die Liebesgeschichte von Amor und Psyche erzählen. Bald darauf erreichen wir den Lindenteich mit Irrgarten und Tretbooten. Der Rückweg erfolgt durch Wald und Feld zum Aussichtspunkt Putzschel, bevor wir durch den hübschen Kohrener Ortskern mit vielen Fachwerkhäusern zum Ausgangspunkt zurückkehren.

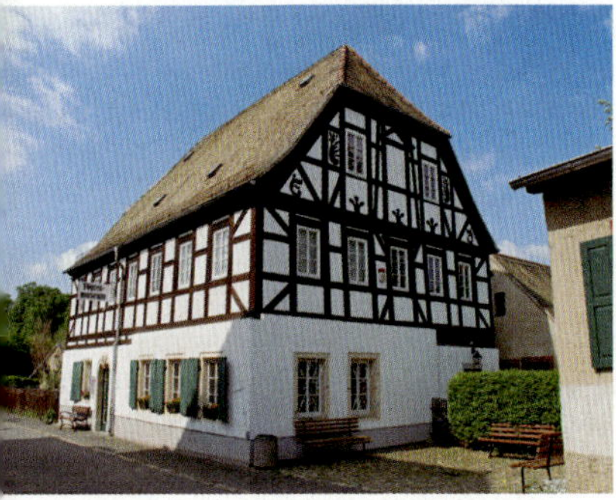

Das Töpfermuseum von Kohren-Sahlis.

Ausgangspunkt: Bushaltestelle »Kohren-Sahlis, Krankenhaus« in Kohlen-Sahlis. Von Leipzig Hbf. mit der Regiobahn Richtung Chemnitz bis Geithain, dort in Bus 254 Richtung Kohren-Sahlis bis Haltestelle »Kohren-Sahlis, Krankenhaus«. Parkplatz anbei (Navi: Julius-Mosen-Straße, Kohren-Sahlis).
Anforderungen: Leichte Wanderung. Verläuft teilweise auf dem Pilgerweg Via Porphyria, ist aber nur sporadisch ausgeschildert. Im Wald am Anfang können umgestürzte Bäume liegen. Kurzes Stück bei Linda an einer wenig befahrenen Straße. Die Wege im zweiten Teil (ab Lindteich) sind holpriger als im ersten.
Einkehr: Gaststätte Lindenvorwerk (mit Imbiss, tgl. geöffnet) am Lindenteich; Gaststätte Kohrener Land (nur Sa/So) und Eiscafé Elisenhof (Mo Ruhetag) in Kohren-Sahlis.
Tipps: Töpfermuseum Kohren-Sahlis (Mo Ruhetag, Nov.–Jan. geschlossen), Irrgarten der Sinne am Lindenteich (tgl. geöffnet, Nov.–März geschlossen).
Hinweis: Im Töpferhaus Arnold gibt es einen kostenlosen Prospekt mit 20 Sehenswürdigkeiten von Kohren-Sahlis.

An der **Bushaltestelle** 1 im Norden von **Kohren-Sahlis** gehen wir den Julius-Mosen-Weg hinunter. Weiter unten, bevor rechter Hand eine Wiese beginnt, biegen wir links ein (Schilder weisen u.a. zur Burgruine). An einem Abzweig halten wir uns schräg links. Wir folgen stets dem Hauptweg. Vor einem Zaun biegen wir mit dem Wanderzeichen der Via Porphyria (weißes Symbol in braunem Kreis = Kirchenfenster) links ein. Wir gelangen durch einen schmalen Durchgang in den Ort und zu einer Kreuzung, wo wir rechts für einen Abstecher in die Straße An der Burg einbiegen. Nach der Besichtigung der Burgruine mit zwei Türmen geht es mit Blick auf die Kirche zurück und an der Kreuzung rechts die Burggasse hinunter. Am Töpferplatz gehen wir am Töpferhaus Arnold vorbei, dann rechts und vorbei am Töpfermuseum. Nach der Rechtskurve überqueren wir links eine Brücke und halten uns an der T-Kreuzung links. Wir überschreiten den Parkplatz am Montottone-Platz und biegen an dessen Ende links ein. Hier lohnt sich ein Blick zurück auf die Burgruine.

In den ersten Weg rechts einbiegend folgen wir nun dem Wanderzeichen des Lutherweges. Kurz nach dem Waldeingang müssen wir uns an der Gabelung entscheiden. Einfacher zu gehen ist der linke (Lutherweg), idyllischer der rechte Weg. Dazu laufen wir am Zaun entlang und bald am Bach Maus. Am Ende des schönen Pfades ist kurz Trittsicherheit

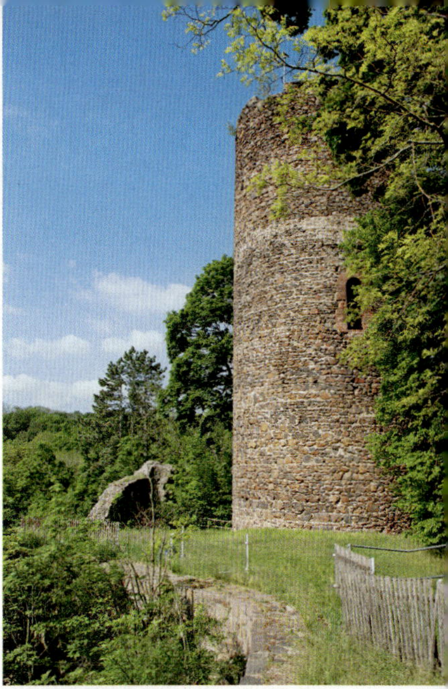

Die Burguine Kohren.

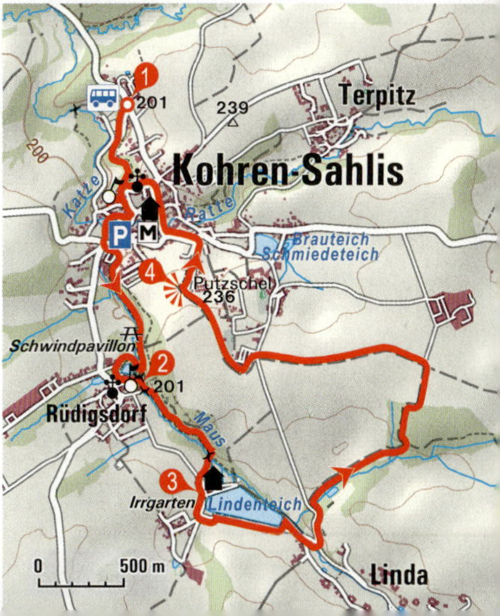

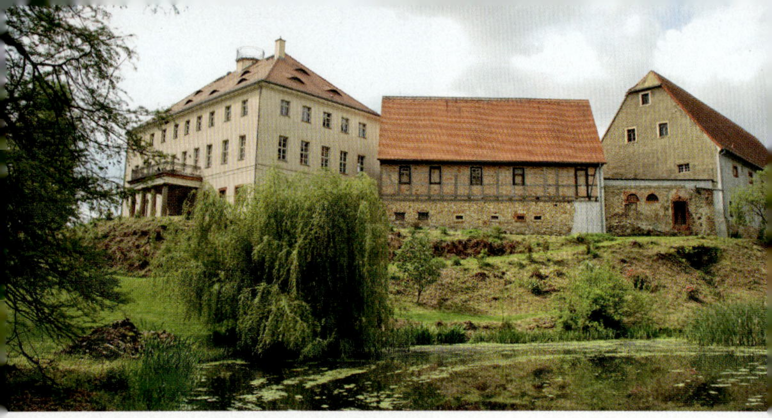

Herrenhaus und Gutshäuser in Rüdigsdorf.

erforderlich. Beide Varianten treffen wieder zusammen. Wir kommen nun an einem Rastplatz vorbei. In Sichtweite einer Wiese biegen wir an der Gabelung rechts ein.

Wir überqueren die Brücke nach **Rüdigsdorf** ❷, biegen rechts ein und gehen links um den Teich. Der Schwindpavillon ist auf der Höhe sichtbar (wer mag, kann einen kurzen Abstecher hinauf unternehmen). Wir bleiben ansonsten am Teich und biegen kurz vor dem Herrenhaus an einer Gabelung links ein. Nach der erneuten Überquerung der Brücke halten wir uns rechts, am linken Wiesenrand, und an der Gabelung rechts. Wir bleiben an der Maus. Wir wandern nun immer geradeaus weiter und überqueren dann rechts eine Brücke.

An der Gabelung steuern wir rechts auf den Irrgarten zu. Anschließend kehren wir zurück zum Parkplatz und wenden uns dort rechts zur Gaststätte am **Lindenteich** ❸. Vor dem Teich halten wir uns rechts, gehen am Geländer entlang und danach links in den Fußweg. Bald führt der Weg am Wasser entlang und schwenkt dann nach links. Nachdem wir den halben Teich passiert haben, halten wir uns an der T-Kreuzung rechts und an der Straße in Linda links. Gleich biegen wir scharf links in die Straße ein und nach der Linkskurve rechts in den Feldweg. Am Waldrand geht es schräg rechts (nicht gleich zu sehen) und an der Kreuzung links. Der Weg führt aus dem Wald hinaus und schwenkt nach rechts.

Am Lindenteich.

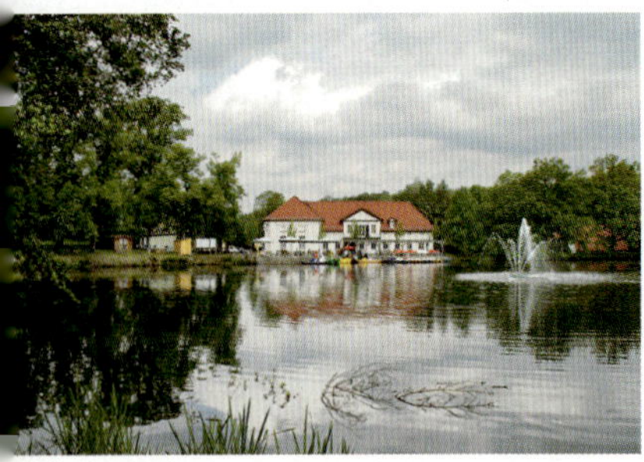

Am Abzweig biegen wir links in den bald mit Bäumen bewachsenen Feldweg ein. An der Kreuzung halten wir uns links und befinden uns wieder auf der Via Porphyria, die hier nur in umgekehrter Richtung ausgeschildert ist. An der nächsten Kreuzung (Straße) laufen wir kurz geradeaus und gleich schräg links in den Wiesenweg. An der Gabelung geht es rechts und an einer kleinen Wiese geradeaus, auf den Weg zwischen Feld und Bäumen. Wir kommen an einer Streuobstwiese vorbei. Wo unser Weg wieder in die Via Porphyria mündet, wandern wir geradeaus weiter, so auch an zwei Abzweigen. Am Aussichtspunkt **Putzschel** ❹ biegen wir rechts ein und wandern dann immer durch den Wald. An einer Gabelung halten wir uns rechts.

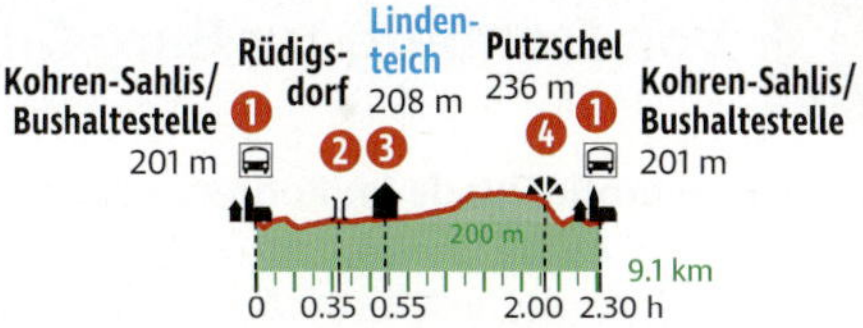

Unten in **Kohren-Sahlis** biegen wir links in die Steingasse ein, ein Schild weist in Richtung Töpferei Müller. Nach dieser geht es rechts. Am Kohrener Markt kommen wir an allerlei kleinen Sehenswürdigkeiten vorbei, wie dem Museum Hofmannsche Sammlung linker Hand, dem Töpferbrunnen, dem Julius-Mosen-Wohnhaus und hübschen Fachwerkhäusern. Oben geht es links in die Kirchgasse, rechts lohnt sich ein Blick in den sanierten Pfarrhof. Wir passieren die Kirche und die alte Schule linker Hand. Bei der Burggasse nutzen wir dann denselben schönen Waldweg wie beim Hinweg. Dazu biegen wir in den schmalen Durchgang zwischen Haus und Mauer rechts ein und halten uns dann immer geradeaus – außer an einem Schuppen rechter Hand: Dort ist an der Gabelung schräg rechts in eine Art Hohlweg einzubiegen. Am geteerten Weg geht es rechts und bald ist wieder die **Bushaltestelle** ❶ mit Parkplatz im Norden von Kohren-Sahlis erreicht.

Am Putzschel mit Blick auf Kohren-Sahlis.

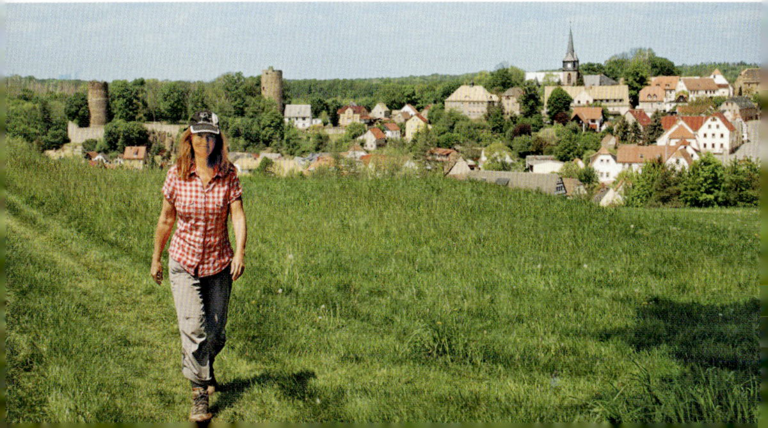

↗ 230 m | ↘ 230 m | 29.1 km

38 Von Frohburg zur Burg Gnandstein

7.30 h

Eine große Runde im Kohrener Land

Gerade angekommen, und schon sind wir in der Natur – der Stadtwald Frohburg, Auftakt dieser Tour, geleitet uns als Erstes zum eher schlichten Schloss Frohburg (16. Jh., im Kern romanisch, im 19. Jh. innen klassizistisch umgestaltet), mit Museum zu Kunstkeramik und historischem Spielzeug.
Anschließend durchwandern wir das Wyhratal und genießen den Aufstieg durch die ausgedehnten Wälder des Stöckigt, einem Vogelschutzgebiet. Oben belohnt uns die Burg Gnandstein, eine der am besten erhaltenen romanischen Burgen Sachsens mit Wehranlage und Hauptattraktion des Kohrener Landes. Auch vom südlichen Teil der Tour aus, wo das Altenburger Land gestreift wird, ist sie immer wieder zu sehen. Weiter geht es nach Altmörbitz mit der sehenswerten Talsperre Schömbach. Auf einem idyllischen Weg laufen wir am Nordrand des Leinawaldes entlang. Über Feldwege werden die Eschefelder Teiche erreicht, in einer Geländemulde über stauenden Tonschichten gelegen, ursprünglich als Fischzuchtteiche angelegt, heute ein Paradies für die Vogelwelt und daher ebenfalls Vogelschutzgebiet.
Der Rückweg erfolgt durch die Stadt Frohburg, in Sichtweite der spätgotischen Michaeliskirche (15. Jh.) und über den Marktplatz mit Centaurenbrunnen (1899) und Rathaus im niederländischen Renaissancestil (1886–1887).

Ausgangspunkt: S-Bahnhof Frohburg. Mit der S-Bahn Linie 6 Richtung Geithain bis Frohburg. Parkplatz anbei (Navi: Bahnhofstraße, Frohburg).
Anforderungen: Orientierung schwierig im Stadtwald Frohburg, im Stöckigt und am Rande des Leinawaldes. Konditionell anspruchsvoll durch Rutschgefahr an der Wyhra, den relativ steilen Anstieg im Stöckigt und das lange Laufen auf (ruhigen) Straßen. Durststrecken vor und kurz nach Altmörbitz. Folgt teilweise der Via Porphyria, diese ist aber nur sporadisch ausgeschildert. Mit Kindern nur bis Schloss Frohburg geeignet, dort zurück Richtung Kirche, rechts zum Marktplatz 7 und weiter wie beschrieben.
Einkehr: Gaststätte Schützenhaus (nur Mittagstisch, tgl. geöffnet) in Frohburg; Schlosscafé Frohburg (nur Sa/So); Gaststätte Jägerhaus (tgl. geöffnet, Abstecher) in Streitwald; Café Restaurant Burg Gnandstein (Mo/Di Ruhetag).
Tipps: Museum Schloss Frohburg (Mo Ruhetag), Burg Gnandstein (Mo Ruhetag, Nov.–März geschlossen). Fernglas mitnehmen zur Vogelbeobachtung an den Eschefelder Teichen.

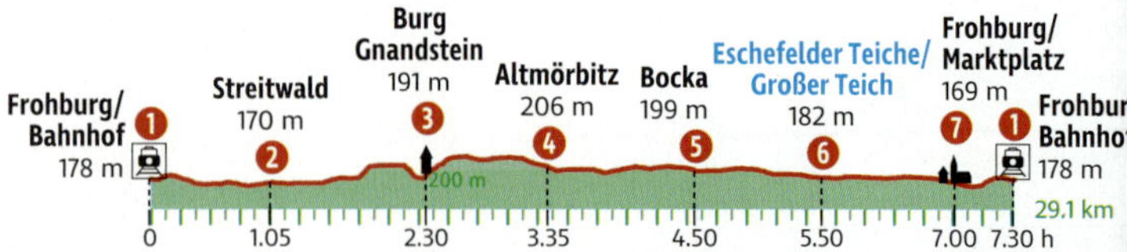

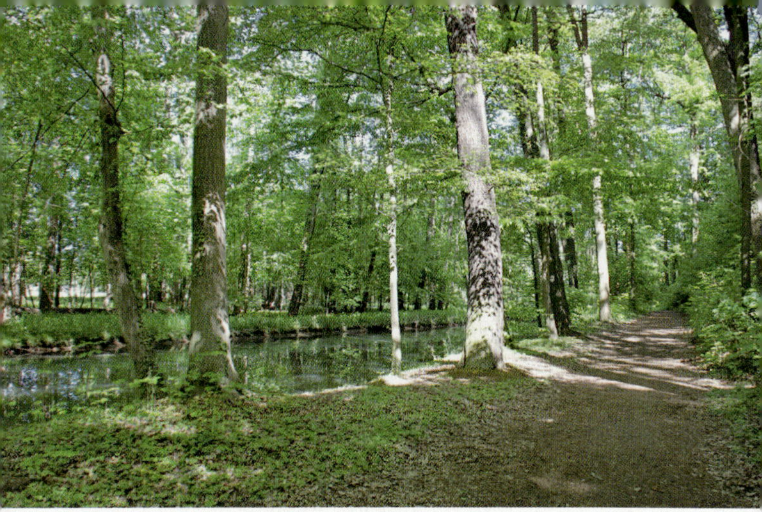

An der Wyhra zwischen Schloss Frohburg und Streitwald.

Vom **Bahnhof Frohburg** ❶ wenden wir uns zur Stadtseite. Wir folgen der Rechtskurve der Straße, indem wir uns kurz links und gleich rechts in Richtung Zentrum halten. Am Wolfslückenweg biegen wir an der Waldecke schräg links in den Waldpfad ein. Nach ca. 70 m wandern wir links weiter, parallel zum Wolfslückenweg. An einer Kreuzung geht es geradeaus. Kurz vor Waldende halten wir uns an der großen Kreuzung rechts (nicht scharf abbiegen!) und an der folgenden Kreuzung, eine Bank linker Hand, links. An der nächsten Kreuzung geht es geradeaus und ca. 50 m vor dem Waldende links. Der Pfad mündet in einen breiteren Weg, und der Wald wird verlassen. Hier halten wir uns schräg links, vorbei am Schützenhaus mit Biergarten. An der Straße biegen wir schräg rechts ein, dann schräg links in die Töpfergasse. Wo diese in eine Straße mündet, laufen wir weiter geradeau und biegen an der T-Kreuzung rechts ab (Am Stadtbad).

Nach dem Schlossmühlenwehr und der Brücke biegen wir links in den Schlosspark ein und gehen gleich rechts hinauf zum Schloss (für einen Abstecher zum Museum hoch zur Straße). Nachdem wir den Anblick genossen haben, folgen wir dem ersten Weg links. Unten halten wir uns am Bach geradeaus und wandern nun immer an der Wyhra entlang. Schließlich überqueren wir eine Brücke, gehen dann gleich rechts und kommen erneut rechts über eine weitere Brücke. Weite Wiesen grüßen linker Hand. An der Straße halten wir uns geradeaus in den Fuß-/Radweg und kommen nach **Streitwald** ❷. Hier werden wir auch von einem Baumlehrpfad begleitet. An einem Parkplatz geht es geradeaus. An der Bushaltestelle laufen wir weiterhin geradeaus und nutzen den Fuß-/Radweg (hier Abstecher zur

Gaststätte Jägerhaus möglich, ausgeschildert). An der Kreuzung halten wir uns bei Häusern geradeaus und wandern wieder auf einem schönen Waldweg. Am Abzweig geht es geradeaus, dann rechts und am Teich vorbei, dann schräg rechts. Wir überqueren eine in die Jahre gekommene Brücke und halten uns vor dem folgenden Teich wieder rechts. Der Weg schwenkt nach links. An der Kreuzung biegen wir links ein (rechts würde ein Abstecher zum wenig sehenswerten Schloss Wolftitz führen). An einem Abzweig geht es geradeaus.

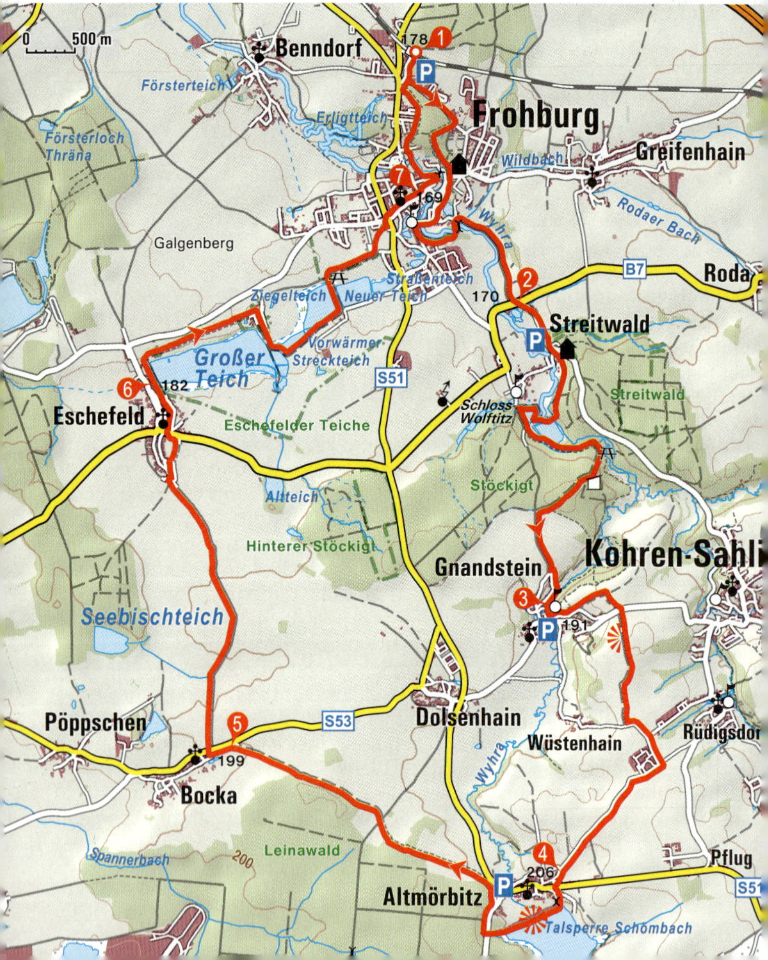

An der Gabelung mit Bank biegen wir links in den Pfad ein (geradeaus beginnt ein geteerter Weg). Nun erfreuen wir uns an einem romantischen Weg immer an der Wyhra entlang. An einem Rastplatz geht es rechts (ggf. mit einem Schild: Gnandstein). Der ebenfalls idyllische Weg lässt uns fast vergessen, dass wir aufwärts laufen. An einer Schutzhütte wählen wir unter den drei Möglichkeiten den rechten Weg. Am Feldrand laufen wir geradeaus weiter. Der Burgturm wird linker Hand sichtbar. An der Kreuzung geht es nach links, in einen geteerten Weg mit Blick auf den Burgturm.
Vor dem Ort **Gnandstein** halten wir uns links (An den Lämmerbergen), dann an der T-Kreuzung rechts und nach Haus Nr. 8 (linker Hand) links. Der Weg geht in einen Fuß-/Radweg über. Wir überqueren die Brücke und kommen links an einem Gebäude vorbei. Wer die Burg umrunden will, geht hier links hoch. Alle anderen laufen geradeaus weiter. Unser Weg macht einen großen Linksbogen. Wo rechter Hand ein großer Parkplatz zu sehen ist, gehen wir schräg links hinauf und auf der Burgstraße rechts an der **Burg Gnandstein** ❸ vorbei (der Eingang befindet sich linker Hand). An einem Abzweig nutzen wir geradeaus den grasbewachsenen Weg. Wir biegen in den ersten Weg rechts ein. Es lohnt sich nochmal ein Blick nach rechts zurück zur Burg. Wir überqueren geradeaus eine Straße. Auch nach der wasserwirtschaftlichen Anlage laufen wir geradeaus am linken Feldrand entlang weiter. Der Weg wird gleich deutlicher, unser Pfad mündet in einen Feldweg. An der kleinen Straße halten wir uns links und am Abzweig schräg rechts. An der T-Kreuzung geht es rechts für knapp 2 km auf der wenig befahrene Landstraße weiter.

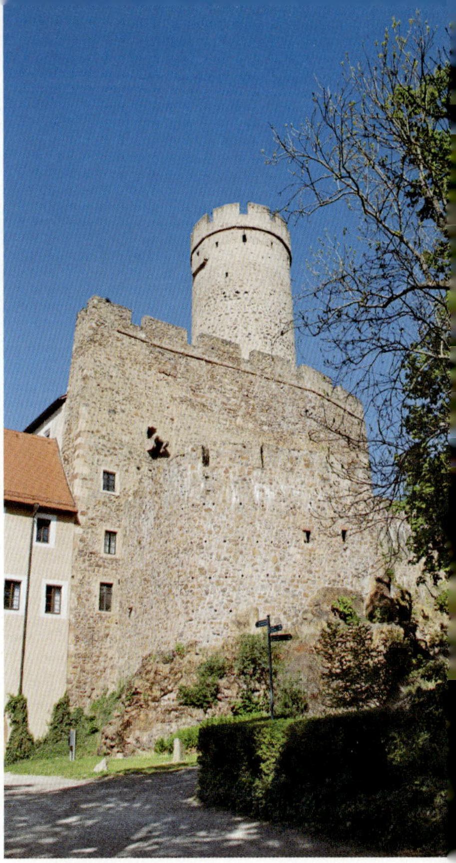

An der Burg Gnandstein.

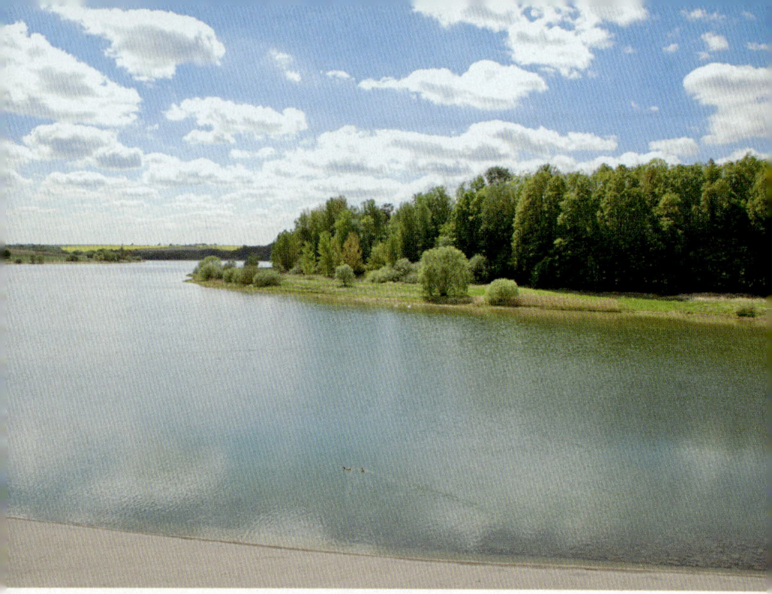

Die Talsperre Schömbach bei Altmörbitz, ursprünglich zum Hochwasserschutz gebaut.

In **Altmörbitz** ❹ laufen wir geradeaus weiter und biegen beim Haus Nr. 19 erst scharf links, dann gleich scharf rechts ein. Dann halten wir uns geradeaus, über die Straße und schräg links in die Sackgasse (Zum Stausee). An der Gabelung halten wir uns rechts und gehen durch ein Tor zur Talsperre. Wir sind hier auf der Staumauer, auch ein kleiner Naturlehrpfad begleitet uns. Am Ende werden Bänke mit Informationstafeln und ein kleiner Parkplatz erreicht. Wir biegen hier rechts vorsichtig in die Straße ein, laufen an einem Abzweig vorbei und gehen nach dem Schild »Auf Wiedersehen im Landkreis Altenburger Land« schräg links, gleich über einen großen Parkplatz. Vorbei am Imbiss am Leinawald, und in der Schleife nutzen wir geradeaus den Pfad, der bald zu einem schönen Weg wird. Am Waldende geht es geradeaus die Allee weiter. Die Burg Gnandstein grüßt rechter Hand. Bei Waldbeginn halten wir uns geradeaus, auch an der Kreuzung. An der Straße halten wir uns links und gehen gleich nach dem Ortseingangsschild von **Bocka** ❺ rechts. Wir folgen nun dem Feldweg für ca. 3 km.
In **Eschefeld** biegen wir in den ersten Weg rechts ein (Am Dorfteich), der nach links schwenkt. An der Baumreihe halten wir uns schräg rechts und an der Straße links. Wir biegen in die erste Straße (Zum Teichdamm) rechts ein und folgen ihr an der Gabelung links weiter. Wir wandern immer geradeaus weiter, auch am Siedlungsende. Der **Große Teich** ❻, Teil der **Eschefelder Teiche**, wird erreicht. Hier sind viele Wasservögel zu beobachten. An der

T-Kreuzung geht es rechts. Wir erreichen Häuser und halten uns am Trafohaus rechts, der Große Teich liegt bald rechts von uns. Wo linker Hand ein weiterer Teich sichtbar wird, gehen wir links und laufen zwischen zwei Teichen hindurch, der linke Teich heißt Vorwärmer. Nach einem Haus rechter Hand biegen wir links ab, wieder zwischen zwei Teichen, jetzt mit dem Ziegelteich linker Hand und dem Neuen Teich rechter Hand. An der T-Kreuzung gehen wir am Rastplatz rechts. Dann halten wir uns geradeaus und nach dem Friedhof links, auf die Kirche zu.

Frohburg ist wieder erreicht. An der Straße biegen wir links ein und an der Kreuzung rechts. Jetzt laufen wir für eine Weile immer geradeaus. Wir überqueren den **Marktplatz** 7 und biegen schräg links in die Webergasse ein. Geradeaus nutzen wir den Fuß-/Radweg. Nach der Brücke halten wir uns links (rechts liegt das Schützenhaus vom Hinweg). Wir kommen am Sportplatz vorbei. Am geteertem Weg geht es links und nach ca. 20 m rechts, dann immer geradeaus. An einer Bank halten wir uns schräg links und folgen dem Hauptweg. Nun ist unser Weg sporadisch mit dem roten Balken gekennzeichnet. An der Gabelung halten wir uns links und laufen die Bahnhofstraße geradeaus zurück zum **Bahnhof Frohburg** 1.

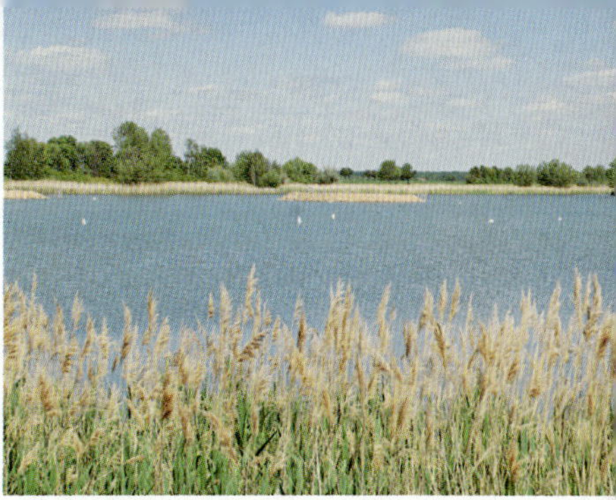

An den Eschefelder Teichen.

Frohburg naht.

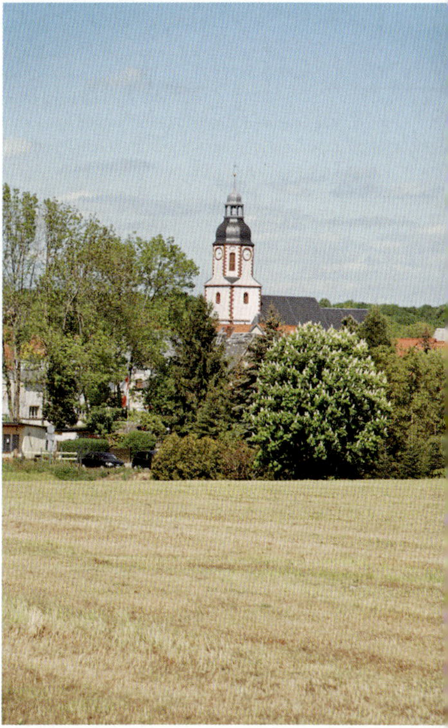

↗ 130 m | ↘ 130 m | 19.6 km

39 Nach Windischleuba

5.00 h

Wald, Seen, Pleißeaue, Fachwerkhäuser und ein Schloss

Wir durchwandern den Pahnaer Forst, eines der letzten großen Waldgebiete des nördlichen Altenburger Landes, und umrunden den Pahnaer See, einst Tagebaurestloch, heute Erholungsgebiet mit Stränden und Campingplatz. Anschließend kommen wir erneut durch den großen Laubmischwald. Wieder im Freien, geht es nach Pähnitz an einer schönen Teichlandschaft vorbei nach Windischleuba. Der hübsche Ort ist von Fachwerkhäusern und dem Wasserschloss im Stil der Spätgotik und Renaissance geprägt (14. Jh., 1886 neu aufgebaut), das heute als Jugendherberge genutzt wird. Auf einer anschließenden Runde durch den Schlosspark und die breite Talaue der Pleiße lernen wir die ausgedehnten idyllischen Pleißewiesen Remsa-Windischleuba kennen, Teil der Pleißeaue Altenburger Land, ein Projekt von Natura 2000.
Der Rückweg erfolgt an dem Gelände der Talsperre Windischleuba (erbaut 1951–53) entlang. Am Ende der Tour genießen wir den Ausblick auf die Wasserfläche, ein Vogelparadies, wo Graureiher, Kiebitz und Lachmöwe brüten, und auch bedeutendes Durchzugsgebiet nord- und osteuropäischer Enten und Schnepfenvögel.

Ausgangspunkt: Bushaltestelle Fockendorfer Wehr, Treben. Von Leipzig Hbf. mit der S-Bahn Linie 6 Richtung Geithain, in Borna in den Bus 251 Richtung Altenburg oder mit der S-Bahn Linie 5X Richtung Zwickau, in Altenburg in den Bus 251 Richtung Borna zur Haltestelle Fockendorfer Wehr, Treben (beide je ca. alle vier Stunden). Autofahrer parken auf dem Parkplatz nahe der Gaststätte Am Stausee, Stausee 1, 04617 Fockendorf (Navi: Fabrikstraße, Fockendorf, bis zum Ende fahren).
Anforderungen: Die lange Tour (für Autofahrer ca. 3 km kürzer) erfordert Ausdauer. Überwiegend deutliche Wege, aber wenig Ausschilderung. Die Tour lässt sich an verschiedenen Stellen abkürzen: am Ortseingang Windischleuba (Einsparung ca. 4 km) oder am Schloss Windischleuba (Einsparung ca. 3 km).
Einkehr: Gaststätte Am Stausee (tgl. geöffnet, Mo–Fr nur Mittagstisch) nahe der Talsperre, Gaststätte Seeblick und Strandcafé (tgl. geöffnet) auf dem Campingplatz, Elia (tgl. geöffnet, Mo–Fr nur abends) in Windischleuba.
Tipp: Bademöglichkeit im Pahnaer See.

An der Bushaltestelle **Fockendorfer Wehr** ❶, Treben, wenden wir uns vom Ort weg und biegen vor der Straßenbrücke schräg links ein. Am Wehr geht es dann ebenso schräg links über die kleine Brücke, weiter geradeaus. In **Fockendorf** biegen wir gleich rechts in die Straße Am Mühlgraben ein. Die Straße schwenkt nach links. Wir nutzen den Fuß-/Radweg geradeaus und kommen an einer großen Linde vorbei, weiter geradeaus. An der Straße geht es schräg rechts. Immer ist der Fabrikstraße geradeaus zu folgen, vor-

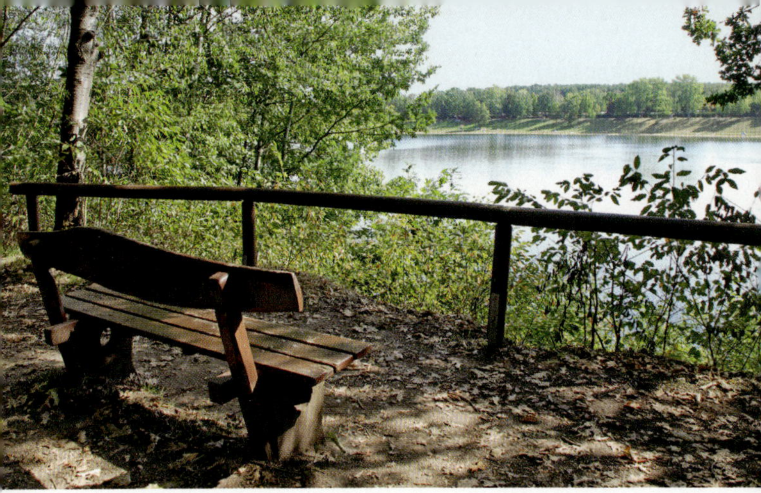

Bank mit Blick auf den Pahnaer See.

bei am Heimat- und Papiermuseum. Wir bleiben weiterhin auf der Hauptstraße. Am Parkplatz halten wir uns schräg links. Autofahrer wenden sich vom Parkplatz Richtung Fockendorf, biegen an der Straße kurz rechts ein. Alle Wanderer biegen nun in den ersten Weg links in den Wald Pahnaer Holz ein. Wir gehen immer geradeaus bis zu einer Kreuzung mit Schildern, wo wir links einbiegen. Ca. 100 m vor dem Waldende halten wir uns rechts. An der Kreuzung geht es schräg links, weiter parallel zum Waldrand. Wo der Ort Pahna linker Hand sichtbar wird, bleiben wir weiter am Waldrand. An der Straße biegen wir rechts ab und nach der Rechtskurve in den ersten Weg links ein. Gleich danach halten wir uns an der Gabelung links in den oberen Weg. Bald begleiten uns Tafeln des etwas in die Jahre gekommenen Naturlehrpfades und wir genießen erste Blicke auf den **Pahnaer See** ❷. Bänke laden zur Rast ein. Wir bleiben immer auf dem Hauptweg. An einer Kreuzung geht es schräg rechts in den oberen Weg. Immer wieder führen Stichwege hinunter zum Seeufer. Wir aber bleiben auf dem Hauptweg und biegen erst nach der Linkskurve scharf nach rechts ab, ggf. ist der Weg hier ausgeschildert.

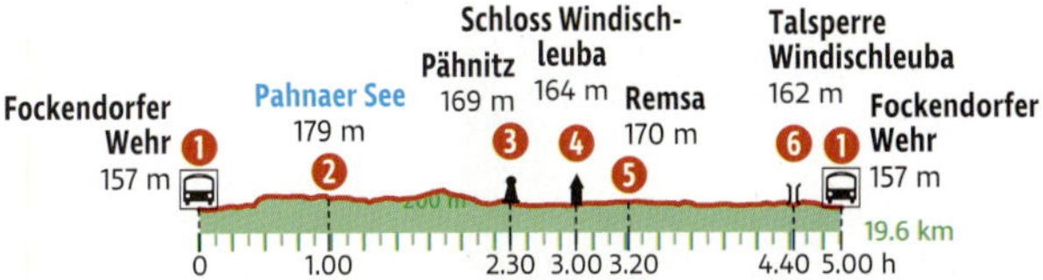

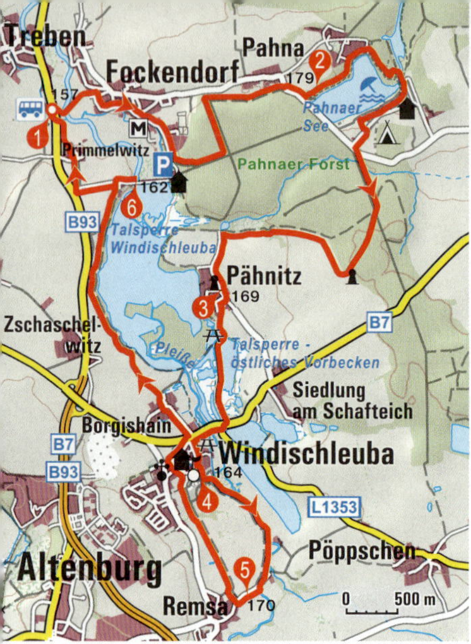

Unten gehen wir schräg links hinauf und oben erst scharf links, dann scharf rechts. Geradeaus betreten wir den Campingplatz und laufen rechts am Spielplatz vorbei. Wir bleiben immer oben auf unserem Weg – rechter Hand liegt der Badestrand – und kommen auch an Einkehrmöglichkeiten vorbei. Ca. 50 m, bevor unser Weg nach links schwenkt, halten wir uns am Gebäude links, vorbei an den Toiletten. Wir folgen dem geteerten Weg bis zur T-Kreuzung, biegen dort rechts ein und verlassen den Campingplatz an der Schranke. Wir biegen an der Straße schräg links in den Forstweg ein und befinden uns wieder im Pahnaer Holz. An einem Abzweig geht es geradeaus, aber an der Kreuzung schräg rechts und dann immer geradeaus.

Am Waldrand wenden wir uns nach schräg rechts zum Gedenkstein für die Jungfrau Wildenhain und biegen anschließend rechts ein. Unser Weg führt immer am Wald entlang und macht einen Linksbogen. Wir bleiben stets auf dem Hauptweg. Schließlich wird an einer Kreuzung links in einen geteerten Weg eingebogen. In **Pähnitz** ❸ halten wir uns am Kriegerdenkmal geradeaus, dann vor dem Trafohaus schräg rechts in den Fußweg (Wanderzeichen des Lutherwegs). Dann biegen wir rechts und gleich wieder links in den Dammweg ein. Die Straße wird zum Fuß-/Radweg. Am Rastplatz wird der Stausee erreicht. An der Gabelung halten wir uns links und laufen weiter am See entlang. Wir genießen den Weg durch das Teichgebiet. An der Straße biegen wir vorsichtig rechts ein und überqueren die Brücke.

In **Windischleuba** halten wir uns an einem Rastplatz schräg links und biegen in die Erich-

Am Pahnaer See mit Blick auf den Campingplatz auf der anderen Seite.

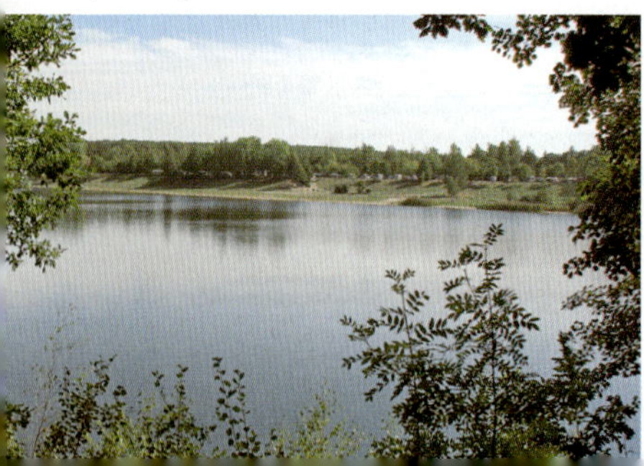

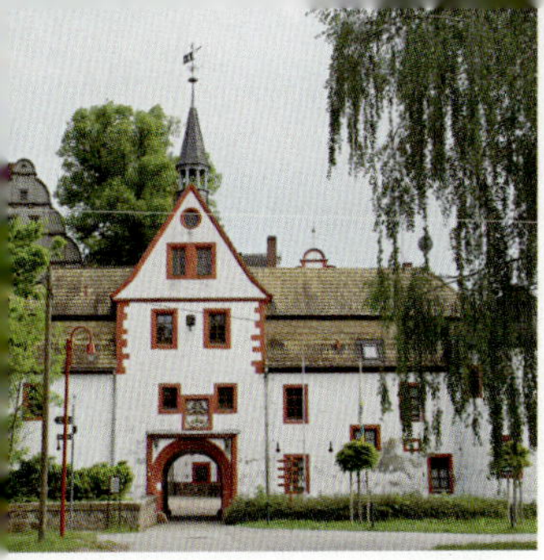

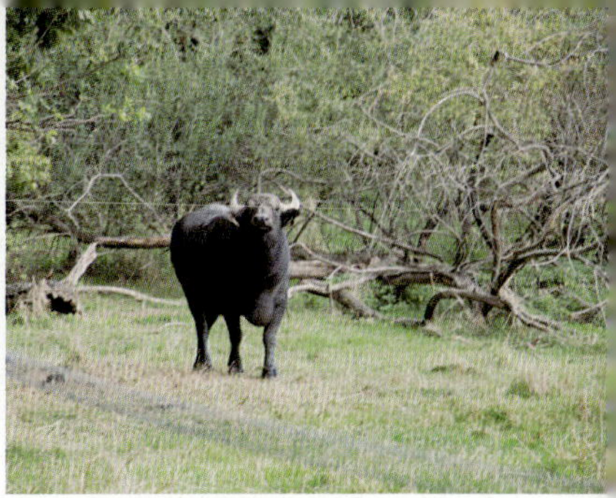

chloss Windischleuba. *Wasserbüffel in der Pleißeaue.*

Mäder-Straße ein. Am Teich halten wir uns links. Vor dem **Schloss Windischleuba** ❹ biegen wir links in den Park ein und gleich rechts (wer abkürzen möchte, geht hier rechts zum Parkplatz). Wir folgen der Lindenallee und halten uns an der Kreuzung links, der Lutherweg wird verlassen. Vor der Brücke biegen wir rechts ein. An einem Abzweig geht es geradeaus, immer auf dem Hauptweg am Mühlkanal bzw. der Pleiße entlang.

Schließlich wird eine Straße erreicht, wo wir rechts einbiegen. Am Ortsrand von **Remsa** ❺ biegen wir rechts ein, gleich wieder rechts in den Fuß-/Radweg. Wir wandern am Gehege entlang und erreichen, an mehreren Abzweigen geradeaus, wieder den Schlosspark. Auch am Spielplatz laufen wir geradeaus weiter und erreichen einen Parkplatz, wo sich nochmals ein Blick auf das Schloss von einer anderen Seite aus bietet.

Wir biegen links (die Abkürzer schräg rechts) in die Straße Schmiedeberg ein. An der Kreuzung geht es geradeaus (links ist die Gaststätte Elia) und an der T-Kreuzung rechts. Schöne Fachwerkhäuser begleiten uns hier in der August-Bebel-Straße, die uns wieder aus dem Ort herausführt. Wir überqueren die Landstraße und biegen links ein. In Borgishain halten wir uns zunächst geradeaus, biegen dann aber rechts in den Auenweg ein. Nach dem Ort schwenkt der Hauptweg nach rechts, wir aber wandern geradeaus auf dem Feldweg weiter.

Dieser mündet bei Bäumen in einen anderen Weg. Wir laufen für ca. 2 km immer geradeaus, an drei Abzweigen vorbei, das Sumpfgebiet rechter Hand. An der T-Kreuzung führt rechts ein Abstecher zur **Talsperre Windischleuba** ❻. Autofahrer gehen hier weiter, biegen dann links zur Gaststätte ab. Nach dem Gebäude geht es links zum Parkplatz hinunter, dem Ausgangspunkt für Autofahrer. Nutzer des Busses gehen wieder zurück, am Abzweig vorbei, und biegen in den ersten Weg rechts ein. In Primmelwitz halten wir uns geradeaus. Der Weg schwenkt erst nach links, dann nach rechts und wird jetzt als Radweg fortgesetzt. Nach Überquerung der ersten Brücke halten wir uns am Wehr links. An der Straße ist gleich die Bushaltestelle **Fockendorfer Wehr** ❶ erreicht.

↗ 230 m | ↘ 230 m | 19.4 km

5.00 h

40 Altenburg und Paditzer Schanzen

Hübsche Dörfer, ein Porphyrsteinbruch und ein Schloss

Auf dieser Tour lernen wir eine typische Bauernweilerlandschaft des Altenburger Landes kennen, wo sich viele hübsche Ortschaften mit schönen Fachwerkhäusern fast wie eine Perlenkette in Bachmulden und Geländesenken aneinanderreihen, umgeben von leicht hügeligem Ackerland. Altenburg bildet einen Übergang vom Neuseenland im Norden zum eher hügeligen Mittelgebirgsvorland im Süden.

Vom beeindruckenden Bahnhof geleitet die Wettinerstraße an prächtigen Bauten aus der Glanzzeit Altenburgs vorbei zum Schlosspark. Anschließend geht es flott hinaus in den Stadtwald, dem letzten zusammenhängenden Waldgebiet für längere Zeit.

Denn nun beginnt mit dem Pleißetal das offene Land. Zuerst werden die Paditzer Schanzen erreicht, ein pittoresker ehemaliger Steinbruch, der heute ca. 200 Pflanzenarten und zahlreichen Insekten Schutz bietet. Auf schmalen Pfaden gelangen wir von Dorf zu Dorf, unter denen Ehrenberg mit seinem von Weitem sichtbaren Schloss und Mockern mit seiner romanischen Kirche besonders hervorstechen. Ab Burkersdorf wandern wir oberhalb der Blauen Flut, wo sich großartige Blicke auf Altenburg bieten. Über Feldwege und wenig befahrene Landstraßen geht es vorbei am Großen Teich zurück zur Stadtmitte. Anschließend bietet sich ein Blick auf die sogenannten Roten Spitzen – der Doppelturm ist das Wahrzeichen Altenburgs.

Den krönenden Abschluss der Runde bildet das wunderschöne Schloss mit Schlosskirche und Spielkartenmuseum. In der Skatstadt wurde 1509 die erste uns erhaltene Spielkarte Deutschlands hergestellt. Die sehenswerte Altstadt lockt mit vielen weiteren Sehenswürdigkeiten.

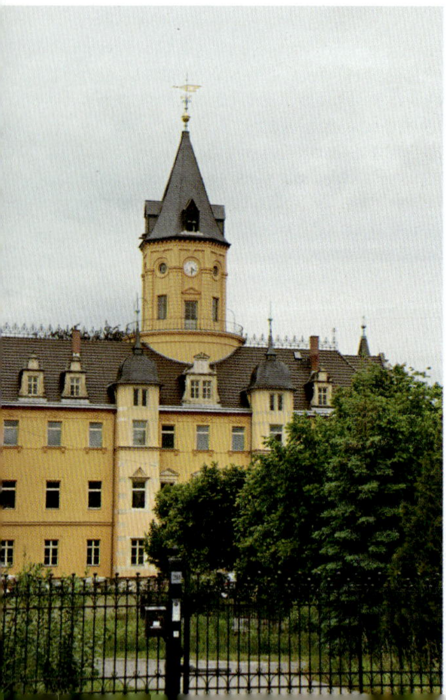

Schloss Ehrenberg.

Ausgangspunkt: Bahnhof Altenburg. Von Leipzig Hbf. mit der S-Bahn Linie 5 Richtung Altenburg oder mit der S-Bahn Linie 5X Richtung Zwickau nach Altenburg. Parkplatz anbei (Navi: Bahnhofstraße, Altenburg).
Anforderungen: Im ersten Teil geht es mit Unterbrechungen auf dem Thüringenweg (Wanderzeichen blauer Punkt), der jedoch nicht durchgängig ausgeschildert ist. Viele befestigte Wege (Straßen), aber auch idyllische Pfade. Etwas Ausdauer ist erforderlich.
Einkehr: Unterwegs keine. Bei Gardschütz ist ein Abstecher zum Café Zur Mühle (nur So) möglich; zahlreiche Gaststätten in Altenburg.
Tipp: Residenzschloss Altenburg mit Spielkartenmuseum (Mo Ruhetag).

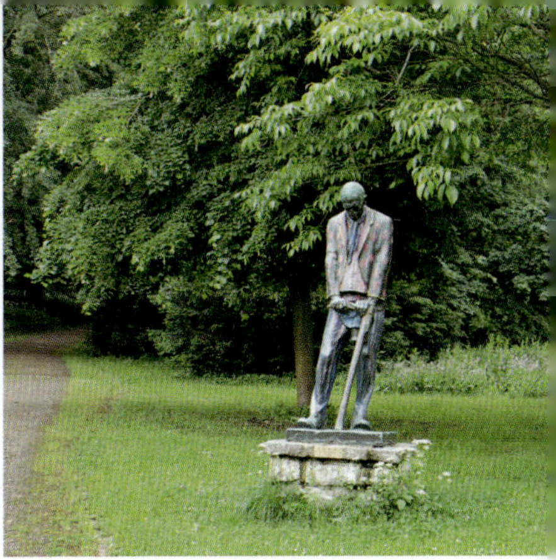

Die Skulptur »Der Bergarbeiter«.

Vom **Bahnhof Altenburg** ❶ geht es zu den Bussteigen, dann links die Hauptstraße hinunter (Wettinerstraße), die direkt zum Lindenau-Museum führt (bis mind. 2023 wegen Sanierung geschlossen). Wir betreten den Schlosspark und halten uns rechts (Wanderzeichen blauer Punkt) und gleich wieder links, am Museum vorbei. Verschiedene Skulpturen säumen den Weg. Unmittelbar vor der Skulptur »Bergarbeiter« gehen wir rechts, an der Gabelung links und immer geradeaus hinauf. Oben biegen wir an der T-Kreuzung links ab, weiterhin dem blauen Punkt nach. Dann laufen wir geradeaus und am Marstallhaus rechts vorbei. Am Kreisverkehr geht es geradeaus in die breite Straße (Münsaer Straße, immer noch blauer Punkt), auf dem Bürgersteig oder Fußweg links davon. In dieser Straße stehen alte Linden mit einem Stammumfang von über 150 cm, die die ganze Straße zum Naturdenkmal machen.

An der Kreuzung mit Litfasssäule halten wir uns schräg rechts und dann gleich in die Lessingstraße, die ab einer Kreuzung geradeaus als Platanenstraße fortgesetzt wird. An der großen Straßenkreuzung biegen wir links und in den ersten deutlichen Weg rechts in den Stadtwald ein, an einer Schranke vorbei. An der Gabelung halten wir uns links und an der Kreuzung

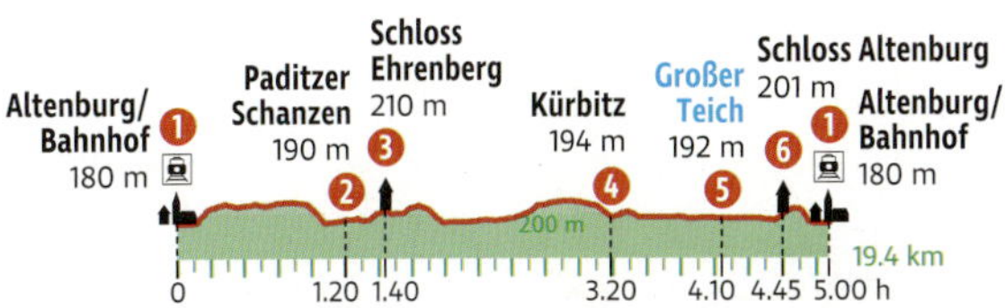

wählen wir den breiten Weg nach rechts. An einem Rastplatz geht es ge radeaus (ohne Wanderzeichen, der blaue Punkt wird vorläufig verlassen) Zunächst laufen wir weiter geradeaus und an einer Bank rechts, weiterhin auf dem Hauptweg. An der Kreuzung halten wir uns links und am Wald rand rechts. Bei Bänken ist in den befestigten Weg links einzubiegen, de bald geteert ist. Wieder sind wir auf dem Thüringenweg, der blaue Punkt is hier allerdings seltener zu sehen. Geradeaus führt uns die Brücke über die Bundesstraßen B 7 und B 93.

In **Paditz** gehen wir an der T-Kreuzung links und gleich rechts über die Brücke der Pleiße. Dann laufen wir geradeaus die Pflasterstraße weiter, bis sie über die Bahnlinie führt. Danach biegen wir gleich links und in den ersten Weg rechts ein, an der Gabelung links zum Flächennaturdenkma **Paditzer Schanzen** ❷. Nach der Besichtigung kehren wir zurück zum Bahnübergang und laufen dort geradeaus (ohne Wanderzeichen, erneut wird der blaue Punkt vorläufig verlassen). Am Fachwerkhaus (Nr. 3) halten wir uns rechts und unten geradeaus. An der Gabelung biegen wir rechts ein wieder mit dem Wanderzeichen blauer Punkt. Bei der Stünzhainer Kirche schwenkt der Weg nach links.

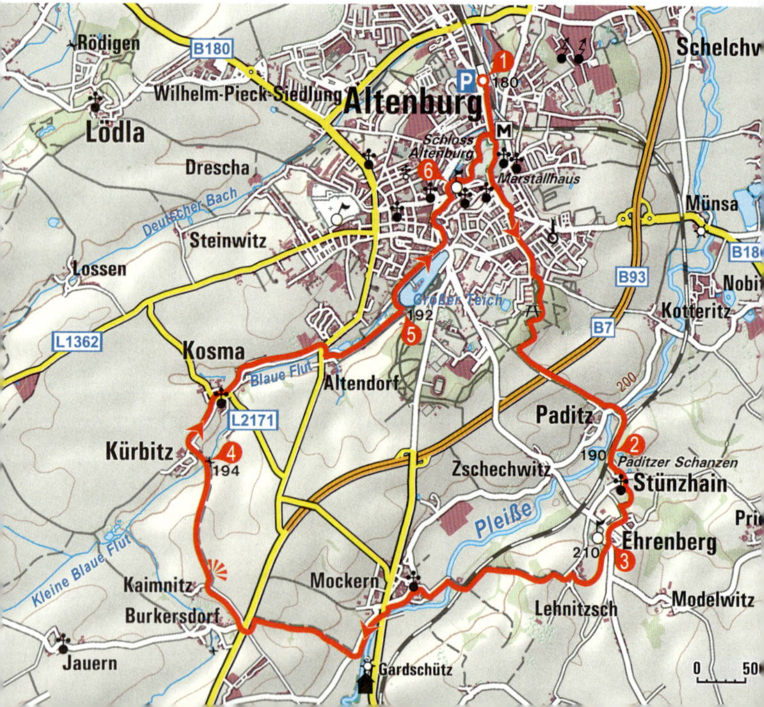

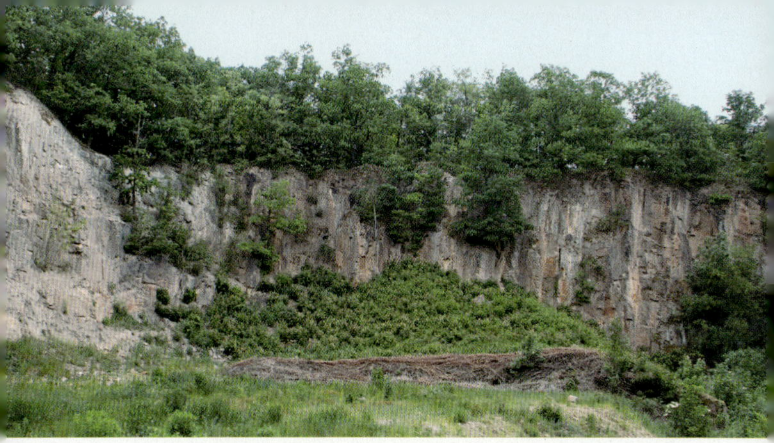

Paditzer Schanzen mit »Altenburger Porphyrit«, einem rötlich-violettem Magmagestein.

Wir biegen gleich wieder rechts mit dem blauen Punkt in den Pfad ein. An der T-Kreuzung wird **Ehrenberg** erreicht. Hier geht es links in den geteerten Weg und an der Kreuzung mit den Wanderzeichen rechts. An der Linde biegen wir schräg links in die Schloßstraße ein und kommen an **Schloss Ehrenberg** 3 vorbei, das sich in Privatbesitz befindet (nicht zu besichtigen). Am Parkplatz gehen wir den Pfad hinunter. Am Rastplatz wandern wir geradeaus weiter.
Lehnitzsch wird betreten. An der Melchior-Bauer-Gasse geht es rechts, dann gleich links in den Pfad. Oben biegen wir links ab, danach wieder rechts. Vor der Bahnlinie halten wir uns links und gehen dann rechts durch die Unterführung. Wir überqueren geradeaus eine Brücke. Bei Mockern geht es an der T-Kreuzung rechts, dann links an der Kirche vorbei. An der Straße biegen wir mit den Wanderzeichen links ein. An der Durchgangsstraße B 93 (Zwickauer Straße) halten wir uns erneut links. Gleich vor der Brücke biegen wir auf den Pfad ab. An der Straße laufen wir wieder links weiter. Am Abzweig biegen wir rechts in den Feldweg (links würde ein Abstecher von 200 m zum Café Zur Mühle in Gardschütz führen). Der Thüringenweg mit dem blauen Punkt wird hier endgültig verlassen.
An der Straße (B 7) geht es links, Burkersdorf wird betreten. Wir halten uns gleich rechts und an der Gabelung wieder rechts in Richtung Kaimnitz. In den ersten Feldweg biegen wir rechts ein, der mit Bäumen bestanden ist. Hier erfreuen weite Blicke in die reliefartige Landschaft und auf Altenburg. Über den Bach Blaue Flut erreichen wir **Kürbitz** 4. Dort halten wir uns an der T-Kreuzung rechts und laufen die wenig befahrene Straße entlang, vorbei an einem großen Jesuskreuz, bis wir in Kosma an der T-Kreuzung rechts einbiegen. Hier geht es immer geradeaus, auch nach der Brücke. Wir folgen der Hauptstraße und halten uns am Ortsausgang weiter geradeaus.

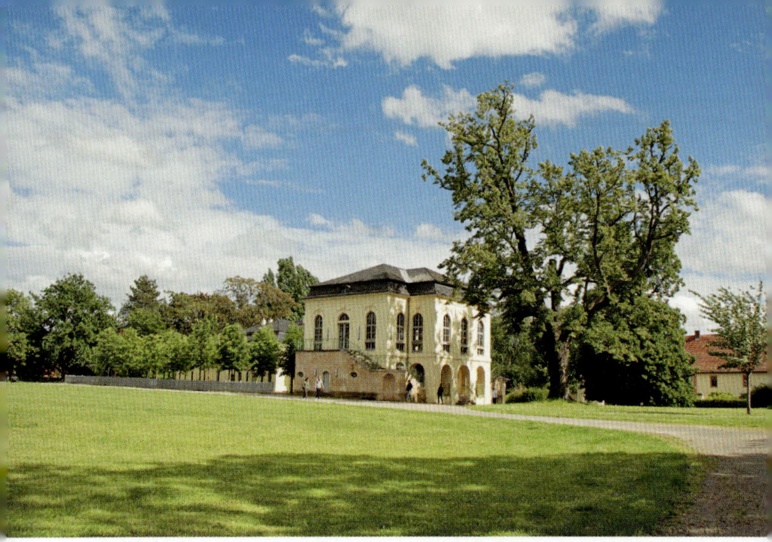

Teehaus und Orangerie im Schlosspark wurden beide 1706–1712 im Barockstil gebaut.

An der großen Straße biegen wir rechts (auf der rechten Seite ist ein Trampelpfad) und noch vor dem Haus links ein. Wir überqueren eine Brücke und folgen dann dem Radweg geradeaus. Der geteerte Weg geht später in einen Schotterweg über, wir wandern immer geradeaus.

An einer Kreuzung geht es links zum **Großen Teich** ❺ und davor links. Hier ist nun wieder die Innenstadt von **Altenburg** erreicht. Wir laufen links um den Teich herum, vorbei am Inselzoo. Am Teichende überqueren wir zweimal die Ampel, nun dem Lutherweg folgend. Am nächsten Teich geht es rechts entlang, dann den Fußweg geradeaus. Am Parkplatz halten wir uns geradeaus und überqueren die Straße, den Fuß-/Radweg hinunter. An einer kleinen Brücke laufen wir ebenfalls geradeaus, am Bach entlang. An der T-Kreuzung biegen wir kurz rechts, dann gleich wieder links ein, dann halten wir uns geradeaus. Bei der modernen katholischen Kirche geht es links und auf dem Fußweg geradeaus.

Nach Überquerung der Straße nutzen wir rechts die Auffahrt zum **Schloss Altenburg** ❻ hinauf. Wir durchschreiten das Triumphtor, geradeaus führt ein Abstecher in den Schlosshof. Ohne Abstecher biegen wir gleich rechts ab und kommen durch das Tor mit Torhaus. An der Weinstube Hofgärtnerei wird links durch das Tor der Schlosspark betreten. Gleich nach der Orangerie halten wir uns schräg links und am Schillerdenkmal rechts hinunter. Am Abzweig biegen wir links ein, so auch unten am Museum. Dann überqueren wir die Ampel und laufen geradeaus wie auf dem Hinweg zurück zum **Bahnhof Altenburg** ❶.

↗ 150 m | ↘ 150 m | 9.6 km

2.30 h

Zur Burg Posterstein und zum Schlosspark Tannenfeld

41

Allerlei Attraktionen auf kurzer Strecke

Das Sprottetal, im Süden des Altenburger Landes gelegen, hat allerlei zu bieten. Geringe Erhebungen gliedern die Landschaft, weithin sichtbar ist die Burg Posterstein.
Den Auftakt bildet die 1000-jährige Eiche in Nöbdenitz. Ihr wahres Alter ist unbekannt, Schätzungen reichen von 800 bis 2000 Jahren. Im Wurzelbereich befindet sich eine Grabgruft, weshalb die Stileiche auch »Grabeiche« genannt wird. Weiter geht es am Herrenhaus vorbei entlang des Sprottetal-Erlebnispfades nach Posterstein, wo uns eine pittoreske und über 800 Jahre alte Burg erwartet (12. Jh., in der Renaissance überbaut). Ihr ca. 25 m hoher Bergfried bietet einen weiten Panoramablick ins Altenburger Land. Der Ort punktet dazu mit schönen Fachwerkhäusern und einer eindrucksvollen Kirche. Der Rückweg erfolgt über den gepflegten Schlosspark Tannenfeld im englischen Stil mit vielen Rhododendren, deren Blütenpracht den Besucher verzaubert. Von dort aus ist schnell wieder Nöbdenitz erreicht.

Ausgangspunkt: Bahnhof Nöbdenitz. Von Leipzig Hbf. mit der S-Bahn Linie 5X Richtung Zwickau, in Altenburg in den Regional-Express Richtung Erfurt oder Gera bis Nöbdenitz (ca. alle zwei Stunden). Autofahrer parken im Ort an der 1000-jährigen Eiche ❷ nahe der Kirche (Navi: Dorfstraße, Nöbdenitz).
Anforderungen: Leichte Wanderung, überwiegend befestigte Wege. Folgt bis zur Burg Posterstein im Wesentlichen erst dem Erlebnispfad Sprotte, dann dem Lutherweg und dem Thüringenweg. Nach dem Schlosspark Tannenfeld folgt ein ggf. undeutlicher Wiesenweg. Einen knappen Kilometer geht es auf einem Feldweg nahe der Autobahn.
Einkehr: Imbiss Rothenmühle (Mo–Fr erst ab 15 Uhr) kurz vor Posterstein; Café Zur eisernen Bank (Mo/Di Ruhetag) im Herrenhaus Posterstein; dort auch Abstecher zum Gasthof Deftige Pfanne möglich, mit Außengastro und Blick auf die Burg (Mo–Mi Ruhetag).
Tipps: Museum Burg Posterstein (Mo Ruhetag). Diese Wanderung ist im Frühjahr, wenn im Schlosspark Tannenfeld der Rhododendron blüht, am schönsten.
Hinweis: Der Schlosspark Tannenfeld ist für die Öffentlichkeit tgl. nur von 9 bis 18 Uhr zugänglich.

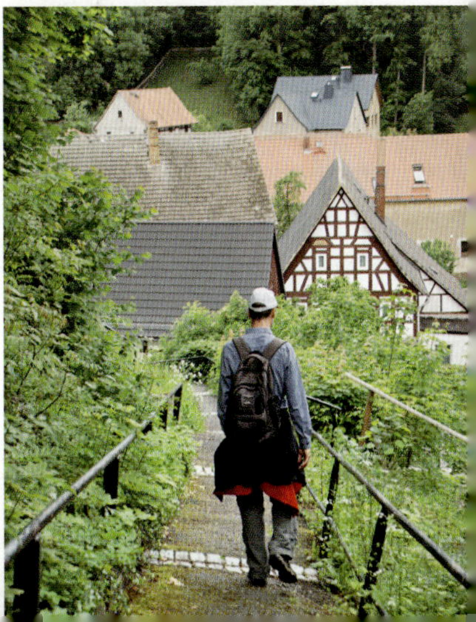

Hinab in den Ort Posterstein.

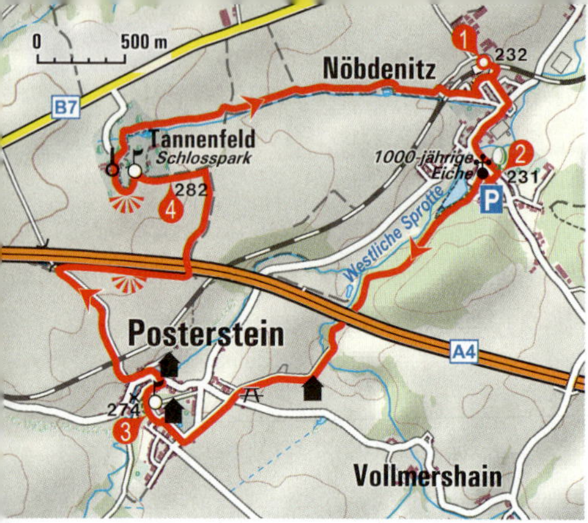

Vom **Bahnhof Nöbdenitz** ❶ gehen wir geradeaus hinunter in Richtung Ort und biegen unten am Stoppschild rechts ein. Wir folgen der Dorfstraße durch den Ort, vorbei an Station 8 des Erlebnispfades Sprotte, bis zur Kirche und weiter zur **1000-jährigen Eiche** ❷. Auf dem Parkplatz anbei beginnt die Wanderung für Autofahrer. Nach der Besichtigung des Baumes wenden wir uns zurück zur Kirche und gehen an der Friedhofsmauer links, am Ende rechts und gleich wieder links. In der Linkskurve nutzen wir geradeaus das Tor, das Herrenhaus liegt rechter Hand. Wir laufen links an der Kindertagesstätte vorbei.

Gleich ist rechter Hand ein Teich zu sehen, hier informiert eine Tafel der Station 7 des Erlebnispfades Sprotte. Wir kommen an einem Rastplatz vorbei. An der Gabelung halten wir uns rechts, in den unteren Weg, und an der Kreuzung geradeaus. Der zweite Teich liegt rechter Hand. Vorbei an einer Aussichtsplattform mit Blick auf die Sprotte wird Station 5 erreicht. Dann geht es auf dem geteerten Weg weiter. Wir kommen vorbei an Station 4 und zwei Hängebrücken für Kinder. Immer weiter folgen wir dem geteerten Weg. Kurz nach Station 3 biegen wir an der Rothemühle rechts ein.

Bei einem Rastplatz wird der Ort **Posterstein** erreicht. Wir können hier auch das Schloss Tannenfeld schon rechter Hand in der Ferne erblicken. Im Ort gehen wir geradeaus, auch an der Kreuzung und an einem Abzweig. Am Ende der Streuobstwiese biegen wir rechts ein (Am Hofgarten). Wir gehen zur **Burg Posterstein** ❸ und dann rechts an ihr vorbei (die Wanderzeichen werden verlassen). Stufen führen hinunter. Vorbei an der Kirche geht es steil hinunter und an der Kreuzung geradeaus. Unten im Ort, der viele Fachwerkhäuser aufweist, biegen wir scharf rechts und in die erste Stra-

Die Burg Posterstein.

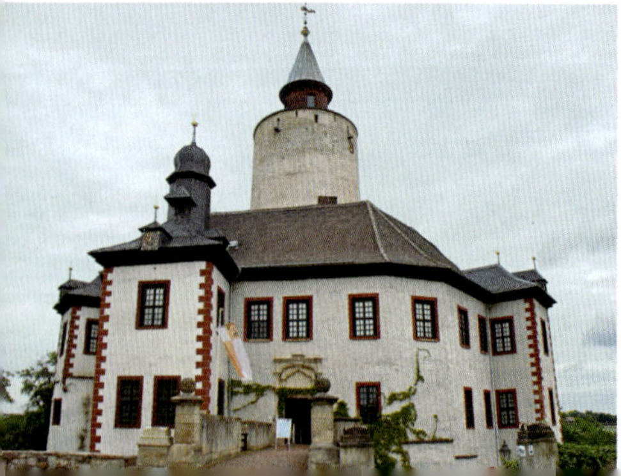

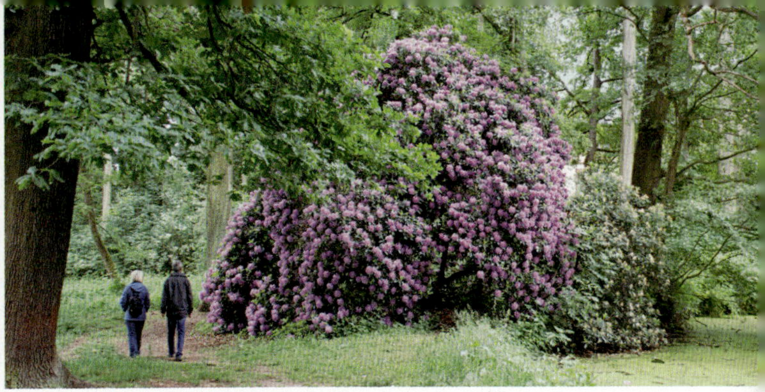

Rhododendron im Schlosspark Tannenfeld.

ße links ein (vor dem Hotel). Die Straße schwenkt nach links. An der Straße Am Reichartshain (dort führt rechts ein Abstecher zum Gasthof Deftige Pfanne) geht es geradeaus, aber an der nächsten rechts (Dorfstraße) und aus dem Ort hinaus. Wir passieren die Unterführung (ein Abstecher zum Sängerplatz oben lohnt sich nicht). Kurz vor der A 4 folgen wir nach rechts dem Feldweg für knapp 1 km parallel zur Autobahn. Ein Trostpflaster bieten Blicke auf die Burg Posterstein inmitten schöner Landschaft.

Links geht es durch die Unterführung, unser nächstes Ziel wird sichtbar. Wir folgen dem schönen Feldweg und halten uns an der T-Kreuzung links. An einem Tor vorbei betreten wir den **Schlosspark Tannenfeld** **4**. Überall ist hier prächtiger Rhododendron zu sehen. Wir laufen rechts am Schloss vorbei und biegen am Ende links ein. Am Parkrand lädt eine Bank mit Postersteinblick zum Verweilen ein. Hier gehen wir rechts, so auch an der Villa. Zunächst laufen wir geradeaus weiter und in Höhe des Wasserturmes linker Hand schräg links, bis zur T-Kreuzung, dort rechts und in den ersten Weg links. Gleich nach dem Teich biegen wir rechts ab. Am Ende des Teiches wandern wir geradeaus weiter. Auf einem (ggf. undeutlichen) Wiesenweg wird hier der Park verlassen.

Wir laufen immer geradeaus, auch an einer Kreuzung und später an einem Abzweig. In **Nöbdenitz** gehen wir durch die Unterführung. Nutzer öffentlicher Verkehrsmittel gehen am dritten Abzweig links, gleich vorbei am Haus Nr. 8 rechter Hand. Wir nutzen den ersten Weg rechts und gehen an der Bahnhofstraße schräg links zurück zum **Bahnhof Nöbdenitz** **1**. Autofahrer folgen der Straße immer geradeaus, biegen unten rechts in die Dorfstraße ein und folgen dieser bis zurück zum Parkplatz.

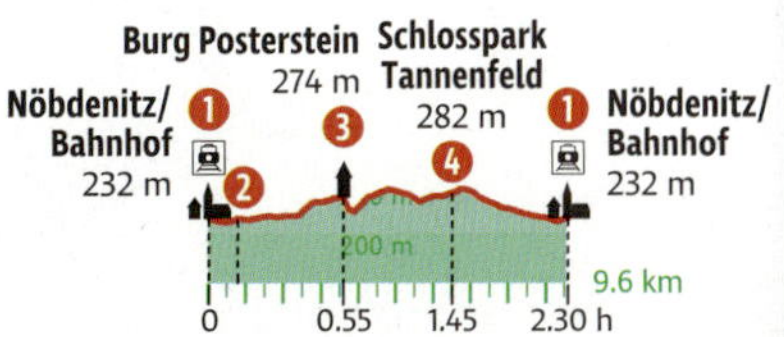

↗ 95 m | ↘ 75 m | 14.3 km

42 Vom Haselbacher See nach Meuselwitz

3.30 h

Sonntagstour auf den Spuren des Bergbaus durch schöne Natur zu einem sehenswerten Park

Wir fahren zunächst 13 km mit der Kohlebahn, einer 900-Millimeter-Schmalspurbahn, durch eine idyllische Landschaft, die wir auf dem Rückweg erwandern. Wir steigen in Haselbach aus, wo uns eine Westernstadt erwartet. Diese Tour an der Südgrenze des (ehemaligen) Braunkohlereviers bildet den Übergang vom Altenburger Land zum Leipziger Neuseenland. Dementsprechend landschaftlich abwechslungsreich gestaltet sich die Wanderung. Den Auftakt bildet der große Haselbacher See, den wir auf ruhigen breiten Wegen erreichen. 1977 wurde der Tagebau Haselbach eingestellt, das Restloch ist heute von aufgeforstetem Wald umgeben und weist einen schönen Sandstrand auf.

Herrlichen Altwaldbestand genießen wir anschließend im Kammerforst auf dem Breitinger Steig, der einst nach Breitingen führte und heute am Haselbacher See endet. Anschließend laufen wir durch das lang gestreckte Wintersdorf, wo uns im historischen Ortskern einige pittoreske Fachwerkhäuser und die Kirche St. Walpurga von 1907 erwarten. Anschließend bewegen wir uns auf schmalen Wegen im Schnaudertal, parallel der Bahnlinie, vorbei an idyllischen Teichen. In Meuselwitz bildet die Orangerie, ein Barockbau um 1725, einen glanzvollen Abschluss der Tour.

Die Kohlebahn in Meuselwitz.

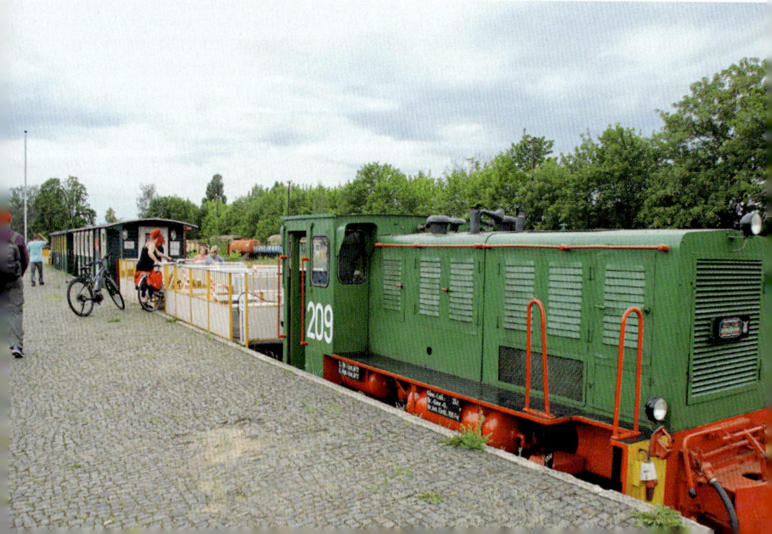

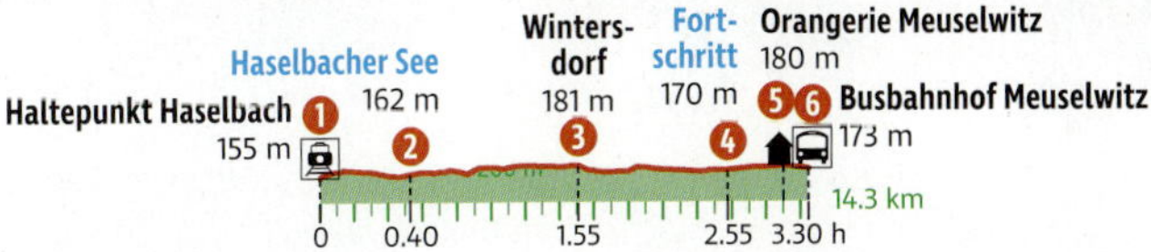

Ausgangspunkt: Haltepunkt Haselbach. Anfahrt mit der Kohlebahn So 11 Uhr vom Bahnhof Meuselwitz aus (Buchung: www.kohlebahnen.de, Tel. +49 3448 752550 oder 752143). Meuselwitz ist erreichbar von Leipzig Hbf. mit der S-Bahn 5X nach Altenburg, dann mit dem Bus 404 bis Haltestelle »Bebelstr., Meuselwitz«, von dort mit dem Rücken zur Stadtmitte die Georgenstraße weiter zur Kohlebahn. Autofahrer finden einen Parkplatz an der Georgenstraße gegenüber dem Kulturbahnhof (Navi: Georgenstraße, Meuselwitz).
Endpunkt: Busplatz Meuselwitz. Zurück von dort (besser) oder von der Haltestelle »Georgenstr., Meuselwitz« mit dem Bus 404 (Kleinbus), 405 (Kleinbus) oder 416 nach Altenburg, dort mit der S5 nach Leipzig Hbf. Für Autofahrer ist der Endpunkt der Parkplatz an der Georgenstraße nahe Kulturbahnhof.
Anforderungen: Am Anfang befestigte breite Wege, später schmalere Wald- und Feldwege. Längeres Stück Straße durch Wintersdorf. Wenig Ausschilderung, nur im Kammerforst in Resten erhalten.
Einkehr: Imbiss an Haltepunkt Haselbach (nur So); evtl. Imbiss und Biergarten Kreuzotter am Haselbacher See (tgl. geöffnet, von der Schließung bedroht); Café in der Orangerie in Meuselwitz (tgl. geöffnet); Lê Restaurant (Mo Ruhetag) in Meuselwitz.
Tipps: Technisches Museum und Kulturbahnhof Meuselwitz (geöffnet an den Fahrtagen der Kohlebahn). Bademöglichkeit am Haselbacher See (nur am ausgewiesenen Strand).
Hinweise: Die Tour ist in dieser Form nur an Sonntagen zur Betriebszeit der Kohlebahn möglich. Achten Sie darauf, dass Sie diese Wanderung nicht gerade zu den »Westerntagen« der Kohlebahn unternehmen. Infos: www.kohlebahnen.de.

Am **Haltepunkt Haselbach** ❶ steigen wir aus der Kohlebahn aus, wenden uns zur Westernstadt und gehen dann rechts hinauf. Wir biegen in den ersten Weg rechts ein und laufen die nächsten 1,5 km um das Tonwerk herum. Dies bedeutet, dass die Wege erst einmal etwas eintönig sind, danach bessert es sich aber schnell. Wir halten uns an einem Abzweig schräg links und bleiben auf dem Hauptweg. An der T-Kreuzung gehen wir links, zunächst auf einem Teerweg, dann geradeaus in den Forstweg. Auch an der Schranke wandern wir geradeaus weiter, so auch später an einem Abzweig. An einer Gabelung halten wir uns rechts und folgen dem Radweg.
Jetzt ist die Durststrecke endgültig vorbei, denn bald erfreuen wir uns an einem schönen Blick auf den **Haselbacher See** ❷. Wir laufen immer geradeaus auf dem Hauptweg weiter, kommen am (ggf. geschlossenen) Biergarten Kreuzotter vorbei und erreichen ca. 70 m weiter rechter Hand den Strand, wo man ans Ufer darf. Wir aber biegen hier scharf links in den Kammerforst ein. Wir bleiben immer auf dem Hauptweg und nutzen an einer

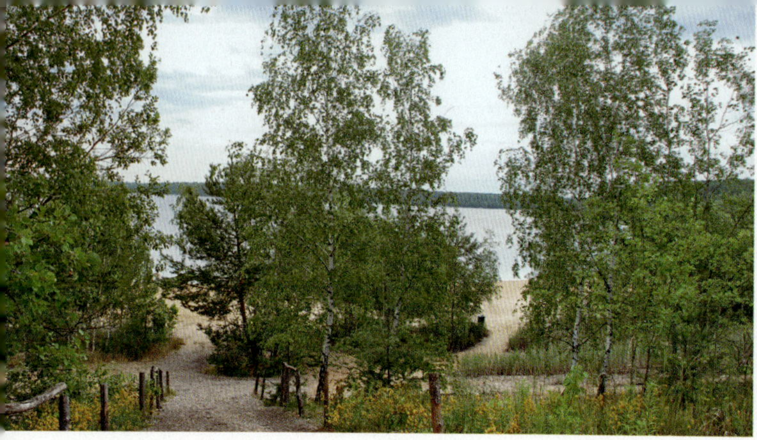

Strand am Haselbacher See.

Kreuzung den Pfad geradeaus. Wir befinden uns auf dem (ehemaligen) Rundweg durch den Kammerforst, der noch sporadisch mit dem gelben Balken gekennzeichnet ist. Immer wandern wir geradeaus, auch an einem breiten Querweg. An der Straße geht es gleich links durch eine Schranke. An der Gabelung halten wir uns links und folgen weiterhin dem gelben Balken. Wir gelangen zum Waldrand und wandern eine Weile an ihm entlang. Schließlich führt unser Weg aus dem Wald heraus. Schräg links ist der Wasserturm des nächsten Ortes zu sehen. Der gelbe Balken endet hier, und so wandern wir auf dem Feldweg geradeaus weiter. Dieser schwenkt bald nach links.

In **Wintersdorf** ❸ halten wir uns an der Straße links und biegen dann gleich rechts ein. Wir folgen immer der Hauptstraße. Nach ca. 500 m biegen wir schräg rechts in die Bonhoeffer Straße ein und folgen auch dieser stets geradeaus. Wir kommen an einem Sportplatz rechter Hand vorbei, die Straße geht hier in einen Fußweg über, weiter halten wir uns geradeaus. An der Straße gehen wir kurz rechts und gleich wieder links und wieder rechts. Bald

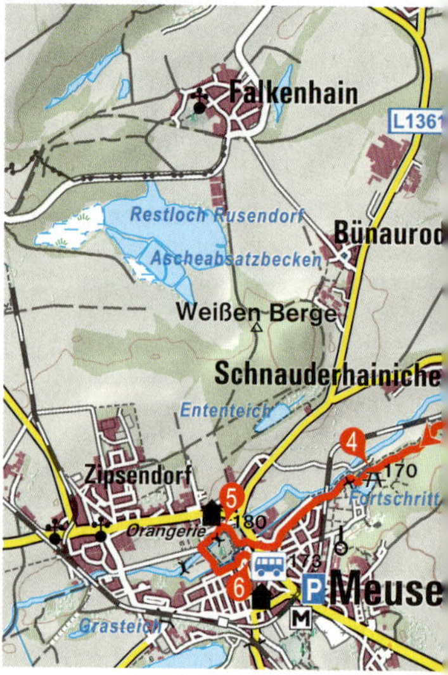

liegt die Kirche linker Hand. Hier befindet sich der alte Ortskern. Ab dem Kirchplatz laufen wir immer geradeaus weiter, auch an einer Linde.

Bald geht es in einen Feldweg. Auch hier wandern wir immer geradeaus weiter, die Bahnlinie linker Hand. Wir kommen an Tiergehegen vorbei und überqueren die Bahnlinie. Jetzt laufen wir links der Bahn weiter, bald durch eine schöne Allee. An der T-Kreuzung halten wir uns links und gleich wieder rechts (Privatgelände, Durchgang auf eigene Gefahr), ein Teich linker Hand. Am Ende des Zauns gehen wir weiter geradeaus. Wir halten uns immer geradeaus und an der T-Kreuzung rechts. Der Weg geht in einen Pfad über. Hinter dem Grundstück biegen wir rechts ein. Wir kommen an zwei zugewachsenen kleinen Teichen vorbei. An der Gabelung halten wir uns rechts und erreichen zwei größere Teiche. Nach dem ersten, dem sogenannten Jugendteich oder Kleinen Anglerteich, führt ein Abstecher links zu einer schönen Bank zwischen den beiden Teichen. Der andere heißt **Fortschritt** ❹ oder auch Großer Anglerteich.

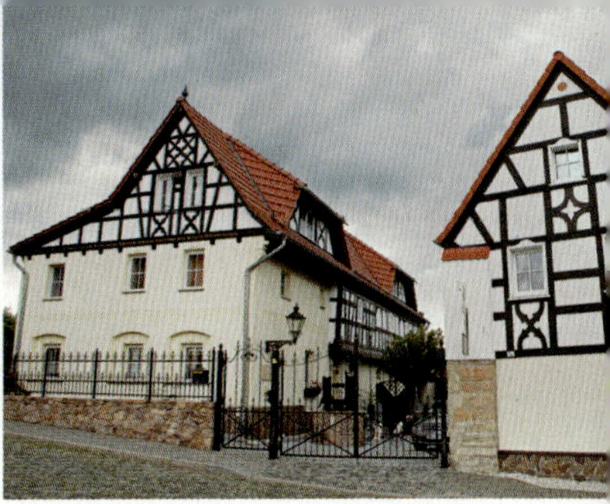

Fachwerkhäuser in Wintersdorf.

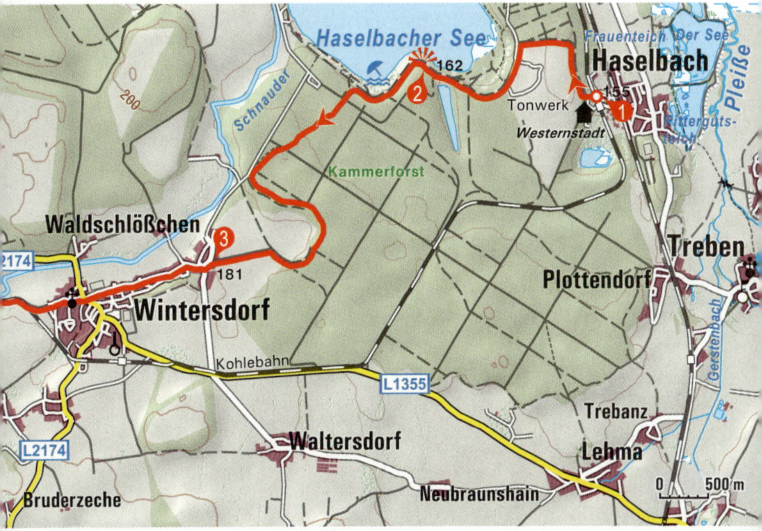

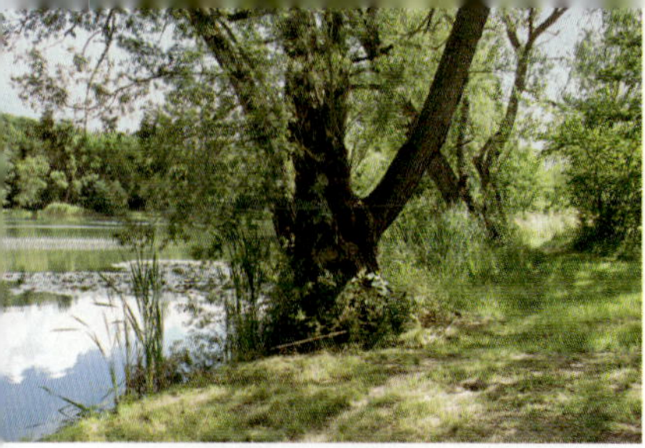

Am Fortschritt, dem größeren der beiden Teiche.

Ohne Abstecher wandern wir geradeaus, weiter am Teich Fortschritt entlang. Am Rastplatz geht es schräg rechts und vor der Brücke links in den Pfad; linker Hand ist eine Hundewiese.

An der nächsten Brücke laufen wir geradeaus weiter und unter der Eisenbahnbrücke hindurch. Bei den ersten Häusern von **Meuselwitz** halten wir uns für einige Zeit geradeaus, auch am Ende der Straße, dort in eine Allee geradeaus. Dann biegen wir rechts in die Straße An der Schnauderaue ein. An der breiten Straße, am Busbahnhof vorbei, laufen wir geradeaus in den Von-Seckendorff-Park. Wir gehen rechts über die erste Brücke, dann schräg links, vorbei an Vogelvolieren, dann geradeaus zur **Orangerie** 5. Dort halten wir uns links, dann schräg rechts durch eine Allee und vor der Muschelgrotte links. Beim Wasserspiel wird der Park geradeaus verlassen. Wir gehen über die Brücke. Busnutzer können abkürzen, indem sie vor dem Teich links gehen, dann schräg links zum **Busbahnhof Meuselwitz** 6.

Autofahrer biegen unmittelbar hinter dem Teich links ein, dann am Haus Nr. 36 rechts in die Straße und kommen am Lê Restaurant vorbei. Der Schulstraße bis zum Ende folgend geht es dann links. Gleich wieder rechts wird der Parkplatz an der Kohlebahn in Meuselwitz erreicht.

Die Orangerie in Meuselwitz.

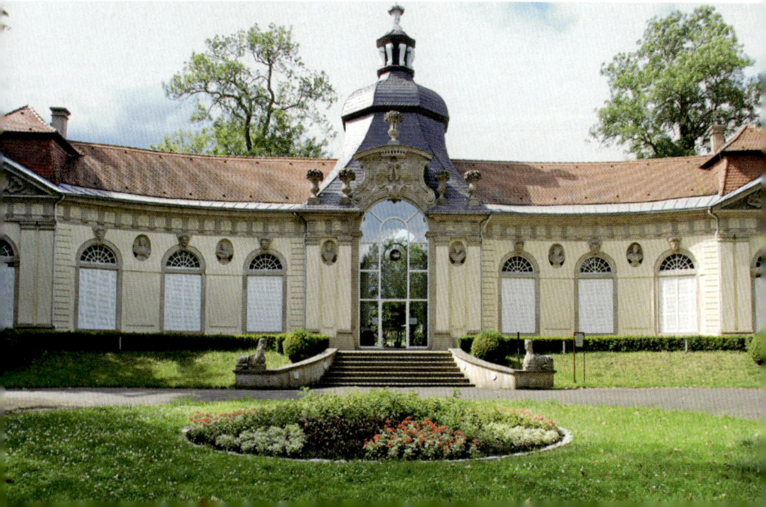

↗ 40 m | ↘ 40 m | 10.3 km

2.30 h

Zu den Haselbacher Teichen

43

Zu einer der schönsten Teichlandschaften Sachsens

Schon 1921 wurden die Haselbacher Teiche zur Fischzucht angelegt. Heute begeistern etwa 14 größere und kleinere Wasserflächen durch eine artenreiche Vogelwelt, u.a. Schnatterente, Kiebitz, Rohrdommel, Zwergdommel, Kormoran, Rothalstaucher. Schon um 1820 wurden hier ornithologische Studien durchgeführt. Nachdem intensive Nutzung und Verschlammung den Rückgang zahlreicher Vogel- und Amphibienarten bedeutete, bemüht sich der Naturschutzbund (NABU) Altenburger Land um ökologische Aufwertung. Zahlreiche Tafeln geben unterwegs hierzu Informationen. Die Haselbacher Teiche sind Naturschutzgebiet, der Nordteil Vogelschutzgebiet.

Von Breitingen, 1920 in Regis-Breitingen eingemeindet, wandern wir zunächst Richtung Regis, dann an der Ostseite des Teichgebietes entlang, vorbei an einem Aussichtsturm. Am Südende unternehmen wir einen Ausflug in eine ganz andere Welt: die Westernstadt der historischen Kohlebahn (vgl. Tour 42). Wieder zurück an den Teichen geht es mitten durch die Wasserlandschaft und an Streuobstwiesen vorbei zurück nach Breitingen.

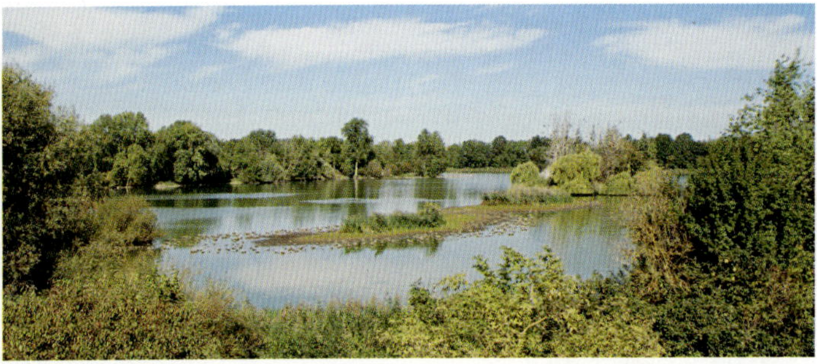

Blick vom Aussichtsturm auf »Den See«.

Ausgangspunkt: Breitingen, S-Bahnhof Regis-Breitingen. Von Leipzig Hbf. mit der S-Bahn Linie 5 Richtung Altenburg bis Regis-Breitingen. Autofahrer parken Ecke Rudolf-Breitscheid-Straße und Gartenweg (Navi: Gartenweg, Regis-Breitingen).
Anforderungen: Leichte Wanderung, aber kaum Ausschilderung. Mischung aus breiten und schmalen Wegen, befestigt und unbefestigt.
Einkehr: Zum Dorfkrug (Sa Ruhetag, im Sommer So Mittagstisch) in Haselbach an der Kohlebahn; Zur Erholung (tgl. geöffnet, Sa nur abends) in Breitingen.
Tipp: Fernglas zur Vogelbeobachtung mitnehmen. Wanderung am besten sonntags machen, sodass man das Eintreffen der Kohlebahn in der Westernstadt erleben und zu Mittag essen kann.

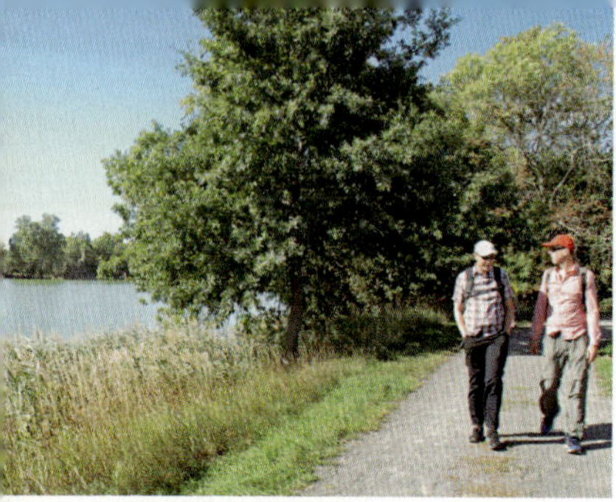

Am Teich »Der See«, dem größten Gewässer auf dieser Wanderung.

Vom **S-Bahnhof Regis-Breitingen** ❶ gehen wir zu Gleis 2 und dann die Straße hinunter. An der Rudolf-Breitscheid-Straße halten wir uns links. Autofahrer dagegen laufen rechts die Straße hinunter in Richtung Ortsmitte. Alle folgen dann der Hauptstraße nach rechts und biegen gleich rechts ein. An der Kreuzung geht es geradeaus, die Kirche von Breitingen liegt linker Hand. Dann halten wir uns rechts in die Karl-Liebknecht-Straße.

Wir kommen aus dem Ort heraus und biegen am hübschen Trafohäuschen aus Fachwerk links ein. Gärten liegen linker Hand. In der Ferne wird nun auch die Kirche von Regis sichtbar. Der Weg schwenkt vor der Pleiße nach links, und wir überschreiten rechts die Brücke. Zunächst gehen wir geradeaus, vorbei an der Feuerwehr. Wo die Hauptstraße nach links schwenkt, biegen wir rechts in die kleine Straße ein. Bald deutet Schilf linker Hand auf das Teichgebiet, auch wenn wir den Kirchteich dahinter kaum erspähen können. Wo unser Weg später eine Linkskurve macht, biegen wir beim Schild »Privatstraße« rechts ein. Oben geht es rechts auf den Damm, erneut über die Pleiße, dann geradeaus.

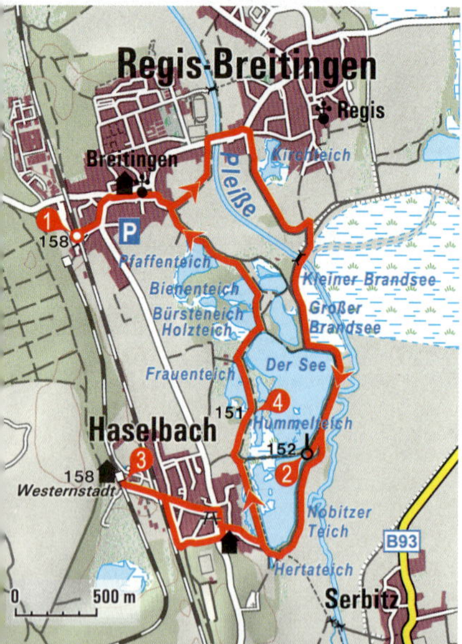

Mit dem ersten Teich rechter Hand, dem Kleinen Brandsee, sind wir nun am Rande des eigentlichen Teichgebietes. Wir bleiben immer oben auf dem Damm, die große Aue linker Hand. An der T-Kreuzung halten wir uns links und gehen links um den Teich »Der See« herum. Ein Blick zurück auf Regis und die Kirche lohnt sich. Der Weg schwenkt nach rechts. Bald sind zwei Inseln im großen Teich zu sehen. An der Gabelung gehen wir rechts zum **Aussichtsturm** ❷, der einen Blick über Den See und die beiden Inseln bietet. Nach der Besteigung gehen wir wieder zurück und biegen rechts in den Damm ein. An der Kreuzung gehen wir rechts.

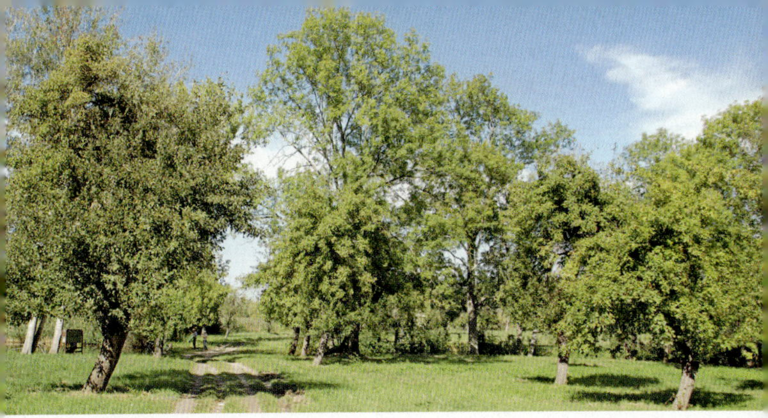

Streuobstwiesen im Gebiet der Haselbacher Teiche.

Der Ort **Haselbach** wird erreicht. Wir gehen immer geradeaus, auch an der Durchgangsstraße und am Ende der Straße rechts, am Abzweig geradeaus und an der Kreuzung links. Über die Gleise und dann geradeaus wird die **Westernstadt Haselbach** ❸ erreicht, wo sich eine Pause anbietet.

Anschließend gehen wir wieder zurück und nach den zweiten Gleisen geradeaus, den kleinen Park rechter Hand. An der T-Kreuzung geht es rechts, dann gleich die erste Straße links, auf der wir vorhin auf dem Hinweg schon waren. Ca. 10 m vor Pöllern biegen wir links in einen kleinen Pfad ein. Er führt zwischen dem Nobitzer Teich rechter Hand und dem Rittergutsteich linker Hand weiter. In Sichtweite einer wasserwirtschaftlichen Anlage (Klärwerk) gehen wir rechts und gleich wieder links, dann immer weiter dem Weg am Waldrand nach. Rechter Hand liegt bald der **Hummelteich** ❹, linker Hand folgt der Frauenteich. An der T-Kreuzung geht es rechts, noch einmal liegt der Teich »Der See« rechts von uns. Am Abzweig biegen wir links ein. Nun erfreuen uns neben dem Bürstenteich und Bienenteich linker Hand auch Streuobstwiesen, dahinter der Große und der Kleine Brandsee. Wir wandern immer geradeaus weiter, die Kirche von Breitingen wird sichtbar. Kurz vor dem Ort kommen wir am Pfaffenteich linker Hand vorbei.

Am Trafohäuschen aus Fachwerk biegen wir schräg links zum Ort **Breitingen** ein und der Hinweg ist erreicht. An der Bachstraße halten wir uns links, die Kirche rechter Hand. Dann laufen wir geradeaus weiter. An der Hauptstraße geht es schließlich links zum Parkplatz und dort rechts zum **S-Bahnhof Regis-Breitingen** ❶.

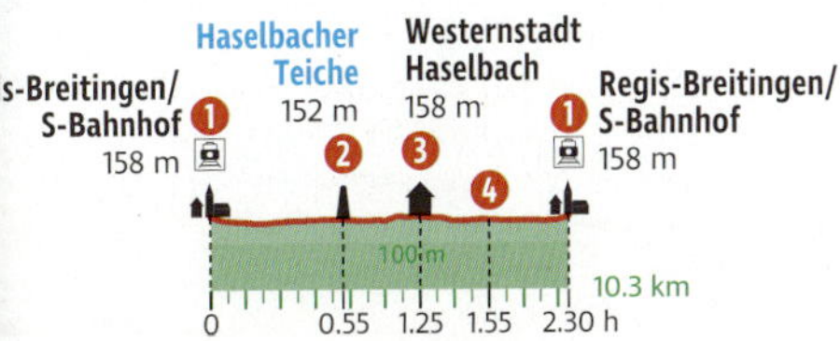

Das Leipziger Neuseenland Süd

Mit über sechzig Seen ist das Leipziger Neuseenland Süd zwischen dem Kulkwitzer See südwestlich von Leipzig und dem Pahnaer See, der sich bereits im Altenburger Land befindet, um einiges größer als seine kleine Schwester im Norden (siehe S. 64–65, Einleitung zu den Touren 8–12). Die Lücken zwischen den Seen sind deutlich kleiner und dabei umso wertvoller. Der Wanderer findet hier Burgen, Schlösser und Kirchen inmitten von Naturidylle: liebliche Flussauen, saftige Wiesen und kleine Wälder, aber auch neu bewachsene Seeufer. Denn auch auf die Renaturierung im neuen attraktiven Freizeitgebiet wurde und wird geachtet. Für den Touristen eingerichtet wurden des Weiteren auch Wege für Wanderer, Skater und Radfahrer, Strände und Wassersportzentren. Besonders an den größeren Seen lassen sich von den Uferwegen aus viele Wassersportler beobachten. Zudem gibt es für den bergbaulich Interessierten viel zu entdecken.

In dieser Region hat sich der Landschaftswandel noch stärker als im nördlichen Neuseenland vollzogen und ist noch nicht abgeschlossen, weder der Wandel von den Braunkohletagebau-Mondlandschaften zu einer neuen mitteldeutschen Seenplatte noch der Wandel vom Siedlungsgebiet zum Bergbaugelände. Seit 1928 fielen über hundert Orte im Wandergebiet dem Bergbau zum Opfer. Nicht nur für die Einwohner bedeutet dies großes Leid, auch gehen wichtige Kulturgüter für immer verloren.

Der Hafen am Cospudener See (Tour 48).

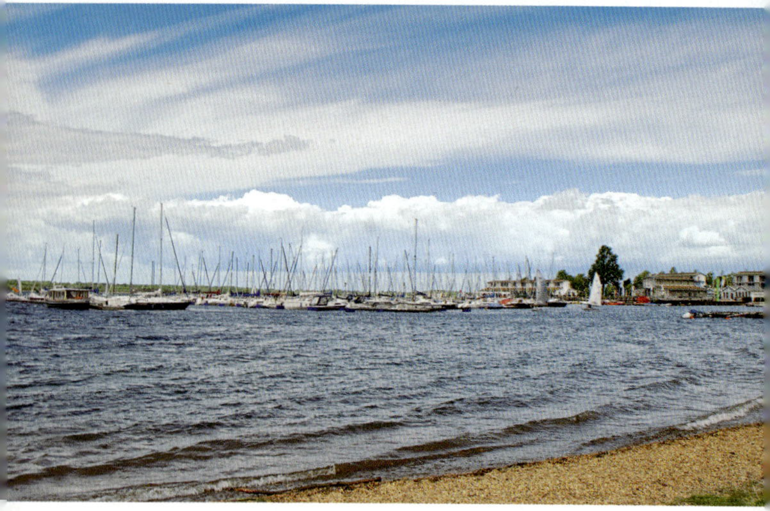

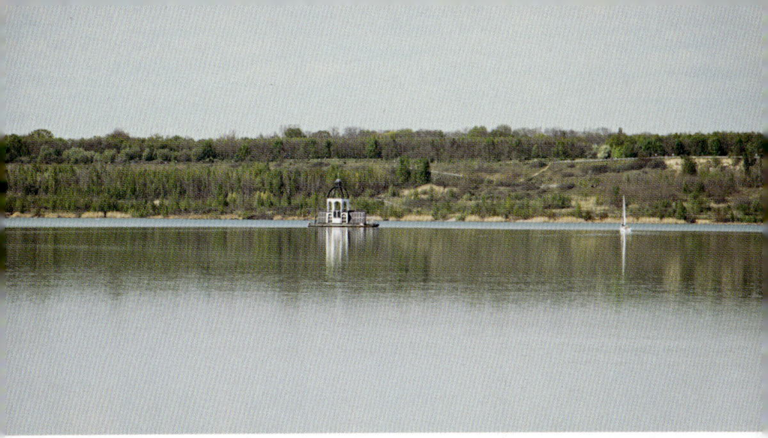

Das Kunstwerk Vineta erinnert als schwimmende Insel im Störmthaler See an die Kirche des überbaggerten Ortes Magdeborn (Tour 47).

Immer noch gefährdet ist die Region Lützen. So sind Pläne, den Geburtsort des berühmten Philosophen Friedrich Nietzsche samt seinem Grab abzubaggern, schon abgesegnet. Trotzdem wollen wir noch einmal hierher wandern (Tour 49). Die Tatsache, dass dieses Problem deutschlandweit auch in der Lausitz und im Rheinischen Revier immer noch besteht, trotz veralteter Energiegewinnung und beschlossenem Kohleausstieg zur Abwendung der Klimakatastrophe, ist kaum ein Trost. Doch haben Proteste schon manches Dorf retten können, auch im Wandergebiet (Infos z.B. unter www.alle-doerfer-bleiben.de). Geprägt war die Region schon immer von Wasser. Die wichtigsten Flüsse sind die Weiße Elster und die Pleiße. Da auch das Leipziger Neuseenland Süd in der Leipziger Tieflandsbucht liegt und im Süden mit der Weißenfels-Bornaer Lößebene abgeschlossen wird, sind kaum natürliche Hügel vorhanden und die Erhebungen künstlich aufgeschüttet wie z.B. die Halde Trages mit 228 m (Tour 44). Umso weiter lässt es sich in die Ferne schauen.

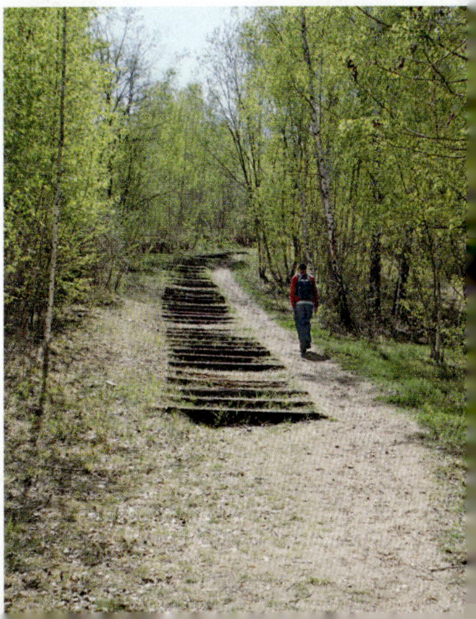

Stufen führen hinauf zur Baggerkanzel (Tour 44).

↗ 130 m | ↘ 130 m | 10.3 km

44 Auf die Halde Trages

3.00 h

Schöne Natur auf ehemaliger Kippe

Nördlich der Halde Trages liegt ein idyllisches Dorf, das heile Welt vermittelt: hübsche Häuschen, eine nette Kirche und die Orangerie, die neben dem kleinen Park an das einstige Barockschloss erinnert. In Mölbis erscheint die noch vor einigen Jahren schwere Umweltbelastung des nahe gelegenen Braunkohlekraftwerks Espenhain kaum noch vorstellbar. Auch hat sich die Natur ihren Lebensraum auf der ehemaligen Halde hinter dem Ort rasch zurückerobert. Beim Auf- und Abstieg sind einzelne Relikte des Bergbaus aber noch zu sehen.

Entstanden war die Hochhalde als Abraummasse aus Lehm, Kies, Sand und Löß des Tagebaus Espenhain. Heute ist sie mit 228 m der höchste »Berg« in der südlichen Umgebung Leipzigs. Dies wird noch übertroffen vom 33 m hohen Aussichtsturm, der weite Blicke in das südliche Leipziger Neuseenland gestattet. Gut ist z. B. das Völkerschlachtdenkmal in Leipzigs Süden sichtbar (Tour 6). Der Rückweg erfolgt am Rande der ehemaligen Kippe und dann wieder ihren bewaldeten Nordhang entlang zurück nach Mölbis.

Das Schaufelrad kündet von der Zeit des Bergbaus.

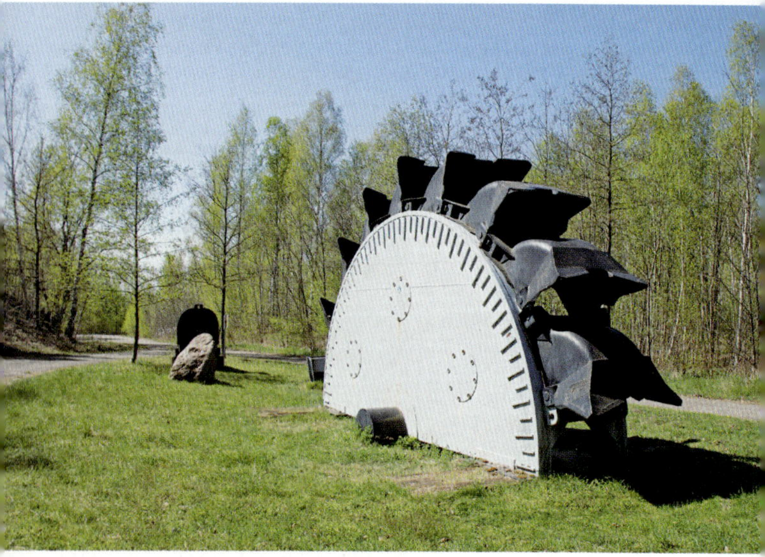

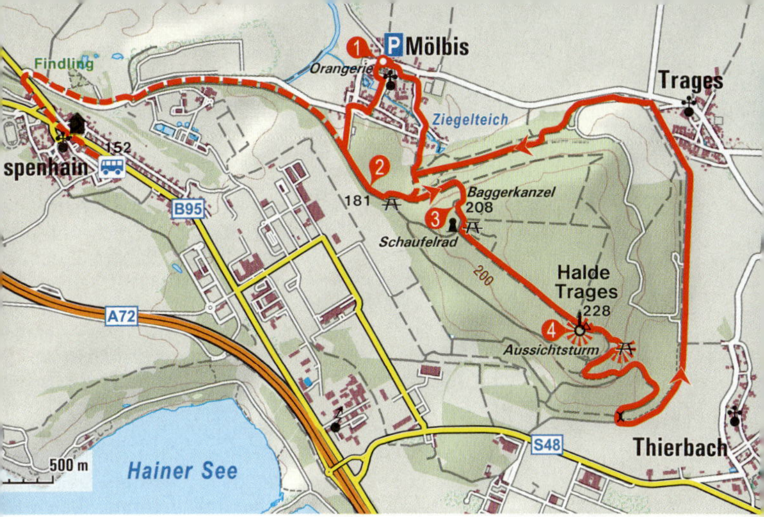

Ausgangspunkt: Parkplatz in Mölbis hinter der Bushaltestelle Mölbis, gegenüber Pötzschauer Weg und Kastanienweg (Navi: Pötzschauer Weg, Mölbis). Mit öffentlichen Verkehrsmitteln ist die Route nur mit ungünstigem Start ab Espenhain zu erreichen. Von Leipzig Hbf. mit der S-Bahn Linie 5X nach Böhlen (Leipzig), dann mit dem Bus 144 Richtung Kitzscher zur Haltestelle »Fußgängertunnel« (ca. alle 2 Std.), dort in Richtung Unterführung, rechts hindurch und auf der anderen Seite nach links. Immer geradeaus, auch unter der Bahnlinie. Rechts in den Radweg in Richtung Naunhof/Pötzschau, stets der Ausschilderung folgend bis ❷; später dort wie auf dem Hinweg zurück nach Espenhain.
Anforderungen: Einzelne steile Abschnitte. Ziele in der ersten Hälfte sporadisch ausgeschildert (der Lehrpfad ist in die Jahre gekommen). Busnutzer müssen ein längeres Stück auf einem Radweg und an einer Landstraße entlanggehen.
Einkehr: Unterwegs keine. Nur am Anfang/Ende der ÖPNV-Variante in Espenhain der Gasthof Aspe (Mo/Sa Ruhetag).
Hinweis: Im Bergbaugebiet ist strikt auf den Wegen zu bleiben.

Am Parkplatz in **Mölbis** ❶ biegen wir gegenüber der Einmündung des Pötzschauer Weges in den Fußweg links ein. Wir halten uns am Denkmal schräg links und an der Straße links. Gleich rechts einbiegend liegt die Kirche nun linker Hand. Am Ende der Straße nutzen wir den Pfad geradeaus (leicht rechts versetzt) und gehen an der T-Kreuzung rechts. An der Straße biegen wir links in den Mühlweg ein (Sackgasse). Nach dem Gehöft geht es geradeaus in den Wald. An der T-Kreuzung halten wir uns links, der **Rastplatz** ❷ oberhalb von Mölbis liegt linker Hand (die Busnutzer stoßen von rechts zu).

Wir folgen nun dem Weg zunächst weiter, biegen dann aber in den ersten links ein. An der Gabelung halten wir uns rechts. Dann geht es in den

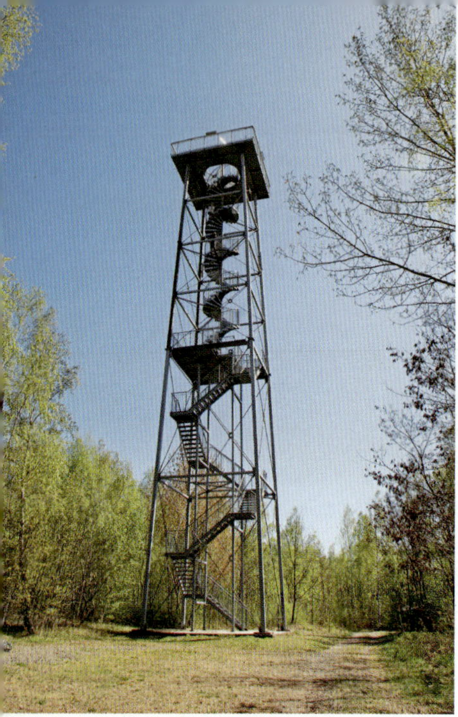

Der Aussichtsturm Halde Trages.

Rastplatz unterhalb des Aussichtsturms.

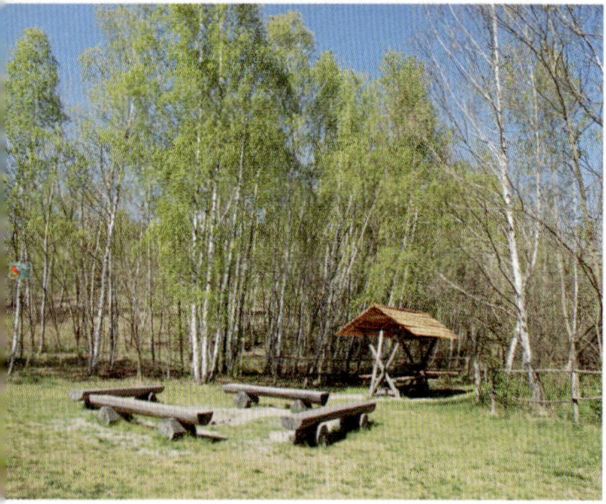

ersten Weg erneut rechts und Stufen hinauf. Rechts wird die **Baggerkanzel** ❸ erreicht. Die Aussicht ist leider zugewachsen. Nun wenden wir uns links zum Schaufelrad mit Rastplatz. Dort biegen wir rechts ab und dann links in den Weg, der anfangs asphaltiert ist, aber bald in einen grasbewachsenen Weg übergeht. Immer geradeaus wird der **Aussichtsturm** ❹ erreicht. Der Aufstieg lohnt sich für einen schönen Rundumblick.

Anschließend wandern wir geradeaus weiter, an einer Schutzhütte vorbei. Gleich ist der nächste Rastplatz erreicht, dort führt links ein Abstecher zur Tafel »Erosionsrinnen« mit ebenfalls lohnender Aussicht, dem »Erzgebirgsblick«. Wieder zurück auf dem Weg geht es an der Kreuzung links, dann geradeaus. Rechts schreiten wir Treppen hinunter, auf dem »Bermenweg mit Treppe«. Unten geht es nach links, immer geradeaus, dann über die Brücke. Gleich nutzen wir links den kleinen Weg (Schild nach Thierbach). Unser Weg biegt mit dem 7-Seen-Weg rechts ab. Dann gehen wir gleich scharf nach links.

Nun ist für ca. 2,5 km eine kleine Durststrecke zu überwinden, denn nun wandern wir eine Weile auf einem Betonweg. Wo dieser am Ende nach links abbiegt, gehen wir geradeaus, dann rechts an einem kleinen Gebäude vorbei. Wir laufen nun parallel zur Straße. Der Weg wird mit der Zeit immer schöner. Im Wald biegen wir mit einer alten Ausschilderung des 7-Seen-Weges links ab. Kurz geht es steil hinauf, dann nach rechts. Bald halten wir uns links in den Weg, folgen dem Schild »Aussichtsturm Fußgänger 4 km« und gehen nach den Stufen nach rechts. Nun wandern wir für ca. 800 m auf einem netten Pfad. An einer Kreuzung geht es geradeaus.

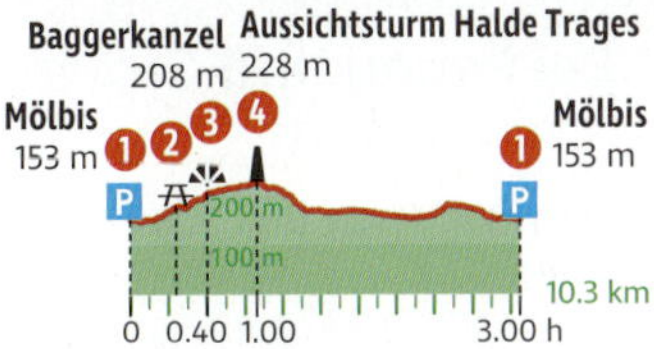

An der T-Kreuzung halten wir uns rechts (Busnutzer laufen dagegen links hinauf, oben zweimal rechts und zurück nach Espenhain, siehe Kurzinfo/Ausgangspunkt). Dann laufen wir immer geradeaus, auch in Mölbis. Nach dem Schilfteich rechter Hand geht es links in die Teichstraße. Beim Haus Nr. 5 rechter Hand biegen wir links ein. Im Park geht es schräg rechts zur Orangerie und zurück zum Parkplatz in **Mölbis** ❶.

Aussicht auf das Kraftwerk Thierbach.

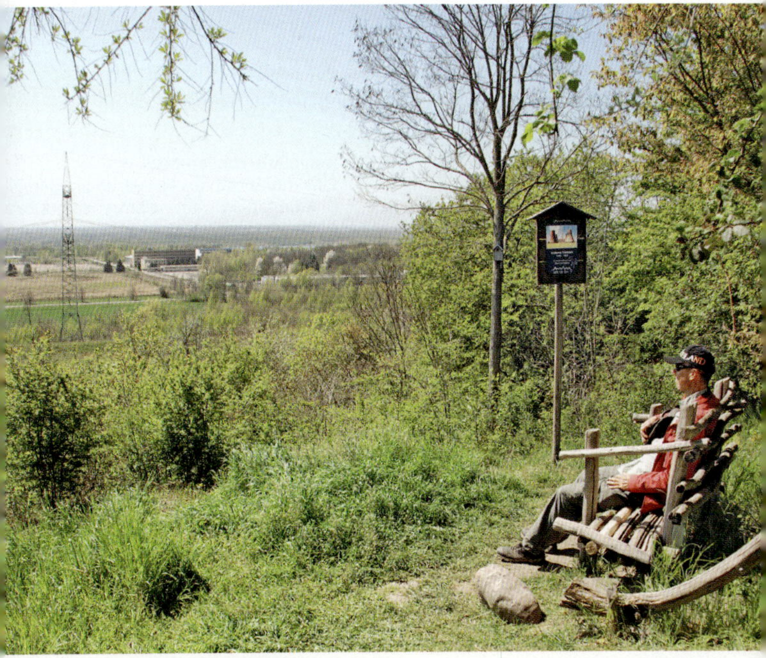

↗ 60 m | ↘ 60 m | 14.5 km

4.00 h

45 Bei Pegau und Groitzsch

An Weißer Elster und Schwennigke

Auf dieser Wanderung folgen wir einer weitgehend naturnahen Auenlandschaft, die im Norden bis an den Zwenkauer See reicht (s. Tour 46). Den Auftakt bildet die Altstadt von Pegau, wo Graf Wiprecht von Groitzsch (1050–1124) das erste Kloster Sachsens gründete. Sein Grabmal finden wir in der ursprünglich romanisch erbauten Stadtkirche St. Laurentius (ca. Mitte 12. Jh.). Weiter geht es zum Renaissance-Rathaus von 1559, das stark an das Leipziger Rathaus erinnert – beide erbaut nach Plänen von Hieronymus Lotter.

Am Wehrturm und der kursächsischen Postmeilensäule verlassen wir die Stadt, indem wir die Weiße Elster überschreiten. Bald geht es auf einem lauschigen Weg nach Audigast, am »Schloss« (heute Wohnhaus) und an der Kirche St. Martin vorbei. Der nächste Höhepunkt ist die Burgruine Groitzsch, zu Wiprechts Zeiten Zentrum seiner Macht, heute Freilichtbühne. Anschließend folgen wir dem idyllischen Bachtal der Schwennigke durch den Auwald des Naturschutzgebietes Pfarrholz, Teil des Vogelschutzgebietes Elsteraue bei Groitzsch.

Der Rückweg erfolgt über Trautzschen, einem Ortsteil von Elstertrebnitz, wo uns schon bald der Wasserturm von Pegau die Richtung zum Ausgangspunkt der Tour weist.

Ausgangspunkt: Bahnhof Pegau. Von Leipzig Hbf. mit der EB oder EBx Richtung Saalfeld nach Pegau (ca. stündlich). Parkplatz anbei (Navi: Bahnhofstraße, Pegau).

Anforderungen: Leichte Wanderung, wenig Ausschilderung.

Einkehr: Sporthaus Elstertrebnitz (Mo/Di Ruhetag) in Trautzschen; mehrere Gaststätten in Pegau, in Bahnhofsnähe Rathmanns Klause (Zeitzer Str. 26, Mo Ruhetag).

An der Weißen Elster in Pegau.

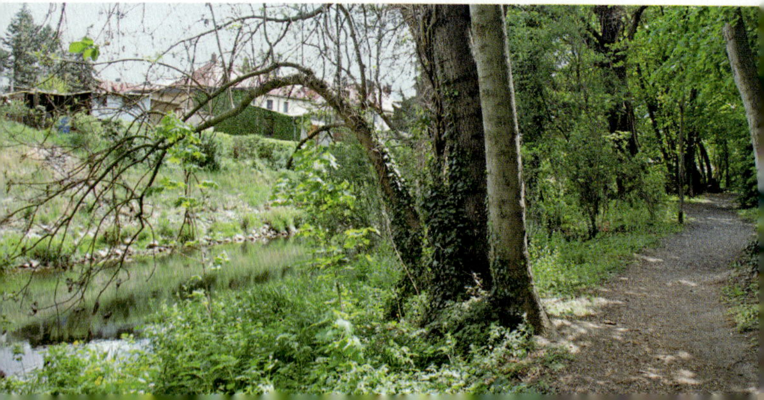

Am **Bahnhof Pegau** ❶ wenden wir uns zur Stadtseite und gehen geradeaus in Richtung Stadtzentrum. An der T-Kreuzung stehen wir vor dem ehemaligen Amtsgericht, der heutigen »Schlossresidenz« (betreutes Wohnen), früher stand hier das Kloster. Hier halten wir uns links und gleich wieder rechts in den Fußweg. Wir laufen immer geradeaus weiter, an der Kirche schräg links und in die Gasse gegenüber der Bushaltestelle (Fußgängerzone). Beim Rathaus geht es geradeaus und über den Bach, dann geradeaus in den Fuß-Radweg. Bei der Mühlgasse biegen wir schräg links in den Fußweg ein. An der ersten Gabelung halten wir uns rechts, an der nächsten links.

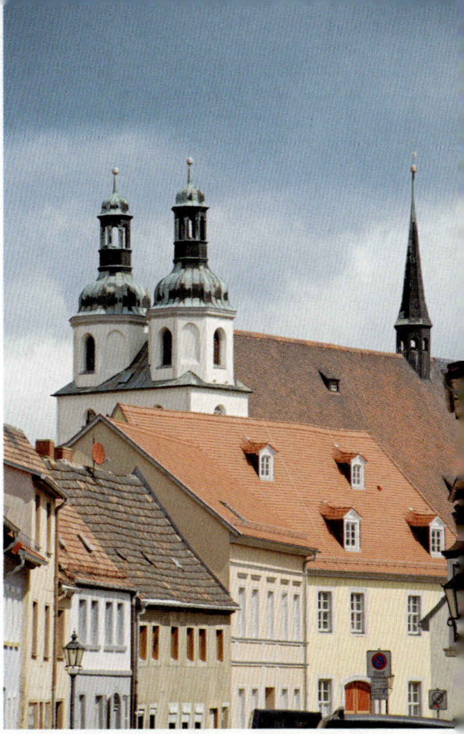

Die Pegauer Altstadt.

Wir laufen nun an der Weißen Elster entlang. Rechter Hand ist ein Rest der Stadtmauer mit Wehrturm zu sehen. Es geht links über den Fluss, dann geradeaus und vor dem Ortsausgangsschild schräg links (Sackgasse). Kurz nutzen wir den Fußweg an der B 2 entlang, überqueren dann die Straße und biegen am Schild »70 km/h« rechts in den Fuß-/Radweg ein, der gleich nach links schwenkt. Wir folgen dem Pfad immer weiter, die Bachseite wird zweimal gewechselt. An einer Straße geht es geradeaus.
Wir erreichen **Audigast** ❷. Am Schloss Audigast, das eher wie ein großes Wohnhaus aussieht, halten wir uns rechts, nach der Kirche wieder rechts und dann schräg links. Geradeaus geht es weiter, über die Ampel und am zweiten Vorfahrtsschild erneut geradeaus in den Weg. Hier haben wir rechts die Wahl zwischen dem geteerten Fuß-/Radweg und dem gleich folgenden unbefestigten Feldweg, den die meisten Wanderer bevorzugen würden. Beide Wege verlaufen parallel. Auf dem Feldweg geht es 50 m nach Feldende an der Kreuzung rechts (vom Fuß-/Radweg aus an der T-Kreuzung rechts) und an der Straße links in den Bürgersteig, der schließlich als Fuß-/Radweg fortgesetzt wird.

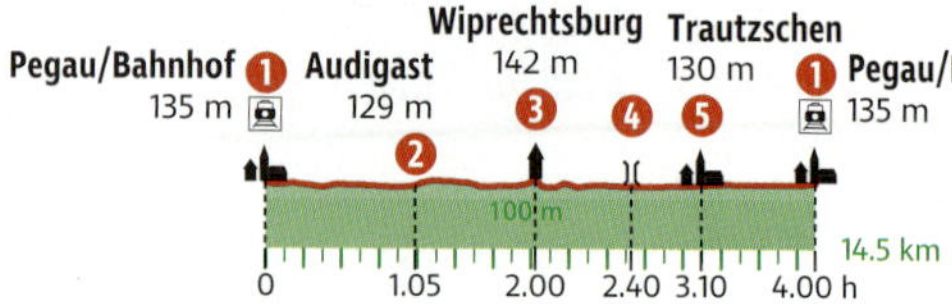

Bei **Groitzsch** halten wir uns geradeaus und biegen in die erste Straße rechts ein (Schild »Sportplatz«). Wir gehen immer weiter geradeaus und an der T-Kreuzung rechts (Tafel »Der Weißstorchenhorst Groitzsch«). An der folgenden T-Kreuzung geht es erneut rechts und an der Mühlstraße 39 gleich in die erste Straße links. An der Brücke halten wir uns links und steigen dann rechts hoch. Oben biegen wir links zur Ruine **Wiprechtsburg** **3** ein. Das Gelände wird auch für Konzerte und Aufführungen genutzt. Wir gehen geradeaus weiter und dann Stufen hinunter. Auch unten laufen wir geradeaus weiter, dann rechts über die Brücke und dann links. Wir genießen den Fischlehrpfad am Bach Schwennigke. An der nächsten Brücke wenden wir uns wieder nach links und dann nach rechts, in den linken Weg. Das Pfarrholz wird betreten.

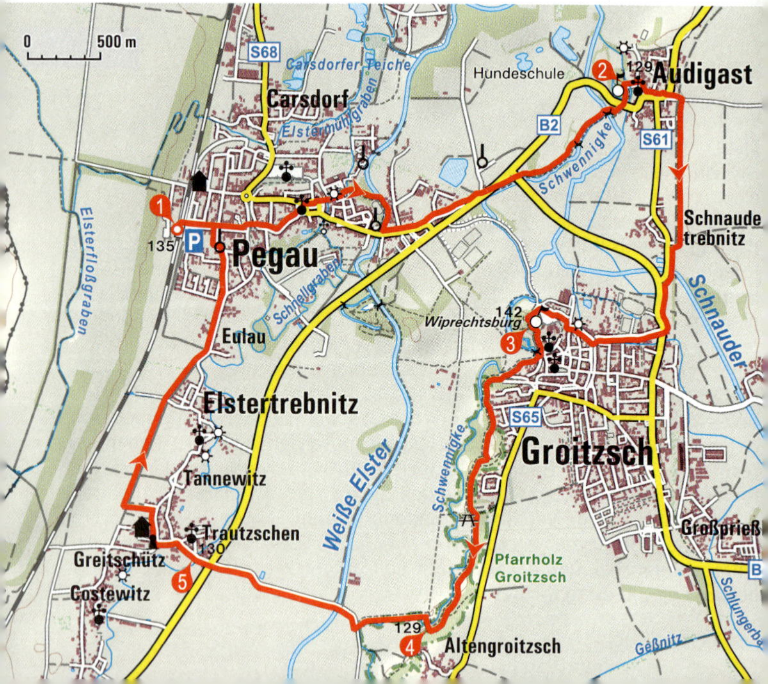

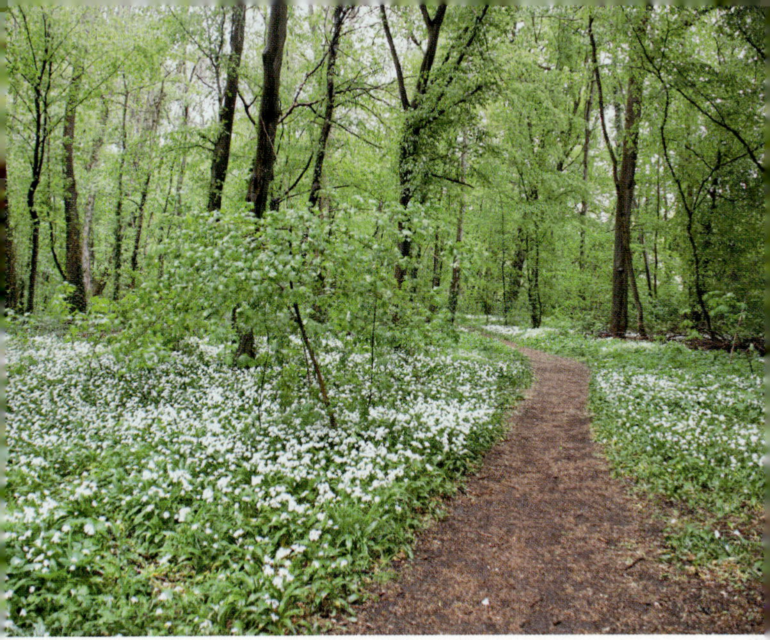

Im Pfarrholz blüht der Bärlauch.

Am Spielplatz wandern wir geradeaus weiter, immer dem Hauptweg nach und an einer Kreuzung schräg rechts. An der folgenden Kreuzung biegen wir an der Tafel »Bärlauch« rechts ein. Am Rastplatz wandern wir geradeaus weiter (leicht links versetzt), vorbei an der Tafel »Hohlweg«. Nach der Tafel **»Der Bettelsteg«** 4 geht es rechts auf der kleinen Brücke über die **Schwennigke**. An der T-Kreuzung biegen wir links in den Radweg ein und an der folgenden T-Kreuzung rechts. Wir laufen nun immer geradeaus weiter, auch an der Straße, und passieren die Weiße Elster.
Über eine Brücke wird **Elstertrebnitz**, Ortsteil **Trautzschen** 5 erreicht. Weiter halten wir uns geradeaus, auch, nachdem die Straße einen leichten Linksbogen gemacht hat. Am Kriegerdenkmal biegen wir rechts ein, dann in die erste Straße links (gegenüber Haus Nr. D 26a). Der befestigte Weg geht in einen Wiesenweg über. An der T-Kreuzung biegen wir rechts ein, hier stehen gleich Bänke rechter Hand. Wir wandern immer weiter geradeaus, auch an der Straße. Nach der Bushaltestelle befinden wir uns wieder in einem Wohnviertel. Am Ortseingangsschild von **Pegau** halten wir uns schräg links. Am Wasserturm geht es geradeaus in den Fußweg, der nach links schwenkt. An der Straße halten wir uns rechts und an der Kreuzung links. Gleich erreichen wir wieder den **Bahnhof Pegau** 1.

↗ 30 m | ↘ 30 m | 14.8 km

46 Zum Zwenkauer See

4.00 h

Dörfliche Landschaften, Auwald und eine riesige Wasserfläche

Der Zwenkauer See ist heute mit ca. 10 km² der größte See im Leipziger Neuseenland Süd. Bis 1999 wurde hier Braunkohle abgebaut. Spuren der Vergangenheit finden sich vom Ort Eythra, der dem Tagebau zum Opfer fiel. Auf unserer Wanderung gewinnen wir zuerst einen Eindruck, wie man sich den Südraum Leipzigs vor dem Abbau der Braunkohle vorstellen kann. Unsere Blicke schweifen über das weite Land, wir erfreuen uns an der Landidylle und in den Ortschaften an hübschen Fachwerkhäusern. Ein Zeugnis älterer Industrie ist die idyllische Teichlandschaft der Imnitzer Lachen. Die ehemaligen Lehmgruben haben sich in jüngerer Zeit zum Vogelparadies entwickelt und wurden, wie der folgende Auwald im Zwenkauer Eichholz, als Vogelschutzgebiete ausgewiesen. Weiter geht es zum Aussichtspunkt am Zwenkauer See, wo wir die große Wasserfläche gut sehen können. Durch die ehemalige Lindenallee, die früher den Eythraer Schlosspark mit dem Eichholz verband, laufen wir zum »Trianon«, einer 1788 im Stil der Antike errichteten künstlichen Tempelruine. Graf Jacob Friedemann von Weythern und seine Gattin Gräfin Johanna Luise ließen hier eine Parkanlage nach englischen und antiken Vorbildern errichten. Teile ihres Sarkophags nach römischem Vorbild sind hier zu sehen. Über ruhige Feld- und Radwege geht es zurück zum Ausgangspunkt.

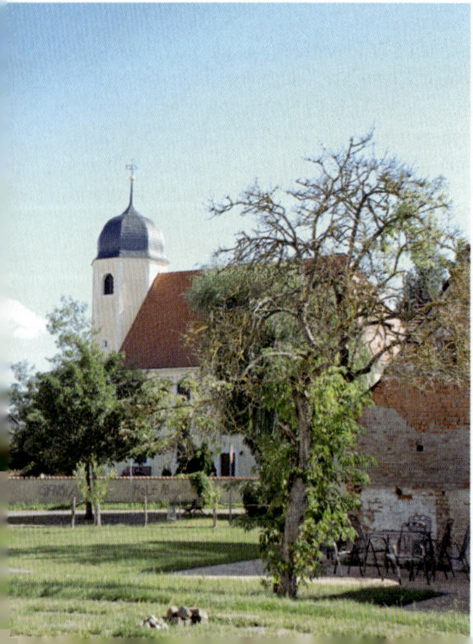

Ausgangspunkt: Großdalzig, Bahnhof. Von Leipzig Hbf. mit der EB oder EBX Richtung Saalfeld nach Zwenkau-Großdalzig. Parkplatz anbei (Navi: Hauptstraße, Großdalzig).
Anforderungen: Wenig Ausschilderung, auf dem Weg zu den Imnitzer Lachen und im Eichholz erhöhte Anforderung an die Orientierung. Überwiegend Feldwege und Waldpfade. Am Zwenkauer See ist auf Radfahrer zu achten.
Einkehr: Unterwegs keine. Diverse Gaststätten in Zwenkau.

Vom **Bahnhof Großdalzig** ❶ wenden wir uns Richtung Ort und biegen nach der Bushaltestelle rechts in die Straße Am Amselweg ein. Bei der Kirche halten wir uns

Landidylle in Großdalzig.

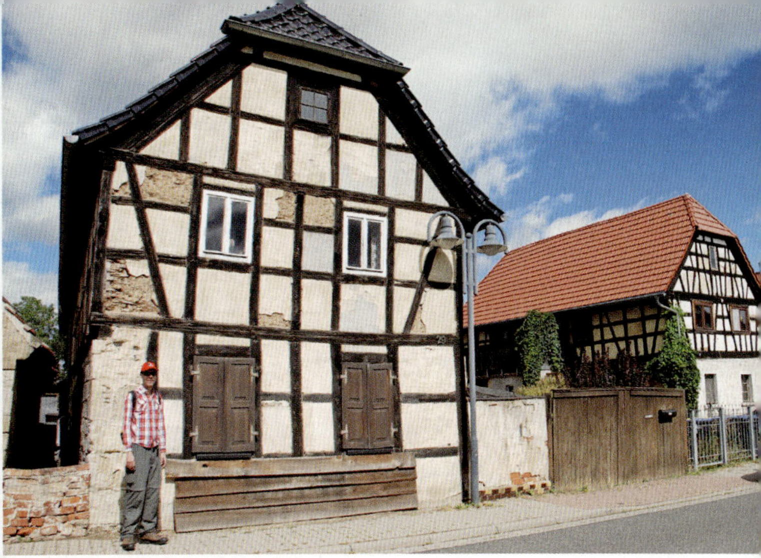

Fachwerkhäuser in Wiederau.

links und dann geradeaus in die Anliegerstraße Am Wiesengrund. Die Straße schwenkt nach rechts. An deren Ende nutzen wir den Feldweg geradeaus, so auch an einem Abzweig. Rechts erblicken wir den Ort Tellschütz mit seiner Kirche.

An der T-Kreuzung geht es nach links. Der Weg schwenkt nach rechts und führt über einen Bach. Vor dem nächsten Ort laufen wir an einer Kreuzung geradeaus weiter, links an zwei Weihern vorbei. In **Wiederau** halten wir uns links, gehen an der Bushaltestelle vorbei. Rechter Hand ist das **Herrenhaus Wiederau** 2 (Privatbesitz) zu sehen. Viele schöne Fachwerkhäuser begleiten uns durch den Ort. Nach dem Ortsausgangsschild laufen wir kurz an der Straße entlang, biegen am Damm rechts ein und gleich wieder links in den Radweg. Gleich nach der Brücke über die Weiße Elster biegen wir links auf den Hochwasserdeich ab. Am Abzweig laufen wir rechts vom Damm weiter und behalten die Richtung bei. An einem Wäldchen rechter Hand geht es geradeaus weiter. Nach der Stromleitung und ca. 180 m vor einem Gebäude biegen wir zweimal in einem Bogen rechts ab.

Dann wenden wir uns gleich nach links und erreichen die Schilder »Flächennaturdenkmal« und

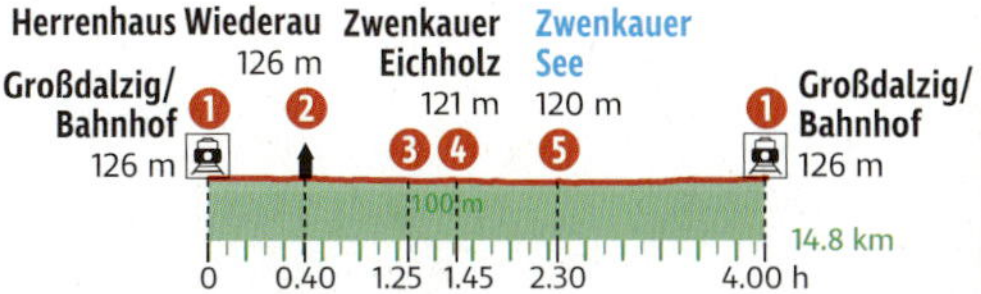

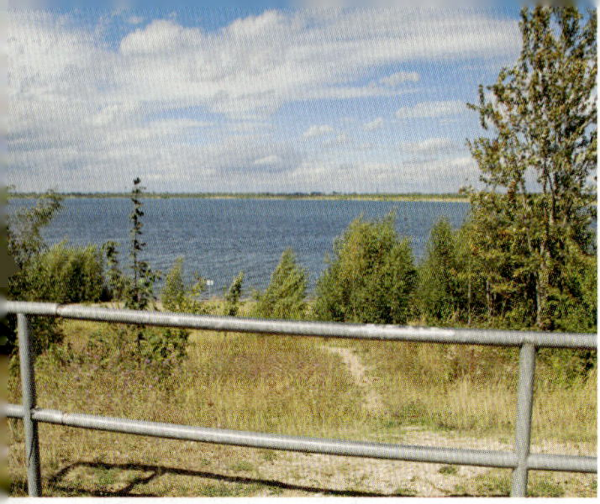

Der Zwenkauer See.

»Angelgewässer«. Die **Imnitzer Lachen** 3 sind erreicht. Wir überqueren die B 186 und wandern weiter geradeaus. Linker Hand liegt der Teich Neuer Bagger, rechts die sogenannte Regulierte Weiße Elster. An mehreren Abzweigen geht es geradeaus weiter. Schließlich wird eine Gabelung erreicht, wo der Hauptweg nach rechts schwenkt. Wir halten uns aber links in den kleineren Weg und betreten das **Zwenkauer**

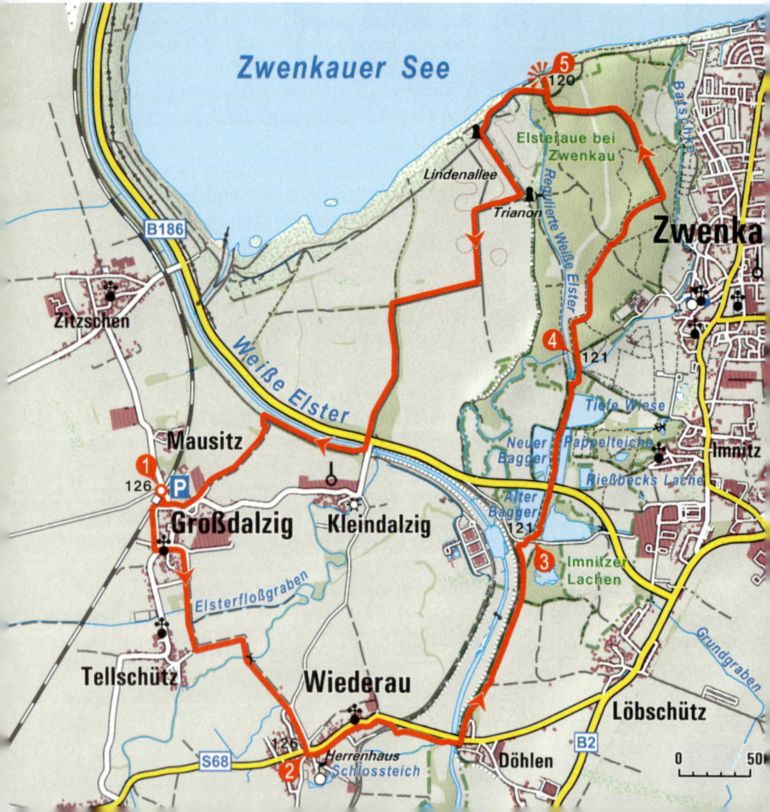

Eichholz ❹. Unser Weg führt am rechten Rand einer Lichtung entlang, schwenkt nach links und geleitet uns wieder in den Wald. An einem breiteren Weg biegen wir kurz rechts ein, dann gleich links. An einer Gabelung geht es rechts, ggf. erschwert hier grober Schotter das Vorankommen. Dann biegen wir links in den breiteren Weg ein, der Naturlehrpfad ist erreicht. Wir bleiben nun für einen guten Kilometer immer auf dem Hauptweg und kommen an mehreren Tafeln vorbei. An der T-Kreuzung geht es rechts. Am Teerweg wenden wir uns geradeaus zum Aussichtspunkt auf den **Zwenkauer See** ❺.

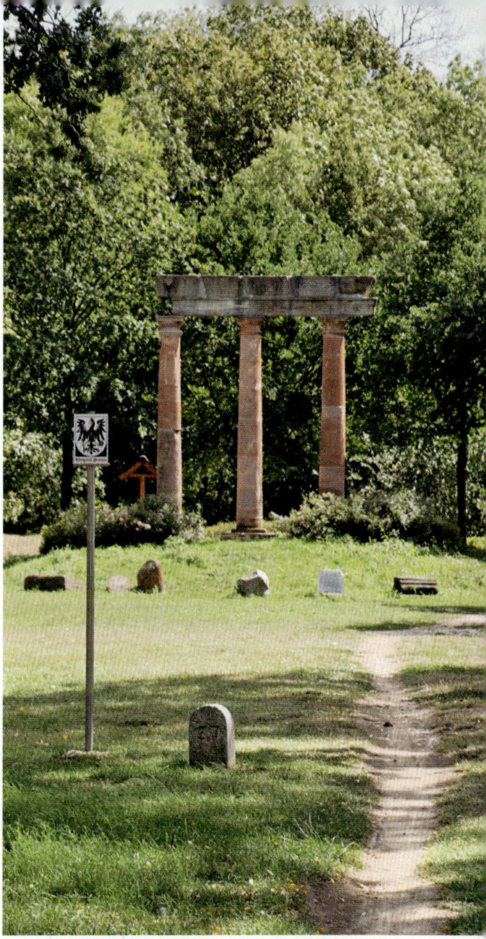

Beim Eythraer Trianon verlief 1815 die Landesgrenze zwischen Sachsen und Preußen.

Wir kehren zurück und biegen rechts in den Radweg ein, den See rechter Hand. Achtung, wir teilen uns den Weg an manchen Tagen mit vielen Radfahrern! Nach ca. 500 m biegen wir am Denkmal Eythra links in die Lindenallee ein. Hier gibt es allerlei zu entdecken. Nach dem Trianon biegen wir rechts ein, der Weg wird zum Feldweg. An der T-Kreuzung geht es links, den ersten Weg rechts und den ersten Weg wieder links. Jetzt sind wir wieder auf einem baumbestandenen Weg. Wir kommen wieder über die B 186 und die Weiße Elster. Gleich nutzen wir rechts den Radweg und folgen diesem für ca. 800 m, um dann scharf links in den Feldweg einzubiegen. In **Großdalzig** geht es geradeaus, dann rechts in die Hauptstraße, schließlich wieder rechts zur Bushaltestelle und zurück zum **Bahnhof** ❶.

↗ 90 m | ↘ 90 m | 20.5 km

47 Vom Oberholz zum Störmthaler See

5.00 h

Lauschiger Wald, weites Feld und eine große Wasserfläche

Zunächst durchwandern wir den traditionellen Ausflugswald des Oberholzes, ein ausgedehnter Mischwald mit hohem Laubanteil. Das Oberholz war 1544 von Herzog Moritz von Sachsen der Leipziger Universität geschenkt worden. Stets wurde es auch als ein Wald Leipzigs empfunden. Unterwegs streifen wir den »Pfad der Lieder«, der an 12 Stelen mit Melodie und Text zur Singpause einlädt.

Anschließend erreichen wir auf Feldwegen das lauschige Göseltal, das in Dreiskau-Muckern endet. Wir streifen das Dorf, das schon zum Abriss wegen des vorrückenden Tagebaus vorgesehen war, aber 1993 gerettet wurde.

Wir kommen zum 733 ha großen Störmthaler See mit der schwimmenden Kulturinsel Vineta, die an die Magdeborner Kirche erinnert, die hier für den Tagebau weichen musste. Im beliebten Ort Störmthal lässt sich in der Gastronomie eine Pause einlegen, bevor wir zum Abschluss wieder durch das Oberholz zurück nach Großpösna wandern.

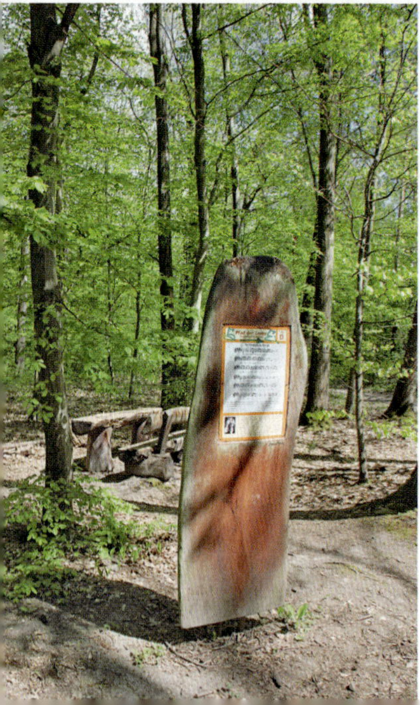

Ausgangspunkt: Großpösna, Bahnhof Oberholz. Von Leipzig Hbf. mit der RB 113 Richtung Geithain oder mit der RB 6 Richtung Chemnitz nach »Oberholz«. Parkplatz anbei (Navi: Rudolf-Breitscheid-Straße, Oberholz).

Anforderungen: Nur wenige kurze Steigungen, aber abschüssig im ersten Teil am Störmthaler See, dort ist Trittfestigkeit erforderlich. Keine Ausschilderung, Orientierung im Oberholz schwierig. Die lange Tour verlangt etwas Ausdauer. Kleine Pfade und Feldwege. Im Oberholz und im zweiten Teil am Störmthaler See auf Radfahrer achten.

Einkehr: Gasthof Muckern in Dreiskau-Muckern (nur Sa/So, Abstecher); Imbiss am Speisewagen No. 51 (nur Sa/So) und Gasthof am See (Do Ruhetag) in Störmthal; Büffeltränke (nur Fr–So tagsüber) in Großpösna.

Tipp: Botanischer Garten Oberholz für Arznei- und Gewürzpflanzen In Großpösna (im Sommer tgl. geöffnet, im Winter Sa/So Ruhetag).

Liedtafel im Oberholz.

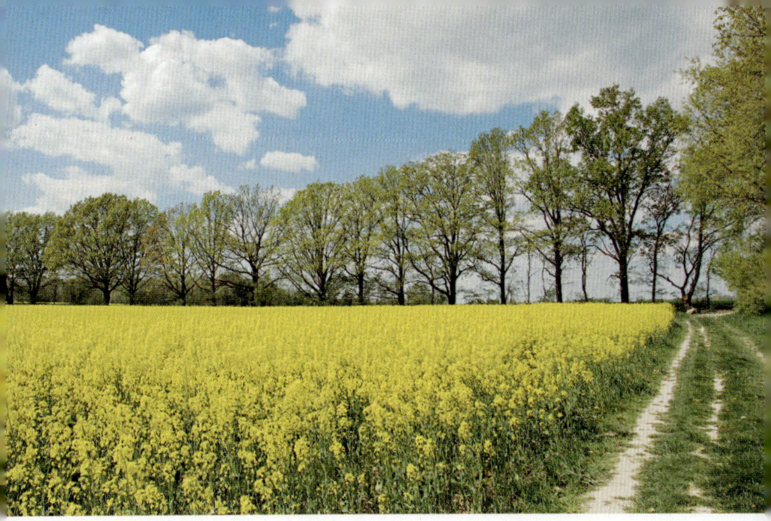

Das Oberholz wird verlassen.

Vom **Bahnhof Oberholz** ❶ in **Großpösna** wenden wir uns nach links hinunter zum Parkplatz, wo die Wanderung für Autofahrer beginnt. Dort biegen wir links ein, unterqueren die Bahnlinie und schwenken in den ersten Weg wieder links ein. An der Gabelung mit dem Schild »Flächennaturdenkmal« halten wir uns links. Der Pfad wird bald idyllisch. An der Gabelung geht es wieder nach links, und wir folgen dem sich nun schlängelnden Pfad immer weiter, zunächst grob parallel zu den Gleisen. An einem Abzweig geht es geradeaus. Wo schließlich an einer T-Kreuzung der Pfad endet (geradeaus ist eine freie Fläche), biegen wir links ab.

An der Tafel »Waldgeschichte« und dem Denkmal »350 Jahre Überweisung dieses Waldes an die Universität Leipzig« halten wir uns links und vor der Bahnlinie rechts. Wir wandern weiter an der Bahnlinie entlang, bis es bei Häusern an der Gabelung rechts, dann gleich schräg links geht. Nun ist immer dem Pfad zu folgen, bis schließlich eine T-Kreuzung erreicht wird. Wir begegnen dem Pfad der Lieder an der **Liedtafel F** ❷ »Wenn ich ein Vöglein wär«, wo wir links einbiegen, dann vorbei an der Tafel E »Alle Vögel sind schon da«. Am Rastplatz mit der Tafel D »Im Frühtau zu Berge«, der für

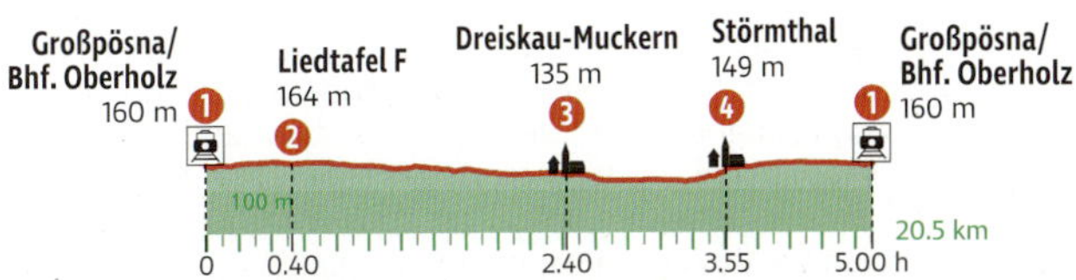

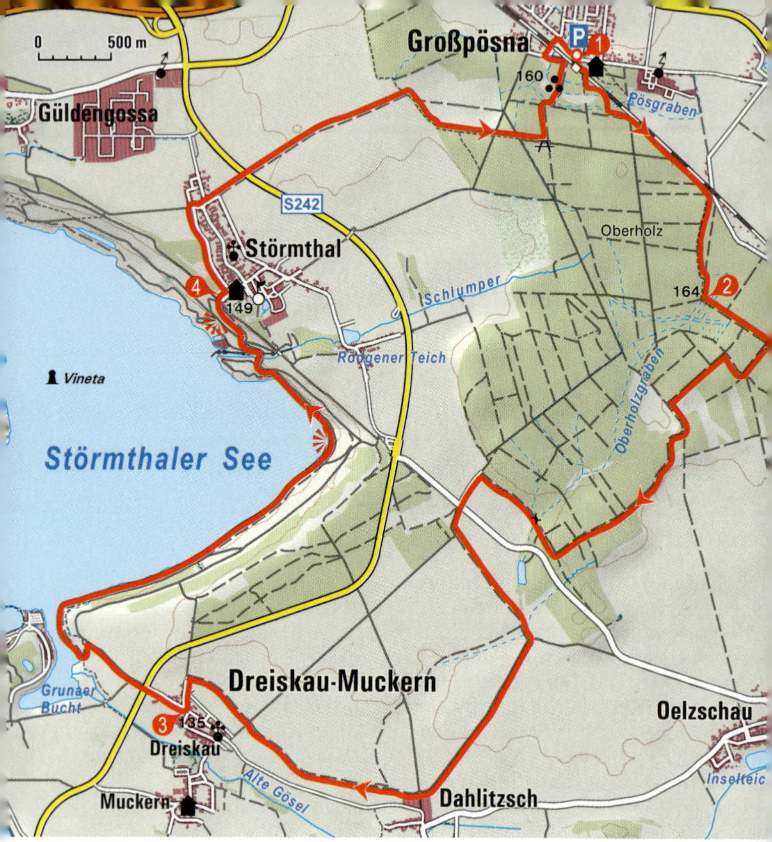

uns vorerst letzten Liedtafel, geht es nach rechts. Auch an der Gabelung halten wir uns rechts und in den ersten Weg links. Wir wandern rechts am Feld entlang und biegen an der T-Kreuzung links ein. Wir kommen wieder in den Wald und gehen dort rechts weiter. Auf diesem Weg bleiben wir für ca. 1,5 km. An der T-Kreuzung geht es rechts, dann immer geradeaus.

Im Freien halten wir uns an der T-Kreuzung links, dann geradeaus über die Straße. Nun ist dem geteerten Weg zu folgen. Nachdem dieser erst eine Linkskurve gemacht hat, gehen wir in der folgenden Rechtskurve gerade aus und rechts am Feld entlang. Schließlich nutzen wir an der T-Kreuzung rechts den befestigten Weg. Unten an der Kreuzung laufen wir gerade aus weiter und an der Gabelung links. Der Weg wird nun teilweise zum Pfad. Am geteerten Weg wandern wir geradeaus weiter bis zur T-Kreuzung an der wir links abbiegen. Im Ort **Dreiskau-Muckern** ③ geht es rechts in den Grunaer Weg und wieder aus dem Ort hinaus. An der Straße laufen wir zunächst geradeaus, dann den ersten Weg scharf links hinunter. Der Weg ist unbefestigt. Unten biegen wir scharf rechts ein. Wir folgen jetzt einem idyllischen Pfad am Störmthaler See entlang. Am Strand wandern wir geradeaus weiter, halten uns an der folgenden Gabelung links und am Teerweg geradeaus (leicht rechts versetzt). An einem Abzweig geht es geradeaus hinauf. Oben halten wir uns links, dann folgen wir dem geteerten Weg. Nach dem »Wasserfall« laufen wir geradeaus weiter, dem oberen Weg folgend. Dann gehen wir schräg rechts hinauf. Dort erwartet uns ein Aussichtspunkt mit Imbiss.

Rechts erreichen wir **Störmthal** ④ und halten uns vor dem Gasthof links in den Gartenweg. An dessen Ende biegen wir rechts ein, gleich an der Gabelung links und geradeaus über die Straße. Dort geht es in den Feldweg, dann geradeaus über die Landstraße (Vorsicht!). Wir wandern nun zwischen Feldern, immer mit Blick auf das Oberholz.

Bei Bäumen biegen wir rechts ab. Der Pfad schwenkt nach links. An einer Kreuzung kommen wir wieder an der Tafel 3 zum Pfad der Lieder und wandern geradeaus weiter bis zu einer Kreuzung, auch dort geradeaus. Am Rastplatz des Waldaktionszentrums geht es nach links. An der T-Kreuzung biegen wir rechts ein und in den ersten Weg links. Nach der Tafel »Riesenbärenklau« laufen wir links zur wenig spektakulären Slawenburg. Hier informiert eine Tafel »Das Alte Schloss im Oberholz« über die Hintergründe. Danach kehren wir zurück zum Weg und halten uns dort links.

Vor der Bahnlinie ist die Strecke vom Hinweg erreicht. Daher gehen wir wieder links, dann rechts, unter der Bahnlinie hindurch und abermals rechts zurück zum Parkplatz und zum **Bahnhof Oberholz** ① mit dem Lokal Büffeltränke in **Großpösna**.

Strand am Strömthaler See.

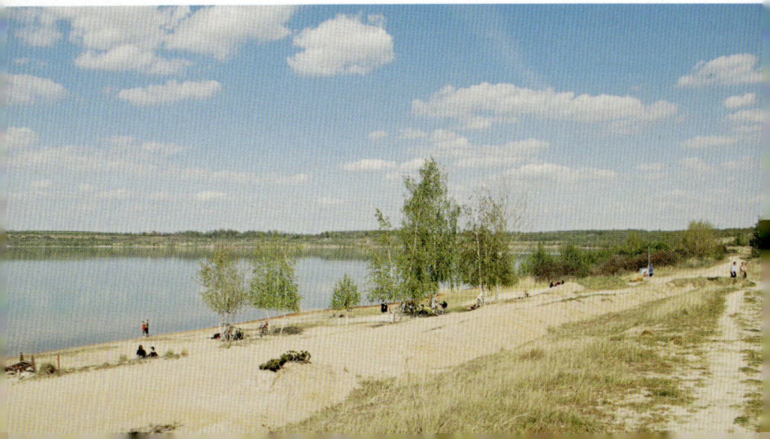

↗ 30 m | ↘ 30 m | 10.7 km

48 In der Neuen Harth

2.30 h

Ein neuer Wald am Cospudener See

Wie schön Wandern in der Bergbaufolgelandschaft sein kann, zeigt diese Tour. In der Neuen Harth hat sich die Natur ihren Platz zurückerobert. Der attraktive Mischwald ist Rückzugsgebiet vieler Wildtiere und Vögel. Der Name erinnert an das verlorene Waldgebiet Harth südlich von Connewitz, das in den 1950er-Jahren den Kohlebaggern zum Opfer fiel. Der neu aufgeforstete Wald soll eine kleine Wiedergutmachung für Verluste sein.

Wir streifen auf unserer Runde drei angelegte Rundwanderwege: die Gaschwitzer Linie, den Harthbogen und den Prödeler Weg, der an den ehemaligen Ort Prödel erinnert. Wir kommen zum Cospudener See, einem Bergbaufolgesee, der an den 1981 überbaggerten Ort Cospuden für den bereits ab 1990 wieder eingestellten Tagebau erinnert – damals ein großes Missverhältnis zwischen Fördererertrag und Zerstörung von Kultur und Landschaft. Aber der »Cossi« diente schon bei der Weltausstellung Expo 2000 mit zahlreichen Freizeitmöglichkeiten, Strand und Landschaftspark als Modell für Nutzung der Bergbaufolgelandschaft. Heute kommt für den Besucher dort maritimes Lebensgefühl auf.

Ausgangspunkt: Großstädteln, S-Bahn-Haltestelle. Von Leipzig Hbf. mit der S3 Richtung Markkleeberg-Gaschwitz nach Markkleeberg-Großstädteln (ca. alle halbe Stunde). Parkplatz anbei (Navi: Hauptstraße, Großstädteln).
Anforderungen: Leichte Wanderung, deutliche Wege, befestigt und unbefestigt. Die drei Rundwege sind nur sporadisch ausgeschildert. Am Cospudener See und am Harthbogen muss mit Radfahrern gerechnet werden. Etwas laut im Bereich der A 38 gegen Ende der Tour.
Einkehr: Restaurant Solo Mio am Cospudener See; dort mehrere weitere Imbisse und Cafés.

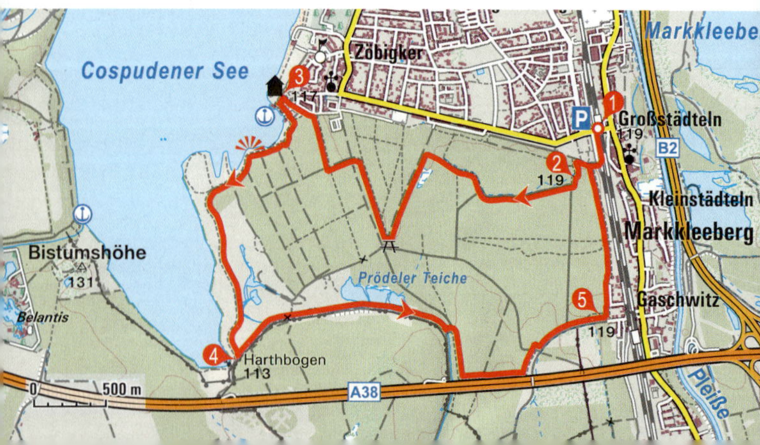

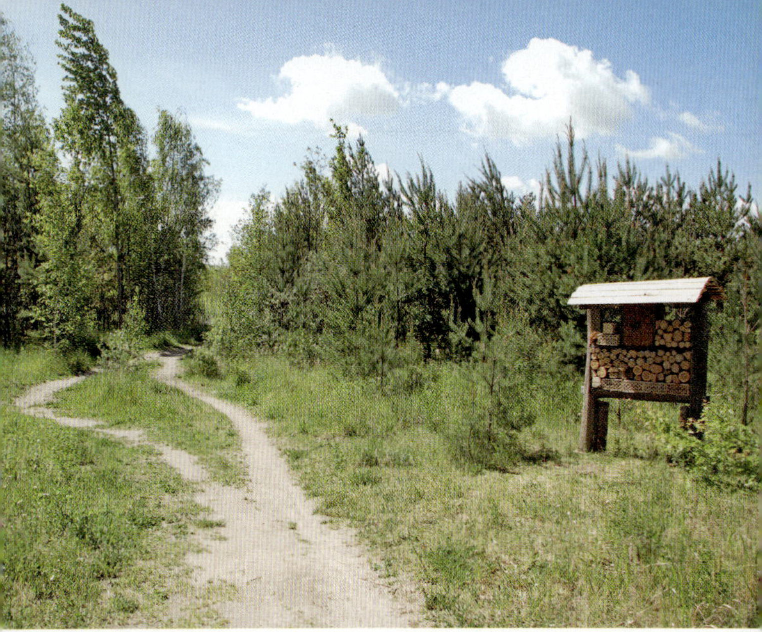

Insektenhotel in der Neuen Harth.

Von der **S-Bahn-Haltestelle** 1 in **Großstädteln** gehen wir die Treppe hinunter zur Straße, dort rechts in Richtung Zöbigker. Autofahrer gehen vom Parkplatz durch die Unterführung, ebenfalls in Richtung Zöbigker. Nachdem wir links in den Schachtweg eingebogen sind, kommen wir an einer Pferdekoppel vorbei und halten uns am Ende der Gartenanlage rechts. 150 m nach einem Abzweig biegen wir an einer Birke mit dem Wanderzeichen blauer Hase (Wanderweg Gaschwitzer Linie) links ein. Wir wandern am Hochsitz vorbei, dann geradeaus und vorbei am **Insektenhotel** 2.
Wir biegen nach rechts in den geschotterten Weg ein. An der Kreuzung halten wir uns geradeaus. Nach einer Rechtskurve verlassen wir den Hauptweg, indem wir geradeaus gehen (ohne Wanderzeichen). Am Abzweig laufen wir geradeaus weiter. An der Gabelung halten wir uns links und an der T-Kreuzung wieder links. Wo der Weg breiter wird (»dreispurig«), biegen wir scharf nach rechts ab. An der Gabelung laufen wir links weiter. Am Abzweig biegen wir ebenfalls links in einen Pfad

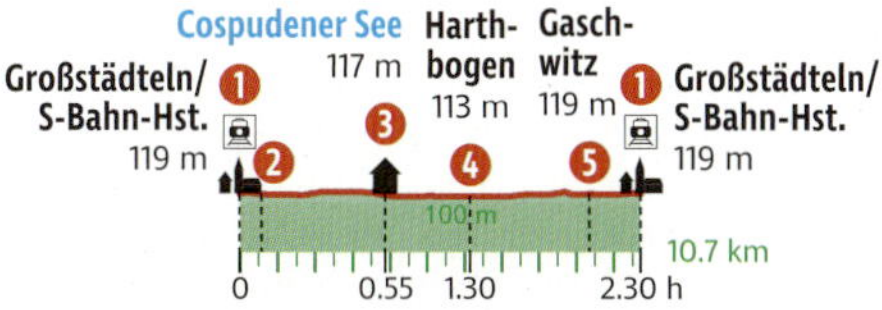

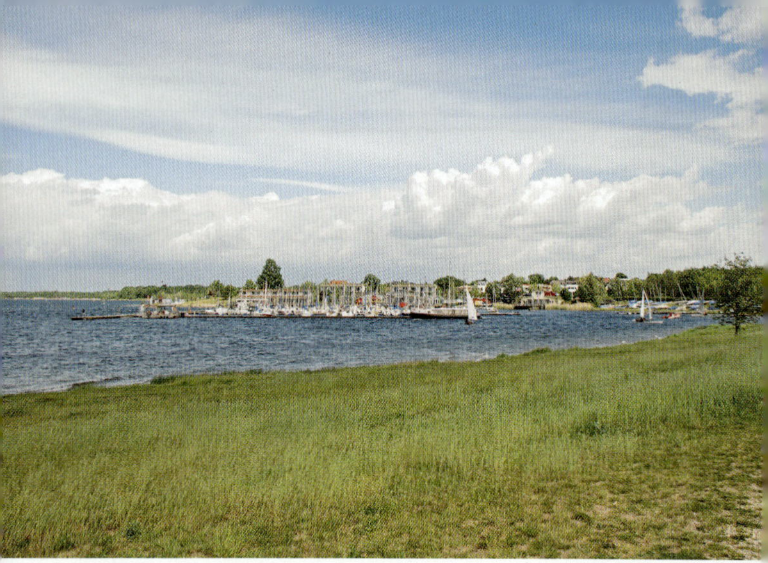

Blick zurück zum Hafen.

ein. An der Kreuzung geht es geradeaus, nun gilt das Wanderzeichen gelber Hase (Wanderweg Prödeler Weg). An der Kreuzung biegen wir rechts in den unmarkierten Weg ab und an der Straße links.

Wir laufen nun immer geradeaus bis kurz vor dem **Cospudener See** ❸, wo wir an einer Holzskulptur, die einen nach unten hängenden Menschen darstellt, links einbiegen. Vor dem Gebäude Pier 1 (mit Gastronomie und mehr) biegen wir links ein und kommen an etlichen weiteren Einkehrmöglichkeiten vorbei. Wir nutzen den Eingang zur »Sauna im See« und gehen dann links am Gebäude vorbei. Wir treffen auf einen geteerten Weg, dem wir nach rechts folgen. Wo wir links einen Waldweg erblicken, biegen wir rechts in den Uferpfad ein. Wir wandern nun auf die Bistumshöhe zu (s. Tour 5). An einer Bank trifft unser Pfad wieder auf den geteerten Weg, den wir nun für ca. 1,5 km nutzen. Mit etwas Glück sind im Tiergehege linker Hand Bisons, Pferde und Esel zu sehen.

An der Tafel »Prödel« biegen wir links in den **Harthbogen** ❹ ein, Wanderzeichen orangener Hase. Bald ist Schilf rechts und links des Weges zu sehen. Immer bleiben wir auf dem Hauptweg, der schließlich geteert ist. An einer großen Kreuzung geht es links und gleich rechts in den Pfad. Im Frühjahr blühen hier viele Lupinen. Kurz vor der A 38 halten wir uns an einer T-Kreuzung links. Trotz des Lärms finden wir hier einen sehr schönen Wanderweg vor. Wo der Hauptweg nach links schwenkt, gehen wir weiter geradeaus. Vor der Autobahnbrücke zweigt unser Weg nach links ab. Am

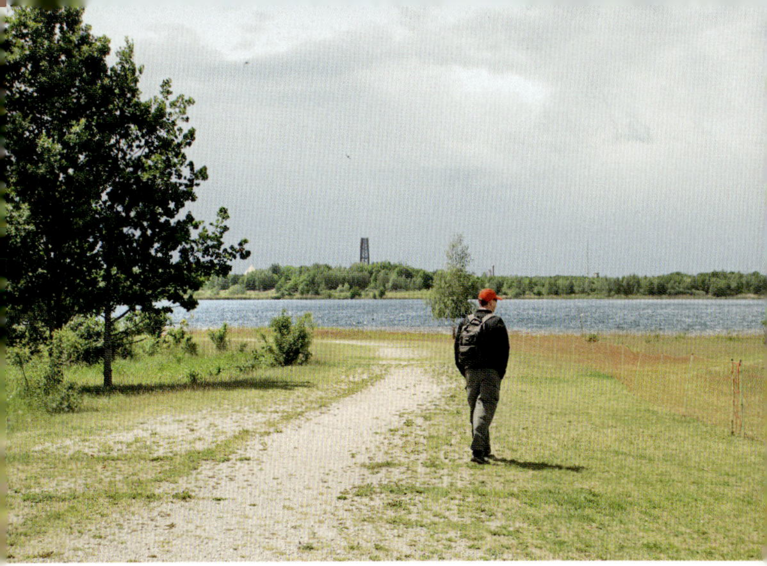

Immer auf die Bistumshöhe zu.

geteerten Weg geht es kurz rechts, dann gleich links, nun wieder mit dem Wanderzeichen blauer Hase.

Nach der Informationstafel biegen wir vor dem ersten Haus von **Gaschwitz** 5 links ein. Unser Weg mündet in einen geteerten Weg, wir laufen weiter geradeaus. Nach dem letzten Haus geht der Weg in einen Pfad über. Erneut wandern wir auf einem schönen Abschnitt. An der T-Kreuzung biegen wir rechts ein und haben die Strecke vom Hinweg erreicht. Dazu halten wir uns am Teerweg (Haus Nr. 50) links.

Nutzer öffentlicher Verkehrsmittel überqueren die Straße, biegen rechts ein und gehen links hoch zur **S-Bahn-Haltestelle** 1 in **Großstädteln**. Autofahrer gehen an der Straße rechts, durch die Unterführung und dann rechts zurück zum Parkplatz.

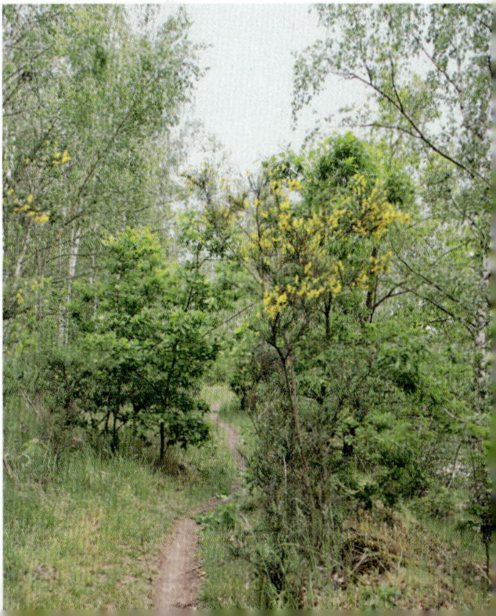

Auf dem Pfad nach dem Harthbogen.

↗ 120 m | ↘ 120 m | 22.3 km

49 Röcken und Lützen

6.00 h

Idyllische Dörfer vor dem Braunkohletagebau

Hübsche Dörfer, interessante Kulturstätten, schöne Naturflecken und flaches Land, das weite Blicke gestattet – die Leipziger Tieflandsbucht steht für mehr als nur Neuseenland und Auwald. Auf romantischen Wegen wandern wir von Gostau bis Röcken, dem Geburtsort Nietzsches, der hier auch begraben liegt.

Über weitere idyllische Dörfer gelangen wir nach Lützen, wo uns am Ende eines Parks eine ganz besondere Gedenkstätte mit Findling und Baldachin erwartet: für den schwedischen König Gustav II. Adolf, der im Dreißigjährigen Krieg die Truppen Wallensteins besiegte und hier fiel. Das Dach der Gedächtniskirche wirkt von innen wie ein umgedrehtes Wikingerschiff. Das Museum Gustav-Adolf-Gedenkstätte zeigt in den schwedischen Blockhäusern eine Ausstellung dazu. Nach einem Abstecher zum Tierpark erfolgt der Rückweg über ruhige Feldwege zurück nach Starsiedel.

Kaum Seen und Bergbaugeschichte – und dennoch gehört diese Tour zum Leipziger Neuseenland im weiteren Sinne. Denn Röcken, wo Friedrich Nietzsche 1844 im hiesigen Pfarrhaus geboren wurde, ist immer noch von der Überbaggerung bedroht. Der berühmte Philosoph gilt als Vorläufer und Wegbereiter der Existenzphilosophie und des europäischen Nihilismus. Seine Schwester Elisabeth Förster-Nietzsche (1846–1935) machte sich um den Nachlass verdient.

Im Martzsch-Park.

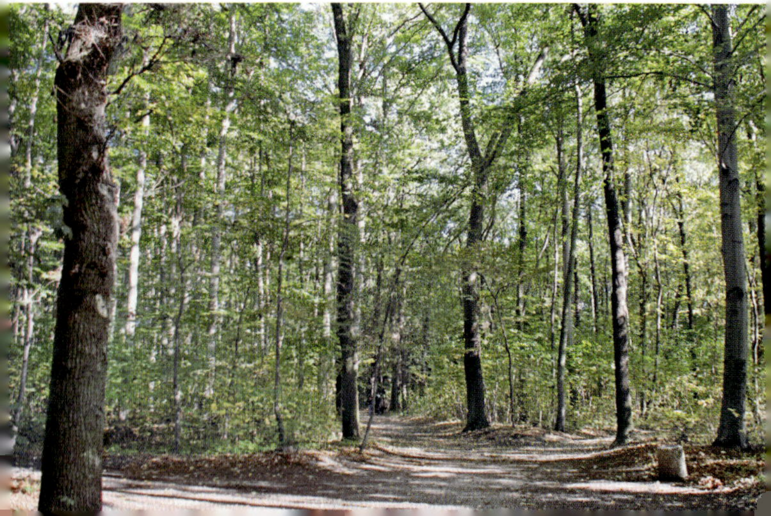

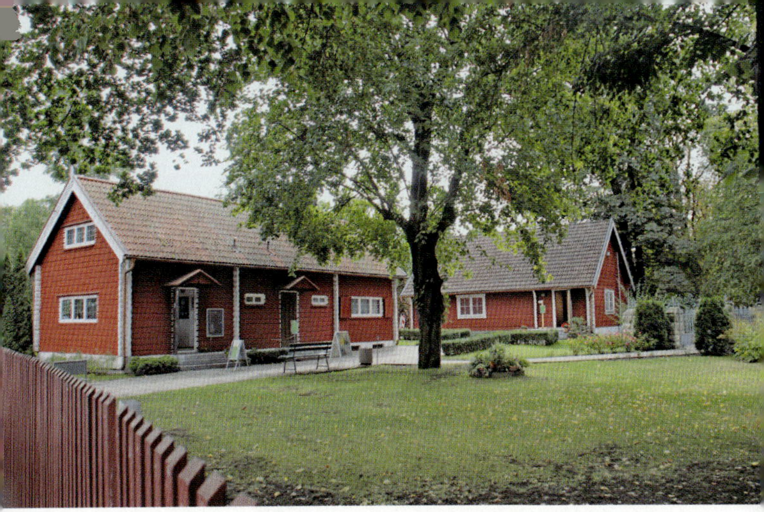

Museum Gustav-Adolf-Gedenkstätte.

Ausgangspunkt: Westlicher Ortsrand von Gostau, Abzweig nach Sössen. Von Leipzig Hbf. mit der RB Richtung Eisenach nach Weißenfels, dort in den Bus 783 Richtung Starsiedel zur Haltestelle »Sössen Abzweig, Lützen« (Rufbus, Anmeldung bis 1 Std. vor Abfahrt unter Tel. +49 391 5363180, Mo–Fr 7–18 Uhr). Kleiner Parkplatz anbei (Navi: Stößwitzer Straße, Gostau oder Im Grunautal, Sössen).
Anforderungen: Kondition und Ausdauer aufgrund der Länge. Trittsicherheit bei abschüssigem Gelände und rutschigen Passagen am Tagebausee Gostau. Keine Ausschilderung. Wechsel von kleinen Wegen, Feldwegen, Straßen, durch starken Verkehr gefährlich vor Meuchen. Durststrecke vor Starsiedel (an der Straße entlang). Für Kinder zu lang und zu langweilig, ggf. nur bis Lützen und die Wanderung im Tierpark ausklingen lassen.
Einkehr: Park Restaurant (Mo Ruhetag) in Lützen.
Tipp: Früh zu dieser langen Tour aufbrechen, damit noch Zeit für die Ausstellung an der Nietzsche-Gedenkstätte (April bis Ende September Mi, Sa und So 13–17 Uhr), das Museum Gustav-Adolf-Gedenkstätte (Mo Ruhetag) und den Tierpark in Lützen (tgl. geöffnet) bleibt.

An der Bushaltestelle westlich von **Gostau**, genannt **Sössen Abzweig** ❶, gehen wir hinter dem Wartehäuschen links in den Feldweg, der gleich nach rechts schwenkt. Durch die aufgeforstete Kippe erreichen wir bald rechter Hand den Tagebausee Gostau, auch Restloch Gustav-Adolf-Grube genannt, und gehen an dem schlauchförmigen Angelgewässer entlang bis zum Ende. Dazu nutzen wir bei einem Tor den Pfad rechts des Zaunes. Am Ende des Sees geht es aufwärts und oben an der T-Kreuzung links, am Feldrand entlang. An einer Kreuzung wandern wir geradeaus weiter, auf dem rechten und gleichzeitig unteren Weg. In den geteerten Querweg biegen wir

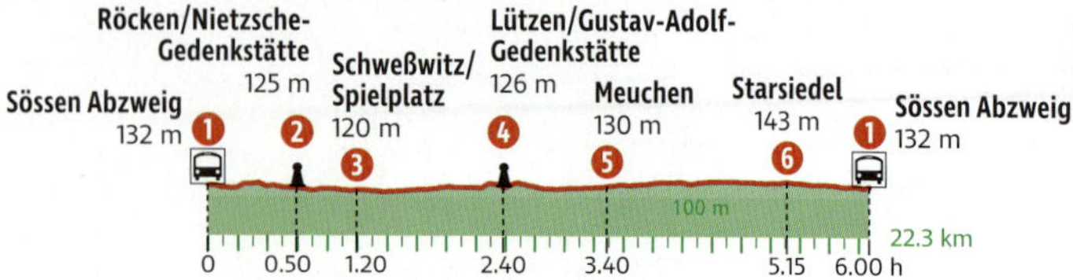

links ein und überqueren bald die A 38. In **Röcken** geht es vor der Durchgangsstraße rechts in den Fußweg und gleich am ersten Abzweig links. An der Straße halten wir uns geradeaus (leicht links versetzt) und wenden uns dann rechts in die Teichstraße. Nach der Rechtskurve biegen wir links zur **Nietzsche-Gedenkstätte** ❷ ein. Sein Grab befindet sich vor der Kirche auf der rechten Seite.

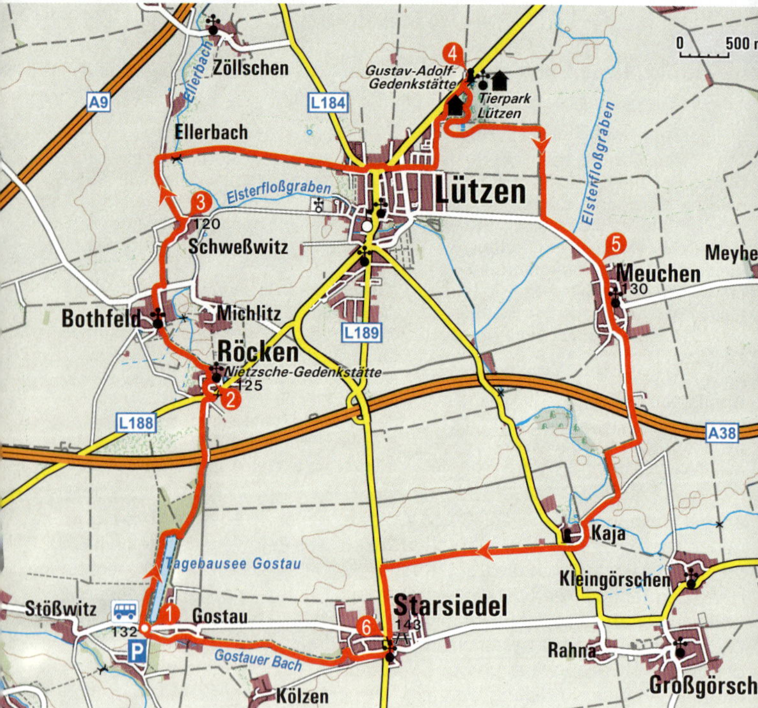

Anschließend folgen wir weiter dem bisherigen Weg. An der Straße gehen wir geradeaus auf dem Fußweg weiter und biegen vor dem Feld links ab. In Bothfeld geht es an einem Abzweig geradeaus, am Weg stehen ein paar Birken. An der Feuerwehr und dem Kriegerdenkmal halten wir uns geradeaus. Am Ende der Straße (Stoppschild) biegen wir kurz rechts ab und vor dem Ortsausgangsschild links ein, das Schild »Landschaftsschutzgebiet« rechter Hand.

Im nächsten Ort halten wir uns schräg rechts, vorbei am Spielplatz von **Schweßwitz** 3. An einer T-Kreuzung gehen wir erst links, dann rechts in Richtung Ellerbach. Nach dem Schild »Herzlich willkommen in Saalekreis« biegen wir rechts in den Feldweg ein und überqueren den Ellerbach. Linker Hand mündet bald der Elsterfloßgraben ein, der ursprünglich der Flößerei von Holz für die Salinen Sachsens diente.

In **Lützen** gehen wir zunächst geradeaus und weiter im Ort erst schräg links, dann schräg rechts zur Kreuzung (Kuckhoffstraße). Wir überqueren die Durchgangsstraße (Gustav-Adolf-Straße) und biegen anschließend in die erste Straße rechts ein (Rudolf-Breitscheid-Straße). Gleich halten wir uns links, dann immer weiter geradeaus. Am Ende der Siedlung wenden wir uns links in den Poetenweg. An der T-Kreuzung

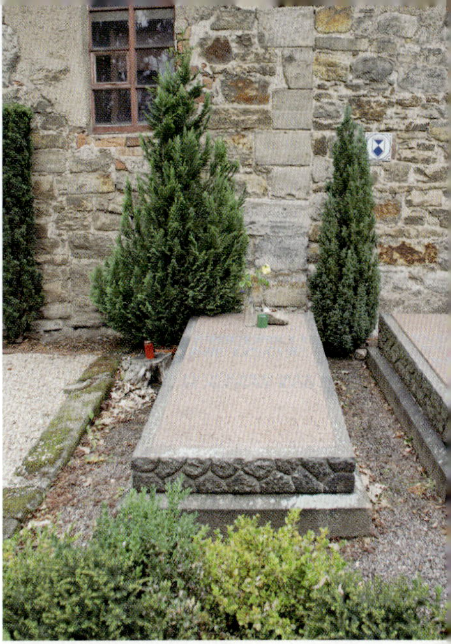

Das Nietzsche-Grab.

An der Nietzsche-Gedenkstätte.

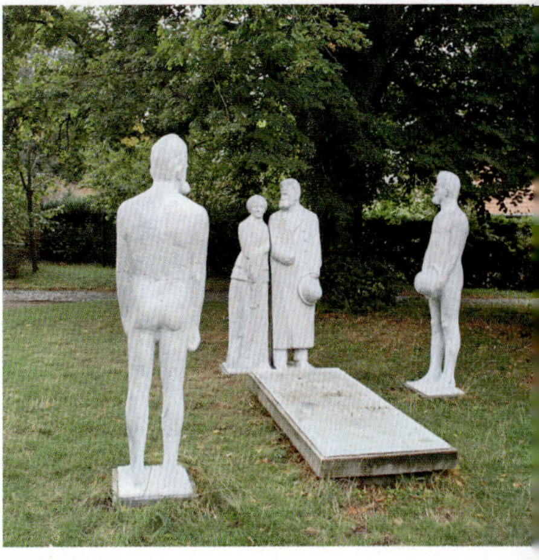

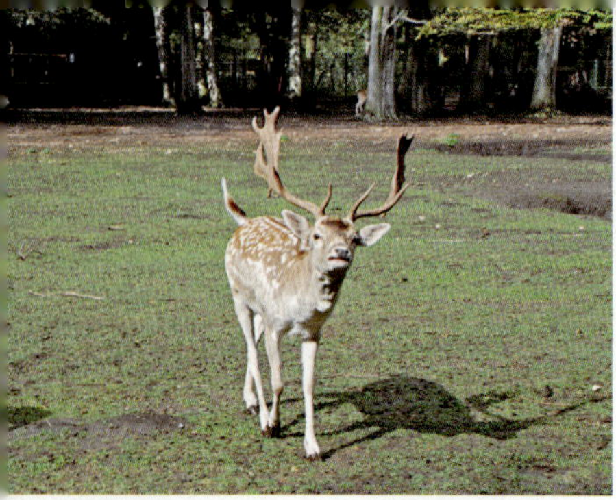

Im Tierpark.

Die Gustav-Adolf-Gedenkstätte.

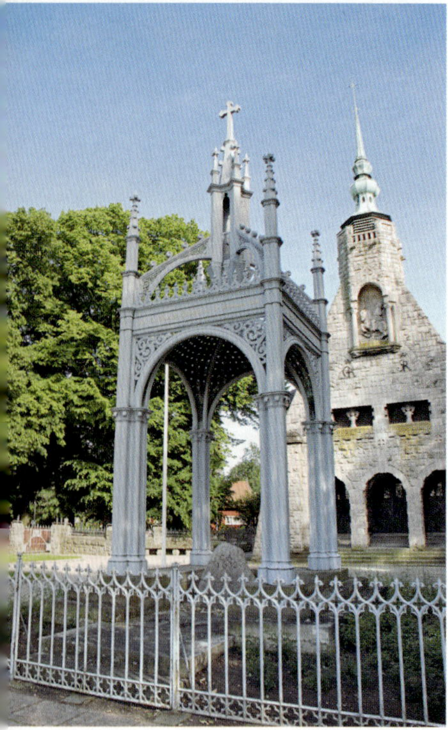

geht es rechts und am Schild »Wasserschutzgebiet« links für einen Abstecher durch den Martzsch-Park zu wichtigen Sehenswürdigkeiten. Dazu halten wir uns an der Gabelung links (Sperlingsweg) und am Martzschstein geradeaus. An der Gabelung geht es erneut links und wieder links. Das Parkrestaurant liegt nun linker Hand. Noch vor der Straße biegen wir rechts ein. Vor der Gedächtniskirche wenden wir uns nach links zum Baldachin der **Gustav-Adolf-Gedenkstätte** ❹. An der Straße und am Parkplatz rechts ist ein weiterer Abstecher zum Museum der Gedenkstätte und in den Tierpark möglich. Ansonsten gehen wir vom Baldachin ein Stück wieder denselben Weg zurück. Dafür links und gleich wieder rechts. Vor der Gaststätte halten wir uns links, dann gleich rechts und wieder rechts. Am Ende des Gebäudes rechter Hand weichen wir vom Hinweg ab, indem wir schräg links in den Fasanenweg einbiegen, dann an der Gabelung rechts. Vor der runden Wiese laufen wir rechts und in den zweiten Weg erneut rechts (auf der anderen Seite des Kreises). Am Ende geht es rechts, dann links aus dem Park und an der T-Kreuzung wieder links.

Der Feldweg führt ins Freie und schwenkt weiter vorne nach rechts. An der Kreuzung wandern wir geradeaus weiter. An der Straße geht es links und

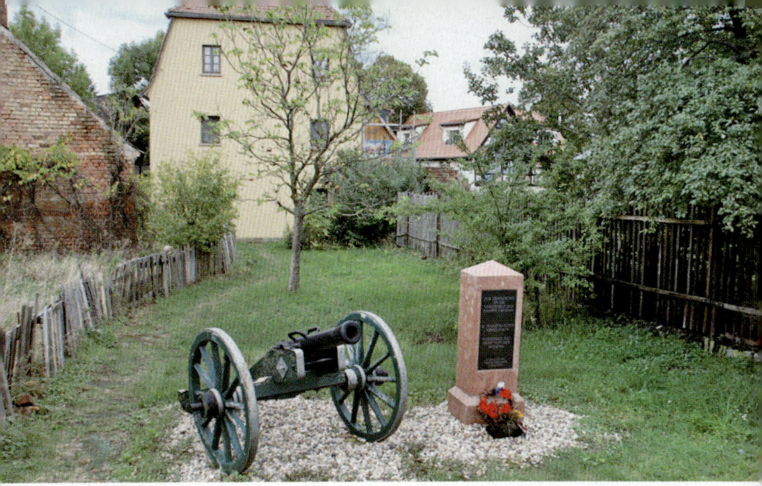

Gedenkstätte in Kaja an die napoleonische Schlacht bei Großgörschen 1813, dahinter das Marschall-Ney-Haus.

in **Meuchen** 5 geradeaus durch den hübschen Ort. An dessen Ende halten wir uns an der Gabelung links, dann laufen wir schräg rechts in Richtung Kleingörschen. Die Autobahn A 38 wird überquert. Nach der Brücke geht es nach ca. 200 m gegenüber von gelben Gaspfählen rechts. Der schöne Weg schwenkt nach links. An der T-Kreuzung biegen wir rechts ein.

In Kaja halten wir uns an der T-Kreuzung links, über den Elsterfloßgraben. Am Kreisverkehr mit Baum laufen wir geradeaus weiter, auch an der Bushaltestelle. Rechter Hand informiert eine Tafel »1813 Schlacht bei Großgörschen«, mit Denkmal daneben. Aus dem Ort hinaus, wandern wir nun ein langes Stück geradeaus über den Feldweg ohne Bäume. Weit kann man ins Land schauen. An der Straße halten wir uns links (Vorsicht!) und dann immer geradeaus.

Wir laufen nun durch **Starsiedel** 6. Bald lockt ein Rastplatz linker Hand. Wir wandern weiter in Richtung Kirche und biegen davor rechts in die Friedensstraße ein. An der Brunnengasse halten wir uns geradeaus, so auch bei Haus Nr. 22 geradeaus in den schmalen Durchgang. Dann biegen wir rechts ab. Vor einer Halle geht es bei Schildern (Landschaftsschutzgebiet, Wanderweg nach Rippach, Naturlehrpfad) links durch eine Schranke.

An einem Abzweig halten wir uns links (der Weg geradeaus trifft später aber auch wieder auf unseren). Nun wandern wir immer auf einem idyllischen Pfad am Bach entlang. In **Gostau** halten wir uns geradeaus. Am Scharnhorstring gehen wir links in die Straße Am Spielplatz, dann immer geradeaus. An der T-Kreuzung an der Straße wird rechts die Bushaltestelle **Sössen Abzweig** 1 mit Parkplatz erreicht.

↗ 60 m | ↘ 60 m | 8.6 km

50 Am Kulkwitzer See

2.30 h

Rund um den Lieblingssee der Leipziger

Entstanden aus zwei Tagebaurestlöchern des Braunkohletagebaus Kulkwitz-Miltitz – früh begonnen (1864) und früh eingestellt (1963) – ist der »Kulki« schon seit 1973 offizielles Naherholungsgebiet. Hier ist immer viel los. Wegen seiner Stadtnähe, der vielen Einkehr- und Freizeitmöglichkeiten sowie schönen Seeblicken gilt er als einer der beliebtesten Seen der Leipziger. Die gute Wasserqualität macht hier Tauchen, Wakeboard und Wasserski, Segeln, Surfen, Bootfahren, Angeln und Baden attraktiv. Der Kulkwitzer See zählt zu den besten zehn Tauchgewässern Deutschlands. Das üppige Grün rundherum lädt zu Aktivitäten am Seeufer ein. Diese Tour führt soweit wie möglich auf idyllischen kleinen Wegen rund um den See und in der Südwestecke, der ehemaligen Hochkippe, durch schattigen Wald.

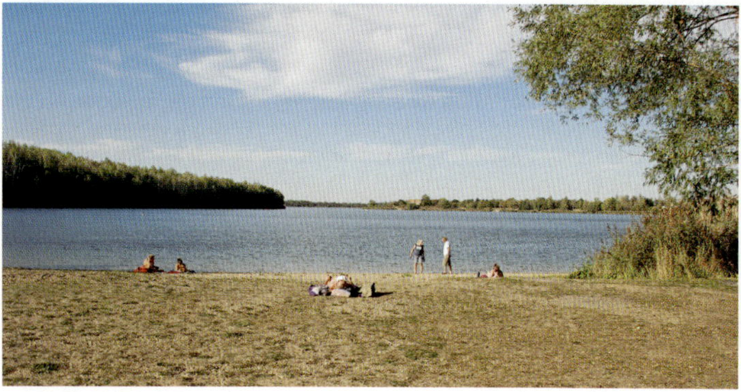

Strand am Südufer des Kulkwitzer Sees.

Ausgangspunkt: Lausen, Straßenbahnendhaltestelle am Ende der Ratzelstraße. Von Leipzig Hbf. mit der Linie 1 Richtung Lausen zur Haltestelle »Lausen, Leipzig«. Parkplatz (P&R) anbei (Navi: Ratzelstraße oder Straße am See, Leipzig).
Anforderungen: Anfangs und am Ende mit dem roten Balken ausgeschildert (Rundwanderweg Leipzig), ansonsten unmarkiert. Wechsel von Pfaden und befestigten Wegen. Beim Pfad auf der ehemaligen Hochkippe muss mit Baumstämmen auf dem Weg gerechnet werden (wer bequemer laufen möchte, biegt am Parkplatz rechts in den breiteren Weg ab).
Einkehr: Kulki Bratstübl und Imbiss Ab ans Ufer in Markranstädt (Südufer); Café & Bistro zum Wasserskilift (Nordufer); Gaststätten Rotes Haus und Klinke am Seeblick in Lausen (Ostufer).
Tipp: Badesachen mitnehmen.
Hinweis: An den Stränden können Nacktbader sein.

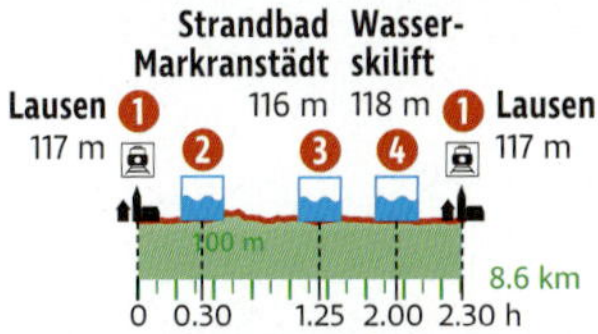

An der Straßenbahnendhaltestelle in **Lausen** ❶ gehen wir in Fahrtrichtung rechts am Zaun entlang. Autofahrer wenden sich in Richtung Straßenbahn und biegen vor dem Zaun rechts ein. An einem Abzweig geht es geradeaus, an einer Schranke vorbei. Das Wanderzeichen roter Balken wird uns nun eine Zeitlang begleiten. Geradeaus laufen wir über eine Brücke über den Bach Zschampert. Am Querweg biegen wir rechts ein, dann gleich wieder links. Wir kommen vorbei an der Gaststätte Klinke am Seeblick. Am Roten Haus halten wir uns links. An der Gabelung wandern wir rechts weiter, auf dem Uferweg. An einem kleinen Strand folgen wir weiter geradeaus dem Hauptweg. Nach einer Brücke (hier zweigt der Radweg nach Weißenfels ab) laufen wir schräg rechts den Pfad hinunter.
Hier sind wir an der **Südspitze** ❷ des **Kulkwitzer Sees**. Links kommen wir am Spielplatz vorbei. Es geht nun immer geradeaus und am Querweg rechts. Wir laufen vorbei an der Gaststätte Kulki Bratstübl und halten uns am Parkplatz geradeaus. Wer lieber bequem auf einem befestigten Weg laufen mag, biegt hier rechts ab. Für alle anderen geht es bald eine kleine Anhöhe hinauf und oben rechts in den Pfad. Der schöne Weg schlängelt sich. Am befestigten Weg halten wir uns scharf rechts und vor dem See

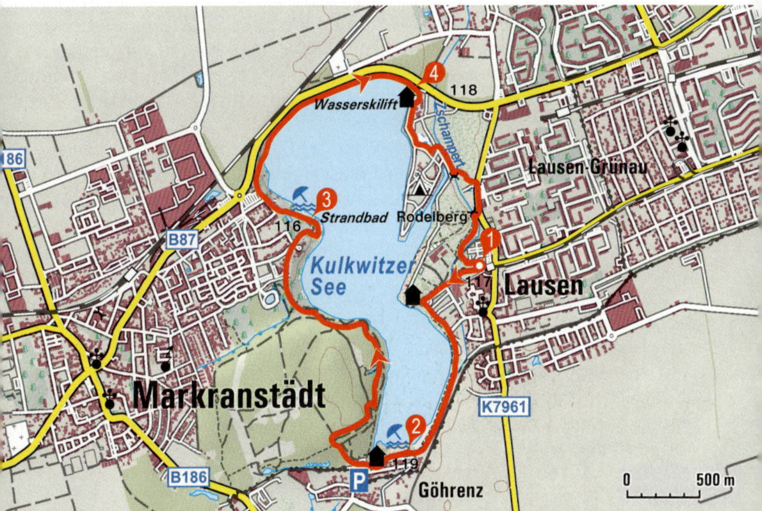

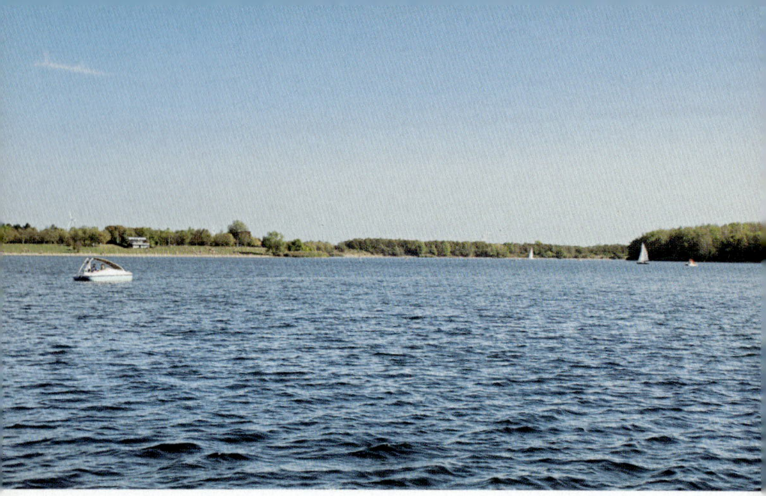

Der Kulki vom Steg aus gesehen.

scharf links. Wer den unteren Weg gegangen ist, läuft an der Gabelung geradeaus weiter.

Wir gehen eine Senke hinunter und dann schräg rechts. An der Gabelung halten wir uns rechts. Der Pfad führt später wieder aus dem Wald hinaus. Nun biegen wir rechts in den befestigten Weg ein. Wir laufen immer geradeaus weiter. An einem Basketballkorb linker Hand biegen wir rechts in einen Pfad ab und unten am See links. Vor einem Steg kommen wir zweimal durch eine Zaunlücke. Oben links liegt eine Gaststätte. Wir wandern durch das **Strandbad Markranstädt** ❸. Der Pfad trifft wieder auf den breiten Weg. An einem Parkplatz halten wir uns schräg rechts.

Wir laufen an der **Wakeboard- und Wasserskianlage** ❹ vorbei, danach an der Gabelung rechts. Unser Weg führt am Ufer entlang. Linker Hand ist der Biergarten Herzberg. Vor der Deutschen Lebens-Rettungs-Gesellschaft (DLRG) und dem Freizeitcampus (mit Toiletten) gehen wir an der Gabelung links, der See wird verlassen. Beim Haupteingang halten wir uns links und nutzen gleich den Querweg rechts. Nach der kanalähnlichen Einbuchtung des Sees biegen wir links ein und überqueren die Brücke über den Zschampert. Nach Steinpollern nutzen wir den Pfad schräg rechts. Am Querweg geht es rechts und am Kunstwerk wieder rechts. Dann halten wir uns schräg links und gleich wieder schräg links in den Wiesenpfad. An der Gabelung geht es links und am Querweg auch links. An der Kreuzung laufen wir geradeaus weiter. Vor dem Zaun links kommen wir zur Straßenbahnhaltestelle in **Lausen** ❶. Autofahrer gehen links zum Parkplatz.

Wanderpfad auf der Hochkippe.

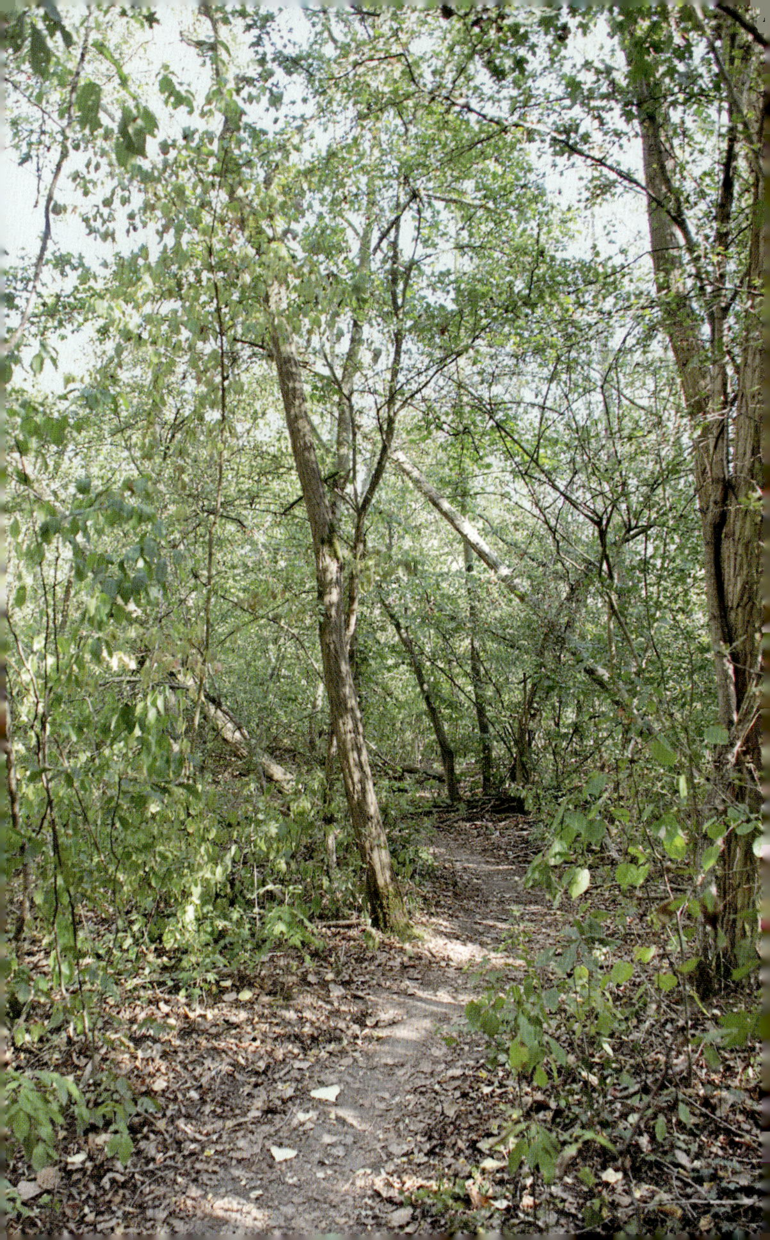

STICHWORTVERZEICHNIS

Umschlagbild: Schloss Rochlitz (Tour 35).

Bild im Innentitel: In der südlichen Muldeaue (Tour 21).

Bild S.30/31: Am Cospudener See (Tour 48).

Alle 246 Fotos stammen von der Autorin,
mit Ausnahme des Bildes auf S. 191 (von Gerald Loß).

Kartografie:
50 Wanderkärtchen im Maßstab 1:50.000 / 1:75.000
Geodaten © OpenStreetMap und Mitwirkende,
kartografisches Design freytag & berndt Prag,
2 Übersichtskärtchen im Maßstab 1:735.000 und 1:950.000
© Freytag & Berndt, Wien

Die Ausarbeitung aller in diesem Führer beschriebenen Wanderungen erfolgte nach bestem Wissen und Gewissen der Autorin. Die Benutzung dieses Wanderführers geschieht auf eigenes Risiko. Soweit gesetzlich zulässig, wird eine Haftung für etwaige Unfälle und Schäden jeder Art aus keinem Rechtsgrund übernommen.

1. Auflage 2021

ISBN 978-3-7633-4580-9

Wir freuen uns über jeden Korrekturhinweis zu diesem Wanderführer!
Bitte per E-Mail an: leserzuschrift@rother.de

ROTHER BERGVERLAG · Keltenring 17 · D-82041 Oberhaching
Tel. +49 89 608669-0 · www.rother.de

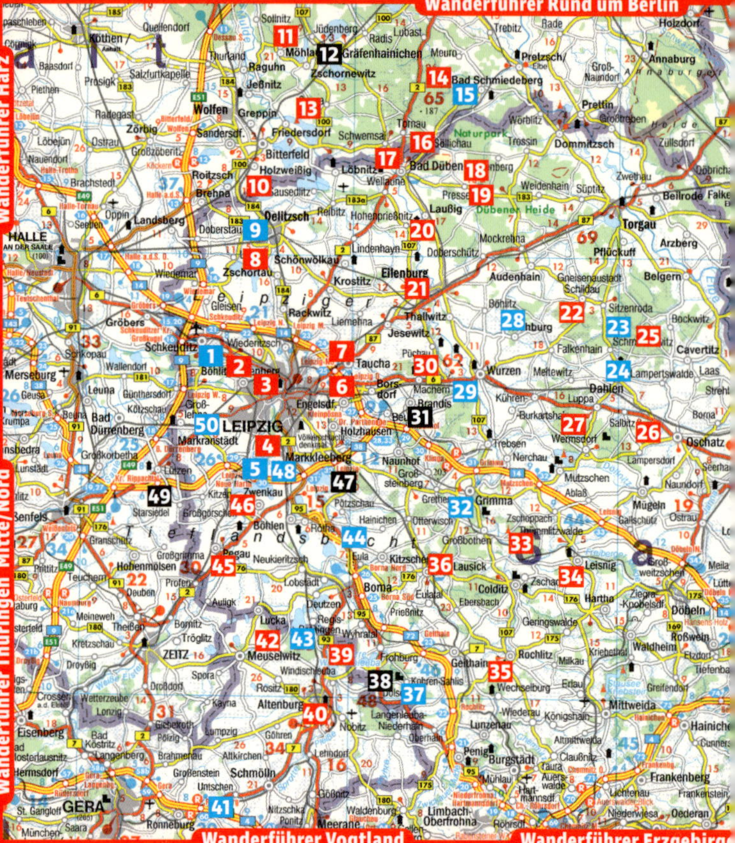

- ausführliche, zuverlässige Tourenbeschreibungen
- detaillierte Wanderkarten im Maßstab 1:50.000 und 1:75.00
- aussagekräftige Streckenprofile
- GPS-Tracks zum Download

ISBN 978-3-7633-4580-9

€ 16,90
€ 17,40

ROTHER.DE

ark Zahel

üttentouren Südtirol

inschger und Meraner Höhenweg, Sarntaler Hufeisen,
eschtnweg, Dolorama, von Seis nach Sexten

6 leichte Mehrtagestouren mit GPS-Tracks

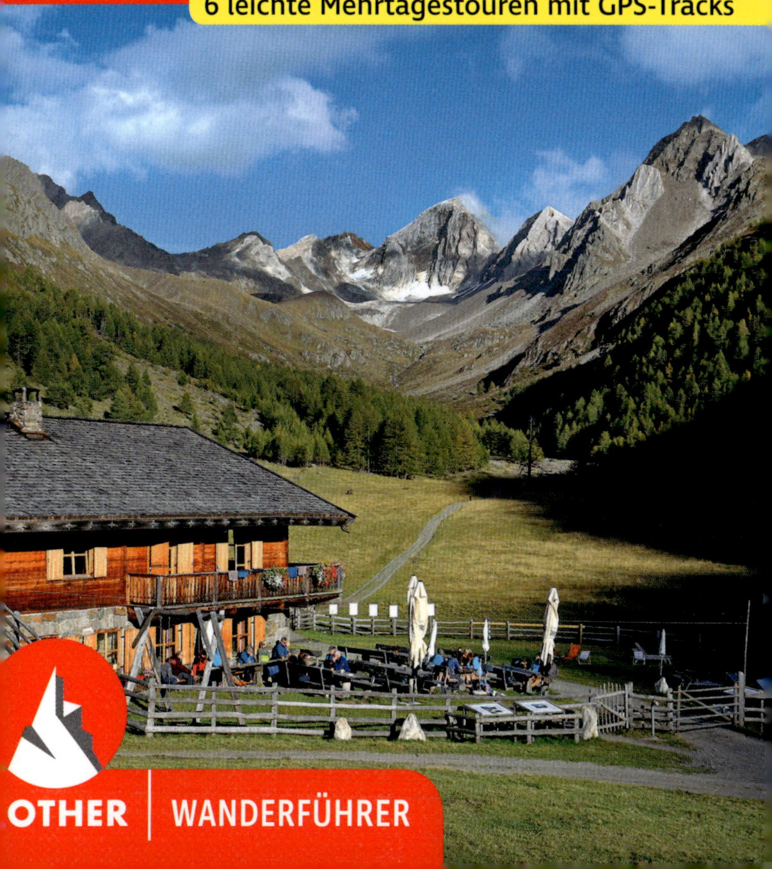

OTHER | WANDERFÜHRER